PESQUISA EM Psicologia Analítica

Dados Internacionais de Catalogação na Publicação (CIP)
(Câmara Brasileira do Livro, SP, Brasil)

Pesquisa em Psicologia Analítica : aplicações a partir da pesquisa científica, histórica e intercultural / organização Leslie Sawin, Joseph Cambray ; tradução Caio Liudvik. – 1. ed. – Petrópolis, RJ : Editora Vozes, 2021.

Título original: Research in Analytical Psychology
ISBN 978-65-5713-162-6

1. Psicologia analítica 2. Psicologia junguiana I. Sawin, Leslie. II. Cambray, Joseph.

21-59502 CDD-150.1954

Índices para catálogo sistemático:
1. Psicologia analítica 150.1954
2. Psicologia junguiana 150.1954

Aline Graziele Benitez – Bibliotecária – CRB-1/3129

JOSEPH CAMBRAY
LESLIE SAWIN
(organizadores)

PESQUISA EM Psicologia Analítica

APLICAÇÕES A PARTIR DA PESQUISA CIENTÍFICA, HISTÓRICA E INTERCULTURAL

Tradução de Caio Liudvik

EDITORA VOZES
Petrópolis

Tradução autorizada a partir da edição em língua inglesa intitulada *Research in Analytical Psychology – Applications from Scientific, Historical, and Cross-Cultural Research*, publicada pela Routledge, membro do Grupo Taylor & Francis.

Direitos de publicação em língua portuguesa – Brasil:
2021, Editora Vozes Ltda.
Rua Frei Luís, 100
25689-900 Petrópolis, RJ
www.vozes.com.br
Brasil

Editoração: Maria da Conceição B. de Sousa
Diagramação: Raquel Nascimento
Revisão gráfica: Nilton Braz da Rocha
Capa: Rafael Nicolaevsky

ISBN 978-65-5713-162-6 (Brasil)
ISBN 978-1-138-21327-2 (Reino Unido)

Editado conforme o novo acordo ortográfico.

Este livro foi composto e impresso pela Editora Vozes Ltda.

Sumário

Colaboradores

Walter Boechat, MD [Doutor em Medicina], **PhD**, é um psiquiatra e analista junguiano com consultório particular. Foi membro do Comitê Executivo da IAAP de 2007 a 2013. É também um membro fundador da Associação Junguiana do Brasil, e fez parte da equipe encarregada da edição brasileira de *O Livro Vermelho*, editando a tradução da edição alemã original para o português. O Dr. Boechat tem publicado extensamente no Brasil e no exterior. Suas publicações incluem: *The Red Book of C.G. Jung: A Journey to Unknown Depths* (Londres: Karnac, 2016) [*O Livro Vermelho de C.G. Jung: Jornada para Profundidades Desconhecidas*, Petrópolis: Vozes, 2014]; um estudo abrangente do mito: *A Mitopoese da Psique: Mito e Individuação* (Petrópolis: Vozes, 2009); e "Cordial Racism: Race as a Cultural Complex" [Racismo cordial: Raça como um complexo cultural] in *Listening to Latin America* [Ouvindo a América Latina] (Louisiana: Spring Journal Books, 2012). Seus principais interesses são: a identidade cultural brasileira, raça e problemas inter-raciais na América Latina, psicossomática e a totalidade corpo-mente e os usos do mito na psicoterapia.

Joseph Cambray, PhD, é Presidente/CEO e diretor do Pacifica Graduate Institute. Ex-presidente da International Association for Analytical Psychology, trabalhou como editor nos Estados Unidos do *The Journal of Analytical Psychology*, e atua em vários conselhos editoriais. Foi membro da Harvard Medical School no Departamento de Psiquiatria do Massachusetts General Hospital, Center for Psychoanalytic Studies. Dr. Cambray é também um analista junguiano, que agora mora em Santa Barbara, Califórnia. Suas numerosas publicações incluem o livro baseado em suas Fay Lectures: *Sincronici-*

dade: Natureza e Psique em um Universo Interconectado [trad. Caio Liudvik. Petrópolis: Vozes, 2013] e um volume organizado com Linda Carter, *Analytical Psychology: Contemporary Perspectives in Jungian Psychology.*

Grazina Gudaitė, PhD, é Professora de Psicologia na Universidade de Vilnius e uma psicanalista junguiana. A Dra. Gudaitė é membro da Associação Lituana de Psicologia Analítica. É autora de vários livros e artigos em psicologia analítica, e coorganizadora com Murray Stein de *Confronting Cultural Trauma: Jungian Approaches to Understanding and Healing* [Confrontando o trauma cultural: abordagens junguianas de compreensão e cura] (2014). Entre seus livros publicados recentemente está *Relationship Towards Authority and Sense of Personal Strength* [Relação com a autoridade e senso de força pessoal] (2016). Tem consultório particular em Vilnius e leciona no programa de Formação Analítica na Lituânia.

George B. Hogenson é analista didata sênior no C.G. Jung Institute de Chicago, e atualmente Vice-Presidente da International Association for Analytical Psychology. É também membro do conselho editorial do *Journal of Analytical Psychology.* Tem um doutorado em filosofia pela Yale University e um mestrado em serviço social clínico pela Universidade de Chicago. Autor de *Jung's Struggle With Freud* [A luta de Jung com Freud], publica regularmente sobre a história da psicanálise e sobre questões de teoria na obra de C.G. Jung e da psicologia analítica, mais amplamente. Tem consultório particular em Chicago, Illinois, e vive em Oak Park, Illinois.

Toshio Kawai, PhD, é Diretor e Professor no Kokoro Research Center, Kyoto University for Clinical Psychology. É o Presidente eleito da Iaap. Graduado na Universidade de Kyoto (1983), na Universidade de Zurique (1987), e no Instituto C.G. Jung de Zurique (1990). Publicou artigos, livros e capítulos de livros em inglês, alemão, italiano e japonês. Seus artigos "Postmodern Consciousness in Psychotherapy" [Consciência pós-moderna na psicoterapia] (2006), "Union and Separation in the Therapy of Pervasive Developmental Disorders and ADHD" [União e separação na terapia de desordens desenvolvimentais disseminadas e no distúrbio de hiperatividade com déficit de atenção] (2009), e "*The Red Book* from a Pre-modern Perspective" [*O Li-*

vro Vermelho de uma perspectiva pré-moderna] (2012) foram publicados no *Journal of Analytical Psychology*. Publicou outros artigos e capítulos de livros a respeito do trabalho de alívio psicológico após terremotos, interpretação dos romances de Haruki Murakami e psicoterapia com pacientes psicossomáticos e pacientes com transtornos do espectro autista (ASD).

Thomas B. Kirsch foi Presidente da International Association of Analytical Psychology de 1989 a 1995, e Presidente do Jung Institute de São Francisco de 1976 a 1978. As muitas publicações do Dr. Kirsch incluem: *The Jungians*, *A Jungian Life* e *Jungian Analysis, Depth Psychology, Soul*. Publicou muitos artigos e foi um palestrante de renome internacional. Também teve papel relevante para a publicação da correspondência entre James Kirsch e C.G. Jung. Trabalhou em consultório particular na Califórnia, e foi palestrante no Departamento de Psiquiatria da Stanford University Medical School.

Roderick Main trabalha na University of Essex, Reino Unido, onde é Professor no Department of Psychosocial and Psychoanalytic Studies e Diretor do Centre for Myth Studies. Fez uma primeira graduação em Estudos Clássicos na Universidade de Oxford e um doutorado em Estudos Religiosos na Universidade de Lancaster. É autor de *The Rupture of Time: Synchronicity and Jung's Critique of Modern Western Culture* [A ruptura do tempo: Sincronicidade e a crítica de Jung à cultura ocidental moderna] (Brunner-Routledge, 2004) e *Revelations of Chance: Synchronicity as Spiritual Experience* [Revelações do acaso: Sincronicidade como experiência espiritual] (Suny, 2007), organizador de *Jung on Synchronicity and the Paranormal* [Jung sobre sincronicidade e o paranormal] (Princeton/Routledge, 1997) e coorganizador de *Myth, Literature, and the Unconscious* (Karnac, 2013). Também publicou muitos artigos e capítulos de livros sobre as intersecções entre psicologia analítica, religião e sociedade.

François Martin-Vallas, MD, PhD, é um psiquiatra, analista junguiano e membro-supervisor da Sociedade Francesa de Psicologia Analítica (SFPA). Doutorou-se na Universidade de Lyon 2 em 2015 (*The Transferential Chimera* [A quimera transferencial]) e é um pesquisador-associado da universidade. Trabalha com crianças num centro de consulta público, e com adultos numa empresa que oferece empregos a pessoas com deficiências intelectuais, muitos dos quais foram crianças e/ou adultos psicóticos. Escreveu muitos artigos, a maioria nos *Cahiers Jungiens de Psychanalyse*, na *Revue de Psychologie Analytique* e no *Journal of Analytical Psychology*. Ex-integrante do Comitê de Programa da Iaap e presidente do Comitê de Programa do próximo Congresso Europeu de Psicologia Analítica. Foi também editor dos *Cahiers Jungiens de Psychoanalyse*, e editor-chefe da *Revue de Psychologie Analytique*. Ganhou o prêmio honorário da Associação Nacional para o Avanço da Psicanálise em 2003 e o Special Fordham Prize pelo 50º aniversário do JAP em 2006. Sua bibliografia completa pode ser encontrada em: https://univ-lyon2.academia.edu/FrancoisMartinVallas

Elizabeth Eowyn Nelson, integrante do corpo docente do Pacifica Graduate Institute, oferece um amplo leque de cursos sobre processos de pesquisa, metodologia e desenvolvimento de dissertação, além de aulas sobre sonho, literatura e estudos culturais. Seus próprios interesses de pesquisa têm por foco a sombra, o gênero e o poder. Os livros da Dra. Nelson incluem *Psyche's Knife: Archetypal Explorations of Love and Power* [A navalha da psique: explorações arquetípicas do amor e do poder] (Chiron, 2012) e *The Art of Inquiry: A Depth Psychological Perspective* [A arte da investigação: uma perspectiva em psicologia profunda] (Spring Publications, 2017), assinado com Joseph Coppin, que está agora em sua terceira edição. Tem sido escritora e editora profissional por mais de 30 anos, treinando aspirantes a autores em vários gêneros e estilos.

Leslie Sawin anteriormente trabalhou como codiretora do programa da Jung Society of Washington, Estados Unidos, e concebeu programas como 'Jung e o Envelhecimento' na Biblioteca do Congresso, para trazer as ideias junguianas à comunidade.

Thomas Singer, MD, é psiquiatra e analista junguiano com consultório particular em São Francisco. É o organizador de uma série de livros que exploram complexos culturais em diferentes partes do mundo, incluindo Austrália (*Placing Psyche* [Situando a Psique]), América Latina (*Listening to Latin America* [Ouvindo a América Latina]), Europa (*Europe's Many Souls* [As Muitas

Almas da Europa]) e América do Norte (*The Cultural Complex* [O Complexo Cultural]). Está trabalhando atualmente num livro sobre complexos culturais na Ásia. Além disso, organizou *Psyche and the City* [A psique e a cidade], *The Vision Thing* [A 'coisa de visão' (alusão a comentário célebre do ex-presidente George Bush sobre sua suposta falta de visão mais ampla sobre as questões e projetos nacionais (N.T.)], coorganizou a série Ancient Greece, Modern Psyche [Grécia antiga, psique moderna], e foi coautor de *A Fan's Guide to Baseball Fever* [Um guia para fãs do *baseball*]. O Dr. Singer atualmente trabalha como Presidente do ARAS [Archive for Research in Archetypal Symbolism] nacional, que explora o imaginário simbólico de todo o mundo. Entre seus textos mais recentes, estão capítulos como "Trump and the American Selfie", em *A Clear and Present Danger* e "Trump and the American Collective Psyche" em *The Dangerous Case of Donald Trump*.

Morgan Stebbins, M.Div [mestre em religião], **LMSW** [mestre licenciado em serviço social], **D.Min** [doutor em ministério], **LP** [psicólogo licenciado], **analista junguiano certificado**, é um analista supervisor, membro do corpo docente e ex-Presidente e Diretor de Formação da Jungian Psychoanalytic Association em Nova York, onde também mantém consultório particular. Lecionou Estudos Religiosos e Hermenêutica no Theological Seminary de Nova York no programa de cuidado pastoral e aconselhamento, e desenvolveu um programa de Prática Junguiana Contemplativa no Zen Center for Contemplative Care de Nova York, que inclui Jung, budismo e psicologia contemplativos, a história do Zen e a psicologia dos sutras Zen. Começou seu treinamento Zen no São Francisco Zen Center em 1979. Escreveu sobre formação de símbolos, sonhos, o papel da *mindfulness* [atenção plena (N.T.)] na análise, o significado da compulsão, a relação arquetípica de budismo e psicologia, e os paralelos estruturais entre as teorias de Paul Ricoeur, Jacques Lacan e C.G. Jung. Seu projeto atual é atualizar o material e a mensagem de C.G. Jung para que se tornem mais acessíveis ao público geral e mais integrados à pesquisa e a desenvolvimentos culturais modernos, incluindo-se gênero, relacionamentos e linguagem. Publicações recentes e vindouras incluem um capítulo sobre fluidez de gênero e psique e um capítulo sobre a relação entre a *mindfulness* (atenção plena) e o discurso alquímico.

Yasuhiro Tanaka, PhD, é Professor Associado de Psicologia Clínica na Graduate School of Education, Universidade de Kyoto. É também analista sênior e secretário honorário da Associação de Analistas Junguianos, no Japão (Ajaj).

Beverley Zabriskie, L.C.S.W. [licenciada em serviço social clínico], é uma analista junguiana na cidade de Nova York, e membro-fundadora e ex-Presidente da Jungian Psychoanalytic Association (JPA). A sra. Zabriskie é ex-vice-presidente da Fundação Philemon, dedicada à publicação de obras inéditas de C.G. Jung, e ex-presidente da National Association for the Advancement of Psychoanalysis [Associação Nacional para o Avanço da Psicanálise]. Está no Comitê-Executivo do Helix Center for Interdisciplinary Investigation, e nos conselhos editoriais do *Journal of Analytical Psychology*, Londres, e do *Jung Journal: Psyche and Culture*, de São Francisco. Ela apresentou a Fay Lecturer de 2007 "Transformation Through Emotion: From Myth to Neuroscience" [Transformação pela emoção: do mito à neurociência]. Suas muitas palestras e publicações incluem "A Meeting of Rare Minds" [Um encontro de mentes raras], o prefácio de *Atom and Archetype: The Pauli-Jung Correspondence* (2001); "When Psyche Meets Soma: The Question of Incarnation" [Quando a psique encontra o soma: A questão da encarnação] em *About a Body* (2006); "Time and Tao in Synchronicity" em *The Pauli-Jung Conjecture and Its Impact Today* (2014); "Energy and Emotion: C.G. Jung's Fordham Declaration" em *Jung in the Academy and Beyond: The Fordham lectures 100 Years Later*; e "Psychic Energy and Synchronicity", *Journal of Analytical Psychology* (2014).

Parte I
Introdução

1
Pesquisa qualitativa em psicologia analítica: perspectivas atuais e oportunidades futuras

Joseph Cambray

Leslie Sawin

A gênese deste compêndio em dois volumes de pesquisa em Psicologia Analítica surgiu de atividades iniciadas pela comunidade internacional de analistas junguianos. A missão da *International Association for Analytical Psychology* (Iaap), o corpo administrativo da comunidade mundial de analistas junguianos fundada em 1955 (por ocasião do 80º aniversário de Jung), abrange a teoria, a prática e a pesquisa em Psicologia Analítica. Em especial, o Subcomitê Acadêmico do Comitê Executivo da IAAP ocupa-se de ligações com instituições acadêmicas e apoia o trabalho de analistas envolvidos com a pesquisa. Instaurado nos anos de 1990, esse subcomitê começou por promover e apoiar alguns esforços de pesquisa, inicialmente focados nos métodos junguianos para benefício clínico.

Durante os anos da presidência de Joseph Cambray na Iaap (2010-2013), houve um renovado e crescente interesse em reconhecer e apoiar os campos de pesquisa em expansão sobre tópicos relacionados com Jung, que incluíam:

- Pesquisa histórica sobre os fundadores e fontes de ideias incorporadas no cânone clássico da psicologia profunda, especialmente da Psicologia Analítica;
- Estudos empíricos (métodos quantitativos, qualitativos e mistos), incluindo estudos de resultados;
- Pesquisa cultural e intercultural (estimulada pela crescente diversificação do interesse na Psicologia Analítica mundo afora, especialmente as inúmeras pessoas buscando formação como analistas para além dos tradicionais grupos europeus e norte-americanos);
- Estudos sobre o emprego de meios eletrônicos e telecomunicação; eficácia de métodos clínicos e a formação de candidatos.

Outras áreas são referidas no texto. Durante este período houve uma crescente necessidade de desenvolver sistemas efetivos e abrangentes para disseminar oportunidades e descobertas de projetos de pesquisa, para coordenar o interesse na colaboração dentro da comunidade junguiana de pesquisadores, e também um senso crescente de que investigações em outras disciplinas estavam oferecendo possibilidades sinergísticas de colaboração com esforços de pesquisas em áreas comuns.

Uma série de encontros foi realizada entre as partes interessadas envolvidas na pesquisa dentro da comunidade junguiana. O primeiro encontro foi no dia seguinte ao Congresso de Copenhague em 2013, seguido por encontros na Basileia e em Yale. Constatou-se que havia uma robusta e produtiva comunidade de pesquisa junguiana com muito a oferecer ao mundo erudito, inclusive a outras disciplinas, bem como grandes oportunidades de colaboração. Um resultado significativo desses encontros foi a decisão de preparar dois volumes baseados no trabalho atual de membros do grupo, como um primeiro passo para a introdução deste importante corpo de trabalho de pesquisa e para começar o processo de torná-lo disponível a clínicos e outros pesquisadores.

Este volume está orientado à pesquisa a partir de estudos qualitativos, históricos e culturais. O volume que o acompanha fornece uma história da pesquisa empírica em Psicologia Analítica e um sumário da pesquisa empírica atual conduzida pelos autores. Ambos os volumes também apontam direções para futuras investigações e colaborações. Os dois são vistos como complementares e buscam fornecer um amplo panorama do leque de pesquisas que são conduzidas na Psicologia Analítica hoje em dia.

Psicologia Analítica: uma nova abordagem

Psicologia Analítica é o nome que C.G. Jung deu à sua abordagem para a investigação da psique. Cunhou o termo em agosto de 1913, situando-o como uma evolução a partir da psicanálise de Freud, com a qual estava rompendo. Também a diferenciou da ideia de seu mentor psiquiátrico, Eugen Bleuler, da "psicologia profunda", porque considerava que esta "se preocupava apenas com o inconsciente" (Jung, 1961, § 523). Jung buscava uma abordagem que contemplasse a interface de processos conscientes e inconscientes e os produtos que emergem dessas interações – o que identificava como símbolos.

Jung se empenhou em cultivar uma atitude simbólica em si mesmo e em seus seguidores, aprendendo a observar e a identificar significado em eventos para além de descrições de comportamentos superficiais. Embora as pessoas não precisem estar conscientes desses significados para que haja impacto significativo em seus pensamentos e ações, o observador treinado pode reconhecer padrões que implicitamente carregam tais significados. A inclusão de uma abordagem simbólica à vida tende a ampliar a consciência e a promover desenvolvimentos na personalidade, que levam a uma crescente maturidade psicológica ou individuação. Daí um foco no símbolo ter sido uma marca da psicologia junguiana e uma parte de seus interesses e foco de pesquisa desde cedo.

Ao definir o símbolo, Jung enfatizou o valor de ele estar "vivo", no sentido de conter uma inclusão vibrante e contemporânea do desconhecido. Os símbolos têm relevância coletiva, transcendendo a psicologia do indivíduo e refletindo o *zeitgeist* ou período de tempo em que vivem: "Já que, para uma dada época, é a melhor expressão possível de algo ainda desconhecido, deve ser o produto das mentes mais complexas e diferenciadas dessa época (Jung, 1971, § 819). Jung começou o desenvolvimento das suas teorias com o emblemático experimento de associação. A partir dessa pesquisa empírica, desenvolveu seu interesse no símbolo como o foco central da sua psicologia, e através da autoexploração posterior articulou os conceitos de complexo e arquétipo.

Paradigmas de pesquisa da Psicologia Analítica

Conforme Jung se afastou da psicanálise clássica, que considerava misturar sinais com símbolos, sua atenção se voltou cada vez mais ao simbolismo. Como notado acima, o símbolo e seu papel na mediação entre o inconsciente e a consciência se tornou um aspecto central da sua psicologia. Isso também o levou a deslocar seu foco da pesquisa científica mais tradicional, baseada em dados (seus Experimentos de Associação), rumo a modos fenomenológicos, hermenêuticos e narrativos de investigação. Sua própria experimentação pessoal, decorrente de uma crise psicológica (como detalhado em seu *O Livro Vermelho*; Jung, 2009) começou com a cuidadosa observação de seu mundo interior, que tinha sido ativado por uma perda traumática pessoal.

Isso o levou ao reconhecimento de uma dimensão objetiva da psique humana, porém não a considerava um equivalente do "mundo objetivo". Ao invés disso, como explicou numa carta a Jolande Jacobi datada de 15 de abril de 1948:

> Escolhi o termo "psique objetiva" em contraponto a "psique subjetiva", porque a psique subjetiva coincide com a consciência, enquanto que a psique objetiva nem sempre o faz de modo algum (Jung, 1973, p. 497).

Para explorar e articular essa região, ele precisou fazer pesquisas pioneiras sobre a natureza e a realidade dos símbolos e sobre a interface entre aspectos objetivos e subjetivos da experiência, usando uma abordagem qualitativa. Isso envolveu pesquisas sobre a história e o desenvolvimento de símbolos e formas simbólicas. Foi capaz de demonstrar como alguns aspectos da vida onírica de indivíduos contêm referências a aspectos mais universais, frequentemente extrínsecas à percepção consciente deles. A série de sonhos apresentada em *Psicologia e Alquimia* (Jung, 1968) fornece numerosos exemplos.

Contudo, posteriormente Jung retornou a uma abordagem estatística, quando articulou pela primeira vez a hipótese da sincronicidade. Com a ajuda de Wolfgang Pauli, pôde abandonar sua tentativa de um cientificismo e abriu um caminho que permitia a inclusão do afeto como parte do processo experimental. A interface dos aspectos subjetivos e objetivos da realidade, em que Jung foi pioneiro, está agora marcando presença em alguns aspectos da pesquisa e da erudição contemporânea, como pode ser visto implicitamente ao longo de grande parte deste volume.

Em gerações subsequentes de analistas e estudiosos, a guinada da pesquisa científica tradicional rumo à simbólica foi encampada e ampliada. Por exemplo, em acréscimo aos casos de Jung, a exploração detalhada da evolução de temas simbólicos durante análises de longo prazo tem sido publicada. Pesquisas sobre os métodos clínicos singulares da Psicologia Analítica, com suas inflexões através dos idiomas pessoais dos praticantes, pode ser encontrada em artigos de revista. Tem havido ainda estudos de abordagens analíticas mais gerais, tais como sobre transferência e contratransferência, examinando como estas podem ser empregadas dentro de um contexto junguiano.

Num importante desenvolvimento posterior, James Hillman articulou a Psicologia Arquetípica. Embora se baseando nas visões de Jung sobre uma camada universal profunda da psique, Hillman revisou a exploração de categorias a qualidades e processos subjacentes aos fenômenos psicológicos. Nestes houve uma passagem de um significado simbólico para um "senso da imagem" mais imediato, com uma tendência de sintonia com a metaforicidade na e da experiência, ao invés de articular estruturas essencialistas, tais como arquétipo do herói.

Mais recentemente, tem havido esforços para combinar essas tendências, tanto na cultura contemporânea quanto na pesquisa de orientação junguiana. Isso inclui estudos que examinam a natureza da consciência, suas origens e seu desenvolvimento. Em especial, um grupo de pesquisadores têm aplicado novos conceitos dos mundos da física e da neurobiologia através da adaptação de estudos neurobiológicos aplicados a estados correlatos de consciência, o que levou à inclusão do campo mais amplo dos estudos da complexidade. Ironicamente, Jung quase intitulou sua abordagem como "Psicologia Complexa" (a partir dos encorajamentos de Toni Wolff, aliada próxima e uma das primeiras analistas junguianas), mas acabou achando que essa era uma visão muito limitada. À luz de compreensões contemporâneas derivadas de estudos da complexidade, uma reconsideração deste impulso pode ser necessária, como alguns dos capítulos refletem.

Uma abordagem em termos de sistemas complexos permite, até mesmo encoraja, múltiplos vértices de pesquisa a contribuírem ao nosso repertório de conhecimentos de modos que transgridem fronteiras disciplinares acadêmicas tradicionais. Novas perspectivas demonstrando a interconexão de muitas facetas da realidade anteriormente tratadas de modo compartimentado respaldam a necessidade de novas teorias e métodos para descrever tais fenômenos. As ferramentas desenvolvidas no estudo de sistemas de complexidade crescente começaram a revelar uma profunda base ecológica de experiência. A psique humana não pode mais ser considerada isoladamente, mesmo em sua dimensão coletiva, mas requer uma nova síntese que inclua a natureza como parte integrante da consciência. Muitos dos métodos de Jung foram desenvolvidos a partir de suas lutas pessoais, tais como a pesquisa introspectiva na base da tentativa e erro que forma grande parte de *O Livro Vermelho*. Esses métodos podem ser diretamente reconsiderados em termos de complexidade com uma busca do estudo de fenômenos emergentes.

Uma comunidade em expansão

A primeira geração de junguianos tendeu a permanecer próxima às obras do mestre. Desde a morte de Jung, em 1961, tem havido uma expansão da comunidade de junguianos. Inicialmente, o interesse na obra de Jung foi mantido por analistas formados em sua abordagem e também por segmentos do público geral que se sentiam encantados pelo que podiam descobrir através da visão dele. A demografia da comunidade era primordialmente europeia ocidental e norte-americana. A comunidade acadêmica era limitada, assim como o desenvolvimento de esforços de pesquisa para além da afirmação da eficácia clínica desta modalidade de tratamento.

Gradualmente esta comunidade tem mudado. Expansões para além da Europa ocidental e da América do Norte, para a América Latina, África, Ásia, Europa oriental e Rússia propiciaram o escrutínio de pressupostos culturais implícitos e da relevância cultural da teoria e dos métodos. A necessidade de bidirecionalidade da influência foi salientada através desses intercâmbios culturais. O salto para uma teoria arquetipificante, sem antes articular contribuições culturais, levou a confusão e a um embaçamento das incríveis complexidades envolvidas nos muitos níveis da realidade psicológica. Alguns dos capítulos deste volume começam a abordar esses e outros problemas correlatos.

Em anos recentes, tem havido um aumento do número de eruditos e pesquisadores academicamente treinados em campos associados com, e empregando a psicologia profunda. Muitos dos praticantes são não analistas, sem as mesmas linhas de filiação, e, portanto, oferecem variadas perspectivas novas. Há também um número crescente de analistas que estão buscando trabalho erudito em paralelo com suas práticas clínicas. As contribuições desses estudiosos certamente ampliarão os interesses e aplicações da Psicologia Analítica. Muito disso envolverá cuidadosas críticas de todos os aspectos das psicologias profundas, inclusive da versão de Jung. Já há trabalhos significativos sendo feitos para descolonizar as teorias, que foram articuladas primeiramente no início do século XX em meio a atitudes culturais que certamente não são universais e que podem ser vistas através de suas próprias agendas políticas inconscientes.

Embora Jung valorizasse a sabedoria e as tradições de muitos povos indígenas, ele também tendia a vê-los operando fora da percepção consciente explícita e como formas de protopsicologia popular. Análises históricas cuidadosas das fontes primárias dos psicólogos das profundezas são úteis nesse aspecto. Compreender a "proveniência" das ideias e como elas são infletidas dentro das várias escolas, bem como a evolução das ideias ao longo da vida das comunidades, está começando a nos dar ferramentas para uma análise histórica e cultural mais completa.

Aplicações a partir da pesquisa científica, histórica e intercultural

O foco deste volume está na pesquisa que se vale de, e é conduzida através de métodos qualitativos e mistos, embora também faça empréstimos de descobertas de estudos quantitativos, aplicando-as a fenômenos mais subjetivos e complexos. Nesse sentido, as obras apresentadas são congruentes com os tipos de explorações que o próprio Jung realizou desde o período de seu *O Livro Vermelho*.

Parte II – Abordando a pesquisa qualitativa em Psicologia Analítica

Um objetivo central deste volume é encorajar a pesquisa interdisciplinar entre pesquisadores junguianos e com pesquisadores de outras disciplinas. Para abrir essa discussão, examinamos duas abordagens: a exploração do potencial de contribuição da Psicologia Analítica para o pensamento pós-moderno, e de documentos históricos para fortalecer a pesquisa atual e apontar o caminho rumo a novas abordagens para questões de pesquisa a serem desenvolvidas.

Começamos nossa exploração com um inspirado capítulo de Elizabeth Eowyn Nelson, que examina os contextos do pensamento pós-moderno e da Psicologia Analítica e discute como eles podem ser relacionados e trabalharem conjuntamente. Ela delineia os princípios horizontais e aspectos básicos do pensamento pós-moderno e a perspectiva vertical da Psicologia Analítica. Através da análise de quatro temas do pós-modernismo (a importância central da linguagem; o discurso e a produção social do conhecimento; a autorreflexividade do pesquisador; e o pluralismo teórico) que têm "especial relevância" para pesquisadores junguianos, Nelson apresenta uma forte defesa de uma abordagem antinômica da pesquisa. Ela nota que o compromisso em comum com o perspectivismo e a pluralidade pode oferecer um rico e fértil terreno para conversação e colaboração. Levantando uma questão fundamental, "Como o compromisso epistemológico com a profundeza – tendo a verticalidade como sua metáfora primária – fertiliza a extensão horizontal da pesquisa em ciências sociais?", Nelson oferece meios de colaborar e construir este relacionamento potencial.

Thomas B. Kirsch avança a ideia de que um exame de materiais históricos pode servir como uma refrescante abordagem para o desenvolvimento de novas direções de pesquisa e pode identificar áreas históricas capazes de promover colaborações entre pesquisadores junguianos e outros investigadores das ciências sociais. Ele explora cinco importantes correspondências de Jung recém-publicadas. As cartas que Jung trocou com o renomado cientista Wolfgang Pauli, com o teólogo Victor White, com seu colega psicólogo Hans Schmid-Guisan e com os analistas James Kirsch e Erich Neumann oferecem perspectiva histórica sobre algumas das correntes em vigor hoje.

A correspondência entre Jung e Pauli levou ao desenvolvimento e à articulação do conceito de monismo de aspecto duplo que, assinala [Harald] Atmanspacher no Volume 2 desta série, não era mais do que especulação na época, e que pode nos ajudar a esclarecer fenômenos psicofísicos para além do que nosso conhecimento do mental e do físico separados é capaz de alcançar. Compreender o contexto do diálogo entre Jung e seus outros correspondentes pode abrir novas frentes de discussão e pesquisa hoje. De uma perspectiva história, esses documentos oferecem janelas para o pensamento em expansão de um dos mais importantes psicólogos do século XX. Eles contêm um amplo leque de reflexões não encontradas em suas obras publicadas e que oferecem várias possibilidades para o futuro.

Parte III – Pesquisa sobre aspectos simbólicos da psique

Esta parte do volume focaliza a vertente atual de pesquisas sobre aspectos simbólicos da psique. Um dos conceitos centrais da Psicologia Analítica é o de inconsciente coletivo, com sua consequente teoria arquetípica. Outro conceito singular da Psicologia Analítica com ampla relevância para a pesquisa em ciências sociais hoje é a teoria do complexo cultural. A pesquisa em ambas as áreas é examinada.

François Martin-Vallas primeiramente explora o desenvolvimento do conceito do inconsciente coletivo e a teoria dos arquétipos. Seguindo uma perspectiva histórica, rastreia o desenvolvimento da epistemologia de Jung. Descobre que as ideias sobre os arquétipos e sobre a função deles são "uma coleção muito diversa de ideias". Oferece a teoria dos sistemas complexos como uma poderosa ferramenta analítica para a compreensão desses conceitos junguianos essenciais. Descrevendo conceitos-chave a partir da perspectiva da ciência da complexidade, entre eles a emergência e sua aplicação e arcabouço na física, Martin-Vallas oferece um novo modelo da psique como sendo, ela própria, um sistema complexo. Manuseando conceitos dentro desta perspectiva, ele descreve a psique como um exemplo de sistema auto-organizativo e os arquétipos como um sistema complexo correlato com uma estrutura fractal. Descreve como esta perspectiva pode fortalecer tanto a pesquisa quanto o trabalho terapêutico. Construindo a partir desses *insights*, oferece então novos modos de observar o relacionamento terapêutico e de compreender a estrutura da psique.

Thomas Singer introduz o conceito de complexo cultural e resume a pesquisa que tem sido realizada nesta área. Argumenta que "a teoria do complexo cultural oferece um rico caminho para a pesquisa interdisciplinar, para a exploração de fatores culturais na vida do grupo e na psique individual, e para levar os conceitos, ferramentas e ideias junguianas para a investigação científica fora da comunidade junguiana". Ele define os complexos culturais como um "agregado autônomo, em grande parte inconsciente e emocionalmente carregado de lembranças, afetos, ideias, imagens e comportamentos que tendem a se juntar em torno de um núcleo arquetípico e que são compartilhados por indivíduos dentro de um grupo". Ele descreve as forças que produzem conceitos culturais e como eles operam em comunidades e civilizações. Observa que o complexo cultural é parte da condição humana.

Singer também discute a pesquisa que tem realizado a partir da definição de uma hipótese de trabalho através do desenvolvimento de um esforço internacional de pesquisa. Delineia possíveis abordagens para o trabalho com complexos culturais e oferece uma discussão de diferentes modos de conhecimento, o mitopoético e o científico. Como parte desta discussão, descreve seu arcabouço metodológico para pesquisas qualitativas e discute a natureza da evidência qualitativa. Uma agenda para pesquisas futuras é sugerida.

Parte IV – Pesquisa sobre consciência e emoção

Esta parte do volume focaliza duas experiências universais: a emoção e a consciência individual. Ambas as áreas são ricas em vida simbólica e oferecem muitas oportunidades para o emprego de perspectivas e ferramentas junguianas.

Beverley Zabriskie explora a história da experiência da emoção e envolvimentos contemporâneos com a emoção. Revê as mitologias e filosofias do passado que cercam a emoção, rastreia algumas observações clínicas obtidas em salas de consultórios desde a época de C.G. Jung, e então introduz a perspectiva das neurociências atuais sobre a estruturação da emoção. Examina várias abordagens e descrições de estados e momentos emocionais a partir do, e rumo ao discurso inter e multidisciplinar sobre os papéis pessoais e sociais da emoção. Zabriskie então explora a perspectiva neurocientífica introduzida anteriormente, suas fontes e suas semelhanças e diferenças em relação aos seminais conceitos de Carl Jung sobre o propósito e dinâmica da emoção e sua estrutura clínica e teórica. Ela sugere como preocupações e conceitos junguianos estão em ação na atual pesquisa sobre as emoções e destaca a convergência implícita e explícita entre as teses de Jung e a pesquisa neurocientífica e filosofias da mente na atualidade.

A meditação é uma prática com profunda tradição histórica e experiência e aplicação em escala mundial. Morgan Stebbins nos introduz ao conceito de meditação, suas diversas formas de prática, à pesquisa sobre a eficácia e à compreensão de suas características. Comenta que um modo frutífero e importante de encarar a meditação é através das lentes da psicologia junguiana. Introduz a relação entre psicologia junguiana e meditação, resume as diferentes formas de pesquisa nessas áreas até hoje, e oferece caminhos para a pesquisa colaborativa sobre meditação enquanto prática pessoal e terapêutica usando ferramentas da Psicologia Analítica.

Stebbins nota: "De um ponto de vista junguiano, a meditação é atenção à psique". Ele oferece vários modos de ver a meditação:

> Isso pode assumir a forma da resistência a urgências instintivas (o nível de controle descrito como o campo da psique em

> *Aion*); jogar com imagens resultantes (como nas meditações guiadas mas sem o guia); sustentar uma emoção até que ela se transforme numa imagem; mover-se de acordo com uma imagem sinestésica, reparando no que surge (de modo semelhante a meditações de consciência plena); permitindo uma impregnação psíquica (como na ioga tibetana do sonho); consciência flutuante com a atenção dividida entre os processos da própria pessoa, os de outrem e o campo, e sintonia com o que nos muda (o aspecto numinoso ou devocional) (p. 129).

Sugere que a meditação *e* a Psicologia Analítica são sobre a conexão do diário e pequeno com o eterno e cósmico, da pessoa com o sentido, do mortal com a imagem de deus, e de uma pessoa com outra – ou seja, com o fortalecimento de relações.

Parte V – Uma abordagem da psique em termos de sistemas complexos

Conforme rapidamente descrito acima, a teoria da complexidade está se tornando um importante foco de pesquisa sobre a psique. Esta parte do volume fornece uma profunda revisão da pesquisa atual na Psicologia Analítica usando a teoria dos sistemas complexos. Três analistas que conduzem pesquisas usando esses conceitos apresentam seu trabalho e oferecem direções para o futuro e abordagens para colaboração.

Abrimos nossa discussão com uma abrangente revisão da literatura acerca das pesquisas sobre o conceito de sincronicidade por Roderick Main. Desenvolvido por Jung na correspondência com Wolfgang Pauli (cf. capítulo 3 para uma discussão da conjectura Pauli-Jung), Jung sentiu que essa ideia seria relevante "não apenas para a psicoterapia, mas também para a crítica da ciência moderna, da religião e da sociedade modernas". Main também nota que "ao longo dos anos, desde a morte de Jung, tem havido muitas tentativas diferentes de elucidar, aplicar e avaliar a sincronicidade, tanto dentro como para além da Psicologia Analítica". Oferece uma revisão detalhada dessas abordagens multifacetadas para compreender e trabalhar com a sincronicidade, e de algumas áreas promissoras para pesquisas futuras, incluindo o compromisso conceitual, empírico, histórico, teórico, clínico e cultural com o conceito.

Main expande sua discussão das diversas abordagens de trabalho com a sincronicidade, dizendo que "elas recentemente têm florescido até o ponto em que a necessidade de orientação sobre o tema o compele". Seu capítulo, portanto, fornece um detalhado panorama da pesquisa existente sobre a sincronicidade e destaca algumas direções promissoras para o futuro. Revisa sua própria pesquisa e nota que a sincronicidade ainda é utilizada raramente na pesquisa por acadêmicos em outras disciplinas.

Joseph Cambray amplia a discussão da relevância da teoria da complexidade para abordagens analíticas, focalizando aspectos holísticos e não locais da pesquisa de campo. Como notado acima, o coração da Psicologia Analítica tradicional é a ideia de que o *símbolo* serve como o fator mediador na interface entre as dinâmicas conscientes e inconscientes. Os símbolos são vistos como tendo relevância coletiva, transcendendo a psicologia individual e refletindo tanto um componente atemporal das profundezas quanto, mais imediatamente, o *zeitgeist* ou época em que vivem. Uma maneira de reavaliar e estender nossa visão do símbolo é através da aplicação dos princípios da teoria da complexidade.

A ciência da complexidade emergiu no século XX e, com os avanços tecnológicos no processamento de informações, se expandiu e se tornou uma das direções contemporâneas mais importantes nos estudos eruditos. A aplicação nas psicologias junguiana e das profundezas se desenvolveu em paralelo, primariamente através de aplicações ao entendimento teórico de conceitos essenciais. Cambray estende esses estudos de um modo que indica uma revisão do sentido em que conceitos tais como o de simbolismo são vistos e aplicados ante o pano de fundo do crescente conhecimento e entendimento do nosso mundo. Ele nota: "A separação implícita dos seres humanos em relação a seus ambientes, ao planeta e mesmo ao cosmos já não é mais defensável, mesmo dentro das formulações científicas". Conclama então a uma reconsideração ampla e detalhada de todos os pressupostos básicos sobre o símbolo à luz dos entendimentos em desenvolvimento oferecidos pelos estudos da complexidade, especialmente em suas aplicações a sistemas ecológicos, nos quais a psique e os símbolos tomam parte.

George Hogenson discute a relevância da teoria da complexidade para a vida psicológica através de um exame da análise de Jung do *Livro Tibetano dos Mortos*. Seu argumento começa com a fascinante sugestão de que Jung leu o livro "de trás para frente", observando o fluxo da libido em renascimentos, em contraposição ao modelo de desenvolvimento ocidental e psicanalítico. Hogenson prossegue comparando a estrutura dos elementos do *Livro dos Mortos* com *O Livro Vermelho* de Jung. Central às conclusões de Jung sobre a obra budista é sua ideia de que "os produtos da imaginação são sempre essencialmente visuais, suas formas devem, desde o início, ter o caráter de imagens e, além disso, de imagens típicas" (Jung, 1970, p. 845). Esta perspectiva é reforçada quando se examinam as ilustrações de *O Livro Vermelho*. Hogenson nota a relação das estruturas que Jung usou para suas formas biomiméticas com a obra de Haeckel. Ambas têm as propriedades emergentes da geometria fractal.

A partir desta observação das semelhanças entre a estrutura do mundo natural e a descrição da vida simbólica interior em *O Livro Vermelho* de Jung, Hogenson revê a história do desenvolvimento da geometria fractal e cunha o termo "densidade simbólica" como um modo de compreender a natureza das imagens arquetípicas e de outras formações simbólicas. E acrescenta:

> o símbolo está, até certo grau, no começo deste processo, e seria inconsistente com o grau em que a análise fractal do mundo natural progrediu se aqueles de nós que transitamos diariamente no simbólico negligenciássemos o *insight* que podemos conquistar trazendo para a leitura do simbólico os importantes *insights* oferecidos pela geometria dos fractais (p. 190).

Hogenson descreve o crescente corpo bibliográfico que confere *insight* adicional à relação entre a estrutura fractal das imagens visuais e a estrutura profunda da psique. Nota que a pesquisa em Psicologia Analítica precisa abordar a bibliografia sobre geometria fractal no contexto de um exame do foco de Jung no imaginário visual como a expressão fundamental da psique profunda.

Como notado acima, um foco emergente na pesquisa atual em Psicologia Analítica é a exploração do desenvolvimento e do tratamento individuais dentro de um cenário cultural e o reenquadramento dos conceitos junguianos à luz das atitudes e experiências culturais.

Toshio Kawai começa nossa discussão explorando a natureza da experiência da perda e da recuperação da transcendência de uma perspectiva junguiana e da perspectiva da escola Hua-Yen de budismo, e oferece alguns modos pelos quais essa perspectiva budista pode ser uma ferramenta terapêutica útil. Descreve o desenvolvimento do conceito de transcendência no pensamento junguiano citando as experiências primordiais de C.G. Jung e como elas contribuíram para o desenvolvimento do seu conceito de transcendência e seu papel na psicologia junguiana.

Discute então a perda e recuperação da transcendência na psicologia junguiana e em nossa época atual. Seu foco é demonstrar como a transcendência perdida pode ser encontrada imanentemente em referência à escola Hua-Yen de budismo. Resumindo a perspectiva Hua-Yen, ele nota que "Deus ou a transcendência não estão mortos nem perdidos, mas têm estado ausentes desde o início. Essa ausência é, contudo, ao mesmo tempo plenitude que flui à realidade como energia e luz". Interdependência e emergência são eventos ontológicos segundo a escola Hua-Yen, a individuação não é uma meta nem um processo, mas sim um evento. A escola Hua-Yen tem uma posição única ao supor este ponto de partida elucidado. Mesmo quem nunca alcançou conscientemente o estado indiferenciado e anulado de *li* ou vazio descrito, pode, segundo Kawai, pressupor que esta posição seja assumida pelo terapeuta. Portanto o terapeuta pode estar presente na terapia como *li* ou vazio ou, em termos junguianos, como pleroma que fortaleceria a capacidade do paciente de verbalização, imaginação e transformação.

Grazina Gudaitė avança nosso primeiro olhar para o papel da cultura no desenvolvimento individual. Ela explora o efeito de viver sob um regime autoritário na percepção individual da autoridade. Como ela nota,

> A Psicologia Analítica oferece uma perspectiva única e uma ferramenta valiosa para a pesquisa psicológica sobre a transformação pessoal. Devido a sua definição básica do inconsciente como incluindo internamente múltiplos níveis e tendo uma natureza coletiva, os princípios junguianos podem ser usados para investigar transformações tanto culturais como individuais (p. 210).

Gudaitė examina como as ferramentas da Psicologia Analítica podem processar a relação entre cultura e mudança para ajudar na compreensão do processo de uma experiência individual de transformação.

Apresenta dois estudos: o primeiro explora a experiência individual da psicoterapia; o segundo sonda a relação de um indivíduo com a autoridade como parte do processo terapêutico. Gudaitė identifica três elementos importantes para uma psicoterapia eficaz: (1) mensuração por parâmetros objetivos, (2) compreensão da experiência subjetiva do indivíduo, e (3) "aquela força que fica além do comportamento (*behavior*) e além da experiência subjetiva", tal como complexos culturais e identidade cultural. No segundo estudo, a representação da autoridade no estágio inicial e nos estágios posteriores da psicoterapia foi examinada à luz dos efeitos de viver sob um regime autoritário, dada a tarefa de desenvolver uma autoridade interior. O papel do trauma cultural é discutido. Em ambos os estudos, uma compreensão mais profunda da emergência da esperança e da inspiração também é um tema importante para pesquisas ulteriores acerca da eficácia da psicoterapia, bem como para a exploração do retrato multidimensional de um senso de identidade. Estudos adicionais sobre identidade cultural e a conexão do indivíduo com a cultura podem ser um foco importante da pesquisa futura sobre as fontes curadoras para o indivíduo e para uma cultura.

Falando de uma perspectiva diferente, Yasuhiro Tanaka discute a relação entre a cultura pós-moderna e a psicoterapia. Começa com uma revisão do desenvolvimento da psicologia. Desenvolvida em fins do século XIX como um modo essencial de compreensão da experiência humana e da psicopatologia baseada na então nova perspectiva do "modernismo", a psicologia foi criada usando a ideia da observação do eu. Em particular, a auto-observação se tornou um princípio central da Psicologia Analítica, e sua visão do eu como sua infraestrutura psicológica. Ele examina este princípio central tendo por ponto de partida a cultura pós-moderna e aplica princípios junguianos a questões culturais e pessoais no Japão.

Com o advento da internet e da comunicação global, o foco passou de uma percepção interna para uma experiência de si orientada externamente. O papel da infraestrutura psicológica na era da "ubíqua" autoconsciência da internet de hoje em dia é o foco central desta discussão. Tanaka nota que "a Psicologia Analítica, que também nasceu em tempos modernos, se assenta na premissa da 'estrutura-base' da autorrelação, ou seja, na 'infraestrutura psicológica'". Descreve como esta premissa de um eu internamente desenvolvido se despedaçou na era da informação e através da ascensão da internet. Chama isso de "a 'ubíqua' autoconsciência de nossos tempos". É importante aprender que mesmo nosso senso de si ["*oneself*"], ou a construção de nossa "autoconsciência", pode variar conforme a maré dos tempos. Conforme discutido anteriormente, a "autoconsciência 'ubíqua'" desenvolvida como parte da era da informação pode ser a maneira dominante de experienciar o si em nossa atual cultura. Tanaka considera que pode ser inevitável os psicoterapeutas se abrirem a uma *nova* modalidade de "senso de si", para serem *clínicos* no sentido mais fidedigno. Ele apresenta experiências clínicas de psicoterapia com pacientes cujos *sandplays* [jogos de areia] ou sonhos refletem uma nova "infraestrutura psicológica".

Walter Boechat explora a relação entre cultura e crescimento individual de uma perspectiva diferente. A interação entre o indivíduo e a cultura na qual ele/ela vive é uma questão essencial quando se discute o desenvolvimento da identidade pessoal. Boechat examina esta interface entre indivíduos e a cultura deles em termos do efeito que a cultura pode ter naquela busca de desenvolver e experienciar a identidade individual. Como caso em foco, examina o Brasil e os símbolos e complexos culturais que pertencem à história do país. Boechat nota que

> de fato, a América Latina tem uma estrutura singular. Em certos aspectos sua história pode lembrar a da América do Norte, que também sofreu o trauma da escravidão e teve ondas de imigração. Mas o tecido social multicolorido do Brasil e da América

> Latina como um todo é muito peculiar. Um fato merece atenção especial: a forte mistura racial no Brasil (p. 238).

A partir desta perspectiva, ele examina de perto a história racial desta cultura e os mitos que sustentam a vida cultural atual. Discute o trabalho com o complexo cultural na psicoterapia e apresenta estudos de caso que ilustram as complexas questões da cultura no Brasil.

Parte VII - Um vislumbre do futuro

O capítulo final, "Indo adiante", por Joseph Cambray, oferece direções para futuras investigações e sugere novas trajetórias para colaboração contínua. Construindo a ideia de "possíveis adjacentes", essas direções partem do trabalho apresentado aqui nas áreas de métodos históricos, estudos sobre o arquétipo, cultura e consciência, colaboração e pesquisa interculturais, e o paradigma muda em nossa compreensão do mundo resultante da aplicação da teoria da complexidade. Nessa última seção, tentaremos esboçar algumas sugestões para possíveis temas adjacentes.

Referências

Jung, C.G. (1961). *Collected works IV, Freud and psychoanalysis*. Princeton: Princeton University Press [*Freud e a Psicanálise*. Petrópolis: ed. Vozes, 2011 (OC 4)].

Jung, C.G. (1968). *Collected works XII, psychology and alchemy*. Princeton: Princeton University Press [*Psicologia e Alquimia*. Petrópolis: ed. Vozes, 2011 (OC 12)].

Jung, C.G. (1970). *Collected works XI, psychology and religion*. Princeton: Princeton University Press [*Psicologia e Religião*. Petrópolis: ed. Vozes, 2011 (OC 11/1)].

Jung, C.G. (1971). *Psychological types, collected works 6*. Princeton: Princeton University Press [*Tipos Psicológicos*. Petrópolis: ed. Vozes, 2011 (OC 6)].

Jung, C.G. (1973). *C.G. Jung letters, 1906-1950* (G. Adler em colaboração com A. Jaffé, orgs.). Princeton: Princeton University Press [*Cartas*. 3 volumes. Petrópolis: ed. Vozes, 2018].

Jung, C.G. (2009). *The Red Book* (S. Shamdasani, org.). Nova York: W.W. Norton [*O Livro Vermelho*. Petrópolis: ed. Vozes, 2010].

Parte II
Abordando a pesquisa qualitativa em Psicologia Analítica

2
Pesquisa junguiana e pós-modernismo: uma abordagem antinômica

Elizabeth Eowyn Nelson

Este capítulo começa com uma imaginação ativa ou, para aqueles que não estão familiarizados com as práticas junguianas, com um experimento de pensamento. O que aconteceria se um pós-modernista entabulasse uma conversa com um junguiano? Uma variação mais colorida poderia ser: *Um junguiano entra num bar pós-moderno...*

Gosto de imaginar que algo significativo se seguiria, que os dois estudiosos iriam audaciosamente além de seus terrenos intelectuais e se envolveriam numa conversa ampla, que clarifica seus compromissos disciplinares e estimula um novo pensamento interdisciplinar. Gosto de imaginar que o par concordaria em discordar sobre alguns aspectos fundamentais, mas não deixariam que sua discordância fosse um empecilho à colaboração. Isso pode ser otimista, uma vez que os pós-modernistas rejeitam a ideia de uma psique, um compromisso ontológico central da psicologia profunda, e ao invés disso veem a subjetividade como socialmente produzida (Jones, 2007, p. 4). Além disso, "o pensamento pós-moderno tem por foco a superfície, com uma refinada sensibilidade para o que aparece" (Kvale, 1992, p. 37), em contraste com uma sensibilidade junguiana pelo profundo, que Jung personificou em *O Livro Vermelho* (2009) como o Espírito das Profundezas. Não obstante, o compromisso com o perspectivismo e com a pluralidade, que junguianos e pós-modernistas compartilham, pode estimular os dois estudiosos a prosseguirem a conversa com curiosidade ao invés de animosidade, e descobrirem como suas abordagens de pesquisa complementam e fortalecem uma à outra, mesmo se eles não concordam. Portanto, vamos imaginar que eles fiquem até o fechamento do bar em altas horas da madrugada - oh, e que se lembrem de alguma coisa no dia seguinte.

Introdução

O pós-modernismo tem uma história fluida que começa por volta de meados do século XX e lentamente permeia as artes, cultura e o mundo acadêmico. Charles Jencks, falando como arquiteto e filósofo, oferece uma visão abrangente quando afirma que "um intenso compromisso com o pluralismo talvez seja a única coisa que une todo movimento pós-moderno" (1996, p. 29). Raya Jones, cientista social e junguiana, descreve o pós-modernismo como "uma forma de estudo social que estimula a descrição valorativa - e primariamente qualitativa - dos aspectos particulares, históricos, locais e discursivos da vida humana" (2007, p. 4). O fenomenólogo Steiner Kvale descreve o pós-modernismo como "uma ruptura com a crença numa única realidade verdadeira - subjetivamente copiada em nossas cabeças pela percepção ou objetivamente representada em modelos científicos" (1992, p. 32), e assim é explicitamente descentrante e desestabilizador. O teórico literário Steven Connor o descreve mais como "um esforço de renovação e de transformação" no qual "as questões levantadas pelo pós-modernismo eram sempre questões de valor" (2006, p. 5). Há também muito debate agora sobre a dissolução do pós-modernismo, um argumento, por diferentes autores (cf., p. ex., Turner [1995]) de que estamos, de fato, num "momento pós-pós-modernista". Não se chegou a um acordo sobre como chamá-lo, um enigma que chama a atenção para o problema de nomear um movimento com o literalmente interminável prefixo "pós". Connor (2017) nota a mesma dificuldade de nomeação, mas argumenta que este momento "pós-pós" é um retorno ao modernismo. Seja ou não isso totalmente verdadeiro, o pós-modernismo introduziu modos de pensamento sobre o conhecimento, em especial a rejeição das grandes narrativas em favor do conhecer local e parcial, que têm e continuarão a ter consequências duradouras para a realização de pesquisas.

Connor (2006) distingue quatro fases distintas do pós-modernismo, afirmando que "por volta do início dos anos de 1990, o conceito de 'pós-moderno' estava deixando de ser usado principalmente na análise de objetos particulares ou de áreas culturais, e tinha se tornado um horizonte ou hipótese geral" (p. 2). De acordo com isto, poder-se-ia dizer que todos os pesquisadores eruditos agora vivem, pensam e trabalham "num clima pós-modernista, uma época em que uma multidão de abordagens do conhecer e do narrar existem lado a lado" (Richardson & Adams St. Pierre, 2005, p. 961). Embora muitos concordassem com Richardson e Adams St. Pierre que o pós-modernismo é um momento intelectual afortunado, os junguianos consideram o clima pós-moderno só parcialmente habitável, porque estamos comprometidos com ideias precisas e robustas sobre a psique sem as quais a psicologia junguiana ficaria irreconhecível. Estas incluem ideias estruturais tais como o inconsciente, complexos, instintos e arquétipos; conceitos filosóficos (que são também experiências vividas) tais como o si-mesmo, o destino, a alma e a sincronicidade; processos tais como a individuação; e o significado do mito, dos sintomas, dos sonhos e da experiência visionária. Contudo, vale a pena colocar o pós-modernismo e a pesquisa junguiana em diálogo, porque as premissas da psicologia profunda, um produto do, e uma resposta ao alto modernismo, são também pós-modernas em alguns aspectos. Igualmente, o valor de haver tal diálogo deriva dos modos como a psicologia moderna *não é* pós-moderna e, assim, põe em questão algumas das ideias e valores caros ao pós-modernismo.

Por exemplo, o que distingue a psicologia profunda como uma disciplina e prática é o compromisso com uma premissa fundacional, o inconsciente, que Jung descreve como "a própria fonte do impulso criativo" (1931/1969c, p. 157 [§ 339]) e "a matriz de uma imaginação mitopoética que desapareceu de nossa era racional" (1961, p. 188). O inconsciente ou inconsciência como *não saber* abrange completamente a consciência e é continuamente criativo. A consciência é "uma ilha cercada pelo mar; e, assim como o mar, o inconsciente produz uma abundância infinita e autorreabastecida de criaturas vivas, uma riqueza que não conseguimos abarcar" (1946/1966, p. 178 [§ 366]). Assim, como junguianos, nosso compromisso com uma ideia estável, o inconsciente, significa que cada um de nós vive dentro das tensões de dois modos de conhecer ou de experienciar que coexistem. Isso tem uma importância particular para aqueles envolvidos na pesquisa junguiana, uma vez que o fato do inconsciente desestabiliza todas as pretensões de conhecimento. Adotar uma abordagem junguiana oferece um lembrete humilde de que ninguém nunca terá a última palavra, porque a substância do conhecimento continuamente se dissolve no desconhecimento.

Embora os pós-modernistas possam não concordar com a ideia da psique ou com o fato do inconsciente, há muita coisa que eles reconheceriam na abordagem junguiana. Ou seja, se os dois estudiosos fossem capazes de se manter em diálogo, após a discordância fundamental sobre essas importantes ideias iniciais, eles provavelmente descobririam um terreno comum em sua experiência da instabilidade do conhecimento, na apreciação de verdades parciais e locais, e na humildade exigida na prática e nos resultados da pesquisa erudita.

Um segundo compromisso na psicologia junguiana, com o sentido (1932/1969b, p. 331 [§ 498]), também parece entrar em choque com o pós-modernismo. O desejo de encontrar significado, uma expressão do instinto religioso, conecta radicalmente a humanidade com o mundo mais-que-humano da natureza e do espírito. Nós buscamos compreender nosso lugar no cosmos e podemos ser únicos entre as espécies em nossa capacidade de sentir espanto por seu mistério e grandeza. A experiência curadora do numinoso, do totalmente Outro, "é uma parte-chave do sistema teórico [de Jung]", diz Corbett, que remete "o cuidado da psique à província da prática espiritual, como era o caso na antiguidade" (1996, p. 13). O instinto religioso é descrito de maneiras muito diversas, mas aponta consistentemente para ideias fundacionais tais como destino, necessidade e a alma. Tais ideias são suspeitas, senão mesmo antitéticas, em relação ao pós-modernismo e a *suas* grandes ideias. (A ironia, espero, é aparente). *Fundacional*, assim como *fundamental*, é um palavrão, uma profanação para o pós-moderno. Ainda assim, de novo, podemos ver que se os pesquisadores pós-modernos estão verdadeiramente comprometidos em descobrir verdades locais e particulares e em representar a subjetividade profunda dos participantes no estudo ou suas próprias respostas subjetivas a textos num projeto hermenêutico, então a experiência do sentido, do destino, da necessidade e da alma pode entrar no quadro.

Já que não podemos abandonar o inconsciente ou ignorar o instinto religioso sem deixarmos de nos considerar junguianos, alguns podem dizer que a conversa se encerra por aqui e irem embora do bar. Como deve ter ficado patente pelos dois exemplos precedentes, eu discordo. Minha postura é antinômica (Saban, 2012), uma abordagem isso-e-aquilo que coloca a pesquisa junguiana e a pós-moderna lado a lado. Como Jung, valorizo as faíscas que voam quando opostos incompatíveis se encontram, porque a conversação fecunda frequentemente inclui atrito. Como diz Jones (2007), "devemos reconhecer a existência de desalinhamento, os fracassos de concordância, que tornam qualquer integração das psicologias junguiana e pós-moderna uma empreitada duvidosa. E por que 'integrar'? Cada psicologia está prosperando sem aparentemente precisar uma da outra" (p. 5). Por que integrar, de fato?

O objetivo deste capítulo não é a integração, mas a exploração de quatro temas dentro do pós-modernismo que têm especial relevância para junguianos envolvidos na pesquisa: primeiro, a importância central da linguagem; segundo, o discurso e a produção social do conhecimento; terceiro, a autorreflexividade do pesquisador; e quarto, o pluralismo teórico. A familiaridade com o pós-modernismo pode facilitar pesquisas interdisciplinares fecundas ao demonstrar como uma abordagem junguiana enriquece a busca do conhecimento. A questão central no coração deste capítulo é enganosamente simples: como o compromisso epistemológico com o profundo – com a verticalidade como sua metáfora primordial – fertiliza o alcance horizontal da pesquisa em ciências sociais?

Antes de mais dada, uma confissão: venho tendo um intenso diálogo com esse tema por meses sem colocar uma palavra no papel. Fico voltando para o começo, de novo e de novo, tentando encontrar a questão que está no cerne. Isso é o que peço para meus orientandos fazerem: passarem muito tempo procurando a questão central. Procurar implica que ela existe em algum lugar, e que articular a questão central – que molda de modo decisivo o caminho a tomar – é um processo de descoberta como o dos detetives, arqueólogos ou astrônomos. Seguimos a evidência. O pós-modernismo tem impulsos de ceticismo em relação a essas metáforas porque elas implicam a postura instrumental característica do modernismo. Ao invés disso, o pós-modernismo vê o conhecimento como algo socialmente construído no qual as categorias de "pesquisador" e "participante" se rompem. É uma epistemologia participativa que *parece* simpática a uma abordagem profunda. Como uma psicóloga do profundo, eu diria (e tenho dito) deste modo: o conhecimento não é só o que buscamos, é o que nos busca (Coppin & Nelson, 2017, p. 11). Quando fazemos pesquisa junguiana, estamos desenvolvendo uma relação com a psique, que frequentemente responde à atenção respeitosa e persistente que emerge de uma entre muitas formas: imagem, ideia, disposição, emoção, intuição mental (com sua qualidade arejada), sensação (uma intuição terrena, somática) e sintoma.

A última sentença pode ter dissuadido alguns leitores de continuar. Nomeei o inconsciente como a *psique* e inferi que ele é um participante responsivo no processo de pesquisa. Fazer isso revela todo um mundo de experiência e uma epistemologia que emerge desta experiência. A pesquisa junguiana, na sua máxima radicalidade, segue a proposição de Jung de "deixar a alma se fazer ouvir" (1954/1969d, p. 159 [§ 343]), em contraponto à presunção de que a alma já é totalmente familiar e conhecida. Podemos começar prestando atenção à tortuosa linguagem, do "inconsciente" à "alma" e à "psique" (que também sugere a Psiquê mítica, uma jovem bastante complexa), para considerar a inquietante sugestão de Jung de que a Psique fala. Contudo, estudiosos em outras disciplinas, assim como outros junguianos, podem considerar essa proposição animada demais, "encantada" demais, preferindo conceptualizar o inconsciente e notar processos mentais inconscientes, por exemplo. Para eles, basta dizer que há uma forte relação afetiva entre o pesquisador e o tópico, ponto. Ambas as abordagens se alinham com a ênfase do pós-modernismo na subjetividade e na natureza participativa da pesquisa.

O restante deste capítulo adota uma postura antinômica para explorar os quatro temas anteriormente citados: linguagem, discurso, autorreflexividade e pluralismo teórico. A intenção é descrever áreas de diferença bem como de concordância entre as abordagens junguiana e pós-moderna de pesquisa e articular áreas de discussão e colaboração frutíferas no futuro.

A importância central da linguagem

Como notado acima, as abordagens junguiana e pós-moderna de pesquisa precisam de múltiplas camadas de consciência em cada estágio do processo. Ambas as abordagens se preocupam com o modo como a inconsciência é um aspecto persistente de qualquer investigação e com as formas pelas quais vieses e pressupostos não reconhecidos se inscrevem na linguagem da tese, dissertação, ensaio ou livro finalizados. Enquanto pesquisadores junguianos tendem a enfatizar a ativação de complexos psicológicos inconscientes quando concebem um estudo, realizam o trabalho, analisam os dados e redigem artigos, pesquisadores pós-modernos enfatizam a natureza social e política da construção do conhecimento e as relaçoes de poder ocultas que são inerentes à linguagem. "Uma preocupação central do pós-modernismo", diz Hauke, é que "a relação entre coisas, ideias e palavras não pode mais ser considerada com pressuposta maneira acrítica" (2000, p. 24). Antes, a linguagem, usada de maneira impensada, pode ser coercitiva. De acordo com isso, uma hermenêutica da suspeita não é mais opcional; é obrigatória, concomitantemente com a "perda da crença num mundo objetivo e incredulidade com relação a metanarrativas de legitimação" (Kvale, 1992, p. 32).

A compreensão de Jung do potencial coercitivo da linguagem foi premonitoriamente pós-moderno. Em seu ensaio "As duas formas de pensamento" [segundo capítulo de *Transformações e Símbolos da Libido*, livro depois reeditado com o título de *Símbolos da Transformação* (OC 5) (N.T.)], Jung define o "pensamento dirigido" como "pensamento em palavras", que é "manifestamente um instrumento de cultura" (1912/1967, p. 16 [§ 16]). Assim, não só os pesquisadores são obrigados a estarem cientes da rica e complexa história das palavras, são igualmente obrigados a meditar sobre o horizonte cultural dentro do qual suas escolhas verbais habitam. Como a linguagem esconde, tanto quanto revela? Para estudiosos pós-modernos e junguianos, essas não são questões ociosas. "A linguagem é claramente um repositório de experiência cultural; nós existimos em e através deste meio; nós vemos através de seus olhos" (Palmer, 1969, p. 27).

Alguns podem se perguntar o que há num nome como "o inconsciente", mas junguianos e pós-modernos concordam: muita coisa. Chamar a atenção para pequenos movimentos na linguagem com grandes implicações demonstra a importância central da linguagem na pesquisa em psicologia profunda e no pós-modernismo. Quando fazemos uma pausa e refletimos sobre "um 'conceito', sua 'palavra' e seus 'significados' – ao que se refere na 'realidade' – já estamos vivendo com aquilo a que os pós-modernos chamam nossa atenção", diz Hauke (2000, p. 24). A relação entre eles, o "parâmetro tanto da 'verdade' científica quanto social, não é um 'dado', mas, para colocar de outro modo, foi dado a nós" (p. 24).

A tradição junguiana tem uma longa história de firme atenção à linguagem, por uma razão implicada à afirmação de Hauke. A linguagem nos foi dada. As palavras têm histórias, algumas das quais mais intrincadas e paradoxais do que outras, o que pode explicar a predileção da psicologia profunda pela etimologia. Remontamos à história de uma palavra, ouvindo seus vários usos e significados ao longo dos séculos, particularmente fascinados por suas alusões remotas, estranhas ou míticas, um processo que "ganha um sentido adicional quando se descobre que *etymos* significa verdade. O que torna a etimologia 'a fala verdadeira, a verdade de uma palavra falando através de si mesma'" (Lockhart, 1983, p. 72). Pós-modernistas provavelmente estremeceriam diante da ideia de "a verdade de uma palavra". Uma asserção central, particularmente em Derrida, Foucault e Lacan, é que os estudiosos não podem confiar que sistemas de linguagem transmitam a verdade, uma vez que não há nenhuma relação estável entre significado e significante. Porque certezas e estruturas se estilhaçaram, a ideia mesma de busca da verdade é absurda.

Tudo é jogo ou, para usar o termo de Derrida, *jeu libre* ("jogo livre"; 1981). Mas quando a etimologia é considerada como uma prática, se torna eminentemente pós-moderna porque a *busca* da verdade – não importa se haja uma verdade a ser descoberta (e não há; apenas muitas verdades) – revela uma história polivalente da palavra. De fato, podemos imaginar etimólogos entrando em *conversação* com uma palavra, uma ideia cara ao pós-modernismo apaixonado pelo discurso. A vida da palavra ao longo do tempo ilumina as múltiplas reivindicações à verdade que cresceram e diminuíram, foram lembradas e esquecidas, e então retomadas novamente. Podemos concordar com Galileu, ele próprio um grande inventor, que diz que a escrita "ultrapassa as mais estupendas invenções" (citado por Calvin, 2004, p. 137).

Descobrir a linguagem para se expressar, ao lado do desejo de ser compreendido, alimenta a pesquisa. É também extremamente difícil, porque os pesquisadores que querem que seu trabalho tenha impacto almejam uma fala evocativa e detalhada que "leve à participação, no sentido platônico, na, e com a coisa de que falam, histórias e *insights* que evoquem, no outro que ouve, outras histórias e novos *insights*" (Hillman, 1975, p. 206). Até o estudo mais seco e quantitativo busca contar uma história. Os pesquisadores não podem fugir do desafio da página em branco porque escrever "visa a fazer com que a 'pesquisa' evoque sua condição epistemológica: independentemente do que busque, ela não deve esquecer sua natureza enquanto linguagem – e é isso o que torna inevitável um encontro com a escrita" (Barthes, 1986, p. 316).

Um aspecto do encontro é a percepção do "perigo constante de vocabulários objetificantes do entendimento, que excluem opções e potenciais" (Gergen, 1992, p. 26). Sem um senso deste perigo, os pesquisadores podem ficar cegos sobre como sua disciplina ou tradição se tornou uma cultura autolimitante, um "discurso preferencial" (p. 24) que impõe padrões fixos de pensamento. A questão para os pesquisadores é como manter os olhos abertos ao novo. Frequentemente os junguianos recaem numa fala sobre o inconsciente enquanto uma coisa que existe, o que é fácil de acontecer até para Jung, e um bom exemplo do perigo dos "vocabulários objetificantes." Noutros momentos, porém, Jung parece muito mais radical: "O conceito do inconsciente *não postula nada*, designa tão somente meu *desconhecimento*" (1975, p. 60). Este Jung, diz Miller, "era pós-moderno antes do tempo. Conhecia o desconhecimento antes da versão de Derrida do *insight* de Heidegger de que o momento mais crucial era o desconstrutivo" (1990, p. 326). Este Jung nos convida "a esquecer nossos conceitos e categorias junguianas... ouvindo não Jung, mas a alma" (p. 326). Desconhecer é um ponto de partida muito útil ao pesquisador, porque nos lembra da importância da humildade epistêmica na jornada rumo ao conhecer. A tensão entre desconhecer e conhecer pode limitar a confiança do pesquisador em quaisquer ideias estabelecidas ou evidentes. Se o desconhecer é uma companhia constante na pesquisa, então não importa o quanto a *expertise* se expanda durante o progresso do estudo, a fluidez, a novidade, o caos e a estrutura são de um mesmo valor.

Discurso e a produção social do conhecimento

A atenção crítica à linguagem leva a uma segunda chave essencial do pós-modernismo: a ênfase no discurso, na "construção linguística e social da realidade", e na "interpretação e negociação do significado do mundo vivido" (Kvale, 1992, p. 35). Na pesquisa, "conhecer o eu e conhecer acerca do sujeito são conhecimentos entrelaçados, parciais, históricos e locais" (Richardson & Adams St. Pierre, 2005, p. 962). Uma vez que o conhecimento emerge no diálogo e, portanto, é fluido e contextual, a pesquisa é colaboração; o *sujeito* humano é crucialmente redimensionado como participante. O conhecimento não é extraído, mas, isso sim, surge entre os envolvidos no estudo naquele momento. Eles estão unidos num esforço pela veracidade, que é um "relato crível de um senso cultural, social, individual ou comunal do 'real'" (p. 964).

A guinada discursiva na pesquisa revela um ponto de atrito entre pós-modernistas e junguianos: o ouvido pós-moderno para a linguagem, em seu esforço de diferenciar criticamente muitos significados correntes dos conceitos e sua relação com a "realidade", é mais horizontal do que vertical, mais amplo do que profundo. "A psicologia pós-moderna, que significa localizar a consciência humana na materialidade das práticas discursivas, evita o próprio pressuposto de uma psique" e "vê a subjetividade como uma propriedade emergente do discurso" (Jones, 2007, pp. 4-5). E não só a subjetividade, mas o próprio sujeito. "Da perspectiva social ou dialógica, o contexto social é aquilo que rodeia e em virtude do qual aquilo que é rodeado pode existir" (p. 100). Isso pode explicar minha frustração com muitas das pesquisas sociológicas e pós-modernas: ela é plana, visando à extensão horizontal sem a verticalidade que intriga o psicólogo do profundo. Ela também reivindica tanto para o discurso social que fica fácil esquecermos a comunhão silenciosa com a alma inefável que fundamenta a subjetividade. De fato, a ideia social, discursiva de subjetividade contrasta frontalmente com a noção de Jung de "o desenvolvimento da personalidade", que é "a máxima realização da índole inata de um ser vivo" (1934/1954, p. 171 [§ 289]). A nota dissonante para ouvidos pós-modernos é "inato", uma ideia que Jung repete e aprofunda ao longo do ensaio em seu uso de uma imagética orgânica, incluindo "amadurecimento", "semente", "germes", "estado germinal", "fruto" e "veia por descobrir" (pp. 171, 172, 173, 186 [§ 288, 290, 293, 323]).

Se o cenário é de uma análise ou um projeto de pesquisa, os junguianos não são e não podem ser pós-modernos na medida em que nossa linguagem visa ao cuidado da alma ou da psique através da busca do sentido. Para os junguianos, a pressuposição de que as pessoas e as coisas do mundo têm uma interioridade profunda é um compromisso ontológico de grande valor. Nós seguimos Jung, que revive a ideia clássica de um único espírito-guia que age como uma lei de deus. A pessoa, seja analista, paciente ou pesquisador, "deve obedecer a sua própria lei, como se houvesse um *daimon* lhe sussurrando caminhos novos e maravilhosos. Quem quer que tenha uma vocação ouve a voz do homem interior: ele é chamado" (1934/1954, p. 176 [§ 300]). A ideia do *daimon*, que implica uma lei interior, um espírito interior, e a própria interioridade – tudo isso nas antípodas do pós-modernismo – encoraja uma atenção paciente, cuidadosa e a capacidade de ouvir o espaço entre as palavras para a poética do silêncio. Alhures, Joseph Coppin e eu descrevemos isso como o "yin da investigação" (Coppin & Nelson, 2017, p. 11). É a prontidão ativa para receber, uma postura que é familiar a quem está engajado na criatividade profunda, incluindo-se compositores, autores, artistas e pesquisadores em psicologia profunda. Em tais momentos de devaneio, a linguagem própria da psique, a imagem (Jung, 1931/1967b, p. 50), se torna mais evidente.

Para o pesquisador, imagens que chegam em momentos de devaneio carregam a obrigação de escrever. "A marcha da imagem ao pensamento e à linguagem é tortuosa. Casualidades ocorrem: a rica e felpuda textura da imagem, sua extraordinária plasticidade e flexibilidade, seus específicos matizes emocionais nostálgicos – tudo está perdido quando amontoado na linguagem" (Yalom, 1995, p. 180). Não concordo que *tudo* esteja perdido, embora o alerta de Yalom seja válido. Enquanto os pesquisadores se mantêm flexíveis, desenvolvendo um fino senso táctil para as imagens e um nariz para onde elas querem levar, escrever uma prosa precisa e evocativa possibilita ao autor e ao leitor seguirem a imagem. De fato, tal seguimento é uma forma de amor. Então, uma imagem pode ser posta ao lado de outra, e outra, produzindo por fim um retrato multifacetado do momento presente. Traduzindo em linguagem pós-moderna, imagens distintas são como vertentes distintas no discurso – válidas por si próprias e válidas quando entrelaçadas.

Autorreflexividade do pesquisador

O pós-modernismo evita grandes narrativas em favor de um conhecimento limitado e parcial, no qual a subjetividade do pesquisador é valorizada. "Nossos eus estão sempre presentes, por mais força que façamos para suprimi-los" (Richardson & Adams St. Pierre, 2005, p. 962). A objetividade pura e racional prezada pelos modernistas não é possível. Por mais friamente mecânicos que forem os instrumentos que usamos para inspecionar a natureza ou a natureza humana, por mais reducionista que for o resultado (especialmente em pesquisa quantitativa), há sempre um ser humano quente, de carne, que reúne e interpreta os dados, tentando entender a história que eles contam. "Como escrevemos é um reflexo de nossa própria interpretação baseada na política cultural, social, de gênero, de classe e pessoal que trazemos à pesquisa. Toda escrita é 'posicionada' e está dentro de uma perspectiva" (Creswell, 2013, p. 215). Para a pesquisa em ciências sociais, a questão "quem é o pesquisador" pode ser respondida sem recurso ao inconsciente, à alma ou à psique.

Embora pareça haver concordância entre junguianos e pós-modernistas, já que ambos valorizam a subjetividade na pesquisa, a psicologia profunda leva a subjetividade muito mais longe do que um entendimento sociológico-discursivo. "A experiência interior é complexa e multifacetada, e é esse fato, essa verdade que nos exige que sejamos objetivos acerca de nossa subjetividade" (Hewison, 2010, p. 590). Para pesquisadores junguianos, a autorreflexividade é uma empreitada especialmente árdua, porque envolve a insondável psique da pessoa como um todo, e os modos nuançados pelos quais corpo, mente, espírito e alma subjazem a, e informam o processo de pesquisa. Ainda assim, essas são dimensões de experiência que muitos pesquisadores, não importa se autoconscientemente pós-modernos, negariam ou ignorariam. A autorreflexividade junguiana também inclui a consideração imaginativa das forças que operam para trazer o pesquisador aqui, agora, para este tópico, onde ele ou ela possa dizer "minha vida e vida do mundo estão profundamente entrelaçadas" (Abram, 1997, p. 33). Partimos da premissa de que nosso interesse não é desinteressado. Pode ser que nossas feridas nos tenham arrastado ao trabalho, como afirma Romanyshyn (2007). Ou os pesquisadores podem sentir a presença do *daimon*, mencionado acima, que Hillman descreve como "uma centelha de consciência" que "se preocupa com nosso interesse e coração porque nos escolhe por suas razões" (1996, p. 12). Poderíamos falar de Ananke, a deusa da necessidade, ou de outras influências fatídicas do nosso passado clássico. Eu regularmente constatei que meus alunos são levados ao tópico de suas pesquisas através de uma imagem arquetípica ativada, e "a voz do pesquisador e a imagem arquetípica trabalham conjuntamente, cada qual engendrando a outra. O que emerge como trabalho final é uma colaboração da psique e do estudioso que molda o texto de modos profundos e às vezes indescritíveis" (Nelson, 2013, p. 333).

Essas ideias irracionais podem ser difíceis de aceitar para o racionalista engajado. Assim também, a interioridade profunda que elas afirmam pode ser igualmente difícil de aceitar para os pós-modernistas, porque, como assinalado acima, o pós-modernismo vê a subjetividade como socialmente produzida e discursiva, surgindo entre pessoas. Não importa como a experiência seja nomeada pelo pesquisador, reconhecer a ferida, o *daimon*, a necessidade, o destino ou a imagem ativada transforma a pesquisa das ciências sociais em pesquisa profunda. Todos esses nomes apontam para, e postulam um Outro enigmático, mas em última instância criativo no processo, um *psychopompos* "impregnado de significância e intenção, um anjo necessário conforme aparece aqui e agora, e que ensina a mão a representá-lo, o ouvido a escutá-lo e o coração a responder-lhe" (Hillman, 1983, p. 62).

A abordagem junguiana, que dá conta do relacionamento nuançado entre pesquisador e tema, adicionalmente oferece valiosos *insights* para se trabalhar com participantes no estudo. Quando voltamos para eles o mesmo olho e ouvido complexos, escutamos diferentemente. É claro, entrevistadores altamente habilidosos em muitas disciplinas de ciências sociais percebem alterações de tom, cadência ou volume no discurso dos participantes, hesitações nas respostas ou completo silêncio, e linguagem corporal expressiva, tal como mudanças de postura, gestos surpreendentes e mudanças na respiração, no foco do olhar ou na compleição. Pesquisadores junguianos se indagariam sobre essas coisas diferentemente, o que é um tipo de caminhada numa direção específica sugerida pela primeira vez por Heráclito: para baixo, às profundezas, e de volta através das camadas de cultura sedimentada na psique. Então reconhecemos o formato das preocupações humanas recorrentes: a morte, ou seja, os deuses. Trabalhando com participantes, bem como com textos, os pesquisadores junguianos valorizam "as possibilidades imaginativas em nossas naturezas, o experienciar através da especulação reflexiva, do sonho, da imagem e da fantasia – aquele modo que reconhece todas as realidades como primordialmente simbólicas ou metafóricas (Hillman, 1975, p. xvi). Nossa indagação também se apoia no primeiro compromisso ontológico, com o inconsciente ou o não saber. Pesquisadores em psicologia profunda devem se manter humildes, não só porque a produção de qualquer conhecimento é sempre parcial num sentido sócio-histórico, mas também porque cada alma humana é insondável, desconhecida para a própria pessoa e desconhecida para outrem.

Quando a pesquisa leva junguianos para o campo, eles têm a oportunidade de levar o olho, o ouvido e o nariz para a profundeza do lugar e de seus habitantes. A sensibilidade a vulnerabilidades, tão necessária no trabalho analítico, pode abrir o pesquisador junguiano a feridas negligenciadas e à ferida da negligência que está escondida – a nossos olhos – em nossas comunidades locais. Aqui o valor heurístico do não saber se reafirma. Os pesquisadores podem perguntar, "O que é o não sabido, o não visto, o não sentido em meu próprio quintal?" A sensibilidade ao negligenciado pode também levar os pesquisadores ao mundo mais-que-humano e a suas feridas. Meus alunos são frequentemente levados à ecologia como um tema, e também como uma perspectiva que "se esforça por entrar, cada vez mais profundamente, no presente sensorial… tornar-se cada vez mais desperto a outras vidas, a outras formas de senciência e de sensibilidade que nos cerca no campo aberto do momento presente" (Abram, 1997, p. 272).

O campo aberto está cada vez mais tóxico. Muitos pesquisadores estão trabalhando para abordar a crise ecológica, cientes da urgência da questão posta por Rachel Carson em seu assustador livro *Silent Spring* [Primavera Silenciosa] há mais de 50 anos atrás (1962, p. 99): Pode qualquer civilização "travar uma guerra incessante contra a vida sem destruir-se a si mesma, e sem perder o direito de ser chamada de civilizada?" Vinte anos atrás, Hillman argumentou que o colapso do mundo é o mundo buscando nossa atenção. Aparece como "poluição e violência urbana, a perda de educação e aumento do lixo, da fraude e do espetáculo. Encontramos agora a patologia na psique da política e da medicina, na linguagem e no *design*, na comida que comemos" (1982, p. 74). No momento em que escrevo, mais de três décadas depois, está muito pior, e concordo plenamente com Hillman que ignorar a doença do mundo é seu próprio tipo de patologia. De fato, David Tacey defende o holismo na pesquisa em nome da mais grave necessidade do mundo:

> Uma emergência ecológica se nos impõe e isso colocou a função do conhecimento numa luz diversa. O conhecimento que continua a fragmentar o mundo, a separar a humanidade da natureza, a cindir o espírito da terra e a mente do corpo, está sendo visto com um novo tipo de desconfiança, como não víamos antes (2012, p. 18).

Tacey pede "grandes teorias" para a compreensão da profunda interconexão do mundo (2012, p. 18). Por um lado, isso pode soar como algo o menos pós-moderno possível – como as grandes narrativas que o pós-modernismo rejeita. Por outro lado, a pesquisa que pode começar a apreender a complexidade das feridas do mundo deve estimular o discurso entre disciplinas a superar a fragmentação e a cisão que Tacey descreve. Não é isso o que o pós-modernismo valoriza?

Pluralismo teórico

Há um mundo de diferença entre fragmentação e diferenciação. O discurso tão valorizado entre pós-modernistas requer a diferenciação entre teorias, de modo que cada vertente da conversação seja claramente percebida. O discurso é rico em propósito quando cada vertente e o conhecimento local, particular, subjetivo que ela representa são colocados ao lado dos outros, com um olho para sua intertextualidade. Mais importante, a multiplicidade ou pluralidade das vertentes discursivas só pode ser produzida por estudiosos comprometidos com a veracidade de seus processos de pesquisa e com fé no valor de seu resultado particular e local. Concordo com Hewison (2010) que "confundir 'multiplicidade' e 'pluralismo' com 'o abandono da concepção de veracidade' é uma incompreensão do pós-modernismo. Pós-modernistas e junguianos, guiados pelo desejo de veracidade, valorizam os "fragmentos de compreensão" (Polkinghorne, 1992, p. 160) que emergem no processo de pesquisa como blocos de construção – e não estilhaços dispersos. Por estarem unidos pelo desejo da compreensão holística, os melhores dentre eles respeitam os fragmentos produzidos por pesquisadores de boa vontade nas diversas disciplinas. "O áspero e confuso processo de tatear e às vezes apreender algo sobre como o mundo é não é uma coisa masculina ou de brancos, mas uma coisa humana" (Haack, citado em Bell, 2009, p. 344).

Estimular o discurso multi, inter e transdisciplinar é, em parte, uma questão de tradução. Embora muitas línguas sejam faladas, os pesquisadores podem buscar significados comuns e valores comuns, o que também implica sustentar ideias substanciais com uma certa leveza. Por exemplo, David

Bohm soa bem pós-moderno quando afirma que "todas as teorias são *insights*, nem verdadeiros nem falsos, mas sim claros em certos domínios e obscuros quando se estendem para além desses domínios" (1983, p. 3). A questão que resta é se os estudiosos estão dispostos e prontos a articular suas próprias teorias, bem como a psicologizarem ou "verem através" delas como Hillman (1975) defende. Uma abordagem útil é sugerida pela etimologia da palavra *teoria*, que é um cognato de *teatro*, como observa Bohm, que foi tanto um físico teórico quanto um filósofo:

> Na pesquisa científica, grande parte do nosso pensamento se dá em termos de teorias. A palavra "teoria" deriva do grego *theoria*, que tem a mesma raiz que "teatro" – *theatre* –, numa palavra que significa "ver" ou "fazer um espetáculo". Assim, pode-se dizer que a teoria é uma forma de *insight*, ou seja, um modo de observar o mundo, e não uma forma de conhecimento de como o mundo é (1983, pp. 3-4).

Uma teoria nos apresenta alguma coisa, nos dá uma visão, e é sempre uma visão a partir de algum lugar (Bell, 2009, p. 333). Assim, a pesquisa requer uma combinação paradoxal de enraizamento e flexibilidade. Os pesquisadores podem permanecer suficientemente fundamentados em seu conhecimento, suficientemente autorreflexivos sobre si mesmos e sobre suas posições teóricas, para serem colaboradores fluidos ao discurso maior?

Para se tornar um colaborador assim, o pesquisador deve estar disposto a examinar a saúde de suas teorias. Quando uma teoria não é mais uma apresentação, mas *a* apresentação, torna-se tirânica, como um rei sem o seu bobo da corte para apontar a loucura de uma única posição. Assim como um rei declina e fica cada vez mais decrépito, isolando-se para proteger sua fraqueza, assim também o fazem as teorias. Essa teoria remete ao argumento de Hillman sobre as ideias. Lembra a palavra grega *eidos*, "que originalmente significa aquilo que alguém vê e aquilo pelo qual alguém vê" (1983, p. 36), assim como, em outro lugar, ele diz:

> As ideias decaem por muitas razões. Também elas envelhecem e se esvaziam, se tornam privadas e afetadas; ou podem se descolar da vida, não mais capazes de salvar seus fenômenos. Ou podem ficar monomaníacas, uma ideia particular atribuindo

a si mais valor do que a todas as outras e em oposição a elas (1975, p. 115).

A monomania é uma tentação continua para o pesquisador, compreensível quando se considera a imensa quantidade de tempo gasto na aquisição de *expertise*. Então, o perigo de erigir a teoria como uma barricada contra o não saber, contra a dúvida e contra outros que discordem é bastante real. Mas como nos conta o mito do Grail, a possibilidade de rejuvenescimento é encontrada ao se reconhecer a profunda interconexão de todas as coisas e a necessidade da morte no ciclo completo do renascimento. "Isso tem de acontecer para que a vida psíquica em eterna autorrenovação flua das profundezas e para que seus aspectos inapreensíveis, eternamente novos e inesperados, sejam preservados" (Jung & von Franz, 1970, p. 197). Luke descreve o próprio Grail como "a taça da qual cada indivíduo recebe seu alimento e bebida essenciais", sem a qual "todas as 'dez mil coisas' devem existir num estado de desconexão umas com as outras - um caos sem sentido" (1992, p. 73). Talvez o discurso pós-moderno possa ser reimaginado num recipiente suficientemente forte e capaz de superar a desconexão do conhecimento compartimentado, uma vez que "sem um recipiente nenhuma transformação, em nenhum nível, pode ocorrer - nenhum cozimento de ingredientes numa cozinha, nenhum experimento químico ou busca alquímica do 'ouro', nenhuma metanoia numa alma humana" (p. 73). Além disso, em um mundo que está claramente enfermo, o pesquisador pode precisar ser um Parsifal dos dias modernos, que finalmente aprende a fazer a questão correta.

Em conclusão: ouvindo a linguagem própria da psique

A pesquisa junguiana pode fortalecer o discurso pós-moderno expandindo a noção do que deve ser incluído nesse discurso: a psique. Mas isso só é possível se os cientistas sociais estiverem abertos à desconfortável coexistência do racional com o irracional, que inclui a interioridade insondável e *soulful* [comovente, repleta de alma (N.T.)] de todas as coisas. Uma tendência recente no mundo do conhecimento, a abordagem antinômica, pode ser muito útil. Ela "tende a erodir as categorias e oposições sedimentadas" e revelar "as tensões e contradições que antes não eram vistas ou, quando muito, percebidas como marginais" (Saban, 2012, p. 24). A psicologia de Jung "insiste na importância crítica precisamente dessas antinomias" (p. 24). Assim também a pesquisa junguiana. Notar os movimentos e manifestações da psique aprofunda radicalmente nossa epistemologia. Também molda a metodologia alertando, em primeiro lugar, sobre os passos-chave que os pesquisadores podem adotar (Coppin & Nelson, 2017). Em outras palavras, se o pós-modernismo se apoia na ideia de que a realidade é construída através da linguagem, vamos trazer o espírito das profundezas insondáveis acrescentando alma à conversação.

A linguagem própria à psique, diz Jung, é a imagem (1931/1967b, p. 50 [§ 73]). Em outro lugar afirma que "a psique consiste essencialmente de imagens" (1928/1969b, p. 325 [§ 618]), as quais têm muito mais vitalidade e autonomia do que conceitos reificados: "Conceitos são valores cunhados e negociáveis; mas imagens são vida" (1970, p. 180 [§ 226]). Imagens vívidas têm um poder especial, algo como personagens vívidos na ficção. O efeito delas é enérgico, preciso e inconfundível. Possuem autocoerência e integridade, que rejeita interpretações negligentes. A força é como a de um magneto, atraindo para si apenas aquelas associações pertinentes, e repelindo as que não o são. Assim, as imagens têm o efeito de focar a mente.

Neste contexto, vale lembrar que a palavra latina para lareira significa "foco", e que a divindade do lar, da lareira, na tradição clássica, é a deusa Héstia. De fato, ela não é tanto aquela que preside o lar, *é* o próprio lar, o foco, "o centro que sustenta o lugar do retorno" (Demetrakopoulos, 1979, p. 61). A influência de Héstia é a sensação de quietude, por mais barulhento que seja o ambiente. Alguns pesquisadores, aliás, buscam o barulho ambiente de um café lotado, em parte porque podem ouvir e sentir melhor a quietude do foco hestiano descer. (Sim, é um clichê dizer que a quietude *desce*. A direção é significativa.) É como se o foco hestiano viesse mais facilmente em um ambiente cheio de distrações potenciais. Poderíamos dizer que a jornada do pesquisador é guiada por uma busca do lar hestiano, o foco que se torna a casa intelectual, espiritual e *soulful* durante o período do projeto. Descobrir o foco central do trabalho é árduo, especialmente em um mundo rico cheio em distrações e "mod cons" [abreviação de "modern conveniences" ou comodidades modernas (N.T.)] (uma expressão que sugere tanto comodidade quanto trapaça ["con" pode ser traduzido como golpe, esquema, trambique, trapaça (N.T.)], o que torna o foco em uma só coisa por vez uma proeza digna de louvor.

Para concluir, volto a Jung: a psique é imagem e a imagem é iconoclasta, autocoerente, embora sempre excedendo, por todos os lados e de todas as maneiras, tudo o que podemos dizer sobre ela. Por que o inconsciente, a psique, Psiquê, se apresenta através da imagem, ofereço uma imagem da pesquisa junguiana em um meio pós-moderno: a Dança do Mastro.

Os estudiosos divergem sobre as origens e significado da tradicional dança do mastro, embora no norte europeu pareça ser um vestígio de práticas rituais e crenças pré-cristãs que podem ser associadas com a árvore Yggdrasil, da tradição nórdica, e, mais amplamente, com o conceito do *axis mundi* [o eixo do mundo]. Quando criança, eu não sabia disso. Só sabia que em algum momento da primavera nossos professores tentariam organizar um grupo de umas vinte crianças em torno de um mastro alto e robusto no pátio, para realizar a dança. O mastro, com cerca de trinta centímetros de diâmetro e três metros e meio de altura, era enfeitado com fitas de todas as cores, uma para cada criança. Com nossa respectiva fita em mãos, que nos amarrava ao topo do mastro, nos afastávamos da base tanto quanto a extensão da fita nos permitisse, até termos formado um grande círculo. Na ordem, uma das crianças ficava virada para rodar em sentido horário, e sua vizinha em sentido anti-horário. Quando a música começava, nos movíamos em "nossa direção" em torno do mastro, dançando em torno das crianças que se moviam contra nossa direção, para dentro e para fora, para dentro e para fora. Conforme circulávamos ao redor do mastro, nossas fitas criavam um lindo envoltório multicolorido do topo até a base. As fitas iam ficando pouco a pouco mais curtas, nos aproximando uns dos outros, até pararmos, sorridentes, aglomerados perto da base do mastro, espantados com sua transformação mágica.

A festa do mastro é uma imagem fecunda da pesquisa junguiana pós-moderna, um modo de imaginar a dança do conhecimento. Se me perguntarem *como é uma pesquisa junguiana?*, eu posso dizer: É como uma dança do mastro. Eis o que quero dizer. O mastro é como o foco central do projeto, nossa "estaca no chão" em torno da qual os estudiosos que compartilham de nosso interesse se organizam. Pode se tornar, por um período de tempo ou por toda uma vida, o *axis mundi*, o ser vivo que inexoravelmente se enraíza na alma do pesquisador. O mastro é como o tema ou a questão da pesquisa, situado num determinado espaço e tempo. Não é o único mastro. Outros existem e existiram ao longo dos séculos, e existirão no futuro. As fitas brotando do topo do mastro são como as variadas perspectivas através das quais o tema pode ser abordado – uma imagem notavelmente adequada das vertentes discursivas do pós-modernismo. Cada dançarino no círculo tem uma visão parcial do mastro, que é como a perspectiva parcial do pesquisador em relação ao tema. Para os dançarinos do mastro, a fita é um lastro. Assim, o modo como o dançarino está amarrado ao mastro se parece com o modo como o pesquisador está amarrado ao tema. Segurar a ponta da fita é como segurar nossa própria perspectiva, nossa vertente. Se não fizerem isso, os pesquisadores não podem completar sua porção única do trabalho ou perceber sua veracidade. A cor distintiva da fita é como a visão distintiva que eles trazem para o tema. Não é por acaso que frequentemente descrevemos nossa visão de uma situação, objeto ou questão como "colorida". Em última instância, a festa da dança do mastro é como uma pesquisa num meio pós-moderno, porque o tecido das perspectivas diversamente coloridas em torno do item fazem o todo mais completo e mais bonito. Ao final da dança, a proximidade física das crianças é uma imagem esperançosa da distância que os pesquisadores superaram entre si enquanto circulavam seu tema. Ao final, é o que pode acontecer quando pesquisadores de diferentes disciplinas dançam juntos.

Chego ao fim deste ensaio e me levanto para servir uma xícara de café. Meditando, ocorre-me que uma riqueza de imagens apareceu nas últimas páginas: o rei doente e a lenda do Grail, o aconchego tranquilo de Héstia e finalmente a dança do mastro, com sua associação a ritos de fertilidade, a Yggdrasil e ao *axis mundi*. Num debate profundo com este tema, e com Psiquê, as imagens proliferam. Eu não as criei. Nunca as crio.

Referências

Abram, D. (1997). *The spell of the sensuous*. Nova York: Vintage.

Barthes, R. (1986). *The rustle of language* (R. Howard, trad.). Nova York: Hill e Wang.

Bell, D. (2009). Is truth an illusion? Psychoanalysis and postmodernism. *International Journal of Psychoanalysis, 90*, 331-345, doi:10.1111/j.1745-8315.2009.00136.x

Bohm, D. (1983). *Wholeness and the implicate order*. Londres: Ark Paperbacks.

Calvin, W. (2004). *A brief history of the mind*. Oxford: Oxford University Press.

Carson, R. (1962). *Silent spring*. Boston: Houghton Mifflin.

Connor, S. (2006). Introduction. In *The Cambridge companion to postmodernism* (pp. 1-19). Cambridge: Cambridge University Press.

Connor, S. (2017). Epilogue: Modernism after postmodernism. In V. Sherry (Ed.), *The Cambridge history of modernism* (pp. 820-834). Cambridge: Cambridge University Press, doi:10.1017/9781139540902.050

Coppin, J., & Nelson, E. (2017). *The art of inquiry: A depth psychological perspective* (3ª ed. ampliada). Woodstock, CT: Spring Publications.

Corbett, L. (1996). *The religious function of the psyche*. Londres: Routledge.

Creswell, J. (2013). *Qualitative inquiry and research design: Choosing among five approaches* (3ª ed.). Los Angeles, CA: Sage Publications.

Demetrakopoulos, S. (1979). Hestia, goddess of the hearth. *Spring Journal, 39*, 55-75.

Derrida, J. (1981). *Dissemination* (B. Johnson, trad.). Chicago: University of Chicago Press.

Gergen, K. (1992). Toward a postmodern psychology. In S. Kvale (org.), *Psychology and postmodernism* (pp. 17-30). Londres: Sage Publications.

Hauke, C. (2000). *Jung and the postmodern: The interpretation of realities*. Londres: Routledge.

Hewison, D. (2010). Review of 'Is truth an illusion? Psychoanalysis and postmodernism'. *Journal of Analytical Psychology, 55*, 587-610.

Hillman, J. (1975). *Revisioning psychology*. Nova York: Harper Perennial [*Re-vendo a Psicologia*. Petrópolis: ed. Vozes, 2010].

Hillman, J. (1982). Anima mundi: The return of the soul to the world. *Spring*, 71-93.

Hillman, J. (1983). *Healing fiction*. Woodstock, CT: Spring Publications.

Jencks, C. (1996). *What is post-modernism?* (4ª ed.). Nova York: St Martin's Press.

Jones, R. (2007). *Jung, psychology, postmodernity*. Londres: Routledge.

Jung, C.G. (1954). The development of personality. In R.F.C. Hull (trad.), *The development of personality, the collected works of C.G. Jung* (2ª ed., volume 17, pp. 167-186). Princeton, NJ: Princeton University Press. (Obra originalmente publicada em 1934). [*O Desenvolvimento da Personalidade*, OC 17]

Jung, C.G. (1961). *Memories, dreams, reflections* (A. Jaffe, org.). Nova York: Pantheon [*Memórias, Sonhos, Reflexões*. trad. Dora Ferreira da Silva. Rio de Janeiro: ed. Nova Fronteira, 2015].

Jung, C.G. (1966). The psychology of the transference. In R.F.C. Hull (trad.), *The practice of psychotherapy, the collected works of C.G. Jung* (2ª ed., Volume 16, pp. 163-323). Princeton, NJ: Princeton University Press. (Obra originalmente publicada em 1946) [*A Psicologia da Transferência*, in: OC 16/2]

Jung, C.G. (1967a). Two kinds of thinking. In R.F.C. Hull (trad.), *The collected works of C.G. Jung* (2ª ed., Volume 17, pp. 7-33). Princeton, NJ: Princeton University Press. (Obra originalmente publicada em 1912) ["As duas formas de pensamento", in: OC 5]

Jung, C.G. (1967b). Commentary on 'The secret of the golden flower'. In R.F.C. Hull (trad.), *Alchemical studies, the collected works of C.G. Jung* (Volume 13, pp. 1-56). Princeton, NJ: Princeton University Press. (Obra originalmente publicada em 1931) ["Comentário a *O Segredo da Flor de Ouro*", in: OC 13]

Jung, C.G. (1969a). Psychotherapists or the clergy. In R.F.C. Hull (trad.), *Psychology and religion: West and east, the collected works of C.G. Jung* (2ª ed., Volume 11, pp. 327-347). Princeton, NJ: Princeton University Press. (Obra originalmente publicada em 1932) ["Relações entre a Psicoterapia e a Direção Espiritual", in: OC 11/6]

Jung, C.G. (1969b). Spirit and life. In R.F.C. Hull (trad.), *The structure and dynamics of the psyche, the collected works of C.G. Jung* (2ª ed., Volume 8, pp. 319-337). Princeton, NJ: Princeton University Press. (Obra originalmente publicada em 1928) ["Espírito e vida", in: OC 8/2].

Jung, C.G. (1969c). The structure of the psyche. In R.F.C. Hull (trad.), *The structure and dynamics of the psyche, the collected works of C.G. Jung* (2ª ed.,

Volume 8, pp. 139-158). Princeton, NJ: Princeton University Press. (Obra originalmente publicada em 1931) ["A estrutura da alma", in: OC 8/2]

Jung, C.G. (1969d). On the nature of the psyche. In R.F.C. Hull (trad.), *The structure and dynamics of the psyche, the collected works of C.G. Jung* (2ª ed., Volume 8, pp. 159-234). Princeton, NJ: Princeton University Press. (Obra originalmente publicada em 1954)

Jung, C.G. (1970). Mysterium coniunctionis. In R.F.C. Hull (trad.), *The collected works of C.G. Jung* (2ª ed., Volume 14). Princeton, NJ: Princeton University Press. [*Mysterium Coniunctionis*, OC 14]

Jung, C.G. (1975). *C.G. Jung: Letters, Volume 1* (G. Adler e A. Jaffe, orgs. e R.F.C. Hull, trad.). Princeton, NJ: Princeton University Press [*Cartas*. 3 volumes. Petrópolis: ed. Vozes, 2018]

Jung, C.G. (2009). *The red book* (S. Shamdasani, org.). Nova York: W.W. Norton e Co. [*O Livro Vermelho*. Petrópolis: ed. Vozes, 2010]

Jung, E., & von Franz, M.-L. (1970). *The Grail legend* (2ª ed., A. Dykes, org.). Princeton: Princeton University Press.

Kvale, S. (1992). Postmodern psychology: A contradiction in terms? In S. Kvale (org.), *Psychology and postmodernism* (pp. 31-37). Londres: Sage Publications.

Lockhart, R. (1983). *Words as eggs: Psyche in language and clinic*. Dallas: Spring Publications.

Luke, H. (1992). Dindrane. In *Kaleidoscope: 'The way of woman' and other essays* (pp. 73-89). Nova York: Parabola.

Miller, D. (1990). An other Jung and an other... In K. Barnaby e P. D'Acierno (org.), *C.G. Jung and the humanities* (pp. 325-330). Princeton: Princeton University Press.

Nelson, E. (2013). Writing as method: Depth psychological research and archetypal voice. *International Journal of Multiple Research Approaches, 7, 3,* 330-342.

Palmer, R. (1969). *Hermeneutics*. Evanston, IL: Northwestern University Press.

Polkinghorne, D. (1992). Postmodern epistemology of practice. In S. Kvale (org.), *Psychology and postmodernism* (pp. 146-165). Londres: Sage Publications.

Richardson, L., & Adams St. Pierre, E. (2005). Writing: A method of inquiry. In N. Denzin e Y. Lincoln (orgs.), *Handbook of qualitative research* (3ª ed., pp. 959-978). Thousand Oaks, CA: Sage Publications.

Romanyshyn, R. (2007). *The wounded researcher: Doing research with soul in mind*. Nova Orleans, LA: Spring Journal Publications.

Saban, M. (2012). The dis/enchantment of C.G. Jung. *International Journal of Jungian Studies*, *4*(1), 21-33, doi:10.1080/19409052.2012.642480

Tacey, D. (2012). *The Jung reader*. Londres: Routledge.

Turner, T. (1995). *City as landscape: A post post-modern view of design and planning*. Londres: Taylor and Francis.

Yalom, I. (1995). *Love's executioner and other tales of psychotherapy*. Nova York: Basic Books.

3
As correspondências de C.G. Jung: uma rica fonte

Thomas B. Kirsch

C.G. Jung nasceu em 26 de julho de 1875 e morreu em 6 de junho de 1961. Viveu numa época em que escrever cartas era um modo importante de alguém expressar seus pensamentos mais profundos. Foi assinalado por Sonu Shamdasani que o depósito literário de Jung inclui muitas centenas de cartas, a maioria das quais ainda não publicadas. Segundo Aniela Jaffe, que trabalhou como secretária de Jung até o final da vida dele, e que organizou a edição alemã de sua correspondência reunida, a preservação das cartas começou verdadeiramente na década de 1930. No final dos anos de 1950 ficou claro que Jung tinha um enorme depósito desse material. Este capítulo vai destacar uma seleção da imensamente rica e intelectualmente valiosa correspondência de C.G. Jung que está atualmente disponível em versão impressa, e comentar sua importância para futuras pesquisas em Psicologia Analítica.

As cartas Freud-Jung (1974) foram as primeiras dentre as correspondências de Jung a serem publicadas, e este importante intercâmbio tem sido amplamente discutido e não será parte deste capítulo. Em fins dos anos de 1970, uma coletânea de cartas de Jung a vários correspondentes foi publicada em alemão e em inglês por Aniela Jaffe e Gerhard Adler em dois volumes: *Volume 1, 1906-1950*, (Jung, 1973) e *Volume 2, 1950-1961* (Jung, 1975). Porém, ao ler as cartas reunidas, não se sabe exatamente o conteúdo ao qual Jung estava respondendo, porque o conteúdo dos correspondentes não foi incluído.

Em anos recentes, várias correspondências de Jung têm sido publicadas, incluindo-se aquelas com Erich Neumann e James Kirsch, dois alunos judeus dele; Victor White, um padre católico; Wolfgang Pauli, um cientista laureado com o Prêmio Nobel; e Hans Schmid-Guisan, um colega interessado na teoria dos tipos psicológicos. Há outras por vir. Essas correspondências recentes têm ambos os lados da conversação, o que revela mais claramente Jung a uma luz mais pessoal e à vontade do que sua escrita profissional publicada anteriormente. Vamos examinar agora várias correspondências que podem ter interesse especial para pesquisadores da comunidade junguiana e outros, de diversas disciplinas.

Correspondência Jung-Pauli: um diálogo entre a física e a Psicologia Analítica

A primeira dessas correspondências foi entre Jung e Wolfgang Pauli (Correspondência Pauli-Jung, 2001), que oficialmente não foi um paciente, mas que procurou Jung para se consultar. Jung e Pauli se conheceram em 1930 e suas cartas começaram em fins de 1932. Na época, Pauli já era professor no *Eidgenossische Technische Hochschule* (ETH) [Instituto Federal Suíço de Tecnologia], o equivalente suíço das grandes escolas de engenharia nos Estados Unidos, como o *Massachusetts Institute of Technology* (MIT) e o *California Institute of Technology* (Caltech). Foi um dos cientistas à frente do emergente campo da mecânica quântica, pelo que receberia o Prêmio Nobel em 1946. Já tinha feito o trabalho que o levou ao Nobel quando foi nomeado para a cadeira de física teórica no ETH. Jung também foi professor no ETH, de modo que era natural que Pauli soubesse dele, embora tenha sido apresentado a Jung por seu pai. Contudo, Jung fez algo inusitado. Ao invés de ele próprio ver Pauli, Jung indicou o físico para Erna Rosenbaum – naquele momento, de certo modo, uma recém-chegada à Psicologia Analítica. Jung queria reduzir sua própria influência no processo psicológico que se seguiria. Pauli era um sonhador prolífico e Erna Rosenbaum mostrou muitos dos sonhos a Jung. Este processo prosseguiu por três meses, quando então Jung assumiu a análise, e por outros dois meses Pauli e Jung trabalharam juntos nos sonhos de Pauli.

Nesse meio-tempo, iniciaram uma correspondência comparando os resultados da teoria quântica com a psicologia de Jung. Na superfície, não ocorreria a ninguém que houvesse muita conexão entre os dois assuntos, mas conforme os dois homens continuaram a explorar temas em sua correspondência, descobriram muitas áreas de interesse mútuo. Vale atentar para a seguinte citação do ensaio "Considerações teóricas sobre a natureza do psíquico", de Jung, em 1948:

> Como o mundo fenomênico é um agregado dos processos de dimensões atômicas, é naturalmente da maior importância descobrir se e, em caso afirmativo, como os fótons, por exemplo, nos permitem adquirir um conhecimento definido da realidade subjacente aos processos energéticos mediadores... Luz e matéria se comportam como partículas separadas e como ondas. Isso... nos obriga a abandonar, no plano das grandezas atômicas, uma descrição causal da natureza no sistema ordinário espaço-tempo, substituindo-a por campos invisíveis de probabilidade em espaços multidimensionais (Jung, 1947, § 438).

Essa citação soa muito a um físico teórico falando, mas é de Jung em seu ensaio mais maduro sobre a natureza da experiência psicológica em 1947.

Pauli permitiu a Jung usar seus sonhos na demonstração do simbolismo alquímico. Isso começou com "Símbolos oníricos do processo de individuação", em 1936, e culminou no primeiro volume das obras reunidas em inglês, *Psychology and Alchemy* [*Psicologia e Alquimia*, OC 12], em 1953 (Jung, 1953). Não há documentação escrita de que esses sonhos foram de Pauli, mas se tornou de conhecimento comum, ao longo dos anos, que de fato o eram.

Uma das áreas de interesse central entre os dois homens era a da sincronicidade. Pauli estava explorando a tese de Jung da sincronicidade, enquanto que Jung estava estimulando o entendimento por Pauli dos fatores arquetípicos e coletivos na psique. Ambos estavam interessados na noção de complementariedade introduzida por Niels Bohr, cujos estudos propiciavam uma compreensão da relação paradoxal entre ondas e partículas. Tal noção podia ser aplicada também à relação entre consciente e inconsciente na psicologia, e Pauli estava muito interessado nessa conexão.

O interesse comum deles em fenômenos sincronísticos levou à publicação em 1952 de seu volume conjunto, *A Interpretação da Natureza e da Psique*. O artigo de Pauli foi sobre "A Influência de Ideias Arquetípicas nas Teorias Científicas de Johannes Kepler," um famoso astrônomo e filósofo do século XVII. O artigo de Jung "Sincronicidade: um Princípio de Conexão Acausal" descrevia em profundidade sua noção de sincronicidade. Jung havia mencionado publicamente pela primeira vez o conceito de sincronicidade em seu discurso em memória de Richard Wilhelm, em 1930, e depois, em 1950, com sua introdução ao *I Ching* (Jung, 1950/1969).

Quando o Instituto C.G. Jung em Zurique foi aberto, em 1948, Pauli foi feito um dos patronos do instituto, e se tornou seu conselheiro científico. Pauli não estava inteiramente satisfeito com o foco do instituto na formação de analistas, pois tinha esperado que se adotasse uma abordagem mais científica e acadêmica da psicologia do inconsciente. Exprimiu suas preocupações ao professor C.A. Meier, o primeiro presidente do Instituto Jung em Zurique, mas não parece que as críticas de Pauli tenham sido levadas a sério.

Pauli morreu relativamente jovem, aos 58 anos, de câncer, em 1958, e assim só podemos conjecturar sobre o que poderia ter sido o futuro relacionamento de Pauli com o Instituto Jung. Restou-nos esta correspondência entre duas das maiores mentes do século XX, que tentavam formar uma teoria unificada da psique e da física. A maior parte da correspondência é bastante abstrata, e como psicólogo e médico não acho fácil entender os termos da física (uma exploração útil tanto da física como da psicologia pode ser encontrada no volume da historiadora da ciência e psicoterapeuta Suzanne Geiser, *The Innermost Kernel* [O Núcleo Mais Profundo] [2005]). Tendo a obra original de Jung e Pauli como pano de fundo, leitores contemporâneos podem estar interessados nos esforços colaborativos entre psicólogos analíticos e físicos, patentes na recente pesquisa de Harald Atmanspacher publicada no *Journal of Analytical Psychology* (cf. p. ex. Atmanspacher, 2014).

Correspondência Jung-White: um diálogo sobre a psicologia da religião

Outra importante correspondência foi com o padre Victor White, um sacerdote dominicano e teólogo que se tornou amigo e o mais importante interlocutor teológico de Jung perto do final da vida de ambos. Durante sua longa carreira, Jung tinha estudado atentamente e escrito sobre a psicologia da religião. Dada essa história, não surpreende que Jung, mesmo aos setenta anos, se interessasse por um relacionamento com o padre White, de Oxford; suas idas e vindas continuaram até a morte do padre White em 1960, um ano antes da do próprio Jung. Esta correspondência teve um significado especial para Jung, e as cartas entre os dois foram mantidas num lugar à parte para serem cuidadas por Franz, único filho homem de Jung. Embora indeciso sobre publicar as cartas na íntegra ou apenas aquelas de conteúdo profissional, científico geral e religioso, Franz Jung optou por incluir todas, pois transmitiam uma história e relacionamento humano fascinante e significativo.

A comunicação entre eles começou, na verdade, muitos anos antes, quando White escreveu pela primeira vez a Jung em agosto de 1945, na época em que o serviço postal internacional foi retomado, após a Segunda Guerra Mundial. Incluiu quatro artigos de jornal que tinha escrito sobre uma síntese da obra psicológica de Jung e sobre suas próprias reflexões sobre o catolicismo romano. Nesses ensaios, White explorou escritos-chave de Jung e criticou o trabalho de colegas teológicos que tentavam, com sucesso maior ou menor, discutir as psicologias de Freud e de Jung, a partir de diversos pontos de vista. Com diferentes *backgrounds* e metodologias de abordagem do conhecimento e da crença, Jung e White lutaram desde o início para descobrir uma linguagem comum que representasse adequadamente seus pontos de vistas complexos e individuais.

Jung estava firmemente comprometido com uma teoria do conhecimento que surgira de uma filosofia neokantiana, e via a alma (psique) como a fonte primária do conhecimento. Jung sempre partia de, e voltava a uma convicção de que a psique é a única lente disponível através da qual imagens da realidade são experienciadas e interpretadas. Nessa teoria, tudo –

até mesmo realidades insondáveis como a alma, a natureza e Deus – é conhecido subjetivamente, experiencialmente ou, como Jung gostava de dizer, empiricamente. Em contraste, o método teológico de White partia das três fontes clássicas de autoridade da Igreja – a revelação, a tradição e a razão –, às quais White acrescentou a "experiência", uma importante quarta fonte de conhecimento. A "experiência" não ocupava o mesmo lugar de importância para muitos dos dominicanos contemporâneos de White, mas era uma parte muito importante da teologia de White, e a parte que o fez abrir-se genuinamente ao pensamento de Jung.

Os inícios da correspondência Jung-White devem ser diretamente situados no contexto do pós-guerra, uma época em que eles estavam lutando para se haver com o impacto do tremendo sofrimento e com o sentido do mal coletivo. Eles esperavam construir uma ponte consistente entre seus modos divergentes de pensamento, mas infelizmente isso não veio a acontecer. O padre White acreditava plenamente que o mal era a *privatio boni*, a ausência do bem. Para Jung, o mal era uma realidade em si mesma, e não apenas uma ausência do bem. Os dois discutiram sobre suas respectivas interpretações do mal, e nunca conseguiram descobrir um terreno comum em que pudessem chegar a um acordo. Em 1955, após a publicação por Jung de *Resposta a Jó* (1952) e *Aion* (1951), o padre White escreveu um pesado ataque a *Resposta a Jó* (Lammers & Cunningham, 2007, appendix 6). Isso poderia ter posto fim à correspondência entre ambos; porém, após um período de silêncio, Jung e White retomaram a conversação, mas a intensidade nunca chegou ao que tinha sido antes do diálogo conflitivo sobre o sentido do mal. Um lado positivo é que esses dois contendores de idade, com *backgrounds* e tradições divergentes, encontraram algum grau de reparação, talvez mais do que Jung jamais encontrou com seu pai ou com Javé.

Com esse relacionamento histórico em mente, e a partir das próprias teorias de Jung sobre a tensão dos opostos e a emergência do terceiro transcendente, poderíamos lembrar o valor de tentar compreender e criar empatia com as perspectivas de outros profissionais que pesquisam e escrevem sobre os mesmos tópicos que nós. Pode ser fácil demais dar as costas à "alteridade" do "outro" e perder oportunidades para expandir o conhecimento através de disciplinas, culturas, linguagens e assim por diante. A incrível capacidade de Jung para entrar em diálogo com o padre White, além de muitos indivíduos e grupos coletivos divergentes, pode servir como um modelo para nos mantermos abertos não só para influenciar, mas também sermos influenciados; é a partir desse intenso envolvimento e disponibilidade que novas e criativas possibilidades podem vir a existir. A simetria é essencial à estabilidade, enquanto que a assimetria é necessária à mudança e ao crescimento.

Correspondência Jung-Kirsch: a questão judaica?

Nesta próxima seção, refletirei sobre a correspondência do meu pai, James Kirsch, com Jung. Esta inclui 44 cartas que por muitos anos ficaram guardadas no armário de Jung. Em 2005, soube que estas cartas estavam sendo abrigadas pelo arquivo de Jung em Zurique. Algumas tinham sido traduzidas para o inglês e publicadas nas *Collected Letters* (1973) de Jung e em *Psychological Perspectives*. As cartas foram então traduzidas do alemão original ao inglês e publicadas como *Jung-Kirsch Letters: The Correspondence of C.G. Jung and James Kirsch*, em 2011, organizadas por Ann Lammers; uma segunda edição com material adicional foi publicada em 2016. Remeto o leitor a uma ou outra edição para os detalhes sobre a biografia do meu pai, e vou focar a relevância da correspondência deles em relação às outras descritas neste capítulo. (A partir de agora me refiro a meu pai como Kirsch.)

Criado como um judeu ortodoxo, Kirsch era um psiquiatra que morava na Alemanha de Weimar durante a década de 1920, uma época de grande mudança econômica e social. No outono de 1928, escreveu uma carta de consulta a Jung e foi a Zurique em maio de 1929, onde passou dois meses em análise com Jung e Toni Wolff. Não muito depois, em 1930, Kirsch foi convidado pelo Clube de Psicologia Analítica em Zurique para oferecer uma palestra sobre os sonhos de seus pacientes judeus. Isso deu início a uma correspondência que durou trinta e três anos, com algumas interrupções, especialmente durante a guerra, até a morte de Jung em 1961. Claramente, Kirsch estava atraído pelos métodos e pensamento de Jung, e ainda em Berlim fez parte de um grupo de intelectuais judeus-alemães que incluía Erich Neumann, Heinz Westmann, Werner Engel e Gerhard Adler – todos eles futuros analistas junguianos que foram forçados a partir, antes de os nazistas assumirem o poder em 1933.

Na correspondência Jung-Kirsch, os leitores podem encontrar numerosas discussões sobre as diferenças entre judaísmo e cristianismo, incluindo-se elaborações sobre o "complexo de Cristo", juntamente com a explicação por Kirsch de suas próprias perspectivas e crenças judaicas. (Ressonâncias podem ser encontradas nas cartas de Jung-Neumann que serão descritas mais tarde neste capítulo.) Destaco o diálogo judeu-cristão como um modo de clarificar as verdadeiras opiniões de Jung sobre a "psicologia judaica", com a esperança de que os leitores possam avaliar por si mesmos as acusações de antissemitismo que persistiram por décadas – injustamente, ao meu ver. É essa incessante controvérsia que motivou a publicação do livro.

Algumas das alegações giraram em torno da decisão de Jung de aceitar a presidência da Associação Médica Geral de Psicoterapia em 1933. Infelizmente, o que pode não ser bem sabido é que Jung seguiu adiante nesta posição com muita reflexão e duas condições: primeiro, que a organização se tornasse internacional e incluísse vários grupos nacionais; segundo, que os membros judeus alemães pudessem permanecer como membros individuais da organização internacional. Nessa época, a organização nacional alemã tinha sido completamente nazificada, sob a direção do Dr. Matthius Goering, um primo distante do futuro marechal da Força Aérea Hermann Goering; membros judeus não eram mais elegíveis como membros da associação nacional. Matthius Goering era psiquiatra e se tornou o líder do Instituto Goering, principal centro de formação em psicoterapia durante o regime nazista. A posição de Jung como presidente da Associação Médica Geral Internacional teve efeitos deletérios de longo prazo para sua reputação, embora essa iniciativa fosse uma tentativa de manter as portas abertas para que os judeus mantivessem algum tipo de filiação.

Numa palestra intitulada "A situação atual da psicoterapia", feita em 1934, Jung descreveu as diferenças entre as psicologias ariana, judaica e chinesa (Jung, 1970). Infelizmente, parte da linguagem que ele usou era semelhante à linguagem da propaganda nazista, que defendia que os judeus eram parasitas de culturas hospedeiras, e incapazes de produzir sua própria. As ideias de Jung sobre a natureza dependente do povo judeu ressoavam, de certo modo, o que os nazistas estavam formulando, o que consequentemente resultou em fortes reações por parte de James Kirsch e Erich Neumann. Kirsch, que morava então na Palestina, se encarregou de escrever a Jung sobre as opiniões de seu mentor sobre os judeus e o judaísmo em conversações públicas e particulares. Jung negou totalmente qualquer antissemitismo e explicou que suas visões se fundamentavam nos constantes relacionamentos com, e observações de seus muitos pacientes e colegas judeus. O leitor pode encontrar um diálogo detalhado e nuançado entre Jung e Kirsch sobre essa área controversa na correspondência publicada. Deve-se ressaltar que essas cartas, em particular, me motivaram a insistir em colocar esse material no domínio público. *Pode-se ouvir diretamente Jung falando a um colega judeu na Palestina sobre sua avaliação da psique judaica em 1934.* Pelos critérios de hoje em dia, os comentários de Jung seriam vistos como racistas, embora o próprio Jung acreditasse que não era, de modo algum, um antissemita. Certamente, muitas das coisas das quais Jung foi acusado, tais como encontros com Hitler, ir a paradas de Hitler e apoiar o nazismo, são falsas; simplesmente não há qualquer evidência de nenhum desses rumores difamatórios. As cartas escritas a Kirsch documentam as verdadeiras palavras e ideias de Jung e oferecem uma fonte primária para os interessados – quer sejam pesquisadores, analistas ou historiadores – para que formulem seus próprios julgamentos, baseados *no que realmente disse* durante este conturbado período da história.

Quando os horrores do regime nazista chegaram ao fim, Jung aparentemente chegou a se arrepender do que escrevera sobre a situação judaica nos anos de 1930, conforme evidenciado por seu imediato pedido de desculpas a Kirsch, após a primeira visita deste a Zurique no pós-guerra. O leitor verá que as cartas, na primeira metade do livro, giram em torno de questões sobre os judeus e o judaísmo, cristianismo e a cultura da época. Após a guerra, Jung e Kirsch prosseguiram seu complexo relacionamento através de cartas e de viagens à Suíça, a partir de Los Angeles, onde Kirsch e sua família viviam então. O fio de seus contínuos interesses em comum pela teologia e a religião percorre a segunda metade do livro, mas ao longo dos anos eles abriram um novo território, com a exploração de outras áreas, tais como supervisão clínica, análise pessoal, a abertura de programas de formação junguiana, questões teóricas e sincronicidade.

A correspondência foi publicada pela primeira vez em 2011, depois em alemão em 2014, seguindo-se uma edição atualizada em inglês em 2016. Acrescenta-se ao volume de 2016 a palestra que James apresentou no Clube de Psicologia Analítica em 1930 (descrita anteriormente), juntamente com uma carta adicional de Aniela Jaffé de 27 de maio de 1961, apenas dez dias antes da morte de Jung. Ela informa meus pais que Jung tinha sofrido um derrame e tinha falado em várias línguas, mas não era mais coerente. Não se sabe muito sobre a doença final de Jung, portanto esta carta é um documento interessante historicamente. A segunda edição é em brochura, e esperamos que desperte um interesse adicional pela vida de Jung.

Este livro é, em essência, um relato em primeira mão dos pensamentos complexos e, por vezes, conflituosos de Jung sobre judeus, judaísmo e culturas coletivas, conforme eles evoluíram ao longo do tempo, no contexto de uma relação de longo prazo com um valioso e, por vezes, desafiante companheiro intelectual. Intelectuais e historiadores culturais exploram memórias, correspondências e diários inéditos, ao invés de focar apenas a documentação cronológica e linear bem conhecida das guerras, batalhas e eleições, como método para compreender o passado e a maneira como este se relaciona com o presente e o futuro. (Cf. *The Political Psyche* [1993], de Andrew Samuels, para uma revisão crítica das tentativas de Jung de desenvolver uma psicologia coletiva e cultural.) As cartas Jung-Kirsch seriam uma boa opção para os interessados em história psicanalítica encontrarem um terreno firme sobre o que Jung realmente disse e no que acreditou antes e depois da Segunda Guerra Mundial, ao invés de se apoiarem em rumores de quem não conheceu Jung, não leu sua obra e só foi exposto a posições reativas extremas.

O leitor tem a oportunidade de formular sua própria avaliação do possível racismo e antissemitismo de Jung. Finalmente, pode haver uma passagem da crença aceita, enviesada, coletiva à oportunidade de avaliação diferenciada e individual. Ao ler as cartas, praticantes contemporâneos talvez possam ver além das duradouras e frequentemente imprecisas acusações, e se abrirem aos premonitórios escritos clínicos e teóricos dele. Por exemplo, as experiências de Jung consigo mesmo e com os pacientes levaram a descobertas profundamente importantes com relação à influência mútua, entre médico e paciente, e à dissociabilidade da psique, patente na teoria dos complexos (algo que ele encorajava estudantes e pesquisadores a explorarem), juntamente com seu conceito da função transcendente, tudo isso em consonância com as agora populares noções dos psicanalistas relacionais/intersubjetivos, que não citam Jung, mas que acreditam terem descoberto uma psicologia de duas pessoas, a multiplicidade dos eus e o terceiro cocriado. Infelizmente, essas notáveis correlações não são evidentes na literatura psicanalítica corrente, em grande medida pela mancha na reputação de Jung que remonta aos anos de 1930. Este livro dá forte evidência da vulnerabilidade, enganos e vieses de Jung e, mais importante, de sua disposição em se envolver, num nível profundo, com um judeu-alemão que fugiu do, e sobreviveu ao Holocausto.

Correspondência Jung-Neumann: interpretação ou ortodoxia

Erich Neumann foi membro do mesmo círculo intelectual judeu de Berlim que incluía James Kirsch nos anos de 1930 e, como Kirsch, fugiu dos nazistas, imigrando para a Palestina, onde viveu até sua morte precoce em 1960. Neumann e Kirsch tiveram o que parece ter sido um contínuo relacionamento conflituoso, que girava em torno da competição pela preferência de Jung. As cento e vinte cartas que trocaram remontam a 1933 e foram até 1959.

Como fica evidente nas cartas de Neumann a Jung, questões sobre ortodoxia foram de grande interesse. Havia uma única interpretação verdadeira da psicologia de Jung, e um único grupo autorizado de intérpretes? Essa foi, em essência, a questão de Neumann a Jung. Em sua resposta, em 12 de agosto de 1934, Jung disse: "acima de tudo, esteja certo de que não há nenhuma sociedade secreta de discípulos junguianos – a Palavra foi dada livremente para todos" (Jung & Neumann, 2015). Em outra carta, datada de 19 de fevereiro de 1935, o tema da ortodoxia emergiu novamente, sob o estímulo, aparentemente, da rivalidade entre Neumann e Kirsch, os únicos analistas junguianos praticantes em Tel Aviv na época (Jung & Neumann, 2015).

Nos primeiros anos da correspondência, Neumann tentou envolver Jung em uma conversa sobre interpretações do Velho Testamento e vários outros textos judeus. Neumann escreveu longas cartas a Jung, explicando vigorosamente sua compreensão da teologia e da psicologia judaicas. Contudo, as respostas indicam que, embora Jung lesse o material respeitosamente, não se envolveu com a profundidade que Neumann pode ter esperado receber. Neumann também ficou extremamente decepcionado com Jung após a *Kristallnacht* em 1938 [a "Noite dos Cristais", alusão ao rastro de cacos de vidro deixado nas cidades em que os nazistas, em 9 e 10 de novembro daquele ano, perpetraram uma série de ataques de inédito grau de violência contra os judeus (N.T.)]; Jung não fez nenhum comentário sobre o evento, e, ao invés disso, numa carta muito posterior, escreveu a Neumann sobre seu fascínio com os exercícios espirituais de Santo Inácio de Loyola.

Como com Kirsch, não há correspondência entre Jung e Neumann durante a Segunda Guerra Mundial. Ela foi retomada imediatamente após a guerra, e grande parte da comunicação renovada teve a ver com tentativas de Jung de ajudar Neumann a encontrar um editor adequado para seus escritos. Uma possibilidade de publicação se abriu para Neumann através das conferências Eranos, conforme Neumann se tornou um palestrante importante e regular ali. Como parte de suas viagens anuais para conferências a cada verão, Neumann visitaria Zurique para encontrar Jung e outros no círculo íntimo, dentro do qual não era particularmente popular. Embora os outros seguidores não fossem tão receptivos, Jung sempre promoveu Neumann e sua obra. Talvez pela lacuna decorrente da guerra, ou por seu próprio *background* pessoal, religioso e cultural, Neumann estava desenvolvendo ideias teóricas que divergiam das de Jung, diferentemente daqueles do círculo íntimo em Zurique, que estavam amplificando a obra original do mestre. Não ficava claro para os analistas de Zurique por que Jung gastava tanto tempo com Neumann, mas, em retrospectiva, é possível que Jung se sentisse atraído pelo brilho de outro indivíduo capaz de levar a Psicologia Analítica adiante de seu próprio modo criativo.

A relação de Jung com Neumann foi de grande importância na história da Psicologia Analítica. O próprio Jung considerava Neumann seu filho intelectual e espiritual, à maneira da relação Freud/Jung. No prefácio de *Origins and History of Consciousness* (1949/1954), de Neumann, Jung escreve, "ele chega a conclusões que estão entre as mais importantes já alcançadas neste campo" (p. xiv). Jung também infere que, se fosse mais jovem, teria seguido a direção que Neumann tomou nesta grande obra. Contudo, na seguinte declaração a Kurt Eissler (1953), Jung revela sua ambivalência:

> Tenho um aluno muito talentoso, Neumann, em Tel Aviv. É verdadeiramente uma pessoa significativa! E se apoderou de parte do meu material e faz algo disso. Você sabe, quando se é superado desta maneira, não é fácil para quem estava à frente (Entrevista em 1953, na Biblioteca do Congresso; cf. http://freudarchives.org/jungintro.htm).

Um dos conceitos teóricos centrais de Neumann, centroversão, ou seja, a reunião de introversão e extroversão, não faz parte da teoria junguiana geral hoje em dia, a não ser em Israel, onde Neumann é estudado intensamente. Contudo, outra de suas noções, o eixo ego/si-mesmo, que também foi adotado por Edward Edinger, é mais bem conhecido como uma amplificação intrapsíquica do modelo de Jung da psique (Edinger, 1972).

Neumann foi um escritor prolífico, e seus livros abrangem várias áreas na psicologia e na cultura. Muitas de suas obras permaneceram inéditas, mas estão agora em vias de serem publicadas. Tem havido várias conferências recentes a partir da correspondência Jung-Neumann, bem como um livro de ensaios sobre a importância deste intercâmbio, *Turbulent Times, Creative Minds: Erich Neumann and C.G. Jung in Relationship (1933-1960)* [Tempos Turbulentos, Mentes Criativas: Erich Neumann e C.G. Jung em Relacionamento (1933-1960)], organizado por Erel Shalit e Murray Stein. Esperamos que haja uma renovação do interesse pela obra de Neumann, porque, como disse Jung, ela segue de perto e aprofunda a sua própria obra.

Correspondência Jung-Schmid-Guisan: tipos psicológicos

A última correspondência que discutirei é entre Hans Schmid-Guisan e Jung. Esta pequena correspondência tem por foco a teoria dos tipos psicológicos, popularizada durante a última metade de século através do Myers-Briggs Type Indicator (MBTI), um questionário cujo uso é bastante difundido na psicologia, negócios e organizações. Os termos extroversão e introversão, originados na teoria dos tipos, são parte da linguagem comum mundo afora, porém frequentemente não são creditados a Jung.

Hans Schmid-Guisan foi um médico suíço que se interessou pela psicologia de Jung em 1912. Mudou-se para Zurique, onde passou por um período de análise, e desenvolveram um relacionamento. Schmid-Guisan era um extrovertido e Jung, um introvertido, e Jung pensava ser um exercício importante haver um diálogo entre ambos. Na época, a extroversão era ligada ao sentimento e a introversão, ao pensamento; as duas outras funções, sensação e intuição, não tinham ainda sido distinguidas por Jung. As particularidades de seus pensamentos articulados sobre extroversão e introversão tornam difícil ao leitor acompanhar as explorações deles. Originalmente, os organizadores das *Collected Works* de Jung debateram incluir ou não os documentos Schmid-Guisan como um apêndice de *Tipos Psicológicos* (Jung, 1971), mas por fim, Sir Herbert Read decidiu que a correspondência era detalhada demais e procedeu à publicação sem ela.

As cartas não entraram em domínio público até 2013, sob a coorganização de John Beebe e Ernst Falzaeder, que as traduziram do alemão ao inglês (Beebe & Falzaeder, 2013). Jung encerrou a correspondência em 1916 e nunca a retomou, pois parece ter perdido o interesse. Jung e Schmid-Guisan continuaram amigos até a morte deste por septicemia decorrente da infecção de uma ferida. Jung ficou profundamente sentido pela morte de Schmid-Guisan e escreveu um comovente obituário de seu amigo.

Jung seguiu usando a intuição e a sensação como um eixo para conceptualizar os tipos psicológicos, e o pensamento e o sentimento como um segundo eixo, quando separou estes dois últimos da introversão e da extroversão. Jung apresenta sua compreensão dos tipos psicológicos em *OC 6* e esse texto tem sido usado como um padrão básico desde então. Outros trabalharam variações da teoria original de Jung, entre eles John Beebe, o coorganizador dessa correspondência. Aos interessados no desenvolvimento da teoria de Jung dos tipos psicológicos, esta correspondência acrescenta detalhes valiosos. Para uma complexa leitura e aplicação da tipologia junguiana, veja o recém-publicado texto de Beebe: *Energies and Patterns in Psychological Type: The Reservoir of Consciousness* [Energias e Padrões no Tipo Psicológico: O Reservatório da Consciência] (2016).

Conclusão

Este capítulo tenta resumir brevemente as recentes publicações de cartas entre Jung e uma variedade de parceiros intelectuais, entre os quais um físico, um teólogo católico, dois psiquiatras/analistas judeu-alemães e um médico suíço. Suas conversações foram abrangentes, e envolveram tópicos como mecânica quântica, teologia, a natureza do mal, tipologia, questões culturais e teoria psicológica. Leitores interessados poderão, talvez, desejar levar em conta um livro de 1998 de William Schoenl chamado *C.G. Jung: His Friendships with Mary Mellon and J.B. Priestley* [*C.G. Jung: Sua Amizade com Mary Mellon e J.B. Priestley*], não resumido aqui. Todos os livros descritos oferecem portas de acesso a relacionamentos pessoais e profissionais de Jung em suas próprias palavras. As cartas não são documentos formais; antes, transmitem pensamentos e impressões de Jung conforme se desenvolviam de maneiras bastante humanas. Sua capacidade de conhecer pessoas tão extraordinárias, com *backgrounds* e interesses tão divergentes, e se envolver com elas em profundidade, é bastante notável. Intelectuais e historiadores culturais encontrarão um tesouro de fontes primárias nessas páginas que abrirão portas para que observem as influências de interações pessoais na construção de teorias e as influências da teoria nas interações pessoais e profissionais.

Referências

Atmanspacher, H. (2014). Psychophysical correlations, synchronicity and meaning. *Journal of Analytical Psychology, 59, 2*, 181-188.

Beebe, J. (2016). *Energies and patterns in psychological type: The reservoir of consciousness*. Londres e Nova York: Routledge.

Beebe, J., & Falzaeder, E. (org.). (2013). *The question of psychological types: The correspondence of C.G. Jung and Hans Schmid-Guisan, 1915-1916*. Princeton: Princeton University Press.

Edinger, E. (1972). *Ego and archetype: Individuation and the religious function of the psyche*. Nova York: Putnam for the C.G. Jung Foundation for Analytical Psychology.

Eissler, K. (1953). Retomado de http://freudarchives.org/jungintro.htm

Freud, S., & Jung, C.G. (1974). *The Freud/Jung letters: The correspondence between Sigmund Freud and C.G. Jung* (William McGuire, org.). Princeton, NJ: Princeton University Press.

Geiser, S. (2005). *The innermost kernel*. Berlim, Heidelberg e Nova York: Springer.

Jung, C.G. (1934/1966). The state of psychotherapy today. In *The practice of psychotherapy, collected works 16*. Princeton: Princeton University Press ["A situação atual da psicoterapia", in: *Civilização em Transição*, OC 10/3].

Jung, C.G. (1947/1954/1969). On the nature of the psyche. In *The structure and dynamics of the psyche, collected works 8*. Princeton: Princeton University Press ["Considerações teóricas sobre a natureza do psíquico", in: A Natureza da Psique, OC 8/2].

Jung, C.G. (1950/1969). Foreword to the 'I Ching'. In *Psychology and religion: West and east, collected works 11*. Princeton: Princeton University Press ["Prefácio ao *I Ching*", in: *Psicologia e Religião Oriental*, OC 11/5].

Jung, C.G. (1951/1959). *Aion: Researches into the phenomenology of the self, collected works 9ii*. Princeton: Princeton University Press [Aion, OC 9/2].

Jung, C.G. (1952/1969). Answer to Job. In *Psychology and religion: West and east, collected works 11*. Princeton: Princeton University Press. [*Resposta a Jó*, OC 11/4].

Jung, C.G. (1953/1968). *Psychology and alchemy, collected works 12*. Princeton: Princeton University Press [*Psicologia e Alquimia*, OC 12].

Jung, C.G. (1966). Richard Wilhelm: In memoriam. In *The spirit in man, art, and literature, collected works 15*. Princeton: Princeton University Press ["Em memória de Richard Wilhelm", in: *O Espírito na Arte e na Ciência*, OC 15].

Jung, C.G. (1970). *Civilization in transition, collected works 10* (2ª ed.). Princeton: Princeton University Press [*Civilização em Transição*, OC 10/3].

Jung, C.G. (1971). *Psychological types, collected works 6*. Princeton: Princeton University Press [*Tipos Psicológicos*, OC 6].

Jung, C.G. (1973). *Letters, Volume I. 1906-1950* (G. Adler, org. em colaboração com A. Jaffé, e R.F.C. Hull, trad.). Bolingen Series XCV. Princeton, NJ: Princeton University Press [*Cartas*. 3 volumes. Petrópolis: ed. Vozes, 2018].

Jung, C.G. (1975). *Letters, Volume 2: 1951-1961* (G. Adler org. em colaboração com A. Jaffé, e R.F.C. Hull, trad.). Bolingen Series XCV. Princeton, NJ: Princeton University Press [*Cartas*. 3 volumes. Petrópolis: ed. Vozes, 2018].

Jung, C.G., & Kirsch, J. (2011). *Letters* (2ª ed., 2016, A. C. Lammers, org.).

Jung, C.G., & Neumann, E. (2015). *Analytical psychology in exile* (M. Liebscher, org. e trad.). Princeton: Princeton University Press.

Jung, C.G., & Pauli, W. (1955). *The interpretation of nature and the psyche*. Nova York: Pantheon Books.

Jung, C.G., & Pauli, W. (2001). *Atom and archetype: The Pauli/Jung letters, 1932-1958* (C.A. Meier e C. Paul Enz, orgs.). Princeton: Princeton University Press.

Lammers, A., & Cunningham, A. (org.). (2007). *The Jung-White letters*. Londres e Nova York: Routledge.

Neumann, E. (1954). *The origins and history of consciousness*. Princeton: Princeton University Press.

Samuels, A. (1993). *The political psyche*. Londres e Nova York: Routledge.

Schoenl, W. (1998). *C.G. Jung: His friendships with Mary Mellon and J.B. Priestley*. Asheville, NC: Chiron Publications.

Shalit, E., & Stein, M. (org.). (2016). *Turbulent times, creative minds: Erich Neumann and C.G. Jung in relationship (1933-1960)*. Asheville, NC: Chiron Publications.

Parte III
Pesquisa sobre aspectos simbólicos da psique

4
Algumas observações sobre a teoria arquetípica e sua epistemologia

François Martin-Vallas

Traduzido do francês por Ann Kutek

O conceito do inconsciente coletivo, com a teoria arquetípica que dele resulta, é um princípio central na Psicologia Analítica. Foi amplamente incorporado à cultura ocidental, e o conceito de "arquétipos" é extensamente usado na cultura, nas ciências sociais, na história e interpretação da arte, em análise cultural, bem como na literatura e filosofia. Este capítulo examinará em primeiro lugar o desenvolvimento do conceito do inconsciente coletivo e da teoria arquetípica desde suas origens intelectuais, e então explorará os alicerces desses conceitos a partir da perspectiva da teoria dos sistemas complexos. Começamos pelo exame dos alicerces intelectuais e filosóficos que levaram à formação da noção do inconsciente coletivo e do contínuo desenvolvimento da teoria arquetípica para apoiá-lo.

Desde que Jung formulou sua noção de uma estrutura psíquica comum a toda a humanidade, ela tem sofrido severos ataques de muitos quadrantes, e quando mais tentou descrever o que tinha em mente, tanto mais essas críticas frenéticas se intensificaram e persistem até hoje (ex. Le Quellec [2013])[1].

1. Nota da tradutora para o inglês: *Jung et les archétypes – un mythe contemporain*, de Le Quellec, foi escrito por um antropólogo francês, especialista em arte rupestre africana. Seu volume de 450 páginas, ricamente apresentado, é uma tentativa de desmantelar a teoria arquetípica de Jung

Alguns de nossos colegas contemporâneos retornaram a esse aspecto básico da Psicologia Analítica, especialmente Jean Knox (2003) no Reino Unido e George Hogenson (2004, 2009) nos Estados Unidos, seguidos, mais recentemente, por Christian Roesler (2012) na Alemanha e por minhas próprias contribuições (Martin-Vallas, 2005a, 2005b, 2009a, 2013, 2015) na França.

A resposta às várias críticas e a necessidade de reformular a hipótese arquetípica são uma empreitada desafiadora e, como seria de se esperar, bem mais complicada do que pode parecer à primeira vista, já que se propor a redefinir o arquétipo em termos da teoria da complexidade implica ser imediatamente confrontado por todo o edifício da Psicologia Analítica, e em particular pelo modelo de epistemologia sobre o qual a teoria é erigida. Por essa razão, a tarefa do presente capítulo é revisitar os principais aspectos das reflexões epistemológicas de Jung e ter tal leitura orientada pelos recentes desenvolvimentos em epistemologia complexa, juntamente com observações da teoria do caos. A atualização que estou propondo aqui é possibilitada pela obra do pensador francês Edgar Morin (1990) e foi anteriormente aplicada nos campos das ciências sociais e da psicologia por vários outros autores (Butz, 1997; Kiel & Elliott, 1997; Blackerby, 1998; Chamberlain & Butz, 1998; Stern & Garene, 2003; Gottman, Murray, Swanson, Tyson, & Swanson, 2003; Leffert, 2010).

Bases epistemológicas das ideias que formam a teoria arquetípica

A psicóloga analítica britânica Ann Addison (2009) notou que, mesmo antes de embarcar em sua formação psiquiátrica, Jung tinha sido fortemente influenciado pelo movimento vitalista, que pressupõe haver uma só fonte de energia animando o corpo e a mente, crença essa que se opõe ao dualismo cartesiano com sua nítida distinção entre matéria e psique. Influenciado por esse *background*, Jung seguiu adiante para adotar o conceito de Driesch do

---

como "cientificamente" vazia. Embora faça críticas válidas a referências às vezes superficiais ou malconcebidas de Jung a outras disciplinas, o livro contém numerosos equívocos de leitura e de representação da obra de Jung.

psicoide[2] e o aplicou à sua teoria nascente de uma forma modificada (ligada à sua teoria dos complexos). Posso facilmente abraçar a ideia de Jung do psicoide; além disso, me parece que do ponto de vista do seu uso da epistemologia, Jung muito rapidamente se afastou do vitalismo clássico. Isso ocorreu em dois passos, primeiramente pela introdução da teoria dos complexos, e depois pelo desenvolvimento de sua teoria dos arquétipos. Não voltou ao psicoide a não ser muito mais tarde, e então de um ângulo bem diverso, no contexto da sua ideia da sincronicidade (Jung, 1952) e com uma definição significativamente alterada do psicoide em relação àquela que tinha sido assumida até então.

Quando o recém-formado Jung chegou ao Hospital Burgholzli, o superintendente médico Eugen Bleuler o colocou para trabalhar em seu Teste de Associação de Palavras e o encorajou a realizar pesquisas sobre suas aplicações. O teste, tal como concebido por Francis Galton (1883) e praticado por Bleuler, se apoiava simplesmente em associações de pensamentos surgidas de palavras-estímulo. Contudo, Jung, encorajado por seu primo Franz Riklin, teve uma ideia que viria dar ao teste uma nova dimensão: introduziu a mensuração das mudanças fisiológicas potenciais, sobretudo a taxa de respiração e a resposta galvânica da pele. Isso lhe permitiu demonstrar que algumas palavras-estímulo podiam dar origem a efeitos neurovegetativos em dados assuntos, o que ele interpretou como evidência de um afeto intensificado[3]. Assim, se tornou possivelmente um precursor da moderna ciência cognitiva experimental. De fato, o mundo clínico da sua época não se opôs, e ele rapidamente adquiriu uma ampla reputação internacional.

---

2. [Driesch] definiu seu psicoide como um fator infrapsíquico que fornece um fundamento último para o ego inconsciente e que liga o ego consciente e o corpo-em-ação. É importante compreender que, de modo geral, Driesch não viu seu psicoide como corpo nem como mente, mas como algo que ocupa uma terceira posição entre, e se relacionando, com ambos. [...] Além disso, este psicoide é teleológico e proposital no sentido de que constitui um princípio ordenador que compele o comportamento à adaptação ao ambiente, com base na intencionalidade do ego e na experiência histórica (Addison, 2009, p. 128).

3. A ideia tem sido replicada em experimentos neurofisiológicos recentes, notadamente por Antonio Damasio (1995).

Este foi apenas o começo da sua pesquisa, assim como de suas explorações teóricas. Portanto, deve ter construído seu conceito do complexo psicoafetivo na esteira do movimento vitalista, mas com a diferença de que trouxe uma visão nova e mais nuançada das conexões entre corpo e espírito. Foi a partir desta mesma plataforma que ele foi em busca de Freud, particularmente o Freud cujo conceito da libido também estava firmemente ancorado na esfera biológica. Embora Jung fosse um psiquiatra, enquanto Freud era um neurologista, nenhum deles se satisfaria facilmente com uma visão simplista ou mesmo hierárquica da relação entre corpo e alma, como a de que o corpo é a mera morada do espírito, ou de que, inversamente, a psique não passa de uma secreção do cérebro. A pesquisa deles levou cada qual, por conta própria e no seu caminho próprio, a propor uma visão inovadora dessa relação, a elaborar uma estrita formulação de ambas as esferas, corpo e psique, nas quais nenhum aspecto perderia sua heterogeneidade. Como será mostrado neste capítulo, o objetivo de cada um dos dois homens foi discernir uma base para um inconsciente formulada em termos de teoria complexa, no sentido atual do termo.

Aqueles experimentos de associação de palavras, amparados por mensurações fisiológicas, levaram Jung a levantar a hipótese da existência de complexos não meramente confinados ao indivíduo. De fato, publicou um artigo sobre complexos familiares (Jung, 1909), que poderia facilmente tê-lo levado a falar de um inconsciente familiar ou grupal, se este tivesse se tornado o objeto de sua pesquisa. De fato, num gesto raro da parte dos psicanalistas, um dos pioneiros da Terapia Familiar reconhece o débito para com C.G. Jung como seu precursor no campo (Skynner, 1976). O que o preocupava, porém, é a natureza da libido e a origem do tabu do incesto, questões que permeavam suas discussões com Freud e que em última instância levaram os dois homens a seguirem caminhos separados.

A natureza da libido: uma definição redimensionada da energia psíquica e do tabu do incesto

À luz do profundo impacto que a questão da natureza da energia psíquica teve no desenvolvimento histórico da psicanálise, por um lado, e da

Psicologia Analítica, por outro, é essencial nos debruçarmos sobre ela aqui. Uma vez que os postulados propostos por Jung eram muito diferentes daqueles de Freud, os constructos teóricos deles representam epistemologias muito divergentes.

Na época de seus intercâmbios com Jung, os pressupostos de Freud sobre a estruturação psíquica eram como se segue: ao impor o tabu do incesto, o pai declara sua intenção de reservar para si direitos sexuais exclusivos sobre sua parceira, a mãe. Uma angústia de incesto se segue: é o resultado de um temor/ameaça de castigo pelo pai (castração e/ou assassinato do filho). Essa posição necessariamente se conecta com a ideia de libido sexual, já que o filho deve, em algum nível, ter experenciado um desejo sexual anterior pela mãe, para que seu pai tivesse imposto uma proibição, no esforço de estabelecer as fronteiras da organização psíquica da criança. Freud, portanto, parece ter tido em mente uma cadeia aparentemente linear de causalidade, do tipo:

- O filho tem desejos sexuais pela sua mãe;
- O pai proíbe o filho de ter acesso sexual a sua esposa;
- O filho teme a fúria do pai;
- O temor impõe um horror do incesto.

Para Jung, a primazia tem de ser dada ao horror do incesto (Chatillon, 2010), enquanto que o desejo incestuoso – nesse estágio desenvolvimental –, conforme expresso na véspera da ruptura com Freud, pode ser visto como o intenso "*anseio pessoal por tranquilidade e pela paz profunda da não existência*" (Jung, 1912, p. 390, 1956, § 253), em outras palavras, é experenciado como um desejo de morte[4]. Nos termos de Jung, portanto, a libido não tem necessidade de ser exclusivamente de natureza sexual, e assim seu método de raciocínio se torna radicalmente diferente do de Freud, já que este considera como consequência final aquilo que Jung define como o início. Conclui-se então que o que mais conta para Freud são fatores ambientais internalizados, nesse caso o pai, enquanto que para Jung as determinantes são primordial-

4. Mas, à diferença do desenvolvimento tardio de Freud, este desejo de morte não está, para Jung, em oposição com Eros. É parte dele, aspirando à não existência com o objetivo de renascer.

mente de ordem intrapsíquica. Além disso, é digno de nota que na concepção de Freud a libido seja orientada desde o início rumo a um objeto externo – um impulso para a vida. Isso está em marcante contraste com a ideia de Jung de uma orientação inicial rumo ao desaparecimento, um impulso de morte; um medo da morte que fala de um desejo pela vida, um ímpeto compatível com o morrer[5], como representado numa multidão de mitos de ressurreição aos quais Jung se refere.

Seria perdoável pensar que duas posições tão radicalmente antagônicas desde seu ponto de partida resultariam em duas propostas radicalmente diferentes para uma estrutura psíquica potencial. De fato, não é esse o caso. Uma perspectiva junguiana indica que, por conta do medo projetado no pai, seríamos levados rapidamente a uma cadeia causal, exatamente como a descrita por Freud. Em ambos os casos, a presença do pai dá origem a um relacionamento triangular, e sua ausência leva a criança a encarar sozinha a experiência de uma mãe aterrorizante. Contudo, a diferença fundamental entre as duas concepções está, por um lado, na origem intrapsíquica em Jung[6] e, por outro lado, na origem ambiental, da estruturação do aparelho psíquico, bem como da própria família. Eu diria que aqui estão – muito antes de Jung as esclarecer – as premissas para um conceito do arquétipo como um organizador intrapsíquico da alma humana. Aqui também a teoria de Jung se torna complexa no sentido da teoria da complexidade que vamos desenvolver mais adiante.

Essa divergência fundamental entre Freud e Jung sobre a origem do horror do incesto pareceria consistir de uma divergência de premissas epistemológicas. De um ponto de vista clássico, isso implicaria uma necessária incompatibilidade entre duas teorias assim construídas. Mas não foi assim que Jung viu. Ao invés disso, ao longo de toda sua vida profissional, nunca deixou de afirmar que a contribuição de Freud não deveria ser ignorada.

---

5. Obviamente esta é uma referência à morte, pois só pode ser pensada na mente de uma pessoa viva. Em si mesma, a "morte" pertence à esfera da metafísica e não é uma preocupação para a psicologia.

6. Estou falando da época em que a relação entre os dois homens era ativa, sabendo-se que a ideia de fantasias primárias não apareceu nos escritos de Freud até 1915.

Alguns elementos da epistemologia de Jung

Em numerosas ocasiões, Jung, que não se considerava especificamente um filósofo, se refere explicitamente a Immanuel Kant e à noção deste do princípio que é um dos fundamentos na organização de sua teoria do conhecimento. É, de todo modo, um pilar de seu conceito do arquétipo, e sublinha seu uso do termo "transcendental"[7], que para Jung, assim como para Kant, denota o que não pode ser representado na mente[8].

Mas, quando se trata do arquétipo, Jung não se restringe à noção kantiana do *a priori*. Como mostrado por Jean Knox (2003, p. 29), ele desenvolveu diferentes modelos do arquétipo, mais ou menos (in)compatíveis entre si. Tomando de empréstimo a classificação quádrupla de Knox, eis seus principais modelos do arquétipo:

- Entidades biológicas na forma de informação que está armazenada nos genes, fornecendo uma série de instruções para a mente e para o corpo;
- Estruturas mentais organizatórias, dotadas de uma natureza abstrata, uma série de regras ou instruções, mas sem nenhum conteúdo simbólico ou representacional, de modo que não são nunca diretamente experienciadas;
- Significados essenciais dotados, sim, de conteúdo representacional e que, portanto, fornecem uma significância simbólica central a nossa experiência;
- Entidades metafísicas que são eternas e, portanto, independentes do corpo.

---

7. Nota da tradutora para o inglês: Na *Crítica da razão pura*, Kant contrastou seu uso de "transcendente" e "transcendental". O primeiro significa "indo além" de qualquer conhecimento possível por um ser humano, enquanto que o último se refere às condições de aquisição de conhecimento. Afirma: "Chamo todo conhecimento de *transcendental* se ele se ocupa não com objetos, mas com o modo como podemos conhecer objetos, mesmo antes de experimentá-los" (Kant, 1781, A12).

8. Certos autores junguianos falam muito frequentemente de transcendência no seu sentido metafísico, como se essa fosse a posição de Jung. Isso é lamentável, pois ele foi muito claro a esse respeito, e a divergência talvez se deva a alguns de seus pupilos não compartilharem de sua clareza.

Poder-se-ia facilmente deduzir, desses quatro modelos, que Jung é inconsistente em sua teorização, uma vez que só os dois primeiros modelos do arquétipo são compatíveis com a ideia kantiana de *a priori*, enquanto que o terceiro a exclui, e a quarta viciaria quaisquer asserções por Jung sobre metafísica, na medida em que ela não tem qualquer lugar em sua pesquisa.

Outrossim, a terceira definição de Knox aparece frequentemente na obra de Jung. A quarta é discutível. De fato, Knox se apoia na elaboração por Jung de suas ideias sobre a sincronicidade, e mais particularmente na noção do psicoide que desenvolve em 1952. A este respeito, eu sugeriria que Jung é muito claro: ele postula o psicoide como um conceito lógico e certamente não como uma realidade metafísica. Além disso, seguindo o fluxo de pensamento de Jung, o psicoide organiza a matéria assim como a psique, e não compartilho da asserção de Knox de que seria independente da biologia, e, portanto, do corpo[9]. Inclino-me, pois, a reformular assim o quarto modelo de Knox do arquétipo:

- Um conceito em lógica necessário para facilitar o pensamento sobre as relações entre psique e soma.

Contudo, a reformulação que estou propondo do modelo de Knox ainda não responde à dificuldade posta pelas contradições que existem entre os diferentes usos do arquétipo feitos por Jung. De fato, a abordagem de Knox se torna ainda mais complicada ao se considerar que Jung frequentemente contrasta o instinto e o arquétipo, embora, ao mesmo tempo, com considerável frequência use o instinto como um dos polos do *continuum* arquetípico, com a espiritualidade no polo oposto. Finalmente, outra contradição emerge na abordagem de Jung da ideia de criatividade arquetípica, que contrapõe à destrutividade arquetípica, de modo que a polarização de criatividade e destrutividade se torna em si mesma uma parte inerente do dinamismo arquetípico, enquanto que em outras passagens este dinamismo é ora ligado ao si-mesmo, ora a atributos baseados na operação da função transcendente.

---

9. É um conceito especialmente pertinente na teoria da psicossomática (Ramos, 2004), e uma visão que se encontra em Jung (1952, § 123).

Reunidas, essas formulações resultam numa coleção muito diversa de ideias que poderiam parecer estranhas umas às outras ou simplesmente contraditórias. Nesta base, somos tentados a descartar completamente a noção de arquétipo ou a tentar redefini-la como Knox o faz. Porém, sem nenhum menosprezo à iniciativa de Knox – especificamente ao notável trabalho dela em ligar a teoria arquetípica com descobertas contemporâneas na psicologia desenvolvimental –, me parece que uma terceira via seja possível. Isso não envolve ainda uma outra redefinição do arquétipo enquanto conceito, mas a investigação de suas raízes epistemológicas potenciais.

O que tentarei fazer é mostrar como essa incoerência pode ser vista como inerente ao elusivo objeto da pesquisa de Jung, e não é necessariamente uma deficiência de seu pensamento. Em outras palavras, o objeto da pesquisa, "a psique humana", poderia ser em sua realidade ontológica de uma natureza heterogênea, não completamente reconhecível como ela mesma, de acordo com a parte dela que é examinada, ou de acordo com o método usado no estudo. O que parece pertinente aqui é uma propriedade de sistemas complexos: a quebra da simetria. Uma ideia agora aceita por muitos pesquisadores, entre os quais Edgar Morin (1990), é que a mente humana é em si mesma um sistema complexo. Para ajudar no entendimento do que estou sugerindo, é adequado desenvolver aqui certos aspectos dos sistemas complexos. A hipótese que estou desenvolvendo também complementa o trabalho de Hogenson (2001) sobre o tema da teoria darwinista conforme reformulada por Baldwin – ou seja, levando em conta fatores culturais intimamente ligados com a adaptação na seleção evolucionária. Assim, no argumento de Baldwin, a seleção natural de Darwin se tornou uma seleção cultural tanto quanto natural, operando conjunta e interativamente de acordo com o comportamento de um sistema complexo. Desta forma, a transmissão de características adquiridas (Lamarck, 1809) teria lugar na teoria darwinista, de acordo com uma transmissão cultural simultânea.

A ideia de emergência e de sistemas complexos: pistas de uma nova epistemologia

A ideia de emergência[10]

Emergência se refere à aparição de novas propriedades num sistema como um resultado de sua evolução, de modo tal que essas propriedades não poderiam ter sido deduzidas das propriedades anteriores do sistema. Um exemplo de emergência é o cristal de carbono (o diamante), exemplo pertinente, já que Jung se refere a ele como uma metáfora para falar sobre o arquétipo. O que é cativante neste exemplo é a extrema dependência de condições ambientais durante a formação do diamante a partir do carbono.

Vale notar que a ideia de emergência de modo algum contém qualquer ideia mágica de uma criação *ex nihilo*, mesmo quando as propriedades emergentes de um sistema não eram nem presentes nem predizíveis antes de sua aparição. Obviamente, a ideia de emergência é por definição diferente da ideia de estrutura: a emergência de uma nova estrutura é estimulada pela organização inerente do sistema; a estrutura não é em si mesma uma condição da emergência, mas seu resultado.

Sistemas complexos na física[11]

Um sistema complexo é um sistema físico cuja dinâmica é, em certos estados, não linear. Considere o fluxo de um rio através de uma cidade, onde é margeado de ambos os lados. Quando dragado adequadamente, seu fluxo é geralmente tranquilo, de modo que um objeto flutuando em sua superfície avança mais ou menos num mesmo e previsível ritmo com o fluxo. Quando o fluxo encontra o pilar de uma ponte, a trajetória dos objetos flutuantes se torna problemática, com alguns na margem direita finalmente tomando uma direção para a esquerda, enquanto outros giram em torno de si mesmos até seguirem de novo numa direção diferente antes de passar pelo obstáculo, e assim por diante. Assim, enquanto que antes da ponte a direção do fluxo era

10. George Hogenson (2004, 2009) e Joe Cambray (2004, 2006, 2010) focaram especificamente o fenômeno da emergência.

11. O leitor interessado pode consultar o livro bastante acessível de James Gleick (1988).

em grande medida linear, ao se aproximar do obstáculo apresentado pelo pilar o fluxo se torna turbulento e não linear.

Este conjunto de comportamentos significa a aparição de atributos específicos comuns a sistemas complexos:

- *A sensibilidade a condições iniciais* torna esses sistemas imprevisíveis; a margem de erro inerente em todas as medidas físicas impede quaisquer predições de longo prazo. Sua imprevisibilidade é uma função do estado do sistema e é chamado de um horizonte: até o horizonte, o sistema é previsível; além dele, não o é mais. Este horizonte e seus caprichos, segundo o estado do sistema, impactam nossas vidas diárias através de previsões de tempo, às vezes incrivelmente precisas por alguns dias, e às vezes completamente erradas em questão de horas. Há uma óbvia analogia a ser feita com a psique humana, cada um de nós sendo previsível ou não até certo ponto, conforme nosso estado psicológico.
- *A quebra na simetria,* característica desses sistemas, significa que estudar uma parte do sistema não nos diz nada sobre ele globalmente. Conhecer uma pessoa num dado conjunto de circunstâncias só raramente nos permite chegar a conhecê-la [completamente], pois elas podem se revelar muito diferentes em outras circunstâncias.

Outras características essenciais também são deduzíveis:

- *Sistemas complexos são auto-organizativos,* como resultado das muitas interações e retrointerações de seus componentes. Cada nível de auto-organização suscita um nível mais alto de emergência, e, portanto, uma coleção de novos atributos emerge. O mesmo se aplica a interações entre sistemas complexos, o que implica:
- *As fronteiras de um sistema complexo são nebulosas e indefiníveis de um modo muito preciso.* Assim como um sistema complexo é muito frequentemente composto de subsistemas, sejam simples ou complexos, assim também dois ou mais sistemas complexos interagindo entre si criam um novo sistema complexo emergente, cujos atributos podem ser

muito diferentes dos componentes originais. A nebulosidade das fronteiras é uma das razões que me motivaram a desenvolver a ideia de uma quimera transferencial (Martin-Vallas, 1998, 2006, 2008, 2009b, 2015). Fiquei impressionado pelo grau em que, na situação analítica, é frequentemente impossível dizer se o que surge na consciência de um ou outro dos protagonistas realmente lhes pertence ou é produto da própria constelação analítica. A transferência, no sentido que Jung (1946) desenvolveu, sugere que se trata do resultado de um apagamento parcial das fronteiras entre analisando e analista. O psicanalista francês Michel de M'Uzan (1976) também desenvolveu a ideia de uma quimera na situação analítica. Entre os psicólogos analíticos, George Bright (1997) com seu uso da noção de sincronicidade, Joseph Cambray (2006) com sua ideia de coconstrução desenvolvida pelo Boston Change Process Study Group (2004), Jan Wiener (2009) com seu conceito de matriz de transferência, e Richard Carvalho (2014) observando fenômenos fisiológicos inesperados que ocorrem sincronisticamente no analista e no paciente, chegaram a conclusões semelhantes.

- *Um sistema complexo é robusto por natureza,* independentemente de suas condições iniciais e da nebulosidade de suas fronteiras. A quantidade de interações e efeitos retrospectivos em seu centro tornam improvável que ele se dissolva sob os efeitos de suas interações com seu ambiente. Falando clinicamente, é sabido que o risco de colapso psicológico é maior entre personalidades rígidas, que parecem ter uma espécie de dinâmica linear, do que entre aqueles considerados como aparentemente menos estáveis, que mostram ter uma dinâmica caótica.

A psique como um sistema complexo

Pelos argumentos precedentes, parece que a psique humana pode e deve ser considerada como um sistema complexo. Para além da sua imprevisibilidade e não replicabilidade, ela manifesta todos os atributos característicos desses sistemas. Quando se trata da noção de arquétipo, o que é de óbvio interesse é a qualidade da auto-organização, bem como os fenômenos de emergência que provavelmente aparecerão em diferentes níveis de seus processos.

A ideia do atrator estranho

O que chamamos de atrator no campo dos sistemas dinâmicos são porções de espaço de fase[12] ou às vezes de espaço real[13], e como tal é um conjunto de valores numéricos ao qual um sistema tende a evoluir por uma ampla variedade de condições iniciais do sistema (e, se os valores do sistema chegam perto o bastante dos valores do atrator, eles permanecem próximos, mesmo quando ligeiramente perturbados, daí a noção de atrator). O atrator será chamado de "estranho" se o espaço determinado é diferente de um ponto, um círculo, uma esfera e assim por diante – ou seja, uma figura de dimensão total, completa (o que sugere um movimento periódico). Em contraste, atratores estranhos são figuras fractais, ou seja, figuras que parecem idênticas uma a outra, em diferentes escalas observacionais, e que não são de dimensão total[14].

O atrator estranho e a auto-organização

A partir do fato de que o atrator estranho atrai a dinâmica do sistema complexo para uma certa porção de espaço de fase, isto está intimamente ligado às capacidades auto-organizativas dos sistemas. Enquanto um sistema responde às leis do acaso, fica suscetível a ter todos os destinos possíveis, um sistema complexo é muito limitado quanto à sua evolução, pelas alternativas abertas aos atratores estranhos que governam sua dinâmica. É assim que ele

---

12. Espaço de fase é um constructo matemático que possibilita a qualquer estado do sistema dinâmico ser representado como um ponto único do espaço.

13. A organização da humidade atmosférica na formação de nuvens; p. ex., nuvens na forma de cúmulos, é um exemplo do dia a dia.

14. A ideia de uma dimensão que não é total, completa, que pode parecer impossível de imaginar, não é tão complicada. Se se toma um segmento de linha, e se se duplica seu tamanho, o seguimento será duas vezes maior. Se se pega um quadrado e se dobra suas dimensões, a superfície será quatro vezes maior. Se se faz a mesma operação num cubo, seu volume será oito vezes maior. A relação entre a ampliação (A) da figura e suas dimensões (d) pode ser expressa como $A = 2^d$ quando se dobram as dimensões. Uma propriedade de um fractal é que seu tamanho é superior ao do espaço no qual está localizado.

se torna capaz de auto-organização, e, portanto, de se tornar complexo. A auto-organização é também a base da emergência de novos atributos.

A propriedade auto-organizativa de sistemas complexos pode assim ser expressa nos valores numéricos dos atratores estranhos, e na esfera biológica é análoga à ideia de *autopoiesis* ["autocriação"] (Colman, 2012), como já definida em 1972 por Maturana e Varela (1980). Eles postularam que, na biologia, a capacidade dos sistemas biológicos de se autorreproduzirem internamente lhes permite manterem-se por reprodução constante. Podemos dizer que a própria vida é uma propriedade que emergiu de um certo nível de complexidade, que por sua vez dá origem à emergência desse recém-descoberto atributo da *autopoiesis*.

Uma das principais propriedades que Jung associou à sua noção do arquétipo é precisamente esta: uma vida psíquica auto-organizativa, que é autossustentada e se mantém relacionada ao seu ambiente adaptando-se constantemente a ele.

O arquétipo: um sistema complexo com uma estrutura fractal?

É, portanto, possível argumentar que Jung propõe pensar o arquétipo através de um sistema que é complexo em si mesmo – ou seja, o pensamento. Butz (1998), que examinou a ideia de energia na obra de Jung, parece ter chegado a uma conclusão semelhante. Considero, a esse respeito, que Jung está muito próximo da ideia de pensamento complexo tal como desenvolvida por Edgar Morin (1990). Além disso, Jung afirma este pensamento complexo em resposta a Freud, que em 1910 ainda estava falando sobre um modo de pensamento calcado na mera causalidade, ou que ainda procurava simplificar. Subsequentemente, o próprio Freud passou a uma forma diferente de pensamento complexo, primeiramente com seu instinto de morte (1920), depois com seu segundo tópico (id, ego, superego, 1923), e especialmente com seu *Moisés e o Monoteísmo* (1939), seguido pelos freudianos do pós-guerra e, por fim, retomado pelo movimento psicanalítico como um todo. Eu diria que Freud escolheu diferentes seções de Poincaré, nem mais nem menos válidas do que aquelas de Jung (Atmanspacher, 2014, desenvolveu uma posição semelhante). Da minha perspectiva, é aí que só a prática clínica pode discernir a pertinência de uma ou outra abordagem.

Tomadas conjuntamente, todas essas considerações nos ajudam a entender mais claramente o que Jung estava obtendo com a noção de arquétipo, suas constantes, suas variações e todas as suas contradições. Se voltarmos à classificação sugerida por Knox (tal como a reformulei acima), torna-se possível distinguir diferentes níveis de significado para o conceito, tais como:

1) O arquétipo como um conceito lógico, necessário para pensar a relação entre matéria e psique.

2) O arquétipo como um princípio organizativo biológico inato.

3) O arquétipo como uma estrutura mental abstrata, não capaz de representação *per se*.

4) O arquétipo como um núcleo de representação de valor altamente simbólico.

Cada um desses níveis corresponde a uma escala de observação ou, mais precisamente, uma vez que só é possível observar o último desses níveis, numa escala de abstração da mais geral à mais particular. Assim, se se aceita que o arquétipo pode ser estruturado à maneira de todos os outros sistemas complexos que são característicos do mundo, já não causa surpresa que as aplicações do termo por Jung devam ser diferentes e, de fato, por vezes divergentes. De acordo com a aplicação, há diferentes propriedades emergentes, e a descrição relevante em cada caso deve, portanto, ser diferente, enquanto que a referência permanece a mesma[15].

Torna-se então possível pesar os diferentes arquétipos descritos por Jung como correspondendo, cada qual, a um atrator estranho, o que pode lhe ter sido revelado como parte de uma atividade mental equivalente a uma seção de Poincaré, do sistema psíquico global. Pensar nesses termos nos capacita a apreender a ideia junguiana de ativação de um arquétipo, uma ideia que facilmente se confunde com pensamento mágico, como se cada arquéti-

---

15. Nota da tradutora para o inglês: Aqui vem à mente a inovadora obra de Rom Harré sobre o uso de regras sociais, inclusive a linguagem, na formação do eu.

po fosse algum espírito dormente suscetível de acordar a qualquer momento. Contudo, a epistemologia dos sistemas complexos requer uma formulação muito diferente, a partir da premissa de que há um sistema psíquico global, animado por uma diversidade dinâmica mais ou menos caótica, de modo que, quando mudanças ocorrem na dinâmica, não necessariamente em todos os níveis do sistema, há ainda uma emergência ou um apagamento de atratores estranhos em torno dos quais aquelas dinâmicas se organizam.

Esta linha de raciocínio também permite responder às objeções de Knox e Roesler no que se refere à origem biológica supostamente inerente dos arquétipos. De fato, pode parecer importante invalidar a ideia junguiana de uma origem inata do arquétipo para substituí-la por sua emergência desenvolvimental[16]. Porém, numa abordagem complexa, isso é redundante, já que a emergência de suas propriedades num sistema é tão dependente de sua natureza quanto de suas interações com seu ambiente. A base dos argumentos de Knox já não precisa postular a existência de arquétipos *per se*, mas pode se apoiar nas propriedades do sistema, que, através de sua interação com seu ambiente, dão origem ao tipo de dinâmica que Jung descreveu como arquetípica - de fato, este é o domínio da epigênese. Portanto não é mais necessário se opor a suas várias supostas origens, quer sejam biológicas, genéticas, ambientais, intrapsíquicas e assim por diante.

Carl Gustav Jung: um teórico da subjetividade?

No início deste capítulo, discuti brevemente os diferentes conceitos de energia (libido) e da natureza da psique humana segundo Freud e de Jung. Muito do trabalho que levou ao desenvolvimento por Jung do conceito do inconsciente coletivo e dos arquétipos que lhe permitiram ser experienciado dentro da psique foi feito no período entre 1914 e 1920, quando Jung entrou num período de intensa turbulência emocional e estudou cientificamente suas experiências. Esse exame de seu processo se tornou *O Livro Vermelho*. Tem havido muita discussão na literatura sobre a natureza das experiências

---

16. Este foi um debate entre Stevens (2003) e Hogenson (2004) no Congresso da Iaap em Cambridge, em 2001.

de Jung durante esse período e sobre o que esse processo significou como indivíduo e para o desenvolvimento da teoria dos arquétipos e sua aplicação à prática clínica. Examinarei isso agora em termos da compreensão dos arquétipos como sistemas complexos.

Após a publicação de *O Livro Vermelho* (Jung, 2009), diversos junguianos advogaram uma estratégia de defesa contra a tentação potencial de descrever a obra como jorros psicóticos, como se esta palavra fosse um anátema (Gaillard, 2011). A dificuldade é que não está claro o que cada um desses autores entende pelo termo psicose: poderia ser uma referência ao funcionamento de algumas camadas da mente? Alternativamente, poderia ser um comentário sobre a função ou disfunção do ego? Em outras palavras, trata-se necessariamente de patologia, ou antes de um tipo de dinâmica mental que, como a neurose, tem suas próprias manifestações patológicas?

Vou apenas passar os olhos pelo debate, que merece uma exposição muito maior do que é possível aqui, mas posso afirmar que para mim não há nenhum anátema em falar sobre psicose. De todo modo, o próprio Jung, escrevendo a Patricia Hutchins sobre James Joyce (Shamdasani, 2012, p. 147), diz:

> Seu "estilo psicológico" é definitivamente esquizofrênico, com a diferença, porém, de que o paciente comum não consegue evitar falar e pensar desse modo, enquanto que Joyce o quis e, além disso, o desenvolveu com suas forças criativas, o que, por sinal, explica por que ele próprio não atravessou a fronteira (citado por Ellmann, 1984).

Daí por que compartilho da posição de Schwartz-Salant (2010), que escreveu, ao comentar *O Livro Vermelho*:

> Pensar em Jung como um louco, ou como tendo sido esquizofrênico e de algum modo se curado criativamente, é certamente errado. Mas reconhecer que Jung, como todo mundo, num grau ou noutro, teve partes loucas em sua personalidade apesar de tudo sã, e que isso teve um efeito torturante e, por fim, tanto limitador quanto transformador, é uma hipótese muito plausível (p. 13).

De todo modo, a ideia da "loucura" de Jung parece derivar da resenha que Winnicott (1964) escreveu sobre *Memórias, Sonhos, Reflexões*. Aliás,

Winnicott nunca postulou qualquer hipótese sobre esquizofrenia ou alguma outra psicose concernente ao Jung adulto: falou em psicose infantil, que é coisa totalmente diversa. Sugerir a hipótese de que Jung foi capaz de curar-se de uma psicose infantil parece reconhecer a grande importância da obra. Todos os que têm experiência de trabalhar com crianças psicóticas, e ainda mais com adultos que sofrem as consequências de tal perturbação infantil, sabem que o trabalho nesses casos é extenso, doloroso e realmente incerto[17]. O que parece em jogo aqui é um esforço de ativar a função alfa (Bion, 1963) com o objetivo de transformar os elementos beta remanescentes em elementos alfa imagináveis e pensáveis.

Parece-me possível afirmar que o que Jung estava confrontando durante sua "imersão no inconsciente" (Jung, 1961, pp. 198-232) foi uma excursão, não suscetível de representação ou no mínimo ainda não representada. Como Sonu Shamdasani (2012, p. 107) observa, "Ele sentiu a necessidade de representar seus pensamentos mais íntimos na pedra e de construir uma habitação completamente primitiva"[18]; e "palavras e papéis aos meus olhos eram uma realidade insuficiente; algo mais era necessário" (Jung, 1961, p. 260); e, mais tarde (2012, p. 130), "O *Liber Novus* emergiu de uma crise de linguagem e de uma busca paralela de encontrar expressão adequada para falar a, e sobre a alma". Há, eu pergunto, uma definição melhor da função alfa do que isso: "encontrar expressão adequada para falar a e sobre a alma"?

Inicialmente, buscou se agarrar à realidade com a ajuda de exercícios de respiração e ioga, evidenciando, em contrapartida, como seu narcisismo[19] tentou fortalecer seu ser físico contra os assaltos emanados de seus afetos

17. Penso que a maior parte das pessoas que são rotuladas como *borderline* de fato apresentam as consequências de uma psicose infantil, que geralmente se torna rastreável durante o tratamento analítico, com a revisitação da infância.

18. Nota da tradutora para o inglês: cf. tb. *A Jungian Spoke in the Planning Wheel* (no prelo), de Kutek, que vai além da necessidade de Jung de representar apenas pensamentos na pedra, mas para realmente se projetar na pedra. Daí ter dispensado arquitetos e se tornado o construtor, uma expansão do manequim da sua infância.

19. Por narcisismo me refiro aqui à propriedade que garante a permanência do ego como o centro da consciência do mundo interno e externo, um ego capaz de labutar na adaptação simultânea às exigências de ambas as ordens de realidade.

explosivos. Aceitou uma regressão formal se entregando a jogos de construção infantis, o que mostrava a necessidade imperiosa de dar forma às suas emoções. Considero isso um excelente exemplo clínico de confronto com elementos beta e da perturbação mental que isso envolve. Mas nesse estágio, diferentemente dos episódios infantis aos quais Winnicott pode ter se referido, Jung resistiu à tentação de sucumbir a defesas psicóticas. Assim como, na pré-adolescência, Jung decidiu, por um esforço de vontade, visualizar a fantasia que o oprimia (Deus defecando na Catedral da Basileia), similarmente, quase aos 40 anos de idade, decidiu soltar as rédeas para qualquer fantasia que experimentasse ou que lhe ocorresse. Segundo Jung, isso foi uma questão de força bruta.

E é preciso força não só para conservar sua relação com a realidade externa, mas também para obrigar suas experiências a se tornarem imagináveis, e, portanto, para descobrir em si mesmo a capacidade de colocá-las numa forma concreta e apreensível. Isso é o que o levou a fazer jogos e desenhos como muitas crianças. Mas tinha, para o seu próprio bem, de manter sua posição como adulto, não apenas como um homem adulto e casado, mas também como um médico, um psiquiatra e um pesquisador numa nova ciência. É assim que entendo sua necessidade de dar uma forma acabada a suas produções fantasiosas, uma forma cuja habilidade e qualidade artística podem ser apreciadas em *O Livro Vermelho*. Foi, creio, um processo de reativar a função alfa, o que Jung assim inventou (um processo que ele viria a formalizar com o termo imaginação ativa), um processo pelo qual a experiência emocional, em seus aspectos crus, elementos beta, pode ser subjetivada e assim integrada à vida consciente. O desafio foi facilitar a encarnação pessoal de energias emanadas do que ele logo veio a chamar de o inconsciente impessoal.

Tal encarnação precisou apontar para o ser verdadeiro dele, e não por algum passe de mágica, que facilmente poderia ter escorregado para o de um artista[20], de um filósofo, de um profeta ou de quem mais eu possa nomear. Isso, é claro, não significa dizer que tal processo não seja possível para um artista, um filósofo ou um profeta, mas sim que Jung não era nenhum deles – pelo menos

20. Cf., p. ex., seu diálogo com a *anima* (Jung, 1961, p. 213).

é o que sempre disse. Jung era, porém, um médico, psiquiatra e pesquisador científico. As pinturas, desenhos e textos proféticos que se encontram em *O Livro Vermelho* só podiam ter sido um estágio no longo processo de representação subjetiva de suas energias impessoais, um estágio indispensável em sua autoanálise, tendo, não obstante, de dar expressão a uma representação científica no campo de sua encarnação social. Após a construção de uma ponte entre o impessoal e o subjetivo, tinha de construir outra ponte entre o subjetivo e o coletivo de seu pertencimento social à medicina e à ciência. Essa foi a tarefa da *Gesammelte Werke*, um trabalho que precede, acompanha e sucede a *O Livro Vermelho*.

Portanto, após ter arrancado do impessoal aquelas representações que podiam ser integradas no seu ser subjetivo, tinha de retraçar seus passos na direção oposta, rumo a uma forma diferente do impessoal, ou seja, a formulação conceptual da teoria, destinada ao coletivo humano, a comunidade da humanidade. Aqui é onde a complexidade do seu pensamento aparece em plenitude. É uma complexidade necessária para dar uma explicação aos diferentes níveis da experiência vivida no curso de sua autoanálise, portanto de seu trabalho analítico e daquele de seus sucessores.

Na Figura 4.1, resumi esquematicamente essa evolução, agrupando os vários níveis dos dois processos complementares, um de subjetivação e o outro de teorização, o último sendo organizado num movimento dual de objetivação e de abstração. É importante manter em mente as interações e retroações sustentadas dos diferentes processos entre si; além disso, cada elaboração possibilitada nesse caminho produz um resíduo não elaborado (as setas quebradas) que alimenta um nível prévio e/ou subjetivo. Aqui o objeto da pesquisa é complexo e a epistemologia da pesquisa é em si mesma complexa, assim como também o é a teoria resultante.

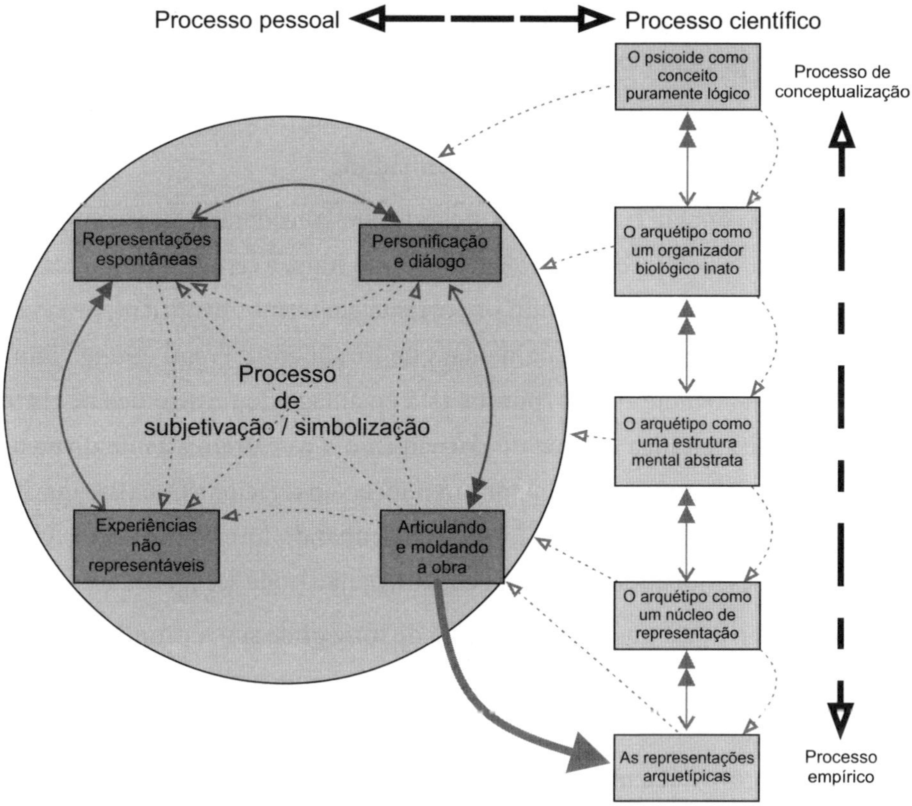

Figura 4.1 A organização complexa da epistemologia de Jung: cada nível está em interação/*feedback* com os outros

O segundo período da obra de Jung deve ser acrescentado a esta formulação. Seu trabalho em torno de *O Livro Vermelho* é interrompido em 1928, quando se depara com o tratado alquímico chinês *O Segredo da Flor de Ouro* (Jung, 1929). A partir de então imergiu em seus estudos de alquimia, e se pode supor que descobriu uma espécie de coerência entre seu processo subjetivo e seu trabalho científico. Propõe então a seus leitores um modo de pensar complexo e unificado, embora, mesmo unificado, não seja um pensamento homogêneo. É um modo de pensar que acomoda intrincadamente a dimensão subjetiva ao lado de uma certa objetividade científica. Isso não exige dos leitores que confundam sua subjetividade com a de Jung (ele não é um profeta); significa, isso sim, construir, cada um de sua própria maneira, um modo de pensar pessoal e complexo, com seu próprio entrelaçamento de subjetividade pessoal e objetividade científica.

A questão da teleologia e a sincronicidade

Antes de concluir este capítulo, nos convém considerar a tarefa em pauta de um ângulo teleológico, porque este, segundo Jung, é central à dinâmica arquetípica. Além disso, é um ponto importante em termos históricos, uma vez que faz parte da discórdia fundamental que surgiu entre Freud e Jung. Também é importante hoje em dia, porque está no âmago do raivoso debate entre a fraternidade científica a favor do darwinismo e os extremistas de diversos estratos, que estão pressionando por um retorno ao criacionismo. Esse debate não é tão pronunciado na França, mas está ganhando força nos Estados Unidos e em países muçulmanos (Hameed, 2012): não pode ser ignorado.

A questão é se a postura teleológica de Jung pode ser confundida com a noção de causas finais, a "finalidade" dos antigos, que pressupõe um criador, e uma estratégia divina como um resultado do ato da criação (Le Ru, 2012).

Jung é provavelmente mais explícito sobre este tema no seu artigo sobre a sincronicidade. Introduz ali a sincronicidade como um princípio acausal: não pode haver um criador de sentido, ou uma estratégia que desse origem a fenômenos cujo sentido estava esperando por ser descoberto. A abordagem teleológica é muito diferente do criacionismo ou de algum desígnio último da Natureza. Então Jung (1952, § 948) vai muito além do paranormal neste artigo:

> Sendo assim, devemos nos perguntar aqui se a relação entre a alma e o corpo pode ser comparada sob este ângulo, isto é, se a coordenação dos processos psíquicos e físicos no organismo vivo pode ser entendida como um fenômeno sincronístico ao invés de como uma relação causal.

Portanto, com a introdução da noção do psicoide, previsto por ele de modo muito diferente do seu uso anterior (Addison, 2009), deixa muito claro que se trata de um conceito formal, uma necessidade lógica. Ainda assim, é preciso que se diga que persiste uma dúvida sobre o que ele quer dizer, por exemplo, ao introduzir a noção de conhecimento absoluto, ou de um sentido existente por si só. Esta hesitação, que persiste ao longo de sua obra, me parece ter propiciado numerosas interpretações alternativas do seu pensamento, ou antes, da sua intuição, baseadas nas várias expressões do seu pensamento.

Parece possível supor que Jung tinha uma clara intuição dos fenômenos emergentes, mas sem ter à disposição uma conceptualização adequada, buscou, para o bem ou para o mal, formular uma. Daí por que penso poder dizer que sua noção da sincronicidade, uma intuição formidável sobre o princípio acausal relacional, é uma que possui, em si mesma, propriedades emergentes. Porém, foi incapaz de representar a si mesmo tal princípio sem recair em conceitos anteriores, ou seja, voltando a um tipo de causalidade: se o significado emerge de um encontro fortuito (não causal) entre um evento externo e um evento psicológico, seria uma necessidade lógica que houvesse algum significado preexistente no universo. É justamente o que a ideia atual de emergência nos permite evitar. Assim, antes de haver água no universo, poderia talvez ter sido estabelecido que dois átomos de hidrogênio e um de oxigênio provavelmente se juntariam fortemente para formar uma molécula estável, mas nada poderia ter decretado que ela seria líquida apenas entre 0 e 100 graus Celsius, nem que sua densidade em seu estado sólido seria menor do que a de seu estado líquido. É uma propriedade que não existia em lugar nenhum, nem mesmo em um possível estado *a priori*, até sua emergência eventual. Assim tem sido no universo que conhecemos e que, no curso de sua evolução desde o *Big Bang*, não cessa de exemplificar sua organização com, em cada estágio, a emergência não só de novas propriedades, mas também de novas leis da física (Laughlin, 2012).

Este é um nexo importante do ponto de vista metafísico, pois evita o predicado de uma estrutura preexistente ou mesmo potencial de leis, propriedades e/ou forma emergente com cada nível de complexidade: evitar hipóteses metafísicas é um dos fundamentos do método científico. Daí o trabalho, por exemplo, de Conforti (1999) – um dos primeiros pesquisadores a ter examinado o conceito arquetípico à luz da teoria da emergência – e de Vezina (2001), não parecer dar conta plenamente da teoria, porque, a partir dela, eles deduzem, como Jung fez antes deles, que a emergência contém um potencial preexistente para estruturas arquetípicas.

Na psicologia, especialmente no estudo de fenômenos ocultos, a emergência abre o caminho para uma abordagem que não é levada por causalidade mágica, nem pela hermenêutica, nem por causas finais no sentido do criacionismo, o que então permite que o modelo junguiano de sincronicidade, enquanto um princípio acausal, se torne um exemplo da emergência de significado surgindo simplesmente do que acontece, ou seja, da coincidência "ordinária". Sustentando essa linha de pensamento, Bright (1997), seguido pelo meu próprio trabalho (Martin-Vallas, 2011, 2015), aplicou o princípio da sincronicidade para compreender a emergência de significado no campo da psicanálise, especificamente como uma propriedade da transferência. É assim, creio, que podemos agora falar de teleologia sem abandonar o discurso científico no campo psicológico, no sentido proposto por Paul Ricoeur (1967, p. 125): "Teleologia não é o mesmo que causas finais: os pontos nodais na teleologia dialética não são causas finais, mas a significância que se desenvolve em significado a partir do processo de englobamento que os supera."

Conclusão

O que Jung é especificamente capaz de oferecer aos analistas é uma abertura para um modo de pensamento que pode ter lugar na prática clínica, de modo que o analisando tem a liberdade de vivenciar sua experiência subjetiva, enquanto que, do seu lado, o analista pode tomar essa experiência subjetiva através do prisma de, e entrelaçada com seus processos de pensamento teórico. Assim, se se segue a linha junguiana de pensamento como tentei explicitá-la, não pode haver só um modo único para o analista interpretar para si mesmo o que pode estar acontecendo no tratamento. Pelo contrário, uma das maiores vantagens desta abordagem é nos obrigar, com base na complexidade, a escolher (ou ser escolhido por) uma direção de viagem, avaliando a situação clínica, sabendo que há sempre outras rotas possíveis com o resultado de uma avaliação diferenciada. Esta própria escolha – reconhecemos na nossa prática – é frequentemente apenas "consciente" em retrospectiva, mesmo se emergiu em nós no "aqui e agora" da situação de transferência: é uma expressão do que denominei de a quimera transferencial (Martin-Vallas, 2006, 2008, 2009b, 2015).

Isso não apenas deve nos impedir de adormecer com pensamentos pré-empacotados sobre nossos pacientes, mas exige que interroguemos nossa contratransferência justamente sobre o modo de nosso processo de pensamento teórico, e não apenas ficarmos presos em nossos afetos, fantasias e/ou ocorrências corporais (cf. Carvalho [2014] como uma sincronicidade). Só quando abordada assim, podemos compreender que a transferência esteja presente não apenas no espaço entre o analisando e seu analista, mas que também abranja, e, portanto, afete a subjetividade e o pensamento teórico do analista[21]. Esse tipo de pensamento não se restringe a um modo defensivo – para isolar o si-mesmo de experiências emocionais inadequadamente imaginadas ou integradas –, bem pelo contrário: é um modo aberto ao entrelaçamento de afeto, imaginação, sensação corporal e conceptualização. É verdadeiramente o trabalho de um tecelão que Jung exorta o analista a empreender em sua prática clínica, tanto quanto em seus esforços para compreender; pois exige conexões intricadas, à maneira no nó borromeano[22] que consiste nos muitos e diferentes aspectos conectados do si-mesmo.

Referências

Addison, A. (2009). Jung, vitalism and 'the psychoid': An historical reconstruction. *Journal of Analytical Psychology*, *54*, 1.

Atmanspacher, H. (2014). Le monisme à double aspect. *Revue de Psychologie Analytique*, *3*, 105-133.

Bion, W. (1963). *Elements of psychoanalysis*. Londres: Karnac Books, 1984.

Blackerby, R.F. (1998). *Applications of chaos theory to psychological models*. Austin: Performance Strategies.

21. O que parece convergir com a ideia de Michel de M'Uzan sobre o pensamento paradoxal (1976).

22. O nó recebeu este nome por conta do brasão da família Borromeo. Contém uma figura de três anéis interligados de modo tal que se um for cortado, todos os três são separados.

Boston Change Process Study Group. (2004). The something more than interpretation: Sloppiness and coconstruction in the psychoanalytic encounter. *International Journal of Psychoanalysis*, 85.

Bright, G. (1997). Synchronicity as a basis of analytic attitude. *Journal of Analytical Psychology*, *42*(4), 613-635.

Butz, M.R. (1997). *Chaos and complexity: Implications for psychological theory and practice*. Londres: Taylor.

Butz, M.R. (1998). Chaos, energy, and analytical psychology. In L.L. Chamberlain e M.R. Butz (orgs.), *Clinical chaos: A therapist's guide to nonlinear dynamics and therapeutic change* (pp. 41-53). Levittown: Brunner-Mazel.

Cambray, J. (2006). Towards the feeling of emergence. *Journal of Analytical Psychology*, *51*, 1e.

Cambray, J. (2010). Emergence and the self. In S. Murray (org.), *Jungian psychoanalysis: Working in the spirit of C.G. Jung* (pp. 53-66). Chicago: Open Court.

Cambray, J., & Carter, L. (2004). *Analytical psychology: Contemporary perspectives in Jungian analysis*. Nova York: Brunner-Routledge.

Carvalho, R. (2013). A vindication of Jung's unconscious and its archetypal expression: Jung, Bion e Matte Blanco. In A. Cavalli, L. Hawkins e M. Stevens (orgs.), *Transformation: Jung's legacy and clinical work today*. Londres: Karnac Books [pode ser lido no Google Books].

Carvalho, R. (2014). Synchronicity, the infinite unrepressed, dissociation and the interpersonal. *Journal of Analytical Psychology*, *59*, 366-384.

Chamberlain, L.L., & Butz, M.R. (1998). *Clinical chaos: A therapist's guide to nonlinear dynamics and therapeutic change*. Levittown: Brunner-Mazel.

Chatillon, N. (2010). *Penser depuis l'inconscient*. Paris: Grego.

Colman, W. (2012). *Bounded in a nutshell and a king of infinite space: The embodied self and its intentional world*. Segunda Conferência Europeia sobre Psicologia Analítica, São Petersburgo, inédita.

Conforti, M. (1999). *Field, form and fate: Patterns in mind, nature, and psyche*. Nova Orleans, LA: Spring Journal, 2006.

Damasio, A. (1995). *Descartes' error: Emotion, reason, and the human brain*. Nova York: Penguin Books, 2005.

Ellmann, R. (1920). Beyond the pleasure principle. *SE XVII*, 7-64.

Ellmann, R. (1923). The ego and the id. *SE XIX*, 12-59.

Ellmann, R. (1939). Moses and monotheism. *SE XXIII*, 7-137.

Ellmann, R. (1984). *James Joyce*. Oxford: Oxford Paperbacks.

Gaillard, C. (2011). Transcendance et croyance en psychanalyse jungienne à la lumière du Livre Rouge. *Cah. Jung. Psychanalysis, n° 134.*

Galton, F. (1883). *Inquiries into human faculty and its development*. Londres: Macmillan.

Gleick, J. (1988). *Chaos: The making of a new science*. Nova York: Penguin Books.

Gottman, J.M., Murray, J.D., Swanson, C., Tyson, R., & Swanson, K.R. (2003). *The mathematics of marriage: Dynamic nonlinear models*. Cambridge: Massachusetts Institute of Technology Press.

Hameed, S. (2012). La contagion gagne les pays musulmans. *La recherche, HS n. 48.*

Hogenson, G. (2001). The Baldwin effect: A neglected influence on C.G. Jung's evolutionary thinking. *Journal of Analytical Psychology*, *46*, 591-611.

Hogenson, G. (2004). Archetypes: Emergence and the psyche's deep structure. In J. Cambray e L. Carter (orgs.), *Analytical psychology: Contemporary perspectives in Jungian analysis* (pp. 32-55). Nova York: Brunner-Routledge.

Hogenson, G. (2009). Archetypes as action patterns. *Journal of Analytical Psychology*, *54*, 3.

Jung, C.G. (1909). The family constellation. In *C.W. 2*. Londres: Routledge ["A constelação familiar", in: OC 2].

Jung, C.G. (1912). *Psychology of the unconscious: A study of the transformation and symbolism of the libido*. A contribution to the history of the evolution of thought. Princeton: Princeton University Press, 1992. Retomado de www.questia.com/library/ 7351122/psychology-of-the-unconscious-a-study-of-the-transformations [*Símbolos da Transformação*, OC 5].

Jung, C.G. (1929). Commentary on 'The secret of the golden flower'. In *CW 13*. Londres: Routledge.

Jung, C.G. (1946). The psychology of the transference. In *The Practice of Psychotherapy, CW 16*, Londres: Routledge ["A psicologia da transferência", in: OC 16/2].

Jung, C.G. (1952). Synchronicity: An acausal connecting principle. In *The structure and dynamics of the psyche, CW 8*. Londres: Routledge [*Sincronicidade*, OC 8/3].

Jung, C.G. (1961). *Memories, dreams and reflections*. Londres: Collins.

Jung, C.G. (2009). *Liber novus, the red book*. Londres: W.W. Norton [*O Livro Vermelho*. Petrópolis: ed. Vozes, 2010].

Kant, E. (1781/1999). *Critique of pure reason*. Cambridge: Cambridge University Press.

Kiel, D.L., & Elliott, E.W. (1997). *Chaos theory in the social sciences: Foundations and applications*. Ann Arbor: University of Michigan Press.

Knox, J. (2003). *Archetype, attachment, analysis – Jungian psychology and the emergent mind*. Nova York: Brunner-Routledge.

Lamarck, J.-B. (1809). *Philosophie zoologique*. Paris: Dentu. Retomado de https://fr.wikisource.org/wiki/Philosophie_zoologique_(1809)

Laughlin, R. (2012). L'émergence inattendue de lois physiques. *La recherche, Les dossiers de la recherche n. 48.*

Le Quellec (2013). *Jung et les archétypes: Un mythe contemporain*. Paris: Editions Sciences humaines.

Le Ru, V. (2012). Le réveil de l'obscurantisme. *La recherche, HS n. 48.*

Leffert, M. (2010). *Contemporary psychoanalytic foundations: Postmodernism, complexity, end neurosciences*. Londres: Routledge.

Martin-Vallas, F. (1998). *La chimère transférentielle*. Memorial de admissão à Société Française de Psychologie Analytique, inédito.

Martin-Vallas, F. (2005a). Towards a theory of the integration of the other in representation. *Journal of Analytical Psychoanalysis, 50*(3), 285-293.

Martin-Vallas, F. (2005b). Vers une théorie de l'en-deçà de la représentation. *Cah. Jung. Psychanalysis, 116*, Paris.

Martin-Vallas, F. (2006). The transferential chimera: A clinical approach. *Journal of Analytical Psychology, 51*(5), 627-641, Londres.

Martin-Vallas, F. (2008). The transferential chimera II: Some theoretical considerations. *Journal of Analytical Psychology, 53*(1), 37-59.

Martin-Vallas, F. (2009a). From the end time to the time of the end: Some reflections about the emergence of subjectivity. *Journal of Analytical Psychology, 54*(4), 441-460.

Martin-Vallas, F. (2009b). Y-aurait-il des bases neurophysiologiques au transfert? *Cah. Jung. Psychanalysis*, 130, Paris.

Martin-Vallas, F. (2011). Бессмысленность инцеста, проверенная анализом [The meaninglessness of incest in the analytic context]. *Jungian Analysis, 2.*

Martin-Vallas, F. (2013). Quelques remarques à propos de la théorie des archétypes et de son épistémologie. *Revue de Psychologie Analytique, 1*, 99-134.

Martin-Vallas, F. (2015). *La chimère transférentielle: Proposition épistémologique, neuroscientifique et clinico-théorique du transfert psychanalytique comme système complexe*. Thèse de Doctorat en Psychologie, Université Lumière Lyon 2. Lyon: Université Lumière Lyon 2. Retomado de http://chimere.martin-vallas.fr (Versão em tradução para o inglês).

Maturana, H., & Varela, F. (1980). *Autopoiesis and cognition*. Dordrecht: Kluwer Academic Publishers.

Morin, E. (1990). *Introduction à la pensée complexe*. Paris: Le Seuil, Nouvelle édition, coll. Points, 2005.

M'uzan de, M. (1976). Contre-transfert et système paradoxal. In *De L'art à la mort*. Paris: Gallimard, 1977.

Ramos, D. (2004). *The psyche of the body: A Jungian approach to psychosomatics*. Londres: Routledge.

Ricoeur, P. (1967). Une interprétation philosophique de Freud. *La Nef*, *31*, 125.

Roesler, C. (2012). Are archetypes transmitted more by culture than biology? Questions arising from conceptualizations of the archetype. *Journal of Analytical Psychology*, *57*, 2.

Schwartz-Salant, N. (2010). The mark of one who has seen chaos: A review of C.G. Jung's Red book. *Quadrant*, *40*(2), 13.

Shamdasani, S. (2012). *C.G. JUNG: A biography in books*. Londres: W.W. Norton.

Skynner, R. (1976). *One flesh, separate persons: Principles of family and marital psychotherapy*. Londres: Constable.

Stern, D., & Garene, M. (2003). *Le moment présent en psychothérapie: Un monde dans un grain de sable*. Paris: Odile Jacob.

Stevens, A. (2003). *Archetype revisited: An updated natural history of the self*. Toronto: Inner City Books.

Vesina, J.-F. (2001). *Les hasards nécessaires: Le rôle des coïncidences dans les rencontres qui nous transforment*. Paris: Éditions de l'homme.

Wiener, J. (2009). *The therapeutic relationship: Transference countertransference and the making of meaning, Tamu*. College Station: Texas A&M University Press.

Winnicott, D.W. (1964). Memories, dreams and reflections by C.G. Jung. *International Journal of Psychoanalysis*, *45*, 450-455.

5
A teoria do complexo cultural: modos científicos e mitopoéticos de conhecer

Thomas Singer

Introdução

A teoria do complexo cultural oferece um rico caminho para a pesquisa interdisciplinar, para a exploração de fatores culturais na vida da psique do grupo e individual, e para levar os conceitos, ferramentas e ideias junguianas para a investigação científica fora da comunidade junguiana. Neste capítulo, examinamos a teoria do complexo cultural, o estado atual da pesquisa que estuda a teoria, uma agenda para esforços de pesquisa futuros, e oferecemos algumas questões investigativas em prol de colaborações no futuro.

Um complexo cultural é definido como um agregado autônomo, em grande parte inconsciente e emocionalmente carregado de memórias, afetos, ideias, imagens e comportamentos que tendem a se agrupar em torno de um núcleo arquetípico e que são compartilhados por indivíduos dentro de um grupo. Uma definição mais detalhada e atributos de um complexo cultural serão discutidos mais tarde no capítulo.

Uma abordagem junguiana para o método e a pesquisa científicos pode soar como um oxímoro a alguns cientistas. A tradição junguiana não se presta facilmente à investigação científica devido à experiência subjetiva e interior tanto de paciente quanto de analista, e a vida interior de um indivíduo é frequentemente nosso foco primário. Nesse sentido, é muito mais fácil para nós descrevermos nosso trabalho em linguagem poética do que em científica, e poucos em nossa tradição tentaram encontrar meios de mensurar resultados e outras medidas significativas de nossa técnica terapêutica.

Com efeito, até mesmo falar em técnica terapêutica é de algum modo estranho a muitos que se consideram junguianos. Mas o fato de que a linguagem da ciência e a da análise junguiana são um pouco como óleo e água não serve como racionalização para uma indisposição a considerar como poderíamos nos engajar efetivamente em pesquisa científica. Reunir os modos científico e mitopoético de conhecer – sem reduzir o valor de um ou outro – representa um grande desafio e oportunidade investigativa importantes para a tradição junguiana. A cisão entre ciência e religião está profundamente arraigada na psique ocidental, simbolizada muito dramaticamente na luta de Galileu com a Igreja Católica, quando a teoria heliocêntrica dele, baseada em observação científica, entrou em choque com o geocentrismo das igrejas, baseado em escrituras. Hoje a mesma cisão está bem viva entre os criacionistas bíblicos e aqueles que defendem a teoria de Darwin da evolução. Ela alcançou proporções absurdas quando a política norte-americana Sarah Palin afirmou que dinossauros e humanos estavam vagando juntos pela terra cerca de 5.000 anos atrás, na aurora da criação, ou no debate cada vez mais sem sentido entre os que afirmam e os que negam as mudanças climáticas. O perigo para os junguianos é inadvertidamente se alinharem com aqueles que não têm disposição ou capacidade de abraçar o método científico como uma abordagem para compreender a psique humana. Uma das nossas tarefas como junguianos é ajudar a superar a cisão de longa data entre ciência e religião. Ao invés de reforçar a cisão, devemos tentar encontrar laços criativos e sobreposições entre a linguagem da alma, que é usada frequentemente para falar sobre a psique, e a linguagem da neurociência, que é usada para descrever as funções do cérebro.

Quando fui convidado a contribuir com este volume, e pensei sobre a metodologia científica que usei para explorar a teoria do complexo cultural ao longo da década passada, constatei que não tinha feito muita reflexão consciente sobre a questão da metodologia científica, e tinha simplesmente começado levantando questões, e pedindo a colegas para compartilharem deste processo de levantar questões. O fato é que eu não tinha ainda definido uma metodologia precisa para investigar a noção de complexo cultural quando comecei a explorá-lo em meu próprio modo intuitivo – o que evidentemente é um modo mais comum de proceder dos junguianos. Porém, não dei as costas para a metodologia científica quando comecei a formular a teoria dos complexos culturais. De fato, quando me pus a formular o conceito básico de complexos culturais, tive bem conscientemente em mente meus estudos anteriores sobre o método científico. Queria criar um modelo teórico válido. Não foi tanto na formulação da teoria em si que não estive atento ao método científico. Foi, antes, na metodologia para pesquisar a teoria que me vi recaindo numa abordagem mais intuitiva do que científica.

Contudo, mais tarde, ao pensar sobre o método científico e sobre minha metodologia de pesquisa, tive a grata surpresa de descobrir que alguns dos meus métodos estão realmente fundamentados em técnicas de pesquisa científica legítimas. Com relação ao que constitui a reunião de evidências qualitativas válidas, eu estava mais próximo do que pensava dos métodos de pesquisa aceitos nas ciências sociais. Finalmente, espero que a discussão deste capítulo sobre a teoria do complexo cultural e sua pesquisa honre tanto os modos científicos quanto mitopoéticos de conhecer.

A teoria do complexo cultural

Jung frequentemente escreveu sobre a psique coletiva, em volumes como *Civilização em Transição* e *O Homem e Seus Símbolos*, com ensaios que exploraram a ascensão do nazismo, diferenças de caráter nacional, pensamentos sobre a Europa "depois da catástrofe" e diferenças entre culturas. Muitas vezes, seus pensamentos se enquadravam em termos de como os conteúdos do inconsciente coletivo se tornariam conhecidos em diferentes estágios ou períodos críticos da vida de uma cultura. Ao longo dos anos, o tema da psique coletiva e de como ela vive na psique tanto do indivíduo como do grupo se tornou uma preocupação central dos meus próprios pensamentos, particularmente sobre como forças destrutivas não racionais e frequentemente virulentas se ativam, competindo, em grupos étnicos, econômicos e religiosos dentro de nações, entre nações, e às vezes transbordando para conflitos regionais e globais. Esses conflitos não irrompem no vácuo; são o resultado de forças potentes no interior das psiques de indivíduos e grupos, sendo ativadas por convulsões econômicas e sociais.

A teoria dos complexos inicial de Jung abordou tais forças na psique individual – originadas, o mais das vezes, em padrões parentais, familiares e culturais. Mas sua teoria dos complexos não explorou como fatores culturais – originados numa geografia, economia, sociologia, mitologia e religião específicas – formaram seus próprios complexos culturais, que frequentemente se tornam centrais na psique de grupos e de indivíduos que vivem dentro desses grupos. Complexos culturais não são o mesmo que complexos individuais, embora influenciem um ao outro profundamente. É a memória, a história, a economia e todos os outros fatores que contribuem para a vida de um grupo e seus complexos, e que, ao longo das gerações, criam uma *matrix* viva na qual uma psique individual toma forma. É a psique grupal ou cultural e seus complexos que estão no coração desta pesquisa. Esta se baseia na contribuição de Joseph Henderson para a formulação original de Jung da psique, ao acrescentar um nível de "inconsciente cultural" entre o "inconsciente pessoal" e "o inconsciente coletivo".

A pesquisa sobre a ideia de complexos culturais

O principal objetivo da pesquisa de complexos culturais é explorar essa parte da psique individual e grupal que vive na história, memória, afeto, imagens, padrões de pensamento e comportamento de gerações passadas de povos de região particular. Como a psique é moldada pela paisagem, linguagem e os vários grupos que se intercalaram, uns com outros, ao longo dos séculos num determinado local? O que o foco junguiano na vida psíquica, conforme expresso na linguagem mitopoética da teoria do complexo cultural, tem a contribuir para disciplinas tão bem estabelecidas como a história, a antropologia, a sociologia, a economia? Poder-se-ia facilmente perguntar por que precisaríamos de uma teoria à parte sobre complexos culturais para compreender o que acontece na psique de um específico grupo de pessoas. Uma razão é que nenhuma dessas disciplinas específicas aborda a questão de como essas várias forças tomam forma e vivem na psique de indivíduos e grupos contemporâneos. Um ponto de vista junguiano pode propiciar uma perspectiva diferente a essas disciplinas importantes e interconectadas.

Para responder questões sobre onde forças econômicas e culturais vivem dentro das pessoas, precisamos levar em conta a realidade da psique. Os tipos de opiniões e reações emocionais que as pessoas expressam com relação a eventos próximos ou distantes de casa geralmente têm neles aspectos de história, economia, sociologia e assim por diante – mas a vida deles na psique do indivíduo ou do coletivo não se organiza segundo essas disciplinas. De fato, a ordem que essas ideias e sentimentos têm na psique pode ser incipiente, rapidamente mutável e ainda assim, paradoxalmente, duradoura, e frequentemente bastante imune e impermeável à razão que as disciplinas tradicionais de pensamento lhes imporia.

Nossa tese central é que todas essas várias forças tomam forma no que estamos chamando de *complexos culturais*. É assim que elas vivem na psique. Creio que uma teoria dos complexos culturais nos ajuda a entender como as pessoas pensam e sentem sobre muitos dos grandes eventos e forças que moldam suas vidas. Neste sentido, isso não é sociologia, que é descritiva acerca de como essas coisas parecem de fora – não de como vivem dentro. O estudo de complexos culturais é mais como uma sociologia interior, com um pouco de história, psicologia, antropologia, economia, mitologia, sociologia e mesmo poesia colocadas num caldeirão.

À questão de "por que uma teoria do complexo cultural?", a resposta simples é que essas disciplinas não descrevem adequadamente o que realmente vive na psique de grupos e indivíduos. O molde que nossa história interior, nossa antropologia interior, nossa sociologia interior e a economia assumem frequentemente não tem nada em comum com o modo como essas disciplinas aparecem em livros ou no discurso racional. Na psique de um grupo, as representações internas mais subjetivas dessas disciplinas vivem como complexos culturais. E frequentemente as representações interiores de história, memória, economia, sociologia e antropologia têm pouca semelhança com o que as disciplinas mais tradicionais postulam. Vejo os complexos culturais como estruturas da psique que ocorrem naturalmente e também creio que com o tempo seremos capazes de demonstrar sua existência no cérebro humano como circuitos que ligam memórias, afeto, imagem, pensamento e comportamento de grupo. Creio que logo começaremos a desenvolver uma neurociência social que levará em conta o modo como a vida do grupo e seus complexos são "hospedados" nos cérebros dos indivíduos e no "campo" interativo entre os cérebros dos indivíduos que vivem nos grupos. Combinadas com as metodologias e a linguagem das outras ciências sociais, as ferramentas resultantes poderão ser muito potentes.

Definindo as características básicas da hipótese dos complexos culturais

Por algum tempo, me interessei pela interface de mitologia, política e psique – uma interface que obviamente concerne tanto à psique coletiva quanto à individual. Uma ponte para ligar essas preocupações é a teoria do complexo cultural, que leva em conta a história, economia, psicologia e sociologia únicas do lugar – com a ideia de que todas essas forças são combustível e alimento para o constante anseio da psique de construir uma narrativa de identidade num tempo e espaço particular. Mas para dar força à teoria, eu também estava ciente da necessidade de definir características básicas comuns à estrutura dos complexos culturais em qualquer lugar e época.

Quando comecei a discutir as formulações básicas da teoria do complexo cultural com Sam Kimbles na colaboração que levou ao nosso livro *The Cultural Complex*, eu tinha em mente, muito conscientemente, meus estudos anteriores sobre o método científico como estudante na Universidade de Princeton e como aluno de medicina na Yale Medical School. No meu primeiro ano em Princeton, me inscrevi no curso de física de Eric M. Rogers para estudantes do *pre-medical* [curso acadêmico introdutório à área de medicina, nos Estados Unidos (N.T.)]. Tinha acabado de publicar *Physics for the Inquiring Mind: The Methods, Nature and Philosophy of Physical Science* [Física para a Mente Inquiridora. Os Métodos, Natureza e Filosofia da Ciência Física]. Palestrante *showman*, no início do curso Rogers abordou os alunos na sala de conferências com a questão: "Como vocês sabem com certeza que o atrito não é causado por duendes?", e mostrou um quadro de pequenas criaturas enfileiradas nas superfícies de dois objetos e os duendes de uma superfície estavam lutando contra os da outra superfície. Não consigo me lembrar da resposta à questão de Rogers, mas lembro da pergunta. O livro de Rogers ainda é publicado e é descrito do seguinte modo:

> Para benefícios duradouros, o não cientista inteligente precisa de um curso de estudo que o capacite a aprender ciência genuína, cuidadosamente, e então o encoraje a pensar sobre ela e a usá-la. Ele precisa de um arcabouço cuidadosamente selecionado de tópicos – não tantos que aprender se torne algo superficial e apressado; não tão poucos que perca de vista a natureza conectada do trabalho e do pensamento científicos. Deve ver como o conhecimento científico é construído pela construção de algum conhecimento científico por si próprio, lendo e discutindo e, se possível, fazendo ele próprio os experimentos. Deve pensar do seu próprio modo, através de argumentos científicos. Deve formar sua própria opinião, com orientação, com relação aos papéis desempenhados pelo experimento e pela teoria; e se deve mostrar a ele como desenvolver um gosto pela boa teoria. Deve ver diversas modalidades de métodos científicos em ação. E, sobretudo, deve pensar na ciência por si mesmo e gostar disso. Essas são coisas que este livro encoraja o leitor a ganhar, por seu próprio estudo e pensamento (*Physics for the Inquiring Mind*; cf. http://press.princeton.edu/titles/1818.html).

Ao buscar o método científico, Rogers enfatiza o papel de uma hipótese de trabalho que se possa testar e que leve a novas questões. O processo de explorar uma teoria deve continuar até que se torne claro que ela ou não é verdadeira ou que já não gera mais investigações. Portanto a construção e exploração de uma teoria requer que se estabeleça uma hipótese e então que esta seja testada no mundo, e isso é o que tentei fazer.

A hipótese do complexo cultural afirma que há uma parte da psique, gerada no inconsciente cultural, que toma a forma de complexos. Como notado acima, um complexo cultural é definido como um agregado autônomo, em grande parte inconsciente e emocionalmente carregado de memórias, afetos, ideias, imagens e comportamentos que tendem a se agrupar em torno de um núcleo arquetípico e que são compartilhados por indivíduos dentro de um grupo. Os complexos culturais são ativos tanto na psique do grupo como um todo quanto no indivíduo, no que podemos pensar como sendo o nível grupal da psique do indivíduo.

Os complexos culturais têm as seguintes características, baseadas em um modelo que o Dr. Chauncey Irvine e eu desenvolvemos acerca de complexos pessoais, quando ensinamos a residentes em psiquiatria no Instituto Langley Porter da Escola de Medicina da Universidade da Califórnia, São Francisco (UCSF) por cerca de uma década:

- *Os complexos culturais são autônomos.* Têm uma vida própria na psique, à parte do ego cotidiano de um indivíduo ou grupo. Às vezes estão adormecidos. Às vezes se tornam ativos na psique e tomam as rédeas dos pensamentos, sentimentos, imagens e comportamento de alguém.
- *Os complexos culturais são repetitivos.* A vida contínua de um complexo cultural persiste sem interrupções na psique de um indivíduo ou grupo, às vezes por gerações ou até mesmo milênios. Quando são ativados, mostram-se surpreendentemente inalterados, no sentido de que são recorrentes, repetitivos e expressam o mesmo conteúdo emocional e ideológico de novo e de novo.
- *Os complexos culturais reúnem experiências e memórias que validam seu próprio ponto de vista.* Uma vez que um complexo cultural tenha se estabelecido, tem a capacidade notável – como um vírus replicante – não só de se repetir, mas também de garantir que tudo o que acontece no mundo se encaixa em seu ponto de vista preexistente. Os complexos culturais são extremamente resistentes a fatos. Tudo o que acontece no mundo é entendido através do ponto de vista deles. Os complexos culturais colecionam experiências e memórias autoafirmativas.
- *Os pensamentos de complexos culturais tendem a ser simplistas e preto no branco.* Embora formem o conteúdo cognitivo central de um com-

plexo cultural, os próprios pensamentos não são complexos. São imutáveis e sem sutileza. São rígidos e impermeáveis a modificações. De fato, parecem impermeáveis a qualquer influência externa.

- *Os complexos culturais têm fortes afetos ou emoções pelas quais se reconhece sua presença.* Afetividade instintiva ou reatividade emocional é um sinal seguro de que se pisou num complexo cultural.

- *Nem todos os complexos culturais são destrutivos; nem todos os complexos culturais são egodistônicos para com a identidade cultural de um grupo ou indivíduo.* De fato, alguns complexos culturais podem formar o âmago de uma identidade cultural saudável.

Outro conjunto paralelo de critérios que desenvolvi como modo de identificar um complexo cultural envolve uma série de questões sobre os vários tipos de atividade mental que são recrutados quando um complexo cultural é deflagrado. Um bom modo de pensar sobre um complexo cultural determinado é fazer as seguintes questões:

- Que sentimentos acompanham este complexo?
- Que imagens tendem a aparecer com este complexo?
- Que memórias vêm à mente quando este complexo é ativado?
- Que comportamentos são deflagrados por um determinado complexo?
- Que pensamentos estereotipados se repetem com um determinado complexo?

Levando a hipótese ao mundo: desenvolvendo uma metodologia

O estudo da história da ciência nos ensina que uma hipótese de trabalho é apenas tão valiosa quanto a pesquisa que ela gera. De fato, este é o propósito da boa teoria: estimular estudos adicionais, não fazer a mente especulativa parar de se perguntar sobre o ser humano, a natureza e o cosmos. A boa teoria não esgota o objeto da sua investigação, mas sim abre portas à mente curiosa para fazer novas questões, inclusive desafiando a validade da própria teoria. Com o tempo, a pesquisa que é gerada por uma teoria lhe dá pernas para ficar em pé ou não. Com esses propósitos em mente, venho conduzindo um projeto de pesquisa global, engajando colegas ao redor do mundo no estudo da teoria do complexo cultural.

Universalidade e especificidade

Não parti de uma metodologia fixa de pesquisa para testar a teoria do complexo cultural quando comecei a trabalhar em *The Cultural Complex* com Sam Kimbles. Contudo, estava muito ciente de querer construir um acréscimo na teoria junguiana em geral e na teoria dos complexos, de Jung, em particular, articulando princípios básicos que pudessem com o tempo se prestar a pesquisas científicas adicionais. Quando procurei ampliar a área de investigação dos complexos culturais na Spring Journal Books Cultural Complex Series que organizei, não criei um questionário ou *survey* e não tentei conceber um protocolo científico claro para estudar a hipótese. Ao invés disso, uma metodologia evoluiu com o tempo, conforme cada um dos vários projetos de livro começou a entrar em foco e dar frutos. Porém, eu me pus a explorar o quanto fosse possível a teoria, de modo tão amplo quanto específico. Por "amplo", quero dizer que desejei obter material de tantas partes do mundo quanto possível, e por "específico", que desejei que o material fosse tão único de cada região e tópico quanto possível. Por um lado, pensei que a teoria provaria ser universal, no que afirma que os complexos culturais realmente são formas ou estruturas inatas da psique ou cérebro humano. Por outro lado, pensei que o conteúdo de cada complexo cultural seria único em relação a cada lugar, história e povo específicos. Assim como Jung encarou o arquétipo como um potencial inato da psique humana, sendo preenchido, em seu conteúdo específico, por expressões culturais únicas, eu encarei o complexo cultural como um potencial inato da psique humana, sendo preenchido, em seu conteúdo específico, por expressões culturais únicas. A universalidade prevalece na medida em que um complexo cultural é uma estrutura básica da psique, que se aplica a todos os grupamentos humanos ao redor do mundo, e a especificidade prevalece em termos da singularidade do conteúdo que pertence a cada complexo cultural que surge de um grupo particular de pessoas num espaço e tempo particulares. Central à teoria, portanto, é o princípio de que os complexos culturais são tanto universais quanto específicos.

Colaboradores

Seguindo o princípio da universalidade e especificidade, procurei envolver colegas de todo o mundo no projeto de pesquisa, com o intuito de estabelecer que os complexos culturais, enquanto uma estrutura da psique, são um fenômeno mundial e que os complexos culturais são únicos em cada grupo de pessoas, tempo e espaço particulares. Como resultado, o Spring Journal Books Cultural Complex Series inclui volumes da Austrália (*Placing Psyche* [Situando a Psique]), América Latina (*Listening to Latin America* [Ouvindo a América Latina]) e Europa (*Europe's Many Souls* [As Muitas Almas da Europa]), e atualmente estamos nos primeiros estágios do desenvolvimento de um livro sobre complexos culturais asiáticos. Incluindo-se o livro original, *The Cultural Complex*, pela Routledge, os quatro livros publicados até agora contêm artigos de pesquisa de 60 diferentes colaboradores de 23 países e cinco continentes.

Para cada volume, comecei contatando colegas no nosso Congresso Internacional Junguiano trienal para identificar pessoas com *expertise* em diferentes regiões do mundo e que poderiam estar interessadas em contribuir para o projeto. Por fim relacionei um grupo de organizadores regionais de cada livro para conduzirem o projeto em sua região e ajudar na identificação de colaboradores potenciais. Então enviei uma carta a todos os organizadores regionais e indivíduos que eles tinham identificado como possíveis colaboradores do estudo. Na carta, delineei a teoria do complexo cultural e suas características, e a chamada para propostas de escrever artigos explorando a ideia de complexo cultural. Fui muito claro que cada autor deveria encontrar seu próprio modo de trabalhar com a teoria, e que sua contribuição deveria refletir sua conexão pessoal e profissional com o tópico. Encorajei cada autor a refletir sobre aqueles problemas culturais que afetassem mais profundamente o modo como eles pensam e sentem. Pedi que levassem em consideração sua experiência pessoal de como problemas culturais ou de psicologia de grupo, influenciados pela história, geografia, economia, religião, gênero e raça, afetavam profundamente a eles e aos que estão no entorno deles. Pedi que olhassem sua própria experiência e as experiências de outros ao redor deles, que não necessariamente compartilham sua própria perspectiva.

Em suma, pedi a cada um dos colaboradores que considerasse um complexo cultural que parecia mais real e formador para seu próprio desenvolvimento e o desenvolvimento de sua cultura. Vários autores notaram o quão difícil é ser objetivo sobre sua própria cultura e experiência. Eles compararam isso a tentar descrever um nevoeiro a partir de fora, estando na verdade dentro do nevoeiro. Usei o mesmo processo para desenvolver cada um dos Spring Journal Books.

Modos mitopoéticos e científicos de conhecer

Como junguianos explorando nossas teorias, enfrentamos o desafio não apenas de criarmos um modelo científico que possamos investigar à maneira da "física para a mente inquiridora", mas também de sermos capazes de conectar a linguagem da ciência e a linguagem da alma – que muito frequentemente parecem polos opostos. Há, de fato, uma grande diferença entre como se conhece algo através de investigação científica e como se conhece algo através da linguagem da alma. E o fato é que ambos os modos de conhecer são reais e válidos, embora não facilmente conciliados. Desde a cisão entre ciência e religião, ao final da Idade Média, com a ascensão do método científico, esses dois modos de conhecer parecem incompatíveis. Na última parte do século XX e início do XXI, tem havido uma incipiente reaproximação – e mesmo reconciliação – desses dois modos de conhecer, talvez mais visivelmente em como a medicina ocidental tradicional começou a se abrir a tradições curadoras alternativas não ocidentais. Ainda assim, precisamos constantemente ter em mente a questão: há um modo de conectar a linguagem da ciência e a linguagem da alma, o modo como a ciência conhece algo e o modo como a alma conhece algo?

Penso que o projeto de pesquisa do complexo cultural incorpora ambos os modos de conhecer: começamos com uma hipótese e definimos um conjunto de características que refletem o modo científico de investigação; reunimos evidência qualitativa usando informantes-chave sobre os quais terei algo mais a dizer em breve (o modo de conhecer das ciências sociais); e nossos autores/investigadores/informantes-chave foram encorajados a mesclar seu próprio modo *soulful* ou mitopoético de conhecer com suas observações informadas enquanto cientistas sociais, ou pelo menos como observadores sociais atentos. Eu sugeriria que o resultado é um projeto de pesquisa que usou os modos científicos e mitopoéticos de conhecer, conforme refletidos na forma como cada colaborador lidou com a exploração de seu complexo cultural de interesse específico. Em certo sentido, cada colaborador foi encorajado a ser um cientista social *soulful* e mitopoético. Na próxima seção, delinearei como lidamos com a criação do contexto cultural adequado no qual explorar o complexo cultural.

Informantes-chave e a natureza da evidência qualitativa

Quando estava pensando no projeto de pesquisa dos complexos culturais em termos de sua metodologia, tive a boa sorte de conversar com Linda Mitteness, ex-presidente do Departamento de Antropologia Médica da UCSF Medical School. Ela é intimamente familiarizada com a metodologia de pesquisa nas ciências sociais e com técnicas de pesquisa qualitativas e quantitativas. Ela me direcionou para os mais respeitados artigos sobre dois aspectos essenciais da pesquisa nas ciências sociais, com relação a:

1) O que qualifica nossos autores como pesquisadores válidos da teoria dos complexos culturais?

2) O que qualifica os "dados" deles como evidência válida para a teoria dos complexos culturais?

Antes de sugerir uma resposta a essas duas questões, quero deixar claro que não pretendo alegar que esta pesquisa atende aos altos padrões da pesquisa científica empírica, mas quero sim defender que usamos uma metodologia que no mínimo nos aproxima do modo de realizar pesquisas legítimas nas ciências sociais.

O que qualifica nossos autores como pesquisadores válidos da teoria dos complexos culturais?

Usamos nossos autores como "informantes-chave" de diferentes culturas para nos informar sobre a natureza dos complexos culturais em seu país ou região. "Informantes-chave" são definidos do seguinte modo pelo Center for Health Policy Research da Universidade da Califórnia, Los Angeles (Ucla):

> Informantes-chave devem ter conhecimento em primeira mão sobre a comunidade (deles), seus residentes e questões ou problemas que se está tentando investigar. Informantes-chave podem ser um amplo leque de pessoas, inclusive representantes de entidades, moradores da comunidade, líderes comunitários etc. (http://healthpolicy.ucla.edu/programs/health-data/trainings/Documents/tw_cba23.pdf).

O que qualifica os "dados" de nossos informantes-chave como evidência válida para a teoria dos complexos culturais?

Esta é uma questão muito desafiadora, e o que aprendi pesquisando esta questão me surpreendeu grandemente. Meus comentários se baseiam no artigo "On the Nature of Qualitative Evidence [Da Natureza da Evidência Qualitativa]", um excelente sumário do pensamento contemporâneo sobre o tema, por Yvonna S. Lincoln.

Resumirei alguns dos seus pontos mais importantes, mas recomendo fortemente a leitura do artigo na íntegra para a compreensão de suas conclusões muito inesperadas, que incorporam, mas não se restringem à perspectiva pós-modernista. Lincoln começa afirmando:

> Muitos dos argumentos sobre o que consideramos validade são, em si mesmos, questões sobre a natureza da evidência e do que constitui o conhecimento. Comecei a ver que, de fato, muito do que chamamos de "dados" são em si mesmos algo fenomenológico – ou seja, socialmente construídos e "estão lá" apenas porque estamos predispostos a procurá-los. Não apenas

> construídos socialmente, mas, na verdade, pouco mais do que construção social, um artefato de processos sociais e comunitários entre membros disciplinares que acordam entre si sobre como falarão e quais serão as regras de fala (Lincoln, 2002, p. 3).

Lincoln prossegue para fazer o que talvez seja sua afirmação mais relevante sobre como lidamos com a condução de pesquisas no projeto dos complexos culturais. Ela escreve:

> Antes de tudo, nenhuma "evidência" é evidência até que a vejamos a partir de alguma moldura teórica paradigmática ou metafísica (Fisher, 1977). Berger (1994) faz eco disso ao dizer: "Nenhuma evidência sem teoria explícita". Assim, o que constitui a evidência e, pois, o que a justifica, é o resultado não apenas de quais questões são colocadas, mas da moldura na qual são colocadas (Lincoln, 2002, p. 4).

Ela prossegue:

> O paradigma metafísico com o qual se começa implica um senso pré-ordenado do que é a "evidência", onde ela pode ser obtida, como deve ser reunida, e um conjunto de regras implícitas e explícitas para julgar o quão boas (rigorosas, completas, "fundamentadas") aquelas evidências podem ser (Fisher, 1977). O paradigma ou posição metafísica do pesquisador também inseriu as regulamentações para condensar, rearrumar e tornar plausíveis os argumentos que são apresentados, as implicações identificadas e as conclusões extraídas. Como resultado, antes de a evidência qualitativa ser julgada temos de conhecer a moldura metafísica – o paradigma – dentro do qual foi originalmente coligida, analisada e apresentada (Lincoln, 2002, p. 4).

Em outras palavras, a questão da validade da evidência qualitativa deve começar não com a evidência em si, mas com a teoria ou a moldura metafísica em cujo nome a evidência está sendo coligida. Assim como, na formulação existencialista, "a existência precede a essência", na condução de pesquisa qualitativa em ciências sociais "a teoria precede a evidência", e até mesmo determina o que a evidência é. É assim justamente que começamos este projeto: com a teoria do complexo cultural. Depois nos lançamos à descoberta de evidências que pudessem conferir credibilidade e realidade à teoria. Num sentido muito real, comecei com a teoria e então me pus a descobrir se há evidência para validar a teoria.

Sobre a natureza da evidência, Lincoln prossegue dizendo:

> Dado qualitativo é qualquer forma de materiais empíricos, "rastros" observáveis (filme, TV etc.) ou observação que, em grande parte, é não quantitativa. Na categoria de materiais empíricos entrariam, por exemplo, cartas, memorandos, editais, notas de entrevistas, transcrições de fitas, registros formais, filmes, fotografias, registros oficiais, "rastros" materiais (Lincoln, 2002, p. 5).

E Lincoln conclui sua discussão da natureza da evidência/dados com o seguinte:

> A evidência é um dado trazido para dar suporte a questões, teorias ou experiências específicas. A evidência é um dado com um propósito. O propósito pode ser histórico, teórico, avaliativo ou descritivo, mas é organizado para alguma finalidade mais ampla, e é organizado num específico tipo de ordem. A evidência representa um dado ao qual foi acrescentada uma camada – ou múltiplas camadas – de interpretação e de estratégia retórica... Todas essas coisas – materiais empíricos, rastros materiais e observações – caem na categoria de "dados". Ou seja, elas podem ser coligidas, submetidas a análise, agregadas e desagregadas, rearranjadas, comprimidas e reorganizadas em nome do avanço dos argumentos e *insights* com relação à natureza da vida social. O dado, porém, não é evidência até que duas coisas aconteçam: primeiramente, que alguém o reconheça como dado, e em segundo lugar que um investigador o submeta a alguma forma de análise sistemática, que o transforma em evidência dirigida a alguma questão ou argumento (Lincoln, 2002, pp. 5-6).

Para resumir, nossa metodologia de pesquisa, de uma perspectiva das ciências sociais, tem sido usar informantes-chave de uma variedade de culturas para reunir evidência qualitativa em apoio à teoria do complexo cultural. Nossos colaboradores atuam como informantes-chave e coligiram evidências a partir de várias fontes sugeridas pela teoria dos complexos culturais, como um modo de fundamentar a teoria no mundo de um específico grupo, época, lugar e história. Essas evidências qualitativas levam em conta contribuições de campos muito variados, como psicologia, teologia, antropologia, geografia, economia e história. Elas buscam estabelecer um fundamento sólido sobre o qual sejam geradas questões adicionais sobre a teoria do complexo cultural.

Minha esperança é que os fundamentos científicos para o estudo do complexo cultural serão fortalecidos pela pesquisa no laboratório de neurociência, no qual se mostrará que palavras-estímulo de complexos culturais iluminam aquelas áreas do cérebro que são acionadas quando um complexo cultural é estimulado ou acionado. Imagino que aquelas áreas incluem centros associados com cognição, memória, imagem, afeto e comportamento. E, mais importante, é minha esperança que o projeto de pesquisa dos complexos culturais estimule vivamente a pesquisa e conversações sobre como a cultura de diversos grupos, frequentemente em conflito entre si, vive na psique do grupo em si e dos seus membros individuais.

Conclusão

Penso que o que Jung disse dos complexos pessoais é igualmente válido para complexos culturais. Complexos culturais são as cartas com que o destino joga conosco como indivíduos e grupos em nossos climas culturais específicos. O fato de que complexos culturais existam não é nenhuma raridade ou circunstância especial de algum grupo ou lugar. Complexos culturais parecem ser uma parte natural da condição humana. O que os torna interessantes não é que eles existam, mas sim o que os seres humanos decidem fazer ou não sobre eles.

A coisa mais fácil, talvez a mais natural, a se fazer com eles é nada, e deixá-los passar não desafiados e inconscientes de geração em geração. Eles podem dar um profundo senso de pertencimento a um grupo, clã, tribo ou nação particular, mesmo se ocasionalmente provoquem estragos na ordem social.

Outro curso de ação possível com um complexo cultural é tentar levá-lo à consciência individual e do grupo, de modo que algo novo possa acontecer. Vejo este caminho como tendo o potencial para o cultivo da alma no nível grupal da psique. Creio que esse cultivo da alma ocorre numa cultura quando tensões dolorosas entre diferentes grupos ou dentro de um grupo são suportadas e combatidas o tempo suficiente para abrirem a possibilidade de transformação, no sentido de levarem a novos sentimentos, novos comportamentos, novas atitudes e novas possibilidades. Isso pode ser raro, mas é possível. Mais habitual é que as tensões geradas por complexos culturais tendam a colocar grupos uns contra os outros e frequentemente resultem em estagnações prolongadas ou perigosas regressões.

Agradecimentos

Este capítulo nunca teria visto a luz do dia sem o apoio incessante de Nancy Cater, editora do *Spring Journal Books*. Sua crença neste protejo tem sido a força sustentadora em seu desenvolvimento. Todos os autores e organizadores regionais que contribuíram para a *Cultural Complex Series* levaram a teoria ao laboratório do mundo real, onde ela tem conseguido ganhar carne e ossos sem o que não estaria viva.

Referências

Lincoln, Y.S. (2002). *On the nature of qualitative evidence*. A paper for the annual meeting of the Association for the Study of Higher Education, Sacramento, CA, 21-24 de novembro de 2002.

Roger, E. (1960). *Physics for the inquiring mind: The methods, nature, and philosophy of physical science*. Princeton: Princeton University Press.

Singer, T., & Kimbles, S. (orgs.). (2004). *The cultural complex: Contemporary Jungian perspectives on psyche and society*. Londres e Nova York: Routledge.

Livros e artigos relacionados com o complexo cultural

Livros

Amezaga, P., Barcellos, G., Capriles, A., Gerson, J., & Ramos, D. (2012). *Listening to Latin America*. Nova Orleans, LA: Spring Journal Books.

Europe's Many Souls: Exploring Cultural Complexes and Identities, organizado por Thomas Singer e Joerg Rasche Spring Journal Books. 25 de janeiro de 2016.

Kirsch, T. (org.). (2007). *Initiation: The living reality of an archetype*. Londres e Nova York: Routledge.

San, R., Dowd, A., & Tacey, D. (orgs.). (2011). *Placing psyche: Cultural complexes in Australia*. Nova Orleans, LA: Spring Journal Books.

Singer, T. (2000). *The vision thing: Myth, politics and psyche in the world*. Londres e Nova York: Routledge Press.

Singer, T. (2004). *The cultural complex: Contemporary Jungian perspectives on psyche and society*. Londres: Routledge.

Singer, T. (2010). *Psyche and the city: A soul's guide to the modern metropolis*. Nova Orleans, LA: Spring Journal Books.

Artigos e capítulos

Singer, T. (2002). The cultural complex and archetypal defenses of the collective spirit: Baby Zeus, Elian Gonzales, Constantine's sword, and other holy wars. *The San Francisco Library Journal*, *20*(4), 4-28.

Singer, T. (2003). Cultural complexes and archetypal defenses of the group spirit. In J. Beebe (org.), *Terror, violence and the impulse to destroy* (pp. 191-209). Zurique: Daimon Verlag.

Singer, T. (2004). In the footsteps: The story of an initiatory drawing by Dr. Joseph Henderson. In Kirsch, T., Rutter, V.B. e Singer, T. (orgs.), *Initiation: The living reality of an archetype*. Londres: Routledge, 2007.

Singer, T. (2006a). The cultural complex: A statement of the theory and its application. In *Psychotherapy and politics international*. São Francisco, CA: Wiley.

Singer, T. (2006b). Unconscious forces shaping international conflicts: Archetypal defense of the group spirit from revolutionary America to conflict in the Middle East. *The San Francisco Jung Institute Library Journal*, *25*(4), 6-28.

Singer, T. (2007a). A personal meditation on politics and the American soul. *Spring Journal*, *78*, 121-147.

Singer, T. (2007b, setembro). ARAS: Archetypal symbolism and images. *Visual Resources*, *23*(3), 245-267.

Singer, T. (2009a). A Jungian approach to 'us vs. them' dynamics. *Psychoanalysis, Culture and Society*, *14*(1), 32-40.

Singer, T. e Kaplinsky, C. (2009b). The cultural complex. In M. Stein (org.), *Jungian psychoanalysis: Working in the spirit of C.G. Jung*. Chicago: Open Court [*Psicanálise junguiana: trabalhando no espírito de C.G. Jung*. trad. Caio Liudvik. Petrópolis: ed. Vozes, 2019].

Singer, T. (2010a). Playing the race card. In G. Heuer (org.), *Sacral revolutions: Reflecting on the work of Andrew Samuels*. Londres: Routledge.

Singer, T. (2010b). The transcendent function in society. *Journal of Analytical Psychology, 55*, 229-254.

Singer, T. (2010c). Afterword: St. Louis. In *Psyche and the city* (pp. 403-411). Nova Orleans, LA: Spring Journal Books.

Singer, T. (2012). The meshugana complex: Notes from a big galoot. *Jung Journal: Culture and Psyche*, 6(1), 72-84.

Singer, T. (2013). Amplification: A personal narrative. In E. Shalit e N. Furlotti (orgs.), *The dream and its amplification*. Sheridan, WY: Fisher King Press.

Parte IV
Pesquisa sobre consciência e emoção

6
Os espectros da emoção: em mitologias, filosofias, Psicologia Analítica e nas neurociências

Beverley Zabriskie

Este capítulo se ocupa de envolvimentos históricos e contemporâneos com a emoção na história do *Homo sapiens*. Revisa as mitologias e filosofias do passado, rastreia algumas observações clínicas de consultórios desde a época de C.G. Jung (1875-1961) e apresenta a abordagem da emoção nas neurociências atuais. Persegue várias abordagens e descrições de estados e momentos emocionais a partir do, e rumo ao discurso interdisciplinar e multidisciplinar com relação aos papéis pessoais e sociais da emoção.

Como nossas histórias e rituais herdados permitem vislumbres da experiência humana das gerações, enquanto que nossas filosofias revelam as reflexões de pensadores e sábios, abordaremos como as emoções têm sido descritas e desvendadas desde as sociedades mais remotas e trabalhadas em nossas buscas filosóficas e mais esotéricas. Por um tempo, a emoção foi negligenciada na pesquisa do século XX e depois reavivada como um tema para estudo sério nas neurociências. Amplificaremos suas fontes, semelhanças e diferenças com os conceitos seminais de Carl Jung sobre o propósito e a dinâmica da emoção em seu enquadramento clínico e teórico.

Vamos sugerir como preocupações e conceitos junguianos estão em jogo na atual pesquisa das emoções. Destacaremos convergências implícitas e explícitas entre teses de Jung e as hipóteses da pesquisa neurocientífica e das filosofias da mente na atualidade, notando como seus comentários avaliam e valoram certas questões. Estas incluem:

- A emergência da emoção a partir de uma base fisiológica transmissível via nossas origens e terreno comum enquanto mamíferos;
- O desenvolvimento psicológico num arco a partir do que Jung designou como o infravermelho do instinto ao afeto, emoção e sentimento, ao ultravioleta do imaginário arquetípico;
- As arenas de emoções de sobrevivência inerentes em torno de questões básicas e significativas da vida *vis-à-vis* a expressão e imagens com valência contextual de emoções culturais e sociais;
- As bases afetivas para a dissociabilidade e multiplicidade de estados psicológicos;
- O mandato da regulação e equilíbrio afetivos para uma vida intencional;
- As conexões entre emoção e imaginação, emoção e comunicação, emoção e cognição – ou seja, emoção e energia psíquica *per se*.

A diferença básica nos objetivos das muitas tradições que abraçam a emoção deve ser mencionada. O porquê da emoção na psicologia profunda e o quê da emoção na neurociência será um *background* pairando nesta discussão.

O coração nas histórias da humanidade

Ao longo dos milênios conhecidos, a emoção tem estado no coração do que mais importa. Espectros de afeto, emoção e sentimento têm estado em jogo nos encontros de toda espécie, bem como nos engajamentos pessoais e de grupos. A história humana tem sido modelada e remodelada, colorida e aferida pelas avaliações, uso e abuso da emoção. Posturas culturais, intelectuais, religiosas e científicas sobre a emoção têm impactado mudanças de mentalidade e pivôs na história. De fato, poder-se-ia dizer que a emoção é a fonte de tudo o que percebemos como processo.

Cosmologias mitopoéticas antropomorfizaram o mundo exterior projetando emoções como a fonte dinâmica do universo. Histórias de origem emocionalmente carregadas, as cosmogonias das nossas culturas e histórias da criação de nossas tribos; os ritos de nascimento, morte e renascimento; os primeiros segundos imaginados do universo; e os primeiros momentos encarnados da vida têm sido ligados por nossas associações emocionais.

O ritual pretendia transformar a emoção. Nossas artes visuais, cinéticas e musicais buscavam evocar, expressar e educar nossa espécie sobre emoções temidas e desejadas. De fato, pensamento e linguagem, tese e presunção, dogma e opinião, experimento e resultado emergiram da matriz da emoção, uma fonte fundamental da energia psíquica.

Os antigos egípcios endossavam o "pensamento do coração" e a "língua que fala as palavras do coração". A poesia dos sumérios entoava um anseio romântico e existencial. O Cântico dos Cânticos expressou a paixão através de deslumbrantes retratos imagéticos do amado.

Em muitas civilizações, especulações sobre e definições das emoções têm sido historicamente da alçada da filosofia, desde os simpósios da Grécia antiga, das escolas do discurso greco-romano e as ponderações dos Padres da Igreja.

Figuras eclesiásticas como Agostinho e Aquino condenaram com uma sobriedade devocional e suspeita as emoções como vetores paradisíacos rumo à luxúria e à concupiscência. Os prazeres e devastações pessoais do espectro instintual/emocional eram matérias de sublimação, abstinência, merecimento de penitência para si ou castigo por outrem. Na tradição católica romana em que fui criada, o lema era "Nada é tão bom que desistir dele não seja melhor".

Na era cristã, paradoxalmente a emoção subjetiva era suspeita como inferior e hereticamente individualista, enquanto que a emocionalidade religiosa coletiva era evocada como um antídoto para afetos indecentes ou destrutivos, um estímulo para caminhar através de uma vida reta rumo a um além redimido. Era também a cola e o lustro que ligava e solidificava congregações através de liturgias evocativas e simbólicas e estética sensual de imagens, perfumes e arquitetura envolvente.

A partir do século XVII, os provedores de uma era de Iluminismo enquadraram o indivíduo como uma entidade dualística de corpo e mente, ou corpo e alma, ou corpo e espírito. A pessoa, nesta filosofia protopsicológica, era um binário de fria cognição emanando do cérebro, enquanto afetos, emoções e sentimentos suspeitos emanavam do corpo para aquecer e obscurecer a mente.

Nesse meio-tempo, as tradições religiosas e filosóficas ocidentais frequentemente se sobrepuseram. Em *Soul Machine: The Invention of the Modern Mind* [Máquina da Alma: A Invenção da Mente Moderna], George Makari rastreia como as *Meditações* de Descartes, de 1637, foram combatidas pela Ética de Espinosa, de 1667, com suas asserções sobre uma alma natural e uma alma na Natureza, sobre um pensamento como material, sobre os afetos como "ideias conhecidas inadequadamente... e as paixões como ideias vagas que requerem controle" (Makari, 2015, pp. 111-112).

A "coisa pensante" cartesiana pretendia sufocar e afastar as emoções para que elas não confundissem, complicassem ou desfizessem certo pensamento racional no qual a identidade se apoiava. Descartes opinou que se se pudesse pensar um eu como em "Eu sou", poder-se-ia ficar mantido à parte do corpo e de uma "Natureza mecânica e passiva" (Makari, 2015, pp. 27-29). Assim, liberto do suor das emoções, o pensador estaria ligado à mente divina.

Quase contemporâneo de Descartes, Espinosa, por sua vez, promoveu a noção de um paralelismo ao invés de dualismo. Para ele, a mente é constituída via sua ideia do corpo, o que percebemos através de suas mudanças, afetos ativos e paixões confusas que impactam a mente. Na sua visão, alcançar equilíbrio através de uma economia do afeto permitiria a libertação da escravidão da Mente como uma parte finita da substância total do universo. No esquema de Espinosa, Deus era acessível através de percepções e experiências da natureza, não apenas via o racional. Não surpreende que o neurocientista Antonio Damasio tenha encontrado a si próprio *Em Busca de Espinosa* conforme sua pesquisa se aprofundava na emoção e na consciência central e estendida que percebeu como dependente do mapeamento do corpo na mente.

Para esses dois teóricos, bem como para Hobbes, Leibniz, Newton e Kepler, a matemática da mente e do mundo seria revelada através de constructos mecanicistas de fórmulas e números. Este é um *background* relevante nas atuais discussões da psicologia matemática e da teoria comportamental computacional, pois as emoções enquanto teoremas se estendem à economia comportamental, à inteligência artificial e à robótica.

Equadores e margens da experiência

A visão dos humanos como emanações especiais da mente divina, inteiramente apartados dos outros seres, sofreu um golpe existencial quando o explorador naturalista Charles Darwin cruzou hemisférios e o equador e transgrediu fronteiras do *establishment* e limites filosóficos. Quando tomou coragem para publicar suas descobertas, Darwin desafiou os *establishments* intelectual e religioso, ao postular um terreno comum para emoções em diferentes espécies.

A questão de quem somos nos permaneceu dentro do território do humano até que Darwin estendeu ligações não só instintivas, mas também emocionais entre as espécies humana e animais. Sua obra impactou Jung desde cedo. Jung escreveu:

> Cresci numa casa de duzentos anos de idade... minha maior aventura intelectual tinha sido o estudo de Kant e de Schopenhauer. A grande novidade da época era a obra de Charles Darwin (Jung, 1977, § 485).

Em *A expressão das emoções no homem e nos animais*, de 1872, Darwin localizou a emoção em expressões faciais e corporais, reações e respostas não só a partir do coração e cérebro humanos, mas também a partir de comportamentos animais. Isso iniciou uma nova fase da investigação científica que ampliou a linguagem e aprofundou as observações de gamas e registros de emoção. Na nossa era atual, pesquisadores localizam a emoção ativa no espectro do réptil ao humano. O neurocientista afetivo Jaak Panksepp, por exemplo, conclama que aprendamos sobre brincadeiras e risos entre os ratos (Panksepp, 1998, p. 282).

Jung também se interessou pelo efeito daquelas personalidades cuja obra dominou o século XIX, embora com *backgrounds*, temperamentos e posições contrastantes. As elaborações dramáticas por Goethe das barganhas faustianas da humanidade cativaram Jung desde a adolescência e ao longo de sua vida.

A luta mais ambivalente de Jung foi com Friedrich Nietzsche, cuja paixão ele admirava, embora os aspectos irrealizados de sua vida e valores evocassem um fascínio negativo.

Em 1883, o incansável individualista Nietzsche, um filósofo que se considerava um psicólogo, fez seu eremita idealista Zaratustra descer do topo da montanha para encontros diretos e confusos com multidões céticas e mundanas. Seus enredamentos com o comum e o ordinário relativizaram as projeções de superioridade na busca unicamente espiritual. A emoção foi inserida como uma matéria de experiência de vida real para complementar os píncaros metafísicos de muita filosofia. Em *Assim Falou Zaratustra*, Nietzsche declarou "Alegria – ainda mais profunda do que a dor pode ser" (Hollingdale, 1960, p. 103).

Nietzsche paira no *background* psíquico de Jung, emerge como tópico de seminários de Jung e informa o seminal *O Livro Vermelho*, em que Jung mergulha em, e confronta suas próprias "emoções pavorosas".

Nesse ínterim, do outro lado do Atlântico, William James estava inserindo o tema da emoção no Departamento de Filosofia e Psicologia de Harvard, publicando, em 1884, *What Is an Emotion?* [O Que É uma Emoção?]. James diferenciou a teoria evolucionária generalizada de Darwin no contexto da psicologia fisiológica, que sugeria diferenças individuais na consciência, para ser estudada como uma ciência de laboratório.

Sua insistência de que a emoção emergia de uma primazia "de baixo para cima", localizava a emoção no registro, do corpo para a mente, da experiência emocional fisicamente induzida, precedendo e conduzindo ao entendimento.

Diferentemente de sua incessante ambivalência com relação a Nietzsche, Jung muitas vezes observou seu débito para com James, com expressões de gratidão. Segundo a afirmativa de James sobre a experiência religiosa e o experimento ocultista como margens do psicológico, o jovem Jung tinha visitado sessões espíritas na Suíça (Jung, 1968, § 527-530). Frequentemente citava a obra de James:

> A palavra "emocional" é invariavelmente aplicada quando surge uma condição caracterizada por inervações fisiológicas. Assim, pode-se medir as emoções até certo ponto, não em sua parte psíquica, mas sim na fisiológica. É bem conhecida a teoria James-Lange do afeto. Dou o mesmo significado à emoção e ao afeto, ambos são "algo que nos afeta". Ela faz algo conosco – interfere em nós. A emoção é algo que nos carrega. Somos lançados para fora de nós mesmos, estamos além de nós mesmos, como se uma explosão tivesse nos arrancado de nós mesmos e nos colocado além de nós mesmos. Nesse momento há uma condição fisiológica bastante tangível e observável. Eis, portanto, a diferença: o sentimento não apresenta manifestações físicas ou fisiológicas tangíveis, enquanto que a emoção é caracterizada por uma condição fisiológica alterada (Jung, 1977, § 46).

Assim como James individualizou a contribuição de Darwin para as categorizações da emoção nas espécies, Jung mais tarde notou sua diferença em relação a James, conforme tentou diferenciar instinto, emoção e sentimento, e devoção. Jung percebe que a descrição por William James do idealista como religioso, e do empirista como irreligioso, depende de sua definição da religiosidade. Se se considera que religioso significa uma atitude em que ideias (ao invés de sentimentos) religiosas são predominantes, então o tipo empirista de James pode ser chamado de irreligioso. Contudo, uma atitude religiosa também pode representar sentimento; além disso, a devoção psicológica (acrítica) seja à ideia de Deus, ou à ideia de matéria, pode existir, embora tal atitude possa ser chamada de "religiosa" só quando é absoluta. Assim, o empirista pode ser religioso. Jung concluiu que, ao desenvolver esses termos, James se perdeu: "devemos de novo supor que saiu dos trilhos devido a suas emoções, como facilmente acontece" (Jung, 1968, § 530).

Um verbete da Enciclopédia Britânica sobre emoção diz:

> Desde o início da psicologia científica, houve vozes que falaram da importância das emoções para a vida humana. James acredi-

tava que "a individualidade é fundada no sentimento", e que só através do sentimento é possível "perceber diretamente como os eventos acontecem e como o trabalho é realmente feito". O psiquiatra suíço Carl Gustav Jung reconheceu a emoção como a força primal na vida (www.britannica.com).

Em *The Nature of Emotion, Fundamental Questions* (organizadores Ekman e Davidson), o título do capítulo de James Averill, "Sinto, logo existo, penso", indica um vetor atual no *mainstream* da teoria das emoções. E observa:

> Dois tipos de teorias da emoção podem ser distinguidos, correspondendo, *grosso modo*, à distinção entre sentimentos de, e sentimentos sobre. A bem conhecida teoria de William James é um bom exemplo do primeiro. Segundo James, as emoções são basicamente sentimentos de mudanças corporais conforme elas ocorrem. Carl Jung oferece uma boa ilustração da segunda visão. Segundo Jung (1921), sentimentos emocionais são essencialmente juízos de valor - sentimentos sobre. De um ponto de vista junguiano, se sou solicitado a descrever meus sentimentos emocionais, não descreveria sensações corporais; ao invés disso, indicaria como avalio a situação. Teorias mais contemporâneas da emoção tendem a combinar sentimentos de e sentimentos sobre (Ekman & Davidson, 1994, p. 381).

Outra noção jamesiana, de vários eus parciais, estimulou a percepção de Jung de complexos que funcionavam como "psiques dissidentes", e a própria psique como uma "multiplicidade dentro de uma unidade". A psicologia profunda e a prática analítica mergulham nos enigmas dessas múltiplas camadas de um eu, especialmente em suas intensas identificações com estados emocionais.

Da filosofia e psiquiatria à psicologia profunda

Em 1903, Jung tinha escrito: "Se há algum campo de experiência que ensina a dependência da ação em relação às emoções, este campo é certamente a psiquiatria" (Jung, CW I, 1970, § 220).

Como um jovem psiquiatra, Jung viajou a Paris, se familiarizou com Charcot e assistiu a apresentações de pacientes por Janet. Enquanto um psiquiatra de 29 anos de idade, sob Bleuler na clínica Burgholzli, em Zurique, Jung desenvolveu ainda mais o experimento de associação, rastreando aqueles marcadores psicofísicos autônomos tais como o atraso, reações de paralisia ou ansiedade, semelhantes aos tiques emocionais que denominou dc "complexos" (Seus experimentos foram mais tarde mal-utilizados em testes de detectores de mentiras para suspeitos, como se uma reação complexada fosse uma admissão implícita de culpa, ao invés de um marcador de quaisquer questões não resolvidas). Esses nós, feixes ou *quantums* de energia não egoicos, como os eus parciais de James e as psiques dissidentes de Janet, impressionaram Jung com a dissociabilidade da personalidade e influenciaram sua frequente descrição da psique como uma multiplicidade dentro de uma unidade.

Jung tinha lido Freud. Enviou ao neurologista vienense, mais velho que ele, os dados de associação de palavras como prova da existência do inconsciente. O diálogo deles começou. O analista e teórico James Hillman observa o contexto:

> Jung, como Freud, tinha escrito sobre fenômenos emocionais por muitos anos e, como Freud, não tinha nenhuma teoria explícita para a emoção. Ambos a consideram de grande importância, e ambos a compreendem através desse sistema de operações chamado de o inconsciente. Mas enquanto Freud foi influenciado, em sua explicação, por um *background* neurológico e biológico, as primeiras visões de Jung sobre a emoção têm origem na psiquiatria e em sua associação com Bleuler. "A base essencial da nossa personalidade é a afetividade. Pensamento e ação são apenas, por assim dizer, sintomas da afetividade" (DP). Mas, enquanto Bleuler tratou a emoção ou afetividade como um tipo de evento molar, quantitativo e generalizado, Jung mostrou interesse na diferenciação desta afetividade generalizada (Hillman, 1972, p. 59).

Jung via os complexos como fenômenos inconscientes; enviou seus resultados a Freud. A conexão e correspondência entre eles duraram de 1902 a 1912, sendo interrompidas pela divergência de Jung em relação à tese de Freud de que toda energia psíquica é sexual em sua essência. Como veremos, influenciado pelos físicos da época, Jung chegou a sua teoria de que a energia psíquica é uma questão de intensidades, neutra em conteúdo, ao invés de uma portadora de libido sexual *per se*.

A partir de fins do século XIX, a psicologia profunda e a prática analítica mergulharam nos enigmas desses múltiplos componentes de um eu, especialmente em suas intensas identificações com, e dissociações, de estados emocionais. Nesse ínterim, a psiquiatria se afastou das emoções, rumo ao tratamento dos humores através de medicação.

Exploraremos como a pesquisa atual do neuropsiquiatra e neurobiólogo Rodolfo Llinas sobre as diferentes agendas de diferentes células, e a obra do psicobiólogo e psiquiatra desenvolvimental Myron Hofer sobre fenômenos emergentes encarnados, são extensões contemporâneas desta sensibilidade multiversa interior.

Num processo paralelo, para usar os termos de James, a neurociência de "espírito duro" do século XX percebia as emoções como dotadas de um demasiado "espírito terno", impeditivo para a pesquisa séria. Então, nos anos de 1990, as predisposições do instinto, da emoção e dos sentimentos se tornaram um tema mais robusto em nossas neurociências. Como discutiremos, uma conversação simultânea sobre transmissão emocional, que Jung descrevera em seus textos sobre transferência, foi sublinhada pela descoberta dos sistemas de comunicação dos neurônios-espelho.

Embora haja pouca concordância sobre o que constitui cada emoção, há tradições e escolas de estudos das emoções que prolongam tradições passadas. Jung poderia ser chamado de um neodarwinista neojamesiano. Pesquisadores contemporâneos, como Jaak Panksepp, da Escola de Neurociência Afetiva, e Paul Ekman, que estuda expressões emocionais micro e macro em diferentes culturas, postulam tanto a emoção universal ligada à luta pela sobrevivência quanto emoções sociais secundárias afetadas pelo ambiente e contexto. Isso coincide com o modelo de Jung de uma psique padronizadora, como um processo com predisposição a criar imagens e temas em torno de experiências significativas, descrita como arquetípica quando se discutem emoções básicas ligadas à sobrevivência, enquanto que as iterações culturais e pessoais de emoções sociais são adaptativas em relação ao ambiente de famílias, grupos e comunidades.

Múltiplos domínios de experiência emocional

A intuição e observação de James reivindicavam vários domínios e disciplinas – filosofia, religião e ciência – como margens do psicológico. Também incorporou a ideia do cientista Maxwell dos "campos", e consequentemente investigou variedades de experiência psíquica no leque que Jung viria a chamar de a experiência ultravioleta de conceitos arquetípicos apresentados como as revelações e inspirações da experiência religiosa.

Na outra ponta do espectro, James também astutamente viu correspondência entre as noções de Niels Bohr das complementariedades na física com o enquadramento pela psicologia profunda do subconsciente num eixo complementar com a consciência. Jung conversou com Albert Einstein e, posteriormente, com o físico quântico Wolfgang Pauli, cunhou a noção de sincronicidade para aqueles episódios surpreendentes de convergência entre ideias interiores e eventos exteriores, sentidos como conexões entre mente e matéria através da interface do cérebro humano com o mundo ao redor.

Em 1932, Jung escreveu sobre sua crença de que os eventos psicológicos são atrelados ao sistema nervoso orgânico:

> é simplesmente impossível imaginar qualquer experimentação que pudesse provar que a psique existe independentemente da matéria viva. Isso não implica dizer que ela não pode existir sem matéria, já que também consideramos evidente que a matéria existe sem psique, por mais duvidoso que isso pareça à luz das últimas descobertas da física quântica (Jung, 1973a, *Collected Letters* V 1, pp. 87-88).

A defesa por Jung da perspectiva do paralelismo abriu seu pensamento aos vetores psicofísicos da energia psíquica e a um *continuum* mente-matéria. Seu reconhecimento desta relevância ao processo pessoal é detectável em suas percepções de fenômenos "psicoides" liminares inevitáveis na consciência encarnada de um eu pessoal.

Jung e Einstein lecionaram no Instituto Politécnico de Zurique (ETH). Numa carta a Freud, em janeiro de 1911, Jung relata um jantar doméstico com Bleuler e outro convidado, um jovem físico: "passamos toda a noite falando com um físico sobre... a teoria elétrica da luz" (The Freud/Jung Letters, 1974, p. 171). Conversações com Einstein sobre a energia *per se* estimularam o desconforto de Jung com a noção de Freud de que toda energia psíquica é sexual. Em suas conferências de setembro de 1912 na Fordham University, a afirmação por Jung de uma libido não sexual o afastou finalmente de Freud. Jung escreveu posteriormente:

> o instinto sexual entra em combinação com muitos sentimentos, emoções, afetos diferentes... em tal grau que até se tentou fazer remontar a cultura como um todo a essas combinações (Jung, 1970, § 238).

Jung se referiu, ao invés disso, a

> várias manifestações de processos energéticos como forças análogas ao calor, luz etc. Assim como não ocorreria ao físico moderno derivar todas as forças, digamos, apenas do calor, assim também o psicólogo deve evitar assimilar todos os instintos sob o conceito de sexualidade (Jung, 1965, pp. 208-209).

Em suas entrevistas biográficas posteriores em *Memórias, Sonhos, Reflexões*, Jung relembra a reformulação da libido instintiva como

> um análogo psíquico da energia física... um conceito mais ou menos quantitativo, que... não deve ser definido em termos qualitativos... para escapar do então prevalente concretismo da teoria da libido –... em outras palavras, eu queria não mais falar dos instintos de fome, agressão e sexo, mas encarar todos esses fenômenos como expressões da energia psíquica (Jung, 1965, p. 208).

O modelo de Jung da emoção

O modelo de Jung de uma psique afetiva impregnada de energia psíquica neutra, concebida como intensidades ao invés de qualidades específicas, é um conceito-chave em suas formulações de energia e de emoção. Permite a transformação, distinta da sublimação, na qual uma energia neutra transcende qualquer conteúdo e forma qualitativos. Assim, vários complexos formados em torno de emoções não resolvidas forjam a "via régia" para o inconsciente através das operações dos sonhos.

A essência e tarefa da psique, acreditava Jung, era regular as descargas de instinto primal reflexivo, para calibrar e canalizar expressões de emoções primárias. Assim, as emoções não resolvidas enodadas em complexos informavam a intencionalidade teleológica rumo à resolução entretecida na trama dos sonhos. A capacidade de carregar a tensão de opostos afetivos e ambivalência emocional se torna um objetivo do tratamento, a integração ou *coniunctio* necessária à individuação.

> Flutuações da emoção são, é claro, constantes em todos os opostos psíquicos, e, portanto, em todos os conflitos de ideias, sejam elas morais ou de outro tipo. Sabemos por experiência que as emoções assim surgidas aumentam conforme o fator estimulante afeta o indivíduo como um todo (Jung, 1971, § 329).

O ordenamento emocional, através da regulação dos afetos, é o caminho buscado para o sentimento valorativamente carregado de discernimento e avaliação. De outro modo,

> Vemos como a energia psíquica se aplica completamente ao complexo em detrimento dos demais materiais psíquicos, que permanecem inutilizados. Aparece um embotamento aperceptivo parcial acompanhado de um empobrecimento emocional de todos os estímulos que não estejam relacionados ao complexo. A própria tonalidade emocional se torna inadequada: coisas insignificantes como fitinhas, flores secas, retratos, bilhetes, cabelos etc., são objetos de maior atenção e cuidado, enquanto as questões vitais e importantes, conforme as circunstâncias, são desprezadas com um sorriso ou total indiferença (Jung, 1960 [OC 3], § 102-103).

O experimento de associação de palavras revelou irrupções e dissociações emocionais, que Jung abordou ao longo da sua obra. Ele viu que "O que é 'primordialmente caracterológico' é, no sentido mais amplo, a tonalidade emocional, seja ela pequena ou grande demais".

> O fluxo de pensamentos objetivos é constantemente interrompido por invasões do complexo, provocando longas pau-

> sas de pensamento que são preenchidas por episódios do complexo. Esse paradigma tão conhecido mostra claramente a influência de um complexo forte sobre a psique normal, com um sorriso ou completa indiferença (Jung, 1960 [OC 3] § 102-103).

Jung antecipou o que viria a ser confirmado por pesquisas subsequentes sobre o cérebro. De fato, o teste de associação de palavras que realizava mais de um século atrás ainda é um precursor válido das atuais sondagens da neurociência.

No Congresso de Neuropsicanálise de 2014, pesquisadores do Centro Alemão de Doenças Neurodegenerativas, de Bonn, relataram os resultados de suas ressonâncias magnéticas funcionais (em inglês, fMRIs) em "Two Studies on the Neurobiology of Repression" [Dois Estudos sobre a Neurobiologia da Repressão]. Eles observaram que "Carl Gustav Jung desenvolveu um projeto experimental baseado na livre-associação para detectar empiricamente o complexo de uma pessoa (semelhante ao conflito freudiano)". Embora um junguiano descrevesse isso como associação guiada e percebesse dissociação ao invés de repressão, os resultados confirmam o trabalho de Jung numa terminologia fisiológica.

No primeiro estudo,

> Associações para sentenças relacionadas com conflitos eram mais passíveis de serem esquecidas do que associações para sentenças não relacionadas com conflitos, e eram acompanhadas por aumentos nas respostas da condutividade da pele (em inglês, SCRs) e tempos de reação (em inglês, RTs). Observamos uma ativação maior do córtex cingulado anterior e uma de ativação do hipocampo e do córtex do para-hipocampo durante associações para sentenças relacionadas com conflitos.

No segundo estudo,

> Associações com sentenças relacionadas a conflitos individualizados eram mais passíveis de serem esquecidas do que associações a sentenças negativas não relacionadas a conflitos, e eram acompanhadas por aumentos nas SCRs e RTs.

As conclusões neurobiológicas:

> Esses dois experimentos demonstram que fortes excitações autonômicas (medidas via SCR) durante a associação livre fazem prever subsequentes falhas de memória. Esses resultados foram além disso acompanhados por uma ativação aumentada de regiões cerebrais relacionadas a conflitos e de ativação das regiões cerebrais relacionadas à memória. Os resultados são compatíveis com a hipótese de que durante a repressão sistemas de memória explícita apresentam diminuição de atividade sob regulação do córtex cingulado anterior (Schmidt, 2014).

Complexos pessoais e emoções pavorosas

Após sua ruptura com Freud, em 1913, e em meio a premonições de uma iminente Primeira Guerra Mundial, Jung começou um registro pessoal de transformação, *O Livro Vermelho*. Quando encerrou este diário, Jung focou sua erudição em textos alquímicos e nas tentativas dos alquimistas de diagramar o lugar da humanidade nos ciclos do planeta e de suas galáxias em movimento. A partir de 1928, Jung estudou as valências psicofísicas da alquimia filosófica e experimental como um engajamento projetivo mente-matéria em busca de combinações e extrações, integrações e separações.

Textos alquímicos parecem ser um estranho desvio para um clínico prático. Contudo, Jung detectou a alquimia da energia psíquica afetiva, um modelo do tipo Rorschach de interação entre resultados nas retortas e analogias introjetas de dinâmicas emocionais.

Na visão antrópica da alquimia filosófica, a humanidade era considerada uma entidade integral de mente e corpo, e figuras humanas extraídas por artistas como Robert Fludd foram sobrepostas como figuras microcósmicas da macrorrealidade de um universo criado.

Jung havia sido poderosamente impactado pelo alquimista/médico Gerald Dorn, que estendeu a questão crucial de "quem" para "o que" somos, uma questão investigada hoje em dia como o "monismo de aspecto dual" (Atmanspacher, 2012). De fato, no consultório analítico, bem como em autodescrições casuais de estados emocionais, nós evocamos as imagens e termos da física, e a dinâmica dos elementos – terra e fogo, água e ar – ativos nas operações alquímicas ocidentais. Os termos de dupla função da psicologia Gestalt também reconheceram que expressões do estado do eu emergem da física – somos/estamos frios e fluidos, com os pés no chão e enraizados, voláteis e dinâmicos, quentes e inflamados.

A analogia do rio, feita por Jung em seu seminal *A Energia Psíquica* [OC 8/1], de 1928, sua ênfase numa *solutio* alquímica como um início essencial de processo, parece fluir dessa passagem quase alquímica de James:

> A psicologia tradicional fala como alguém que diria que um rio consiste em nada mais do que a quantidade de água contida em baldes, colheres, potes e barris, e outras formas moldadas de água. Mesmo se os baldes e os potes estiverem realmente na corrente, ainda assim entre eles a água livre continuaria a fluir. É justamente esta água livre da consciência que os psicólogos resolutamente negligenciam. Toda imagem definida na mente é embebida e tingida na água livre que flui em torno dela. Com ela flui o sentido de suas relações, próximas e distantes, o eco moribundo de onde ela veio até nós, o senso incipiente de para onde ela é conduzida. A importância, o valor da imagem está no halo ou penumbra que a cerca e escolta, ou melhor, que está fundida com ela e se tornou osso do seu osso e carne da sua carne (James, 1890, p. 255).

Ouvem-se ecos alquímicos quando Jung escreve sobre a energia psíquica emocional como sendo ardente:

> O fogo dos afetos e emoções, e como qualquer outro fogo, tem dois aspectos, o da combustão e o da luz criadora. Por um lado, a emoção é o fogo alquímico cujo calor traz tudo à existência e queima todo o supérfluo até as cinzas (*omnes superfluitates comburit*). Mas, por outro lado, a emoção é aquele momento em que o aço se choca com a pedra e uma faísca é produzida, pois a emoção é a principal fonte da consciência. Não há transformação da escuridão à luz, ou da inércia ao movimento sem emoção (Jung, 1969, § 179).

Evocando o ar, escreve Hillman:

> Psicologicamente poderíamos dizer que todo afeto tende a se tornar um complexo autônomo, a romper a hierarquia da consciência e, se possível, a arrastar o ego consigo... O espírito, neste

> caso, é a imagem de um afeto independente, e, portanto, os antigos chamavam acertadamente os espíritos também de *imagines*, imagens (Hillman, 1972, p. 61).

A introspecção dos alquimistas sobre seu mundo interno e seu mundo físico ao redor pareceu a Jung uma protociência – uma protoquímica, protofísica e protopsicologia. A sondagem daqueles alquimistas filosóficos procurava as correspondências entre seu *opus* subjetivo, seus microexperimentos em suas retortas, e as macro-operações do universo percebido.

Afeto e emoção no consultório

Os analistas perguntam não o que é uma emoção, mas sim qual é a fonte e o propósito da emoção. Jung captou os complexos pessoais e familiares do inconsciente pessoal, os impactos do inconsciente cultural e as dominantes impessoais e universais do inconsciente coletivo; estas remetem às noções darwinistas de seleção natural e descendência evolutiva e à renascida atenção neolamarckiana à epigenética.

O equilíbrio psíquico entre graus de intensidade na consciência, nos complexos e no inconsciente é o objetivo do tratamento junguiano. A reflexão perspicaz permite à regulação afetiva, opções de expressão e integração emocional alcançarem uma avaliação de sentimentos imbuída de valores e uma postura estável baseada na compreensão. O compromisso interior com a consciência e inconsciente conjugados e uma receptividade calibrada para com o contexto exterior equilibram afeto, atenção, foco, memória e relacionamento. Isso produz uma consciência semelhante ao que o neurocientista Gerald Edelman denominou o "presente relembrado" (Edelman, 1992).

Na psicologia analítica de Jung, o desenvolvimento emocional do indivíduo como um *continuum* mente-corpo é um processo multifacetado emergindo de um espectro de instinto, afeto, emoção, sentimento – e humor enraizado. Embora consciência e inconsciente estejam numa dinâmica compensatória ou complementar entre si, eles são os "primos que se beijam" da psique em conjunções interativas num fluido limiar de diferentes tipos de saber.

Neste sentido, Jung é um monista, percebendo a unidade que contém a multiplicidade. Embora tenha postulado a dialética consciência-inconsciente, não é um dualista nem um teórico do binário. A psique, ao invés disso, é "um equilíbrio de todos os tipos de opostos".

A partir dos feixes ou "quantums" de diferentes intensidades, a energia pode ser liberta para fluir entre eixos interiormente interativos ou enodados em vieses e conflitos não resolvidos, dadas as "psiques dissidentes" de complexos de tonalidade emocional. Jung percebia a personalidade humana como um processo entre várias tendências instintivas, emocionais e arquetípicas, cada qual com sua própria pauta de interesses. O equilíbrio é alcançado através do diálogo interno entre pautas interativas e díspares. Conforme mencionado, as noções modernas de eus parciais em um espectro monista são afins ao teórico do *Continuum* Mente-Cérebro, Rodolfo Llinas, cujos experimentos descobrem diferentes pautas em cada célula.

O discurso de Jung em 1948 na fundação do Instituto Jung de Zurique revela sua preocupação permanente com os fenômenos do complexo:

> As múltiplas possibilidades de um desenvolvimento futuro da psicologia complexa correspondem aos vários estágios de desenvolvimento pelos quais ela passou. No que se refere ao seu aspecto experimental, ainda persistem muitas questões que deveriam ser trabalhadas com métodos experimentais e estatísticos. Tive de deixar muitos começos incompletos... as potencialidades do experimento de associação não estão de modo algum exauridas. Por exemplo, está ainda sem resposta a questão da renovação periódica da carga emocional por estímulos de complexos, o problema de padrões familiares de associação ficou parado em seus começos... o mesmo aconteceu com a investigação dos concomitantes fisiológicos do complexo (Jung, 1977, § 1.137).

Décadas de pesquisa posterior sobre as múltiplas pautas de interesse de partes e camadas, órgãos e células do ser humano, confirmam seu modelo.

Hoje em dia, Myron Hofer escreve sobre "processos componentes que subjazem aos constructos psicológicos que usamos para entender o apego para transmitir a ideia de que esses processos biológicos 'encarnam' os constructos psicológicos" (Hofer, 2014, pp. 16-17). Hofer percebe "a vida mental dos humanos e os eventos observados e processos inferidos da situação psicanalítica como tendo 'emergido' na evolução e no desenvolvimento a partir do nível biológico". Ele explica:

> Usei as palavrar "emergir" e "incorporar" aqui porque elas me parecem os melhores e mais simples modos de se referir aos ainda misteriosos processos através dos quais os processos inconscientes e conscientes dos humanos derivam de seus corpos e cérebros. Ambas as palavras são usadas... no sentido de propriedades "emergentes" de sistemas dinâmicos complexos e cognição encarnada (Hofer, 2014, pp. 16-17).

A partir da tradição junguiana, Hillman resume e abarca as fontes, direções, fins, contextos e locais da emoção.

> Tendo-se as quatro hipóteses para as quatro causas da emoção, a integração requerida ocorre como se segue: Emoção é símbolo, energia, psique, transformação. Cada emoção tem: seu próprio padrão de comportamento e qualidade de experiência que é sempre uma atitude total da psique como um todo (*causa formalis*); sua própria distribuição e intensidade de energia no campo da situação do corpo humano (*causa materialis*); sua própria consciência [aqui a citação de Hillman por Zabrinskie está truncada: o que a passagem citada efetivamente diz, ao invés de "sua própria consciência", é: seu próprio estímulo simbólico que é parcialmente consciente e parcialmente não apresentado à consciência (*causa efficiens*) (N.T.)]; sua própria' transformação consumada, que tem algum valor de sobrevivência e implica algum aprimoramento em comparação com estados não emocionais (*causa finalis*) (Hillman, 1972, p. 286).

Emoções como imagens na psique e a neurociência

Na introdução de Jung a seu *opus* final, em 1955, observou que a estrutura e função dos órgãos corporais, inclusive do cérebro, são iguais em todo lugar, daí por que "a psique é em grande medida dependente deste órgão" (Jung, 1955, p. xix). Por isso nossas imagens e narrativas para nossa experiência significante têm fundamentos comuns, embora valoradas diferentemente em diversas culturas.

Na atual pesquisa e filosofia da mente, Rodolfo Llinas descreve sua teoria das imagens "endógenas", pois postula que "o cérebro consiste de imagens intrínsecas, que existem antes e à parte da percepção sensorial" (Llinas, 1997, p. 4). Seu laboratório sugere uma base neurológica para um processo interno, criador de imagens. Eles falam de "endogênese", na qual a experiência sensorial é criada não a partir de sinais recebidos do mundo, mas por processos contínuos e intrínsecos do cérebro. Eles veem o sistema nervoso central como um sistema fechado cuja organização básica é orientada para imagens geradoras intrínsecas. Os cérebros são autoativantes e capazes de gerar representações cognitivas na ausência de aporte sensorial. Aportes sensoriais especificam estados internos e modificam a atividade neste sistema fechado. O papel do aporte sensorial é "dispor, moldar e além disso esculpir" (Llinas, 1997, p. 4) a atividade neural intrínseca para que produza representações que fortaleçam a sobrevivência.

Llinas postula os sonhos como uma evidência-chave, sugerindo até que "o sonhar e a vigília são semelhantes dos pontos de vista eletrofisiológico e neurológico". Colocando nossos preconceitos de ponta-cabeça, postula a vigília como um estado semelhante ao sonho e modulado por percepções dos sentidos. Tais imagens emergem quando pressionadas pelo que Ekman categoriza como emoções básicas ligadas à sobrevivência, instigando as tendências mais fundamentais de Jung rumo à expressão via palavras e imagens:

> As *emoções* têm um "padrão" típico (medo, raiva, pena, ódio etc.), ou seja, elas seguem um arquétipo inato que é universalmente humano e desperta as mesmas ideias e sentimento em todo mundo. Esses "padrões" aparecem como motivos arquetípicos sobretudo nos sonhos (Jung, 1975, *Letters*, vol. 2, p. 537).

Os estudos sobre a emoção atravessaram e conectaram os compromissos com a psicologia profunda de nossas psicoterapias e a psiquiatria dos distúrbios do humor, compartilhando fronteiras com a neurociência contemporânea para confirmar nosso conhecimento do processo emocional. A teoria de Jung das dominantes emocionais universais dos arquétipos *per se*, e das iterações culturais do arquetípico, se alinha com algumas noções atuais sobre emoções básicas ligadas à sobrevivência e emoções culturais e sociais secundárias, de cunho adaptativo. A partir da neurociência afetiva, Jaak Panksepp observa que "a estratificação evolucionária do cérebro, os substratos afetivos brutos da mente têm uma história evolucionária mais antiga do que nosso senso de percepção cognitiva" (Panksepp, 1998).

Na perspectiva de V.S. Ramachandran, "embora as emoções sejam filogeneticamente antigas e consideradas mais primitivas, nos humanos elas são provavelmente tão sofisticadas quanto a razão" (Ramachandran, 2004, p. 7). Joseph LeDoux, pesquisador das emoções, observa que "os sentimentos surgem quando a atividade dos sistemas especializados de emoção é representada no sistema que dá origem à consciência, e estou usando a memória operante como uma versão amplamente aceita sobre como ela pode surgir" (LeDoux, 1998, p. 283).

Para ele, "a revelação central do estudo científico da emoção é que nosso cérebro é tanto, se não mais, um órgão emocional quanto um órgão cognitivo". Afirma que a "experiência emocional deriva de esquemas emocionais, nao só de interpretações cognitivas ou de excitação fisiológica". E escreve:

> O conceito de emoções básicas explica a similaridade da expressão emocional básica dos indivíduos e culturas e regras dc expressão dão conta das muitas diferenças... Muitas emoções são produtos da sabedoria evolucionária, que provavelmente tem mais inteligência do que todas as mentes humanas juntas (LeDoux, 1998, pp. 36, 118).

LeDoux também liga a emoção à memória em sua tese de que o aprendizado emocional e a memória emocional prévias são mais fortes do que nosso aprendizado cognitivo ou processo emocional.

No seu capítulo, "Sleep, Arousal, and Mythmaking in the Brain" [Sono, Excitação e Produção de Mitos no Cérebro], o neurocientista afetivo Jaak Panksepp concorda:

> Todos os dias nossas vidas circulam em torno das rotinas-mestras do dormir, sonhar e acordar. Todas as nossas atividades são guiadas pelos velhos ritmos da natureza, e muitos mecanismos neurais asseguram que permaneçamos em sintonia com o ciclo dos dias e noites ao longo das estações. Nossos cérebros contêm geradores de ritmo diários endógenos, e também, talvez, meca-

> nismos de calendário que respondem aos ciclos lunares mensais, bem como ao trânsito das estações (Panksepp, 1998, p. 125).

Assim como as interações de nossa espécie em meio a essas sintonias, o Sistema de Codificação da Ação Facial de Paul Ekman para as emoções inatas – raiva, nojo, medo, alegria, pena e surpresa – demonstra as emoções expressas e reconhecidas em diversas culturas. Embora outros pesquisadores tenham objeções a seu sistema, ele teve um impacto neodarwinista nos estudos atuais sobre os afetos e é uma base implícita para transmissões de humor e de estados emocionais para além de fronteiras culturais.

A descoberta, na década de 1990, do sistema dos neurônios-espelho nas transmissões emocionais e no aprendizado através da imitação acrescentou outra dimensão a nosso entendimento de como as emoções são transmitidas entre pessoas e grupos.

As observações clínicas de Jung são premonitórias com relação à descoberta dos neurônios-espelho. Nossas percepções sensoriais fisiológicas e nosso "acoplamento neural" desempenham um papel fundamental nas transmissões dos neurônios-espelho no aprendizado e na comunicação.

Para Jung, as emoções são os mensageiros mercuriais entre psique e soma, na vida psicofísica ou "psicoide", e entre espécies e indivíduos aparentemente separados. Modelou um engajamento clínico face a face entre analista e analisando como um meio para o engajamento afetivo mais pleno.

No processo analítico e nas interações da vida, a experiência emerge da presença encarnada. Jung assinala:

> Não é por acaso que a alquimia se chama a si mesma de "arte"; sente, de uma forma correta, que trata de processos criativos que só podem ser realmente compreendidos pela vivência, e que o intelecto só pode lhes dar um nome... São as vivências... que nos aproximam da compreensão [Jung, *Psicologia e Alquimia*, OC 12, § 564 (N.T.)].

> Em psicoterapia, mesmo quando o médico está inteiramente desligado dos conteúdos emocionais do paciente, o simples fato deste ter emoções exerce um efeito sobre ele. [...] É mesmo seu dever aceitar as emoções do paciente e servir de espelho para elas (Jung, 1977, § 319).

O psicoterapeuta pode se tornar

> psiquicamente infectado e envenenado pelas projeções... pode ser que [o veneno] perturbe até seu sistema simpático... A condição emocional particular do paciente exerce um efeito contagioso... (e) provoca vibrações similares no sistema nervoso do analista (Jung, 1977, § 356).

Os termos e a linguagem de Jung podem pertencer a eras pretéritas, mas suas observações sobre a emoção são ecoadas quando os neurocientistas escrevem sobre "teorias das outras mentes", sobre sintonia, neurônios-espelho, intercâmbios com base em "*loops* estranhos", as conjunções de emergência a partir da complexidade, a transmissão de humores e emoções e o acoplamento neural entre indivíduos. Desde a descoberta dos "neurônios-espelho" por Gallese e Rizzoleti em Parma, em meados dos anos de 1990, estamos mais atentos aos aprendizados por imitação entre humanos e animais e de pessoa para pessoa. As transmissões dos grupos familiares e geracionais estão sendo rastreadas através de predisposições genéticas, influências epigenéticas e normas culturais que afetam indivíduos e linhagens de parentesco. As funções da imaginação dos neurônios-espelho, quando se lê uma obra de literatura ou se assiste a esportes ou a pornografia, está bem documentada.

Energia psico-psíquica

A neutralidade da energia psíquica compeliu Jung e os teóricos junguianos a explorações ecumênicas a partir de várias disciplinas. Sem pedir desculpas, Jung tomou de empréstimo analogias e amplificações de muitos campos. Percebia aspectos da psique em constructos, experimentos e invenções humanas. Com efeito, o ser humano mente-corpo pode se ver e projetar-se como parte do cosmos, uma estranha amálgama de gases aleatórios descritos pelos alquimistas como traços e reações da personalidade. Na atual passagem da era antrópica à antropocênica, as motivações e intenções emocionalmente carregadas da nossa espécie terão um efeito muito mais profundo sobre nosso ambiente planetário do que um alquimista colérico tinha sobre os enxofres e substâncias em suas retortas.

Decorrendo em primeiro lugar da percepção física, as emoções secretam nossa alquimia, e formam os matizes, temperaturas, pesos e medidas na fiação de nossos cérebros e na biologia do corpo, como nota Hillman:

> um fato essencial da emoção é que ela termina no próprio corpo do sujeito. Gostemos ou não, o fato permanece esse, como demonstram os sintomas psicossomáticos. Portanto, o primeiro passo no desenvolvimento das emoções é acompanhar a descarga para baixo (Hillman, 1972, p. 28).

Anteriormente, James e Jung anunciaram o efeito das emoções no sistema simpático, no coração, no nervo vago e no intestino. A teoria dos peptídeos de Candace Pert, e a teoria polivagal de Steven Porges, dão sequência a essas linhas de investigação. Pert fala na sua pesquisa sobre peptídeos e "ressonância emocional" como o modo pelo qual as emoções modificam cada célula no corpo humano e também modificam literalmente as frequências da comunicação não verbal:

> Se aceitarmos a ideia de que os peptídeos e outras substâncias informacionais são a bioquímica da emoção, sua distribuição ao longo dos nervos do corpo tem todos os tipos de significância. Sigmund Freud ficaria encantado, porque a ideia de que o corpo, em sua totalidade, é também a mente inconsciente, seria a confirmação molecular de suas teorias. Corpo e mente são simultâneos. Gosto de especular que a mente é o fluxo de informação conforme se move entre as células, órgãos e sistemas do corpo. A mente, tal como a experenciamos, é imaterial, porém tem um substrato físico que é tanto o corpo como o cérebro (www.lowenfoundation.org/forum/viewtopic.php?f=8&t=81&sid=d3098b39849a9564e6e0b2cac80655c4).

Vetores da pesquisa da emoção

> Não podemos distinguir conceitos e crenças sem referência ao ambiente. O cérebro e o sistema nervoso não podem ser considerados de modo isolado em relação a estados do mundo e das interações sociais. Mas tais estados, tanto os ambientais quanto os sociais, são indeterminados e em aberto (Edelman, 1992, p. 224).

Os vetores atuais dos estudos das emoções estão necessariamente ligados a várias tendências em nossas sociedades, disciplinas e tecnologias. Como escrevi em meados de 2017, a pesquisa da emoção é relevante nas teorias feministas sobre as tendências orgânicas e culturais e nos estudos *queer* dos estados de gênero da mente e do corpo. A emoção entra nas conversações, códigos e computações da inteligência artificial e está em jogo na tentativa de tornar os robôs emocionais tanto quanto mecânicos. Por outro lado, os efeitos da possível desumanização do processamento emocional da humanidade num mundo digital é um tema de preocupação e discussão.

Como Edelman e outros sugerem, a neuroplasticidade do cérebro permite que novas questões emerjam do holograma de um universo no qual a consciência humana participa, não muito diferentemente da noção dos alquimistas de *unus mundus*, um termo que Jung adotou da sondagem filosófica do universo ou multiverso nas margens de nossas realidades conhecidas.

Surgem questões sobre a universalidade das emoções como um ímpeto nos âmbitos interno e externo da humanidade, e na busca de compreender o cosmos.

Nas escolas de estudos da emoção, neodarwinistas como Paul Ekman afirmam que emoções universais ligadas à sobrevivência podem ser reconhecidas para além das fronteiras de espaço e tempo, embora emoções sociais secundárias sejam culturalmente determinadas, influenciadas pela época e local. Outros teóricos da emoção levantam a hipótese de que "o temperamento emocional inato, bem como o ambiente social, condicionam as normas morais e posição política das pessoas" (de Sousa, 2017). Essas noções combinam com a proposta de Jung sobre dominantes arquetípicas parecidas com as emoções universais ligadas à sobrevivência, que emergem de ou acompanham o instinto, embora as emoções sociais moldem os sucessos e fracassos da adaptação.

Vetores "horizontais" de emoções partilhadas podem ser vistos dentro das sociedades e culturas, enquanto que expressões emocionais "verticais" de transmissões epigenéticas são rastreáveis entre gerações, especialmente em casos de trauma. Padrões geracionais de percepção e resposta, e a hipótese de imagens endógenas, também dissolvem distinções estritas entre natureza e cultura, assim como o fazem os sinais transmitidos da comunicação de neurônios-espelho (Ramachandran). A função dos "neurônios-espelho" na imitação e aprendizado entre humanos e animais, de pessoa para pessoa, e de geração em geração na transmissão de estados e estilos emocionais, bem como conhecimento e habilidades, é rastreável entre indivíduos e culturas. Essas são normas explícitas e implícitas de descargas, comportamentos, rituais e expressão habituais e emocionalmente esperados. Estes variam do orgulho em crimes de honra em uma sociedade, até dramas shakespearianos sobre conflitos familiares trágicos em outra.

A tradição feminista explorou diferenças e semelhanças de modos e estilos de comunicação e de encontro emocional específicos aos gêneros, tendo alguns enfatizado o impacto das expectativas sociais assimétricas de mulheres e de homens, enquanto que outros postulam capacidades inatas para a empatia, simpatia, conexão e sensibilidade contextual.

Em sua época, Jung se estendeu a essas visões com suas noções do fator contrassexual interior – uma anima feminina no homem e um animus masculino na mulher, e também quando citou figuras alquímicas e míticas de hermafroditas e andróginos. Tentou afastar nossas categorias de Logos e Eros, de masculino e feminino, da categorização biológica de macho e fêmea. Porém não alcançou a conclusão radical que estava buscando, na medida em que estava limitado pelas normas e assimetrias de contexto convencionais, específicas aos gêneros, de impacto sobre as emoções e papéis sociais. Sua teoria por vezes se alça para além das definições projetadas de um homem nas mulheres, e outras vezes recai nas concretizações de sua sociedade hierárquica contemporânea.

Em nossa época, as normas tradicionais do masculino e do feminino estão desabando, conforme compreendemos que o senso inato do gênero não é baseado necessariamente em traços físicos. Estudos de gênero estão subvertendo o determinismo corporal, permitindo, a quem não quer se definir pela certidão de nascimento, prerrogativas quanto a sua identidade de gênero, autoapresentações orgânicas, processamento emocional e laços relacionais. Normas sociais enraizadas, apresentadas como decretos divinos desde o Paraíso, entram em choque com as formulações em rápida mutação como se moralidade e ética, simpatia e empatia ou diferentes instintos, afetos e emoções fossem traços de gênero mais ou menos predominantes.

A elasticidade de gênero torna reais imagens hermafroditas e andróginas que pareciam apenas simbólicas, de modo a afirmar pessoas transgêneras e transexuais que não se encaixam em categorias dualísticas determinadas do tipo ou isso/ou aquilo. As capacidades emocionais se tornam mais individuais e psicológicas.

Do homúnculo ao robô

As vanguardas da pesquisa em inteligência artificial (sigla em inglês, AI) e robótica remetem aos homúnculos, que aparecem em *Fausto* e *Frankenstein* e se percebem em fantasias dos zumbis aos alienígenas mecanicistas.

Numa carta de 1932, Jung escreveu: "Minha mãe chamou a minha atenção para o *Fausto* quando eu tinha por volta de 15 anos... Para mim não se pode nunca meditar o suficiente sobre *Fausto*. ... É tanto o futuro quanto o passado, e, portanto, o presente mais vívido" (Jung, 1973a, *Letters*, vol. 1, pp. 88-89).

Em 1955, Jung começou o prefácio de seu *opus* final, *Mysterium Coniunctionis*, com essas palavras: "Este livro – o último dos meus – foi iniciado há mais de dez anos. O impulso para isso veio de um artigo de Karl Kerenyi sobre a festa egeia no *Fausto* de Goethe" (Jung, 1971, p. xiii). Como já mencionado, termina por afirmar que a estrutura e função dos órgãos corporais, inclusive do cérebro, são as mesmas em todo lugar, e que "a psique é em grande medida dependente deste órgão" (Jung, 1971, p. xix).

Na festa egeia do *Fausto II*, o recém-formado homúnculo, o "homenzinho" alquímico que acabara de ser produzido numa retorta de vidro, vê a estátua de Afrodite num porto de Chipre. Tomado de desejo e atração, atira sua frágil forma em direção a ela, e é despedaçado pela estrutura pedregosa dela.

O homúnculo, como um fractal de um todo, persiste vivo nos estudos do cérebro como uma forma imaginária que preside suas várias redes e sistemas. De modo semelhante ao mapa corporal de Damasio na mente, é muitas vezes representado como uma imagem humanoide sobreposta nas áreas cerebrais que conectam e controlam várias partes do corpo.

De fato, o cérebro processa as imagens perceptuais, sensoriais e endógenas (Llinas) que se apoiam no corpo para serem concebidas. Modula a fome a o apetite, impacta nossa capacidade de encarnação numa orientação sexual no corpo e de gênero na mente. Ele "armazena" as memórias implícitas e suas imagens que são recuperadas e procuradas ao longo da vida em nossa busca incessante de reconhecer uma imagem inata de nossa totalidade.

Por si mesma, a existência momentânea do homúnculo de Fausto não dura. Quando incorporada com instinto e emoção, quando enredada com imagem e experiência, bem como com ideia e pensamento, ela pode por fim permitir a vida vivida e a expressão criativa.

Em "A Framework for Consciousness [Um Arcabouço para a Consciência]" (2003), Francis Crick e Christof Koch evocam essa criatura alquímica para descrever registros estratificados de processo mental. Eles postulam um homúnculo não consciente, residente na frente do prosencéfalo, que administra a informação armazenada no fundo do córtex (as regiões sensoriais) e que faz todo o "pensamento". A frente do córtex está olhando o fundo. Este homúnculo está além da consciência, do mesmo modo que o comportamento automático, de tipo zumbi, está além da consciência, embora um esteja "acima" dela (supramental) e o outro esteja "abaixo" dela (submental). A consciência é um nível intermediário, que é consciente do homúnculo e do seu funcionamento (seus "pensamentos") como representações do homúnculo na forma do discurso interno (Crick & Koch, 2003, p. 120).

O homúnculo também habita o esquema de interesse básico do estado emocional padrão do cérebro, seu estado de "repouso". Assim como os corpos têm diferentes metabolismos, assim também os ruídos ociosos em diferentes velocidades em diferentes indivíduos.

Com este senso da psique afetiva, Jung entendeu que a noção de um cérebro apenas mental se despedaçaria sob o impacto daqueles envolvimentos e enredamentos afrodisíacos que emergem num espectro desde o interesse ligeiro até a curiosidade, o desejo, o apetite, a cobiça, a obsessão, a compulsão e a possessão. As tendências dissociativas da psique são acirradas e podem levar à quebra, dadas as ambivalências de suas atrações e repulsões, conjunções e disjunções que informam e monitoram nossos vários estados de integração e dissoluções.

Sim, Jung descreveu o arco do infravermelho do instinto ao ultravioleta das imagens arquetípicas, as dinâmicas invisíveis entre cérebro e corpo. No seu esquema, os vetores do instinto e as meditações da imaginação criam o *élan vital* da psique e da mente experimentadoras, bem como a grade arquetípica de expectativas em relação à qual os sucessos e os remorsos da vida são mensurados. O ardente e efêmero desfecho, semelhante ao de um *quark*, do homúnculo é uma imagem adequada do beco sem saída encontrado dentro de um modelo dualístico de neurociência, que ignora as temperaturas e nuanças inerentes à dinâmica complexa da emoção.

Um sumário: contexto, convergência e emergência

Eu argumentei que o psiquiatra suíço C.G. Jung, fundador da escola de psicologia profunda, chamada de Psicologia Analítica, foi herdeiro de séculos de noções da filosofia ocidental sobre a emoção, de normas da psicologia e psiquiatria do século XIX para a expressão emocional, e das primeiras sondagens psicanalíticas das emoções liminais nas camadas da psique humana.

Embora trabalhasse dentro das molduras da história intelectual e clínica da sua época, sugeri que a intensa curiosidade própria a Jung o levou às margens da sua cultura, e às disciplinas empíricas e imaginais do patrimônio humano. Ele sondou as tradições mitopoéticas de civilizações antigas, os experimentos e fantasias mente-matéria da protociência alquímica, as buscas do taoismo e confucionismo chinês pelo equilíbrio e a simetria e as noções Zen da mente paradoxal interna.

Jung leu ou conheceu os teóricos e teólogos, exploradores e experimentadores, cientistas e eruditos de sua época. As questões deles sobre a fonte e a causa, propósito e valor, impacto e efeito das emoções foram essenciais para aqueles que influenciaram Jung. À sensibilidade visionária de Jung, à frente de seu tempo, eles acrescentaram *insights* ainda convincentes, operativos ou recentemente formulados nos dias de hoje.

O explorador naturalista Charles Darwin e o filósofo-psicólogo William James impactaram especialmente o foco nas emoções na teoria, pensamento e prática junguianas, ao aumentar sua exposição à clínica parisiense de Pierre Janet e à prática hospitalar de seu mentor psiquiátrico Eugen Bleuler. Esses personagens, mais que Sigmund Freud, tiveram efeitos duradouros e consistentes na apreensão por Jung da dimensão emocional da experiência humana. Rastreei brevemente a presença deles nas obras de Jung, e em algumas das principais correntes de nossas atuais neurociências da emoção. Com sua insistência na psique humana como um processo afetivo com uma teleologia rumo ao equilíbrio emocional, e com sua certeza de que a pesquisa sobre o *continuum* cérebro-corpo seria imperativo se sua própria obra pudesse permanecer, as perspectivas de Jung podem ser justapostas com as que estão agora emergindo ou retornando, via várias teses neurocientíficas sobre a natureza e a função da emoção.

Em nossa época, após anos às margens e nas franjas do estudo, a emoção é vista como levando à ação, estimulando a cognição e inspirando a imaginação. Sua química ativa corpo e mente. Portanto, a emoção emerge nos gestos do corpo, nas expressões da linguagem, nas sínteses da mente, na criação da fantasia e na invenção.

Assim como as margens da consciência em James, a psicanálise de Freud e a psicologia analítica de Jung relativizaram a fantasia racionalista do domínio egoico, num retorno do recalcado, assim também a supremacia iluminista de um intelecto cognitivo é agora relativizada por uma rede monística corpo-mente do "Sinto, logo existo" e do "Sinto, logo penso" (Averill, 1994).

Nesse ínterim o estudo das emoções necessariamente abraçou múltiplos campos e assim emergiu como um campo interdisciplinar, incluindo psiquiatria e psicologia; antropologia, arqueologia e sociologia; química, física e a biologia evolucionária e desenvolvimental. Entrecruza-se com genética e epigenética, moralidade e ética, política e direito. Envolve estudos de gênero e a economia comportamental, bem como análise computacional, robótica e inteligência artificial.

Biólogos rastreiam o impacto da emoção na evolução. Físicos perguntam como e onde a consciência se encaixa no desenvolvimento do cosmos. Químicos esperam infundir emoção nos robôs. Teóricos emergem, convergem e são impactados pela linguística e a estética, a arte e a música. Fatores emocionais são percebidos nas observações da ciência e nos "*loops* estranhos" da comunicação cérebro a cérebro e na inteligência artificial, bem como nos contornos da moral e da ética.

Nenhum experimento neurocientífico de laboratório pode transmitir sua intensidade com a mesma urgência. Descrições do processo analítico concretizam e amplificam o que a teoria só pode estimar como emoção em operação, nas ligações coalescentes entre instinto e imagem em desejos e fantasias, em reflexões e sonhos.

Jung e os junguianos que seguiram o foco dele na psique como um processo emotivo forneceram as ilustrações imediatas de como a emoção é operante dentro de um indivíduo e entre pessoas, especialmente na retorta intensamente afetiva do relacionamento e transferência analíticas.

É sorte nossa que Jung nunca viu uma analogia que não pudesse evocar. Ele desenhou amplificações a partir de múltiplas tradições e disciplinas de muitas culturas e eras, familiarizando-nos com a abundância de descrições de estados emocionais.

As dinâmicas descritas nas protociências contraculturais dos experimentos alquímicos, as químicas emocionais nas díades e grupos de psicoterapias podem facilmente se conjugar com "teorias de outras mentes", apego, sintonia, neurônios-espelho, intercâmbios de "*loops* estranhos", emergência a partir da complexidade, e acoplamento neural entre indivíduos. Todas e cada uma dessas correntes é inflamada, alimentada e impulsionada pela emoção que habita nossa linguagem, comportamento e compreensão da vida vivida e experimentada da emoção com imagens poderosas e vitais.

Tendo perseguido constructos da imaginação, reconhecendo interfaces mente-matéria no monismo de duplo aspecto, elas podem fazer eco às analogias das ciências materiais, mesmo quando não compreendendo as fórmulas matemáticas subjacentes.

Consensos atuais

A inteligência emocional nos diz que qualquer encontro de tradições múltiplas seria tenso e desconfortável. De fato, em sua sinopse magistral da atual pesquisa sobre estados emocionais na Stanford Encyclopedia of Philosophy, de Sousa nota que "Mesmo hoje em dia há uma frágil concordância acerca das essências e modos das emoções". Contudo, afirma que "um consenso amplo emergiu sobre o que poderíamos chamar de condições de adequação de qualquer teoria da emoção, e enumera os pré-requisitos" (de Sousa, https://plato.stanford.edu). Dentro deste esquema, vemos o espectro de Jung do instinto, passando pelo afeto e emoção, até o sentimento como uma faculdade racional:

- As emoções são fenômenos tipicamente conscientes;
- Porém as disposições para manifestar certos tipos de emoção, tais como a irascibilidade, são frequentemente inconscientes;
- As emoções tipicamente envolvem manifestações corporais mais invasivas do que outros estados conscientes, mas
- Elas não podem ser confiavelmente discriminadas apenas em bases fisiológicas;
- As emoções variam ao longo de uma série de dimensões: intensidade, duração, valência, tipo e uma gama de objetos intencionais etc.;
- Elas são tipicamente, mas nem sempre, manifestadas em desejos;
- São distintas dos humores, mas modificadas por eles;
- São reputadas como antagonistas da racionalidade; mas também

- Desempenham um papel indispensável na determinação da qualidade da vida;
- Contribuem crucialmente na definição de nossos fins e prioridades;
- Têm um papel crucial na regulação da vida social;
- Protegem-nos de uma devoção excessivamente escravizante a concepções estreitas de racionalidade;
- Têm um lugar central na educação moral e na vida moral (de Sousa, 2017, pp. 26-27).

No esquema de Jung da psicologia profunda, nós envolvemos tanto a emoção consciente quanto aquelas emoções subliminares que atuam como fontes pré-conscientes, protoconscientes e inconscientes de identidade e memória, de suposição e crença, de comportamento e ação. Jung valorizava as emoções como os matizes do espectro entre os instintos infravermelhos e as imagens arquetípicas ultravioletas, e como a base afetiva da psique como estado da mente, e como um processo entre multiplicidades dentro de uma unidade. As descobertas das neurociências contemporâneas estão amplificando a compreensão analítica das emoções como as fontes do imaginário psíquico, do processo terapêutico interativo e daqueles registros considerados sincronísticos. Momentos analíticos fornecem a matéria viva essencial das teorias, enquanto que a compreensão analítica fortalece e é fortalecida por novas confirmações e informação.

Jung expandiu a psique como a matriz para a resolução do passado, fonte de respostas adequadas ao presente e teleológica em seu foco no processamento do que foi, com vistas ao futuro, moldado por causas finais assim como pela causa eficiente. Emoções emergentes aparecem no sintoma, na imaginação e em sonhos. Emoções infundem ou possuem, exigindo serem reconhecidas e calibradas para a vida sentida e realizada. Escreveu:

> A intensa emoção que é sempre associada com a vitalidade de uma ideia arquetípica transmite... uma premonitória experiência da totalidade... Uma compreensão mais bem desenvolvida pode, contudo, constantemente renovar a vitalidade da experiência original... A experiência em si é a coisa importante, não sua representação ou clarificação intelectual, que só se mostra

> significativa e útil quando a estrada para a experiência original está bloqueada (Jung, 1970b, § 777-778).

Hoje nós rastreamos a emergência da emoção a partir da vida encarnada, uma fonte de linguagem e de pensamento. Seguindo C.G. Jung e o físico Wolfgang Pauli, buscamos o diálogo de aspecto dual entre mente e matéria, situando a mente no meio como a percebedora de tempo e espaço. Filósofos contemporâneos da mente e neurocientistas estão agora privilegiando a emoção e seu impacto no sentimento e na concepção do tempo e nas contínuas reformulações da memória. Inevitavelmente, as observações da psicologia funcionam nas ciências, e as ciências impactam os âmbitos da psicologia. Nas psicoterapias, elas se encontram e interagem.

Se a emoção move, e espírito é o que move, então os dinamismos da emoção e inspiração podem ser um só e o mesmo, sob dois diferentes disfarces, pois cada qual emprestam um *élan vital* à experiência humana para além das fronteiras de espaço e tempo. O equilíbrio permanece sendo uma questão de intensidade e de intencionalidade, dependente de se temos a emoção ou a emoção nos tem. Como Jung observou:

> A emoção é aquele momento em que o aço se choca com a pedra e uma faísca é produzida, pois a emoção é a principal fonte da consciência. Não há nenhuma mudança das trevas à luz, ou da inércia ao movimento, sem emoção (Jung, 1969, § 179).

Referências

Atmanspacher, H. (2012). Dual-aspect monism à la Pauli and Jung. *Journal of Consciousness Studies.*

Averill, J.R. (1994). 'I feel, therefore I am – I think'. In P. Ekman e R.J. Davidson (orgs.), *The nature of emotion*. Nova York: Oxford University Press.

Crick, F., & Koch, C. (2003, fevereiro). A framework for consciousness. *Nature, Neuroscience*, 6(2).

Damasio, A. (2003). *Looking for Spinoza: Joy, sorrow and the feeling brain*. Orlando, FL: Harcourt.

Darwin, C. (1998 [1896]). *The expression of the emotions in man and animals*. Introdução, Notas e Comentários por P. Ekman. Londres: Harper Collins.

de Sousa, R. (1987). *The rationality of emotion*. Cambridge: Massachusetts Institute of Technology Press.

de Sousa, R. (2017). "Emotion". In *The Stanford encyclopedia of philosophy* (Edição de primavera. E.N. Zalta, org.). Edição do inverno de 2017. Retomada de https://plato.stanford.edu/archives/spr2014/entries/emotion

Edelman, G. (1992). *Bright air, brilliant fire: On the matter of the mind*. Nova York: Basic Books.

Ekman, P. (1972). *Emotions in the human face*. Nova York: Pergamon Press.

Ekman, P. (2003). *Emotions revealed: Recognizing faces and feelings to improve communication and emotional life*. Nova York: Owl Books.

Ekman, P., & Davidson, R.J. (1994). *The nature of emotion: Fundamental questions*. Nova York: Oxford University Press.

Ekman, P., & Rosenberg, E. (1997). *What the face reveals: Basic and applied studies of spontaneous expression using the Facial Action Coding System (FACS)*. Nova York: Oxford University Press.

Freud, S., & Jung, C.G. (1974). *The Freud/Jung letters: The correspondence between Sigmund Freud and C.G. Jung* (W. McGuire, org.). Princeton, NJ: Princeton University Press.

Hillman, J. (1972). *Emotion: A comprehensive phenomenology of theories and their meanings for therapy*. Evanston, IL: Northwestern University Press.

Hofer, M. (2014). The emerging synthesis of development and evolution: A new biology for psychoanalysis. *Journal of Neuropsychoanalysis*, junho.

Hollingdale, R.J. (trad.). (1960). *Thus spake Zarathustra*. Nova York: Penguin Books.

James, W. (1884). What is an emotion? *Mind*, *9*, 188-205.

James, W. (1890). *The principles of psychology* (2 vols.). Nova York: Henry Holt. Unaltered republication, Nova York: Dover, 1950.

Jung, C.G. (1948/1970). On psychic energy. In *Structure and dynamics of the psyche, collected works 8*. Princeton: Princeton University Press [*A Energia Psíquica*, in: OC 8/1].

Jung, C.G. (1965). *Memories, dreams, reflections* (A. Jaffé, recorded, org. e R. e C. Winston, trad.). Nova York: Vintage Books.

Jung, C.G. (1968/1977). The Tavistock lectures: On the theory and practice of analytical psychology. In *The Symbolic life, miscellaneous writings, collected works 18*. Princeton: Princeton University Press ["Fundamentos da Psicologia Analítica (Tavistock Lectures)", in: OC 18/1].

Jung, C.G. (1969). *The archetypes and the collective unconscious: Collected works 9.1*. Princeton: Princeton University Press [*Os Arquétipos e o Inconsciente Coletivo*, OC 9/1].

Jung, C.G. (1970). *Psychiatric studies, collected works 1*. Princeton: Princeton University Press [*Estudos Psiquiátricos*, OC 1].

Jung, C.G. (1971). *Mysterium coniunctionis: Collected works 14*. Princeton: Princeton University Press [*Mysterium Coniunctionis*, OC 14/1 e 14/2].

Jung, C.G. (1975). *C.G. Jung letters, volume 2* (G. Adler com A. Jaffé, orgs.). Princeton: Princeton University Press [*Cartas*. 3 volumes. Petrópolis, ed. Vozes, 2018].

LeDoux, J. (1998). *The emotional brain: The mysterious underpinnings of emotional life*. Nova York: Simon and Schuster.

Llinas, R.R., & Churchland, P., orgs. (1997). *The mind-brain continuum*. Nova York: Carfax Publishing.

Makari, G. (2015). *Soul machine: The invention of the modern mind*. Nova York: W.W. Norton.

Panksepp, J. (1998). *Affective neuroscience: The foundations of human and animal emotions*. Nova York e Oxford: Oxford University Press.

Ramachandran, V.S. (2004). *A brief tour of human consciousness*. Nova York: PI Press.

Schmidt, A.C. (2014). fMRI: Two studies on the neurobiology of repression. *Interdisciplinary Journal for Psychoanalysis and the Neurosciences*, 16(2). Apresentado no 15º Congresso Internacional de Neuropsicanálise, Nova York, 24 de julho.

Solomon, R. (2017). *Encyclopedia Britannica*. www.brittanica.com

Bibliografia

Atmanspacher, H. (2011). Quantum approaches to consciousness. In E.N. Zalta (org.), *Stanford encyclopedia of philosophy*. Retomado de http://plato.stanford.edu/entries/qt-consciousness/

Cope, T.A. (2006). *Fear of Jung: The complex doctrine and emotional science*. Londres: Karnac.

Corrigall, J., Payne, H., & Wilkinson, H. (orgs.). (2006). *About a body: Working with the embodied mind in psychotherapy*. Londres e Nova York: Routledge.

Cosmides, L., & Cosmides, J.T. (2000). Evolutionary psychology and the emotions. In M. Lewis e J.M. Haviland (orgs.), *Handbook of emotions*. Nova York: Guilford Press.

Damasio, A. (1994). *Descartes' error: Emotion, reason, and the human brain*. Nova York: G.P. Putnam's Sons.

Damasio, A. (1999). *The feeling of what happens: Body and emotion in the making of consciousness*. Nova York: Harcourt Brace and Co.

Descartes, R. (1984 [1649]). The passions of the soul. In J. Cottingham, R. Stoothoff e D. Murdoch (trad.), *The philosophical writings of Descartes*, volume 1. Cambridge: Cambridge University Press.

Elster, J. (1999). *Alchemies of the mind: Rationality and the emotions*. Cambridge: Cambridge University Press.

Fisher, H.E. (1992). Anatomy of love the natural history of monogamy. In *Adultery and divorce*. Nova York e Londres: W.W. Norton.

Gallese, V., & Alvin, G. (1998). Mirror neurons and the simulation theory of mind-reading. *Trends in Cognitive Sciences*, *2*(12), 493-501.

Gilligan, C. (1982). *In a different voice: Psychological theory and women's development*. Cambridge: Harvard University Press.

Goldie, P. (2003). Emotion, feeling, and knowledge of the world. In R.C. Solomon (org.), *Thinking about feeling: Contemporary philosophers on emotions*. Nova York: Oxford University Press.

Goleman, D. (org.). (1997). *Healing emotions: Conversations with the Dalai Lama on mindfulness, emotions and health*. Boston e Londres: Shambhala.

Goleman, D. (2003). *Destructive emotions: How can we overcome them? A scientific dialogue with the Dalai Lama*. Nova York: Bantam.

Green, A., & Kohon, G. (2005). *Love and its vicissitudes*. Londres e Nova York: Routledge.

Griffiths, P. (1997). *What emotions really are: The problem of psychological categories*. Chicago: University of Chicago Press.

Haviland, J.M., & Lewis, M. (orgs.). (1993). *Handbook of emotions*. Nova York e Londres: Guilford Press.

Henderson, J.L., & Sherwood, D.N. (2003). *Transformation of the psyche: The symbolic alchemy of the splendor solis*. Nova York: Brunner-Routledge.

Hofstadter, D. (2007). *I am a strange loop*. Nova York: Basic Books.

James, W. (1892). A plea for psychology as a 'natural science'. *Philosophical Review*, *1*, 146-153.

James, W. (1902). *The varieties of religious experience*. Nova York: Longmans, Green.

Jung, C.G. (1937/1970). Psychological factors affecting human behavior. In *Structure and dynamics of the psyche collected works 8*. Princeton: Princeton University Press ["Determinantes psicológicas do comportamento humano", in: OC 8/2].

Jung, C.G. (1947/1970). On the nature of the psyche. In *Structure and dynamics of the psyche collected works 8*. Princeton: Princeton University Press ["Considerações teóricas sobre a natureza do psíquico", in: OC 8/2].

Jung, C.G. (1961). *Psychogenesis of mental disease, collected works 3*. Princeton: Princeton University Press [*Psicogênese das Doenças Mentais*, OC 3].

Jung, C.G. (1973a). *Visions seminars*, volume 2 (C. Douglas, org.). Princeton: Princeton University Press.

Jung, C.G. (1973b). *C.G. Jung letters*, volume 1. (G. Adler com A. Jaffé, orgs.). Princeton: Princeton University Press [*Cartas*, 3 volumes. Petrópolis: ed. Vozes, 2018].

Jung, C.G. (1966a). *The practice of psychotherapy: Essays on the psychology of the transference and other subjects collected works 16*. Princeton: Princeton University Press [A Prática da Psicoterapia, OC 16/1].

Jung, C.G. (1966b). The psychology of transference. In *The practice of psychotherapy: Essays on the psychology of the transference and other subjects collected works 16*. Princeton: Princeton University Press ["A psicologia da transferência", in: OC 16/2].

Jung, C.G. (2009). *The red book* (S. Shamdasani, org.). Nova York: W.W. Norton [*O Livro Vermelho*. Petrópolis: ed. Vozes, 2010].

Kahneman, D. (2000). Evaluation by moments: Past and future. In D. Kahneman e A. Tversky (orgs.), *Choices, values, and frames*. Nova York: Cambridge University Press, Russell Sage Foundation.

Kahneman, D. (2011). *Thinking fast and slow*. Nova York: Farrar, Strauss, and Giroux.

Kast, V. (1991). *Joy, inspiration, and hope* (D. Whitcher, trad.). Nova York: Fromm International Publishing.

Levi, D. (2007). *Sex and love with robots*. Nova York: Harper Collins.

Lewis, M.L. (1993). *Handbook of emotions*. Nova York: Guilford Press.

Llinas, R.R. (2002). *The I of the vortex: From neurons to self*. Cambridge: Massachusetts Institute of Technology Press.

Meier, C.A. (org.). (2001). *Atom and archetype: The Pauli-Jung letters*. Princeton: Princeton University Press.

Minsky, M. (2006). *The emotion machine: Commonsense thinking, artificial intelligence, and the future of the human mind.* Nova York: Simon and Schuster.

Nussbaum, M. (1990). *Love's knowledge.* Oxford: Oxford University Press.

Nussbaum, M. (2001). *Upheavals of thought: The intelligence of emotions.* Cambridge: Cambridge University Press.

Nussbaum, M. (2006). *Hiding from humanity: Disgust, shame and the law.* Princeton: Princeton University Press.

Pally, R. (2000). *The mind-brain reality.* Londres: Karnac Books.

Panksepp, J. (2000). Emotion as a natural kind within the brain. In M. Lewis e J. Haviland-Jones (orgs.), *Handbook of emotions* (pp. 137-155). Nova York: Guilford University Press.

Prinz, J. (2004). *Gut reactions: A perceptual theory of emotion.* Oxford: Oxford University Press.

Rizzolatti, G., & Sinigaglia, C. (2008). *Mirrors in the brain.* Oxford: Oxford University Press.

Rorty, A. (org.). (1980). *Emotions.* Los Angeles: University of California Press, pp. 103-126.

Rorty, A. (2003). Enough already with theories of emotion. In R. Solomon (org.), *Thinking about feelings: Philosophers on emotions.* Nova York: Oxford University Press.

Schore, A.N. (1994). *Affect regulation and the origin of the self: The neurobiology of emotional development.* Hillsdale, NJ: Lawrence Erlbaum Associates.

Solomon, R. (1980). Emotions and choice. In A. Rorty (org.), *Explaining emotions* (pp. 251-281). Los Angeles: University of California Press.

Solomon, R. (1984). *The passions: The myth and nature of human emotions.* Nova York: Doubleday.

Solomon, R. (1999). The philosophy of emotions. In M. Lewis e J. Haviland--Jones (orgs.), *Handbook of emotions* (pp. 3-15). Nova York: Guilford Press.

Solomon, R. (2003). *What is an emotion?* Nova York: Oxford University Press.

Viola, B. (2003). *The passions.* Los Angeles, CA: Getty Publications.

Viola, B. (2004). *The art of Bill Viola.* Londres, Reino Unido: Thames Hudson.

von Franz, M.L. (1992). *Psyche and matter.* Boston e Londres: Shambhala.

Zabriskie, B. (2001). A meeting of rare minds. In C.A. Maier (org.), *Atom and archetype: The Pauli-Jung letters, 1932-1958.* Princeton: Princeton University Press.

Zabriskie, B. (2004). Imagination as laboratory. *Journal of Analytical Psychology*, *49*, 235-242.

Zabriskie, B. (2014). Time and Tao in synchronicity. In H. Atmanspacher e C. Fuchs (orgs.), *The Pauli-Jung conjecture and its impact today*. Exeter: Imprint Academic.

Zabriskie, B. (2015). Energy and emotion: C.G. Jung's Fordham Declaration. In M. Mattson, F. Wertz, H. Fogarty, M. Klenck e B. Zabriskie (orgs.), *Jung in the academy and beyond: The Fordham lectures 100 years later* (pp. 37-49). Nova Orleans, LA: Spring Journal Books.

7
Jung e meditação: um caminho para a investigação

Morgan Stebbins

A meditação é uma prática com profunda tradição histórica e experiência e aplicação mundiais. A pesquisa sobre eficácia e a compreensão de suas características é um fenômeno recente. Um modo frutífero e importante de observar a meditação é através das lentes da psicologia junguiana. Este capítulo irá introduzir a relação entre psicologia junguiana e meditação, resumir as diferentes formas de pesquisa nessas áreas até hoje, e oferecer caminhos para a pesquisa colaborativa sobre a meditação enquanto prática pessoal e terapêutica usando ferramentas da Psicologia Analítica.

Meditação: uma prática complexa e multifacetada

A meditação, independentemente do modo como seja concebida, tem sido uma parte de quase todas as tradições contemplativas e místicas de que se tem registro. Desde o famoso baixo-relevo dos iogues do Vale do Indo, aos textos taoistas e figuras maias, até tradições gregas e pré-gregas, há evidências de um processo reflexivo aplicado surgindo em diferentes partes do mundo há pelo menos 2.500 anos. No sentido amplo de uma *mudança intencional de consciência*, a meditação abrange práticas tão diversas quanto rituais xamânicos, dança, oração e criação artística, bem como esportes, uso de drogas, sonhos lúcidos, a atenção flutuante analítica e, é claro, a prática do sentar silencioso, que é o referente mais habitual. Na maior parte da sua história, a meditação esteve inserida na práxis local e geralmente religiosa, contudo nos últimos cem anos, mais ou menos, ela veio a ser vista como uma prática menos diretamente atrelada a uma tradição religiosa. Dois exemplos desta última tendência são o trabalho de Jon Kabat-Zinn, promovendo sua *Redução de Estresse Baseada na Mindfulness* no Centro Médico da Universidade de Massachusetts na década de 1970 (Kabat-Zinn, 2013) e as práticas de meditação budistas de Stephen Batchelor, desconectadas do contexto e da teologia budistas (Batchelor, 1997).

Kabat-Zinn indicou que

> a *mindfulness* pode ser considerada uma capacidade humana universal capaz de estimular o pensamento claro e franco, e a meta da *mindfulness* é manter a consciência de cada momento, libertando-nos do apego rígido a crenças, pensamentos ou emoções, desenvolvendo assim um maior senso de equilíbrio emocional e bem-estar (Ludwig, 2008, pp. 1.250-1.352).

Mas quando perguntamos mais especificamente o que a meditação é, ou formulamos uma questão muito mais complicada, como o que a meditação é *enquanto um fenômeno psíquico*, uma imagem complexa surge. Aparentemente, há tantas respostas para a primeira questão quanto tradições a partir das quais diferentes práticas emergem. Investigação focada na psique e sua experiência da meditação pode ser um ponto de partida útil para compreender a meditação. Uma breve revisão da literatura recente sobre os efeitos e a prática da meditação nos permitirá então observar algumas questões filosóficas mais profundas que surgem ao se estudar uma tecnologia da mente que tem uma gama tão grande de fontes e de aplicações. Finalmente, o problema da meditação da perspectiva da psique pode ser abordado.

O acréscimo que podemos fazer aqui é indagar o que a psique está fazendo com uma atividade meditativa específica. Jung fez uma pergunta semelhante acerca dos complexos. Disse, “Não quero conhecer os complexos dos meus pacientes – isso é desinteressante para mim. Quero conhecer o que o inconsciente de um homem [sic] está fazendo com o complexo. Quero saber para o que ele está se preparando" (Jung, 1977, p. 171). Isso nos permite perguntar que postura prospectiva uma determinada atividade meditativa está tentando obter.

Mais importante, de um ponto de vista hermenêutico, é que todos os tipos de meditação têm atrás de si um contexto social e religioso repleto de mito, prática e pressupostos, além de terem à frente de si um objetivo ou agenda particular. Ou seja, eles emergem de um contexto e assim não são neutros quanto à origem nem quanto à intenção. Assim também, a meditação tipicamente envolve uma ou mais instruções de uma figura de confiança que pode incluir assumir um local, uma determinada postura corporal (incluindo-se movimentos) e ocupar-se de algo com a mente – a respiração, um determinado som ou imagem, o que emerge, ou absolutamente nada. Na maioria das práticas, algum limite de tempo também é dado. É muito difícil definir a meditação sem considerar todos esses fatores contextuais como sendo potencialmente o único fator formativo.

Por outro lado, muitas pessoas relataram a obtenção de benefícios pela atividade meditativa, e minha própria longa experiência com diferentes tipos de práticas mentais – incluindo métodos psicológicos – me mostrou que há um profundo entrelaçamento entre consciência, sofrimento e individuação. A individuação, o processo de se tornar consciente do que se é inconscientemente (o si-mesmo dado) é um objetivo junguiano central, que será discutido mais tarde no capítulo. É essa intersecção que parece especialmente frutífera e me leva a oferecer *uma primeira definição de trabalho para a meditação como a fantasia de um estado intencional da mente*. É importante enquadrar esta discussão em termos de fantasia por uma série de razões. Em primeiro lugar, a fantasia se refere a imaginação e conceito, e a maior parte das referências à imaginação acontecem fora da atividade que podemos chamar de a meditação em si. Assim elas participam mais como tropos retóricos que têm um efeito no recrutamento, validação de texto ou hierarquia institucional, do que como referências experimentais. Além disso, as ligações entre consciência e sofrimento permanecem sendo menos do que casuais, e não é claro se o *insight* se relaciona com qualquer prática dada ou com diferentes estados de sentimento. Finalmente, podemos também diferenciar melhor essas fantasias e seus estados correspondentes, conforme elas abrem ou focam nossa atenção, ou seja, conforme elas exploram e se ocupam com algo que surge de além da intenção consciente, ou ainda moldam, criam e controlam um pensamento ou processo emocional ou mental. Esta última consideração é muito importante em qualquer *setting* clínico, já que, falando psicologicamente, desenvolver maior controle é algo indicado para algumas pessoas, e abrir mão do controle é indicado para outras.

Essa definição parece simples em um nível, mas uma vez que Jung foi claro quanto aos estados conscientes serem construídos sobre, e motivados por, estados inconscientes, somos obrigados a admitir que uma intenção consciente é frequentemente influenciada ou mesmo totalmente formada por fatores inconscientes. Estudos futuros poderiam abordar diferentes tipos de estrutura e agenciamento inconsciente[1]. Ou seja, práticas meditativas são escolhidas por, e podem ser usadas para, diferentes coisas em níveis conscientes e inconscientes. Se nos permitirmos trilhar esse caminho, temos de pelo menos separar as práticas meditativas entre aquelas com um resultado (consciente) preferencial – designado pelo indivíduo ou pelo contexto tradicional da prática – e aquelas com uma orientação aberta com relação ao resultado.

A pesquisa sobre meditação: múltiplas perspectivas e abordagens

Recentes descobertas de pesquisa[2] (que esmagadoramente mostram benefícios de qualquer tipo de prática de meditação, mas não controlam outras atividades nem comparam práticas) também podem fornecer uma sinopse de estilos de meditação[3]. Podemos olhar para além desses estudos da me-

---

1. O agenciamento inconsciente pode ser estudado em muitos níveis. Estudos neurocientíficos tais como *The New Unconscious* (Hassin et al., 2006) representam a área da pesquisa fundamental estritamente controlada e leva a todos os tipos de estudos de vieses cognitivos e finalmente à tipologia e a ainda mais difíceis questões com múltiplas variantes, tais como a da natureza do "objetivo" da psique.

2. Existem muitas sinopses, a começar por uma boa na Wikipédia.

3. Cf. o artigo sobre 23 estilos (http://liveanddare.com/types-of-meditation/), e isso é só o começo. Ou, para os 108 métodos, cf. www.meditationsociety.com/108meds.html

ditação em três maneiras adicionais que são próprias a um ponto de vista junguiano: a meditação pode ser aplicada dentro das práticas da Psicologia Analítica; ela pode ser vista através das lentes da própria psique e pode ser compreendida em termos de uma abordagem do inconsciente.

Além disso, devemos levar em consideração o recente advento de uma abundância de pesquisa fisiológica[4] sobre a meditação, especialmente no Ocidente. Isso pode ser visto tanto como uma fonte adicional ampla de informação e, devido a sua dependência de, e cegueira ao contexto de pesquisa, também como uma fonte extra de sombra[5].

O contexto junguiano

A hermenêutica junguiana é uma teoria de campo emergente de interação (tipicamente com um analista) com seu próprio objetivo particular[6]. Há muitas maneiras de descrever este objetivo, mas podemos começar dizendo que, em geral, os métodos junguianos permitem à díade analista/analisando investigar imagens autônomas (ou seja, estruturas, processos e imagens inconscientes) com o propósito de reduzir o sofrimento neurótico, e potencialmente permitir a transformação da personalidade total. Ao se examinar esta interação, uma série de fatores deve ser levada em conta. Antes mesmo de considerá-los, temos de nos perguntar qual é o papel da pesquisa na tomada de decisões pessoais. E se a pesquisa mostrasse que a sua coisa favorita não tem valor em termos de fisiologia ou é até ligeiramente prejudicial? Talvez

4. *Aion*, prefácio, para uma discussão da amplificação como uma aplicação disciplinada de qualquer abordagem heurística com a compreensão de que há muitas outras, cada qual com suas próprias forças e fraquezas.

5. Problemas inerentes com a pesquisa incluem, mas não se limitam, ao viés das fontes de financiamento; muitos dos vieses cognitivos admitidos; a questão do paradigma; e o simples fato de que há poucos, se é que há algum, programas de pesquisa não conduzidos por indivíduos com interesses particulares em ver sua própria forma de meditação ser justificada num cenário mais amplo.

6. Pode ser que eu supervalorize os aspectos profissionais e sociais, mas é importante lembrar, a partir do lado antropológico, que todos os *técnicos do sagrado* têm sido uma coorte muito bem recompensada economicamente desde o começo da civilização. Suas agendas são muito autointeressadas – não num sentido pejorativo, uma vez que todo mundo tem que ganhar a vida –, e eles têm isso em comum com os mestres de meditação, sacerdotes e curadores em todo o mundo. Para uma brilhante discussão sobre isso, cf. *Religion Explained*, de Pascal Boyer.

você mudasse seus hábitos, mas talvez não – e há bons argumentos em ambas as direções.

Nessa linha de preferências e significados individuais está o que Jung chamou de a equação pessoal – que, em hermenêutica, é referido como o círculo hermenêutico. Trata-se do fato de que você não pode fazer nenhuma afirmação ou tomar uma posição sem ao menos reconhecer o contexto. Ao responder a outrem, então, se deve considerar a gama de intenções do falante em relação ao sujeito e o campo entre eles. Além disso, qualquer afirmação psicológica pode ser atacada com base no fato de ser a experiência pessoal do falante – ambos os problemas podendo ser mitigados (embora não eliminados) por duas ações: um esforço de transparência na agenda pessoal e uma abertura do lado do leitor para ver se uma dada afirmação soa verdadeira experiencialmente, à parte do viés supramencionado[7]. Assim, as perspectivas da pesquisa em termos da meditação precisam focar no contexto da prática, o foco da psique e a equação pessoal.

Explorando a natureza da meditação

O método usado aqui será circumabulatório. Ou seja, aspectos e imagens que são relevantes à exploração da meditação serão apresentados, com a esperança de que um retrato mais completo da situação possa ser alcançado, ao menos do ponto de vista psicológico do autor. Jung pensava que "Uma compreensão real pode, ao meu ver, ser obtida só quando a diversidade das premissas psicológicas é aceita" (Jung, 1971, § 846). Esta abordagem é semelhante aos três princípios da *mindfulness*, segundo Ellen Langer, pesquisadora de Harvard: reconhecer um amplo leque de dados, criar novas categorias quando necessário, e presumir múltiplos pontos de vista (válidos) (Langer, 1997). A compreensão por Langer da *mindfulness* diverge consideravelmente das abordagens meditativas (e tipicamente religiosas) na medida em que ela focaliza quase totalmente o resultado (da experiência subjetiva) e os fatores

7. A visão de Jung era que, no fim das contas, o melhor que podemos fazer é tomar as várias correntes de dados de todas as funções e mantê-las em tensão experencial, deixar que isso transforme nossa atitude, e agir a partir daí.

experimentais que influenciam esse resultado. Enquanto tal, a postura dela é um corretivo importante para quase todo o resto do campo.

Essa abordagem junguiana multifacetada nos permite ver as diferentes meditações como iluminando recantos da psique ou preenchendo diferentes necessidades psicológicas. Cada qual pode, pois, ser vista como válida, mas não como a única com autoridade. Cada qual pode ser compreendida, como todos os artefatos psíquicos coletivos, enquanto mapas da psique e também ferramentas ou caminhos que capacitam a um relacionamento com ela. Portanto, como qualquer ferramenta ou extensão da vontade consciente, ela pode ser escrutinizada em termos de seu uso numa série de áreas: motivo, fantasia, resultado e contexto social. Finalmente, podemos perguntar, como Jung faz com qualquer complexo[8], o que o inconsciente intenciona ao escolher este modo particular de funcionamento psíquico. Também tentaremos propor um conjunto aproximativo de definições que nos permitirão focar nossa investigação e não nos atolarmos demais em generalidades.

A equação pessoal

Jung explorou o problema da natureza individual de qualquer observação, bem como o impacto do observador na situação experimental[9]. Minha própria compreensão da impossibilidade da neutralidade requer que eu diga algumas palavras sobre meu contexto e agenda conscientes. Minha própria longa experiência com estados intencionais de mente e métodos psicológicos me mostrou, como notado acima, que há um profundo entrelaçamento entre consciência, sofrimento e individuação (e, devo acrescentar, entre esses fatores e a *performance* física e mental). Este entrelaçamento tem sido o ímã dos estudos e experimentos díspares em que me engajei por cerca de quarenta anos.

---

8. Ele explorou o que chamou de equação pessoal em muitos lugares, p. ex., no vol. 8, no brilhante Seminário de 1925, que rastreia o desenvolvimento da sua teoria *como um aspecto do seu próprio crescimento pessoal* e, é claro, em seu trabalho com Pauli, que veio mais tarde a ser conhecido como a conjectura Pauli-Jung na física.

9. Atmanspacher e Fuchs (2014), p. 108.

Minha exposição à meditação começou nas artes marciais quando eu estava na escola primária. Ela esteve presente como um modo de focar a energia e como uma ferramenta para fortalecer o treinamento. Na minha adolescência, me enamorei da prática Zen que (na forma na qual me engajei) valorizava a meditação não como um meio, mas sim como o processo e a manifestação de nosso verdadeiro eu, por mais desconcertante que isso parecesse na época. No seminário, praticávamos o rito da oração silenciosa da manhã (com o respaldo do Sl 119: "meus olhos se antecipam às vigílias da noite, para meditarem em vossa palavra" [Sl 119,148 (N.T.)]). Esses são apenas uns poucos exemplos das muitas formas de meditação e mudanças de consciência que eu experimentei. Elas provêm do contexto budista bem como de outras culturas, inclusive do treinamento em hipnose e em práticas xamanísticas.

Em minha análise junguiana pessoal, bem como no meu estudo e prática como analista, a meditação surgiu tanto como uma preparação para a imaginação ativa e (não com esse nome) tanto como o próprio processo da análise. Ou seja, como a mudança teórica e experiencial da consciência, que altera a visão de mundo e a experiência do sofrimento numa pessoa. Afinal de contas, Jung é claro quanto ao fato de a atitude ser tudo para a criação de significado e para a transformação do sofrimento neurótico em individuação. Além disso, para usar o termo de Freud, a "atenção flutuante" do analista é um estado meditativo em si de fina sintonia (Freud, 1924, pp. 325, 327).

Eu experienciei pessoalmente muitos tipos de mudanças em minha própria consciência – e muitos deles relacionados à meditação. Mas se eu fosse indagado, poderia dizer que foram (à exceção de certas situações muito particulares) *diretamente causados* pela meditação, ou teria de admitir a possibilidade de que foram, ao invés disso, o efeito de alguma outra atividade – ou que a meditação não foi na verdade causada por algum *insight* anterior? Além disso, eu poderia dizer que outras pessoas teriam o mesmo benefício que obtive? Tentei tanto dizer quanto encorajar essas coisas, mas frequentemente em vão, e agora percebo que as necessidades, aspirações e modos particulares de cada qual são únicos, mas também que meu próprio modo de chegar até *aqui* envolveu práticas meditativas específicas.

Essa experiência multifacetada me levou a desenvolver um currículo sobre estudos junguianos contemplativos, baseado numa abordagem experiencial de seus escritos desde o Experimento de Associação de Palavras à imaginação ativa, tendo o propósito ostensivo de vivenciar uma compreensão simbólica. Essa experiência é também a base do meu trabalho clínico e abordagem hermenêutica do texto (inclusive do texto da psique). Isso se alinha com a exortação de Jung a honrar a compreensão acadêmica/referencial e a experiencial.

Minha própria postura evoca uma visão quaternária, especialmente em qualquer tema tão emocionalmente carregado quanto a meditação. A camada pessoal e experiencial inclui o contexto pessoal incorporado em qualquer referência religiosa ou teológica num sentido literalizado e guiado por crenças. A perspectiva antropológica e linguística nos permite ver como o poder é exercido dentro de uma tradição particular sob diferentes disfarces e o que a economia parece ser. A abordagem histórica e textual se refere ao procedimento acadêmico padrão do estudo de textos e da historiografia.

A perspectiva junguiana sobre a psique

A *postura psicológica* se refere no meu caso à visão junguiana de que os símbolos surgem como compensações inconscientes e como manifestações da psique individual e do grupo. Esse processo de compreender tais símbolos procede através da amplificação explorando-se ao menos as cinco áreas da história pessoal, do padrão coletivo, do estado emocional imediato, das implicações transferenciais e da dinâmica interna. Remonta, então, de novo ao surgimento pessoal imediato de imagens (este é o *aqui-agora*) e então finalmente questiona a relevância pessoal e escolha consciente. Sobretudo, todos aterrisamos sempre onde quer que algo *pareça nos fazer mais bem e mais sentido* – contanto que compreendamos que fazer sentido inclui o ultrapassamento numinoso da função do ego.

Esta visão em quatro partes exige um pouco do leitor e do clínico. É, evidentemente, também um processo contínuo. Contudo, qualquer setor da amplificação ou do estudo que for ignorado surgirá então como uma atitude inconsciente e influenciará a atitude da pessoa sem que tal influência seja acessível ao ego. A cegueira só pode ser parcialmente revertida, mas quanto mais aspectos ou visões possamos incluir, mais completa será a amplificação. Desse modo podemos dar continuidade ao projeto de Jung de "considerar como certas coisas podem ser compreendidas do ponto de vista de nossa consciência moderna", o que pode levar a um "remédio para nossa desorientação filosófica ao lançar-se luz no *background* psíquico e nas câmaras secretas da alma" (Jung, 1969b, p. x).

Finalmente, estudei a pesquisa sobre a meditação e a usei como outro ponto de vista vital - um que é muitas vezes um corretivo para as afirmativas metafísicas provenientes das mesmas tradições. Essas áreas de experiência serão expandidas - com a afirmação transparente de que há linguagens conflitivas envolvidas e que minhas identidades profissional e pessoal estão inseridas em muitas áreas. Contudo, meu vocabulário primário vem de uma compreensão e prática de Jung hermeneuticamente fortalecidas assim como dos modos pelos quais sua visão da psique se insere criativamente na prática do Zen. Posteriormente eu me tornei ciente de que tanto a teoria de Jung da psique quanto o Zen compartilham uma postura da filosofia da mente chamada de monismo de aspecto dual (ou, no caso de Jung, monismo de aspecto múltiplo). Sem entrar em muitos detalhes, esta distinção pode ser útil aqui porque ela combina bem com o método da amplificação, na medida em que não estamos pondo uma visão contra a outra em nome de alguma supremacia, mas antes tentando criar um modelo que relaciona significativamente tantas fontes de dados quanto possível.

Retornando a nossa possível definição de trabalho da meditação como *a fantasia de um estado intencional da mente*, vemos que as qualidades da intenção não são transparentes a menos que examinemos a questão da fantasia por trás delas, incluindo-se o uso institucional. Antes, a intenção tem ao menos três vetores: o estado do ego em nossa fantasia da sua autonomia, o nível social e cultural que liga consciente e inconsciente, e a trajetória inconsciente que surge como fatalidade ou destino. Podemos também notar que os estados da mente são infinitamente variados, embora a experiência subjetiva da redução do sofrimento ou o atingimento de atitudes adaptativas possam nos dar alguma orientação.

Toda descrição da meditação (talvez por necessidade) é expressa na linguagem de algum contexto que então determina o escopo, pano de fundo e resultado dessas descrições. Isso também é verdade no caso da análise. O ponto-final da avaliação deve vir da experiência e do valor pessoais. "Tanto quanto podemos discernir, o único propósito da existência humana é acender uma luz nas trevas do mero ser" (Jung, 1961, p. 326).

Pesquisa sobre técnicas de meditação

As técnicas de meditação são legião. Um artigo recente descreve 23 tipos de meditação em um esforço de ajudar os perplexos a descobrir aquele que melhor lhes convém[10]. A Meditation Society of America [Sociedade de Meditação da América] lista 108 tipos[11]. Porém, como o *Guia dos Perplexos* de Maimônides, ela deixa o leitor diante de uma rede ainda mais complexa de práticas e de afirmações religiosas do que aquela com que começamos – embora ao mesmo tempo mostre que uma compreensão simbólica poderia ser benéfica. E isso é só um começo.

Outro artigo descreve dez tipos de meditações agnósticas ou não teológicas[12] (o que traz à tona a questão de Jung sobre a comparação entre símbolos naturais e símbolos culturais)[13]. O mesmo artigo revisa os efeitos da meditação e afirma que há 76 benefícios mensuráveis derivados de cerca de 3.000 estudos. Infelizmente, segundo a *Scientific American*, quase todos aqueles estudos têm problemas que tornam as descobertas menos robustas. Ocorre que é difícil de se estudar a meditação. Conforme afirmado na revista *Advances in Mind-Body Medicine*.

> Como outras intervenções complexas e multifacetadas na medicina, a meditação representa uma mistura de elementos espe-

10. http://liveanddare.com/types-of-meditation/
11. www.meditationsociety.com/108meds.html
12. http://thedailymeditation.com/meditation-for-atheists/
13. Jung, símbolos naturais (*Aion*).

cíficos e não tão específicos de terapia. Contudo, a meditação é de certo modo única porque é difícil padronizar, quantificar e autentificar uma dada amostra de temas de pesquisa (Advances in Mind-Body Medicine, *Spring*, 2005, pp. 4-11).

Estudos sobre a meditação floresceram em anos recentes. Um recente estudo de Harvard mostra que a própria estrutura cerebral muda com a meditação[14]. Outros mostraram uma melhoria de *performance* em tarefas ou mudanças nas ondas cerebrais. Jung relatou o uso de meditação como preparação à imaginação ativa. A própria imaginação ativa é uma consciência alterada.

Um artigo recente que resume esforços de pesquisa descreveu a meditação deste modo: "A meditação pode ser definida como uma família de práticas que treinam a atenção e a percepção, geralmente com o objetivo de promover o bem-estar e a maturidade psicológicos e espirituais"[15]. Claro que isso descarta pressupostos enraizados, a trajetória histórica e o contexto religioso de cada uma das grandes tradições meditativas cujas técnicas elas resumem.

A pesquisa fundamental foi orientada rumo aos sintomas e não considerou os objetivos últimos postulados pelas tradições: "Os pesquisadores examinaram primordialmente os efeitos da meditação como uma estratégia de autorregulação para a administração do *estresse* e a redução de sintomas"[16]. Esses esforços de pesquisa iniciais também foram reconhecidamente assolados por problemas metodológicos que limitam sua utilidade.

Contudo, a pesquisa prosseguiu numa série de áreas com alguns resultados promissores. Essas áreas são a atenção, concentração, funcionamento interpessoal, prevenção da depressão, comparação com o uso de medicação, fortalecimento da empatia e autoestima. Todas as áreas mostraram correlações positivas, mas em quase todos os casos houve problemas com autosseleção e desistências. Ainda assim, houve conexão positiva entre me-

---

14. http://news.harvard.edu/gazette/story/2011/01/eight-weeks-to-a-better-brain/

15. www.researchgate.net/profile/Shauna_Shapiro/ publication/228583427 • An_analysis_of_recent_meditation_research_and_suggestions_for_future_directions/links/54374e6e0cf2dc341db4d514.pdf 16 Ibid

16. Ibid.

ditação (mesclando todos os tipos estudados) e alguma mudança em todas as áreas estudadas.

Um estudo muito interessante tratou da sinestesia, uma síndrome neurológica na qual um tipo de estímulo sensorial é experienciado como ou descrito em termos de outro. Há muitas formas disto e a maioria ainda não foi estudada. Geralmente se supõe que a sinestesia é muito rara (de 1 em 2.000 a 1 em 2.300), assim como inata e não treinável. Contudo, neste estudo os meditadores preenchem o critério de sinestesia numa taxa de mais de 1:2. Este estudo padeceu de um tamanho de amostra reduzido (e a própria pesquisa sobre a sinestesia está ainda em evolução), mas realmente sugere algumas possibilidades tentadoras[17].

Alguns dos efeitos fisiológicos da meditação incluem a coerência das ondas cerebrais, relaxamento e fortalecimento do sistema imunológico. Tem havido mais, pois os pesquisadores usam todas as ferramentas da investigação do cérebro para desbravar novas correlações entre a meditação (ou certos tipos de experiência dentro da meditação) e funções corporais mensuráveis.

Não há, até agora, evidência suficiente para propor quaisquer relações causais nem criar uma teoria ou mapa abrangente do terreno da meditação e da experiência transcendente e da pesquisa. Um mapa promissor em construção é o modelo de quatro quadrantes de Ken Wilber, com divisões para o subjetivo e o objetivo, bem como para o pessoal e o coletivo. Isso combinaria muito facilmente com as concepções de Jung também (Wilber, 2000).

Embora esteja cedo demais para quaisquer conclusões amplas, e embora nenhum dos esforços meditativos de outras atividades tenha sido comparativamente estudado (tais como a atenção flutuante do analista ou o efeito da imaginação ativa no cérebro), parece haver alguns resultados não aleatórios. Por outro lado, pesquisas qualitativas e experiências pessoais, apontam para um efeito muito maior. O problema pode ser que, como a análise, muita coisa depende da relação com o mestre particular, o *setting* da técnica, a fluência do

17. Ibid.

praticante com o contexto teológico da técnica, a prontidão para fazer uma mudança e o encaixe particular de uma técnica com uma pessoa particular.

Participar num programa de meditação *mindfulness* de oito semanas parece acarretar mudanças mensuráveis em regiões cerebrais associadas com a memória, o senso de si, a empatia e o *estresse*. Num estudo publicado na edição do *Psychiatry Research: Neuroimaging*, de 30 de janeiro de 2017, uma equipe liderada por pesquisadores afiliados de Harvard, no Hospital Geral de Massachusetts (MGH), relatou os resultados de seu estudo, o primeiro a documentar mudanças produzidas pela meditação na massa cinzenta do cérebro, ao longo do tempo.

Porém, com todas essas afirmações e sessenta anos de estudos, ainda não há uma definição consensual de meditação! Além disso, a própria pesquisa está longe de ser conclusiva, de fato uma recente meta-análise sobre quarenta anos de pesquisa afirma que a pesquisa científica sobre práticas de meditação não parece ter uma perspectiva teórica comum e é caracterizada por uma baixa qualidade metodológica. Conclusões firmes sobre os efeitos das práticas da meditação na saúde não podem ser extraídas com base na evidência disponível.

Este relatório revela que não há nenhuma teoria da meditação comum a todas as práticas que possa levar à construção de uma hipótese necessária para testar e avaliar as afirmações. Isso parece muito desolador de um ponto de vista de pesquisa, e há outros dados perturbadores. Alguns estudos ligaram a meditação ao risco de dor ou de doença mental (cf. adiante), e muitos meditadores são resistentes a se submeterem a quaisquer testes, afirmando que tais mudanças não são o propósito da meditação - pelo menos em sua tradição particular. De fato, uma rápida pesquisa na internet mostra muitos *sites* prometendo revelar o *verdadeiro* método ou interpretação da meditação.

Esta desolação vai na direção contrária de muitas afirmações pessoais e pesquisas qualitativas sobre os efeitos da meditação e de outras mudanças intencionais da consciência, talvez sugerindo algumas explicações alternativas para os efeitos da meditação ou alguma depreciação das afirmações particularmente grandiosas onde elas correm. Espero mostrar que as fantasias de, e referências a mudanças intencionais da percepção – que é minha definição inicial – vêm em muitas formas ao longo de muitas áreas e períodos de tempo, sem que haja muita concordância quanto aos resultados, práticas ou referência. O grau de utilidade dependerá de muitos fatores que ligam cada pessoa com seu próprio contexto, necessidades e estilo de ser no mundo.

É importante lembrar que a meditação é frequentemente relacionada a afirmações metafísicas que estão, por sua vez, tipicamente enraizadas em grande variedade de tradições religiosas. Assim, afirmações sobre os benefícios ou resultados finais de uma dada prática quase invariavelmente incluem uma agenda velada ou ostensiva – como vimos mais cedo em nossa pesquisa na internet –, tornando qualquer afirmação tudo, menos neutra.

Na prática tradicional da ioga[18], o objetivo da prática física (*asana*) é fortalecer a meditação como um meio de iluminação. Embora muito seja escrito sobre esse objetivo ter sido submerso por recentes sucessos de *marketing* da ioga no Ocidente, talvez possamos deixar que Zizek nos lembre que o próprio *marketing* é a sublimação e a valoração espiritual do material (Zizek, 2014).

Tendo mencionado esses benefícios, deve-se dizer que há uma variedade de visões sobre esta pesquisa. O Dalai Lama encoraja o estudo científico, enquanto que Donald Lopez assinala que, teologicamente, a pesquisa é completamente contra a tradição das escrituras do budismo[19].

Embora a *mindfulness* possa funcionar para aliviar certos sintomas de estresse, ou ajudar uma pessoa a viver uma vida mais plena, este não era o objetivo do Buda ao promover a prática meditativa. Estados meditativos eram associados com planos de existência potencial, e seu objetivo era conquistar a renúncia completa e escapar do ciclo do renascimento. Assim, quando jornalistas sugerem que as pesquisas sobre o alívio do estresse demonstram (ou poderiam demonstrar) que a meditação budista "funciona", alguma coisa se perdeu na tradução. A meditação budista nunca pretendeu simplesmente ali-

18. Pelo menos nos termos do clássico *Yoga Sutras*, de Patanjali.

19. http://info-buddhism.com/Scientific_Buddha_Lopez.html

viar o estresse, e é difícil imaginar como nos sairíamos tentando mensurar a renúncia[20].

Além disso, Lopez mostra que o Buda é descrito nos sutras de um modo que desafia tanto o projeto quanto a técnica da ciência. "Ele tem uma recordação completa do passado, inclusive de cada uma de suas vidas passadas, bem como da vida de todos os seres sencientes... O Buda descrito nos sutras é mais uma figura da ficção científica do que da ciência" (Lopez, 2012, p. 43). Esse enigma não é exclusividade do budismo; antes, é sim uma função de qualquer tradição aproximar as afirmações históricas a outros pontos de vista, seja o da pesquisa científica ou da experiência pessoal. A Psicologia Analítica (significando a psicologia junguiana) não está imune.

Também é importante levar-se em conta a pesquisa que mostra que a meditação (de novo definida em termos amplos) pode ser e tem sido perigosa[21]. Isso faz sentido se se trata de uma ferramenta poderosa de qualquer tipo, uma vez que todas as ferramentas têm usos otimizados e sofrem o problema do mau uso. Por exemplo, há artigos desse tipo: "Dark Knight of the Soul" [Cavaleiro das Trevas da Alma] (*Atlantic Monthly*), "Recovery [Recuperação]", "permanently ruined" [permanentemente arruinado] – essas não são palavras que se encontram tipicamente ao se discutir uma prática contemplativa.

É igualmente importante se manter aberto ao papel do termo experiência em tradições que incorporam a meditação ou outros estados sutis (ou reivindicados) de mentalidade. Como Robert Scharf argumentou.

> Embora alguns adeptos possam de fato experienciar "estados alterados" no curso de seu treinamento, a análise crítica mostra que tais estados não constituem os pontos de referência para o discurso budista elaborado relativo à "senda". Antes, tal discurso acaba por funcionar ideológica e performativamente – usado mais frequentemente do que não usado para os interesses de legitimação e autoridade institucional (Scharf, 1995, p. 261).

---

20. http://secularbuddhism.org/2012/10/10/book-review-donald-lopez-on-buddhism-and-science/

21. www.newscientist.com/article/mg22630210-500-panic-depression-and-stress-the-caseagainst-meditation/ e www.psychologytoday.com/blog/mindfulness-wellbeing/201603/dangers-meditation

Meditação e pesquisa: um caminho para o futuro

"A meditação, definida simplesmente, é um modo de estar atento. É o casamento feliz do fazer e ser" (Das, 2007). Assim afirma o Lama Surya Das, que foi um dos primeiros a implementar o tropo do ser e fazer, que nos leva rapidamente de volta a uma postura mais filosófica. Prosseguindo essa inflexão filosófica, a meditação pode ser usada para abordar questões particulares de filosofia de vida, tais como: Quem sou eu? Qual é o verdadeiro propósito da minha vida? Qual é o meu papel neste universo? Como posso ajudar a remover o sofrimento de outros?

A *mindfulness*, conforme desenvolvida e praticada por Jon Kabat-Zinn, "significa prestar atenção de um modo particular; de propósito, no momento presente, sem julgamentos" (1996). E, segundo as tradições ióguicas[22], a meditação pode levar a muitos estados mentais fortalecidos e a façanhas corporais que vão da unidade com o cosmos ao caminhar no fogo, levitação, onisciência e felicidade eterna.

Olensky escreve que a meditação é um processo de investigação. Envolve examinar os fenômenos da mente e do corpo com uma atitude de curiosidade e de interesse. Os três primeiros elementos dos sete "fatores do despertar" falam disso: a *mindfulness* (*sati*) dá origem à investigação de estados (*dhamma-vicaya*), e isso, por sua vez, resulta numa maior energia (*viriya*) para fazer um esforço.

Podemos retornar por um momento a Dogen, o fundador da escola Soto do Zen-Budismo, que instruía seus alunos a praticar *zazen*, ou a meditação sentada, sentando-se ereto e sem pensar em bem ou mal. Embora a palavra Zen derive do chinês *ch'an*, que por sua vez deriva do sânscrito *dhyana*, que significa meditação, há relativamente poucos manuais sobre meditação e, ao invés disso, uma enorme bibliografia descrevendo outros aspectos do Zen.

Dogen, mestre da escola de "meditação", tenta mostrar que a meditação *per se* não é o que se intenciona. Ao invés disso, está apontando para um estado da mente que de algum modo se conecta com a meditação. Outros textos

---

22. Patanjali. *The Yoga Sutras*.

budistas das fontes mais primitivas do cânone Pali em diante descrevem sentidos humanos fortalecidos ou até mesmo habilidades sobre-humanas, que derivam da percepção nuançada ligada a técnicas meditativas. Assim, vemos aqui duas linhas divergentes de pensamento – uma é a questão do papel da meditação dentro de uma tradição, e, a outra, de algum objetivo de "estado de mente" que geralmente só pode ser verificado pelo mestre da tradição particular.

Por outro lado, temos trabalhos (geralmente mais modernos) que parecem separar os aspectos mais metafísicos ou teológicos dos fisiológicos ou filosóficos. Stephen Batchelor é talvez o proponente mais conhecido desta série de visões na qual a meditação, a filosofia aplicada e o humanismo são a espinha dorsal do praticante, ao invés de ideias de mérito, reencarnação e iluminação (Batchelor, 1997). Essa é uma assim chamada tradição budista ateia ou humanista. Porém ele sofreu fortes críticas por parte de Robert Thurman, conhecido erudito do budismo tibetano, que insiste numa crença literal na reencarnação para ser verdadeiramente um budista[23].

Assim, entre as práticas de meditação tradicional, bem como entre as técnicas modernas, muitas vezes podem-se ver batalhas sectárias no pano de fundo, pois muitas dessas citações se referem às suas próprias versões como sendo a *meditação real* ou a *meditação verdadeira*. Esses rótulos só podem se referir a uma luta sectária (por fatias de mercado, como todos os antropólogos interpretam), que também pode ser aplicada a variações da técnica psicológica na ausência de pesquisas bem validadas.

Pode não haver nenhuma perspectiva de se fazer uma reivindicação arrebatadora sobre a meditação, portanto, ao invés disso, prosseguiremos com a compreensão de que não há uma atividade ou estado mental singular chamado de meditação, mas sim que há meditações enraizadas em contextos frequentemente ritualizados que devem ser considerados em nossa investigação hermenêutica em quatro partes.

---

23. https://tricycle.org/magazine/reincarnation-debate/

Podemos nos perguntar se pode haver uma verdadeira fenomenologia da meditação e também como as várias práticas são avaliadas pelas lentes da neurociência. Ainda assim, um nível da meditação tem a ver com práticas corporais e frequentemente respiratórias simples que, em si mesmas, estão disponíveis para todo mundo e que tipicamente fornecem um senso de relaxamento, um foco para a mente e uma diminuição dos batimentos cardíacos e dos ritmos respiratórios.

O que uma perspectiva junguiana pode oferecer?

No próximo nível, de uma perspectiva da psicologia profunda, podemos indagar sobre a consciência da própria consciência. Ou seja, a maioria das pessoas não está consciente de que está consciente, ou se está, está consciente de um modo superficial; raramente as pessoas estão conscientes de *como estão conscientes*. Essa atenção ao processo dos estados mentais não é em geral exercitada na vida cotidiana. Ao invés disso, a adaptação a normas sociais da mente dá origem à maioria das chamadas psicologias e teorias do eu populares.

Assim, uma visão mais primordial da meditação poderia ser o primeiro anúncio de uma consciência em si. Essa ideia combina com a consideração pelo neurocientista V.S. Ramachandran sobre a natureza do eu. Num gesto confessadamente especulativo, sugere que um modo econômico (na acepção evolucionária) de ter um funcionamento mental complexo seria ter uma percepção que generalizasse as outras altamente complexas atividades motoras e percepções mínimas para que se tenha algum tipo de retrato maior. Isso certamente se relaciona com a ideia antropológica de que os humanos têm um sistema muito avançado de realidade virtual – também chamado de imaginação – disponível para testar cenários mundanos.

Este aspecto virtual da mente humana é o que explica a rede incrivelmente complexa de relações humanas, inclusive a linguagem e a compreensão simbólica, que também substitui a realidade como um conceito. Essa camada da imaginação é chamada, no nível coletivo, de cultura. Os analistas a conhecerão em sua forma mais abstrata: a psique. O nível abstrato de funcionamento permanece o mesmo em todo o globo, enquanto que as referências particulares se baseiam na experiência cultural específica. Claro, ter um cenário virtual que possa ser mudado sem recurso à realidade física é também o que possibilita os problemas de muitas enfermidades mentais - os humanos podem inventar cenários que ajudam a testar ações no mundo ou outros cenários que implicam ruína e destruição com igual facilidade e que têm igual coerência interna.

A linguagem da psique tanto no estudo cognitivo quanto na psicologia profunda nos dá um conjunto útil de ferramentas com as quais investigar estados meditativos. Elas são úteis na medida em que são falsificáveis (em sua maioria), são comuns ao Ocidente e têm ligações com as tradições filosóficas que embasam nosso modo de pensar, e são, em sua maioria, não metafísicas. Digo em sua maioria a partir do ponto de vista de que todas as posturas ligadas a visões de mundo são imaginais e de coautoria coletiva em algum nível. Contudo, tento acatar a máxima de Jung de que

> Como o desenvolvimento da consciência exige que se retirem todas as projeções que podem ser alcançadas, assim também é impossível continuar mantendo qualquer doutrina não psicológica sobre os deuses [ou afirmações metafísicas]. Se o processo histórico da "des-animação" do mundo continuar como até aqui, então tudo quanto se acha fora, quer seja de caráter divino ou demoníaco, deve retornar à alma, ao interior do homem desconhecido, de onde aparentemente saiu (Jung, 1970b, § 141).

Jung claramente sente que os métodos indianos vão nessa direção:

> A concepção indiana ensina a libertação em relação aos opostos, que devem ser compreendidos como todo tipo de estado afetivo e liame emocional com o objeto. A libertação se segue à retirada da libido de todos os conteúdos, resultando num estado de completa introversão (Jung, 1971, § 189).

Jung continua sua avaliação em termos psicológicos:

> A ioga é um método pelo qual a libido é sistematicamente "introvertida" e libertada das amarras dos opostos. O objetivo do tapas e da ioga é estabelecer uma condição intermediária a partir da qual o elemento criativo e redentor emerge (Jung, 1971, § 190).

Isso em contraste com o mito cristão, que é extrovertido e exige um objeto: "A ioga introverte as relações com o objeto". Contudo isso leva a um problema, em sua mente:

> É-se inclinado a pensar que a consciência egoica é capaz de assimilar o inconsciente, pelo menos se espera que tal solução seja possível. Mas infelizmente o inconsciente realmente é inconsciente; em outras palavras, é desconhecido. E como você consegue assimilar algo desconhecido? (Jung, 1969b, § 529).

E ao final, as afirmações quanto a

> uma "consciência universal" são uma contradição em termos, já que a exclusão, a seleção e a discriminação são a raiz e essência de tudo o que reivindica o nome "consciência". "Consciência universal" é algo logicamente idêntico a inconsciência (Jung, 1969b, § 529).

"Por essa razão devemos procurar uma solução diferente. Cremos na consciência egoica e no que chamamos de realidade" (Jung, 1969b, § 529).

Um dos grandes problemas da Psicologia Analítica (e a questão da autoridade) é o pressuposto profundo de que não só (como a teoria tibetana) o mestre ou *guru* verdadeiro está dentro, ele aparece como *a perturbação da consciência egoica que atribuímos ao inconsciente*. Essa é a linha divisória. Ou alguma pessoa ou tradição tem uma autoridade última ou os aspectos não egoicos de nós mesmos contém, em forma simbólica, a informação necessária para nossa individuação. É verdade que, em teoria, imagens de deus se misturam com experiências do si-mesmo, e que no fundo o si-mesmo é uma entidade coletiva. Contudo, na prática, faz toda diferença se olhamos para dentro ou aceitamos algum tipo de resposta de massa.

Em termos de um relacionamento com a psique total, Jung escreve que

> Isso significa, ao mesmo tempo, um conflito aberto e uma colaboração aberta. O que é, evidentemente, a maneira como a vida humana deveria ser. É o velho jogo do martelo e da bigorna: entre eles o paciente ferro é forjado como um todo indestrutível, um "indivíduo" (Jung, 1969b, § 522).

No mínimo é importante simbolizar a arena metafísica de modo que se possa assumir uma visão prospectiva de fantasias cósmicas em competição – inclusive a psicológica! Desta perspectiva, o próximo nível da meditação poderia ser pensado como uma percepção da consciência em si. Jung usa o termo psique de muitos modos, mas aqui ela se relaciona com as categorias do entendimento que Kant desenvolveu a partir das dez categorias ou predicados ontológicos de Aristóteles. Jung as chama de categorias da imaginação, elas se relacionam com seu conceito dos arquétipos como órgãos da psique. Elas incluem conceitos como tempo, espaço e causalidade, que desta perspectiva são como que aberturas da mente ao invés de aspectos de uma realidade putativa.

Ou seja, tudo o que poderíamos experienciar é a psique. Ou poderíamos dizer que a experiência é o que surge no campo psíquico. Essa perspectiva é plenamente respaldada pelo que agora é a pesquisa muito sólida e fundamental sobre a cognição, que mostra que nossa ideia do mundo é construída por nossos cérebros a partir de dados sensoriais muito fragmentários. A evolução exigiu um sistema funcional que pudesse ajudar nosso organismo a florescer, não uma interpretação precisa do mundo em termos físicos. Essa pesquisa indica, entre outras coisas, que não percebemos diretamente nossos sentidos, nem que eles são discretos. Avanços tecnológicos permitiram que pessoas cegas, por exemplo, "vejam" com a língua (Twilley, 2017) se certos receptores forem ligados a partir de um material fotossensível aos nervos da língua, mostrando que qualquer sinal neural pode ser processado pelo córtex visual e transformado numa imagem. Além disso, o "retrato" holográfico que fazemos do mundo tem apenas uma relação tangencial e relativa com o mundo que nossos sensores mecânicos encontram. A utilidade da paisagem humana é justamente essa: é útil para a sobrevivência e adaptação.

Deste ponto de vista (que é uma condensação do entendimento neokantiano de Jung), não há nada independente da construção mental (ou psique) à qual temos acesso direto. Outras formas de realidade devem e precisam ser inferidas a partir de seus efeitos – e esse trabalho inferencial às vezes leva à adaptação. Desenhamos aqui uma linha tênue, mas importante, ao dizermos que a experiência direta é limitada e também que parece haver outros aspectos ou níveis de realidade disponíveis, uma vez que nossas psiques inconscientes têm a tendência de irromper de modos perturbadores quando uma mudança adaptativa na atitude ou na percepção é necessária. Claro, é impossível dizer se esse outro nível é ôntico ou se é socialmente construído, portanto, à boa maneira budista e junguiana, a questão é irrelevante à questão do sofrimento, a não ser na medida em que é tratado um padrão da mente.

Uma visão junguiana sobre a natureza da meditação

A questão dos padrões da mente suscita a possibilidade de que a meditação possa ter uma propensividade e estrutura arquetípicas, ou seja, coletivas. Nesse caso, seria possível dizer-se algumas coisas sobre ela com aplicação num sentido geral. Gostaria de começar sugerindo que a meditação – e, a esse respeito, a psicologia profunda – começa com a suspeita ou *insight* de que a mentalidade de um indivíduo pode ser algo diverso de uma contemplação transparente da realidade comum.

O pensamento humano sobre a mentalidade tem um sabor perturbadoramente solipsista, como Jung incansavelmente apontou. Uma vez que esse tipo de pensamento é semelhante a uma exploração de estados psíquicos, temos de nos questionar sobre o que estamos experienciando – ou seja, qual é a natureza dessa realidade semelhante a um rizoma?[24] Tal realidade, em termos psicológicos, é nossa concordância inconsciente comum sobre a função da linguagem e sua relação com valores coletivos, a ideia de motivo e responsabilidade individuais e a nossa natureza totalmente enraizada em nosso contexto social. Isso, resumidamente, é chamado de o âmbito da projeção. Portanto, a meditação pode ser pensada no próximo nível como uma consideração cuidadosa da projeção e a evidência que permite ou força nossas mudanças adaptativas. Talvez o tratamento mais extenso da projeção como um aspecto normal, inevitável, inconsciente e até mesmo útil do funcionamento mental é encontrado em *Projection and Re-collection* [o título inglês é mais extenso, *Projection and Re-collection in Jungian Psychology: Reflections of the Soul*, algo

24. Há aqui uma oportunidade de comparar a metáfora de Jung do rizoma com a pesquisa sobre os neurônios-espelho e até com a ideia budista da realidade coemergente.

como "Projeção e Recordação na Psicologia Junguiana: Reflexões da Alma"; o hífen em 'Re-collection' estabelece um jogo de palavras que aproxima as noções do relembrar propriamente dito e do 're-colher', apanhar algo que está fora e trazer ou devolver para dentro, ou seja, em termos psicológicos, desprojetar (N.T.)], de M.L. von Franz. Ela estende a explicação de Jung de que, uma vez que só podemos nos tornar cientes da dinâmica inconsciente através da projeção, ela é em si mesma, por um lado, o tecido da realidade quando todo mundo está de acordo acerca de uma projeção coletiva, e também, por outro lado, os meios com os quais um indivíduo reafirma a personalidade subjetiva chegando a ver as projeções inadequadas como material psíquico.

Em certo sentido, pois, o projeto psicológico é o de compreender e assimilar a projeção quando o tecido do mundo projetado (ou seja, o mundo que comumente experienciamos) está em choque com a função adaptativa da psique:

> Baseia-se a projeção na identidade (v.) arcaica entre sujeito e o objeto, mas só se pode propriamente chamá-la de projeção quando já surgiu a necessidade de dissolver a identidade entre sujeito e objeto. Esta necessidade surge quando a identidade se torna um fator perturbador, ou seja, quando a ausência do conteúdo projetado é um empecilho à adaptação e a sua retirada ao sujeito se tornou desejável (Jung, 1971, § 789).

Muitos aspectos da meditação podem ser compreendidos como tornar-se ciente, ou trabalhar dentro, ou através, dos vários níveis de projeção/realidade. Conforme mencionado, a expansão da percepção (através ou como meditação) pode ser descrita como a retirada de projeções. Jung menciona que, se fôssemos capazes de afastar todas as projeções, teríamos uma lucidez divina. Isso está muito em acordo com a descrição das pessoas iluminadas em muitas tradições. Se dermos uma olhada nisso através dos cinco estágios de Von Franz (acrescento dois no final que ela descreve, mas não coloca em sua série), obtemos uma descrição do fluxo constante dos sentidos e da experiência desde uma total identificação com a realidade exterior até uma percepção dela como um substrato psíquico e, finalmente, chegando à criação de significado.

Von Franz usa um exemplo infeliz, muito afastado de nossa sensibilidade moderna ou ocidental. Usa o exemplo de um africano que escuta uma árvore falar. Essa é a camada da identidade completa (inicial) de sujeito e objeto. É também o estado normal da realidade dormente e banal. Para os ocidentais, seria mais como a correção óbvia de uma posição política ou a verdade óbvia do que "pegamos dos nossos pais". O nível seguinte separa a voz da árvore ou a plataforma da pessoa. O nível seguinte avalia a voz ou mensagem em seu mérito próprio, à parte da autoridade extra (ou falta dela) conferida pelo objeto com o qual ela está associada.

No quarto estágio, a voz ou mensagem é vista como interna, pelo menos na medida em que geramos sua importância. Geralmente é então destituída de importância, e uma depressão se instala. Até aqui rastreamos o processo de análise que é comum à Psicologia Analítica e à teoria psicodinâmica. Contudo, o nível cinco é compreender que a voz/mensagem é gerada psiquicamente, e, portanto, simbolicamente verdadeira e importante. O nível seis é aquele em que a mensagem é compreendida. O nível sete tem a ver com a ação conforme a compreensão, que também elimina então o retorno do recalcado.

Toda experiência pode ser descrita como residindo em uma dessas camadas de projeção e retirada. A taxa de retirada e a necessidade da retirada têm a ver com o gradiente psíquico e com a falta de adaptação de uma pessoa a uma dada situação. Uma vez que, como Jung observou, a realidade pode ser definida como um *consensus gentium*, não há nenhuma realidade à parte do relacionamento com o coletivo, e assim a individuação é um constante movimento sistólico e diastólico do material psíquico do nível psicoide no qual está inserida no coletivo até o nível plenamente assimilado em que é idêntica à personalidade individual.

Dentro desta descrição, é importante lembrar que a projeção passiva é o próprio mundo com uma matriz inconsciente (e também enfermidade mental) coemergente, enquanto que a projeção ativa é a base da empatia e do julgamento:

> A forma ativa da projeção é, porém, também um ato de julgamento cujo objetivo é separar o sujeito do objeto (Jung, 1971, § 789).

A parte da empatia é importante para perceber a complexa relação entre percepção e compaixão e também para lançar alguma luz na falácia ou, pelo menos, na complexidade do papel do tão denegrido ego. No nível de (nossa fantasia de) uma totalidade não diferenciada, também não há gestos, éticas, rituais ou artefatos humanos de qualquer tipo, incluindo-se a empatia ou compaixão.

Ritual e símbolo emergem da percepção pela psique da natureza, e não são *meramente metáforas*, como nos lembra a obra de Lakoff e Johnson (e muitos outros) – são, isso sim, figuras de linguagem inseridas no mundo em si, mas através da intervenção da psique. E como Ricoeur assinala em *O Conflito das Interpretações*, como uma bela extensão de *Verdade e Método*, de Gadamer, a *distanciação* da clivagem sujeito-objeto é justamente o que fornece a possibilidade de comunicação, ao invés de ser um empecilho.

> Todos os processos mitologizados da natureza, tais como verão e inverno, as fases da lua, as estações chuvosas e assim por diante não são, de modo algum, alegorias destas ocorrências objetivas; são antes as expressões simbólicas do drama interior e inconsciente da psique que se torna acessível à consciência do homem, por meio da projeção – ou seja, espelhadas nos eventos da natureza (Jung, 1969b, § 7).

Sabemos hoje que muito da evolução humana lidou com a adaptação à mais poderosa força seletiva na Terra – a mente humana. Se recuarmos, em nossas imaginações, à primeira vez que algo foi simbolizado, à primeira cintilação de cultura como uma ferramenta adaptativa literalmente transformadora do mundo, este é o momento em que

> Ao invés de estar à mercê de bestas selvagens, terremotos, desmoronamentos e inundações, o homem moderno é golpeado pelas forças elementares de sua própria psique. Este é o Poder Mundial que excede amplamente todos os outros poderes na terra (Jung, 1970b, p. 471).

O problema é que mudanças intencionais na percepção são guiadas por uma mente consciente individual (deixando de lado, por ora, a questão de se é possível se falar numa mente consciente singular), ou por uma pessoa de autoridade – que age independentemente ou em nome de uma tradição. Isso significa que quase todos os tipos de meditação são versões de controle – o que não significa que eles não possam ser úteis (para usar essa palavra de modo impreciso).

Isso quer dizer que a meditação é um artefato cultural que tem as mesmas propriedades de uma ferramenta. Como a imagem de uma ferramenta em um sonho, ela impulsiona e estende uma função do ego até uma área de experiência que de outro modo não estaria disponível. Isso nos traz de volta à questão da intenção consciente ou inconsciente do uso da ferramenta.

O problema do inconsciente persiste e é uma das maiores diferenças entre tradições que priorizam a meditação como um tipo de disciplina mental (*versus* afirmações metafísicas), por um lado, e, por outro, tradições em que a meditação abre um canal para algum "outro" – uma imagem de deus de algum tipo. O problema do inconsciente mostra-se de duas maneiras. A primeira é que todos os mestres da meditação são ainda indivíduos falíveis ao invés de exemplos de perfeição numa tradição. Isso é falar superficialmente sobre as sombras profundas da autoridade que constatei em virtualmente toda comunidade que encontrei que fosse baseada numa hierarquia. O outro problema é que se a psique é de algum modo independente do indivíduo, e se o centro da psique é autorregulador e, por falta de um termo melhor, uma sabedoria de alguma espécie para o indivíduo, então controlá-la ou controlar os símbolos que surgem dela é uma falácia ou, pelo menos, um empecilho a um maior crescimento psicológico.

Isso pode acontecer em vários níveis. Um é como no caso do Irmão Klaus, discutido por Jung no volume 11. Trata-se da relação entre símbolos naturais e tradicionais. Símbolos tradicionais são as versões orientadas culturalmente e pela lógica do poder com relação aos símbolos que surgem naturalmente, e que funcionam para as pessoas de mentalidade coletivista mas atravancam o criativo. Quase todos os novos pensadores religiosos sofreram problemas com as autoridades tradicionais por causa disso.

O próximo nível foi bem discutido, não incluindo os problemas do inconsciente, em livros como *Spiritual Bypassing* (Masters), que mostram como qualquer técnica espiritual (e isso é evidentemente aplicável a qualquer técnica psicológica) pode ser usada para atravancar o crescimento de algum modo. Ou seja, um instrumento pode ser usado para o bem ou para o mal, assim como o problema de que o instrumento pode se tornar o senhor se nos identificamos com ele.

Isso leva ao problema da consciência egoica como a única realidade:

> Com esta descoberta (do inconsciente), a posição do ego, até então absoluta, se torna relativizada; ou seja, embora retenha sua qualidade de centro do campo da consciência, é questionável se ele é o centro da personalidade... Como eu disse, é simplesmente impossível estimar o quão grande ou quão pequena é sua fatia; o quão livre ou o quão dependente é das qualidades desta psique "extraconsciente". Só podemos dizer que sua liberdade é limitada e que sua dependência é comprovada de modos que são frequentemente decisivos (Jung, 1969b, § 9-11).

Como Jung escreveu na introdução do *Livro dos Mortos* tibetano:

> É altamente sensato da parte do *Bardo Thödol* deixar claro ao morto a primazia da psique, pois isso é algo que a vida não deixa claro para nós (Jung, 1970a [OC 11/5, § 841]).

De um ponto de vista junguiano, a meditação é atenção à psique, Isso pode tomar a forma de resistir a demandas instintuais (o nível do controle, descrito como o campo da psique em *Aion*); jogar com as imagens emergentes (de modo semelhante às meditações guiadas mas sem o guia); reter uma emoção até que ela se transforme numa imagem, movendo-se segundo uma imagem cinestésica, notando-se o que surge (semelhante a meditações de atenção estável); permitindo uma impregnação psíquica (como a ioga tibetana dos sonhos); percepção flutuante com a atenção dividida entre os processos da própria pessoa, de outrem e do campo, e sintonia com o que nos muda (o aspecto numinoso ou devocional). Esta última modalidade é semelhante ao que se segue:

> Poderíamos dizer... que o termo "religião" designa a atitude peculiar de uma consciência transformada pela experiência do numinoso (Jung, 1970b, § 9).

Podemos então ver que meditação *e* Psicologia Analítica referem-se à conexão do cotidiano e pequeno ao eterno e cósmico, da pessoa ao sentido, do mortal à imagem de deus, e de uma pessoa à outra, ou seja, ao fortalecimento de relações. Porém, do lado da psique podemos discernir quatro níveis de prática meditacional. O primeiro é uma introjeção das formas culturais e religiosas que se manifestam como um mapa particular da psique ou da técnica de meditação. O segundo, relacionado com o aspecto focalizador da meditação, é a habilidade de ficar com uma imagem natural (ou seja, uma que não seja imediatamente derivada da ortodoxia), tanto em sua dinâmica quanto em seu conteúdo. O terceiro, relacionado com o aspecto de uma abertura de consciência, é se tornar consciente do campo da psique em geral e do mecanismo da projeção. Também se inclui aqui o aspecto prospectivo de conteúdos que surgem no campo e o modo como eles são reafirmados enquanto um valor psíquico. Finalmente, é a capacidade de sustentar todos aqueles campos para si e para outrem e identificar os canais mais profundos da libido transformativa para o outro, como acontece no verdadeiro relacionamento com um guru e na boa análise.

Referências

Atmanspacher, H., & Fuchs, C. (orgs.). (2014). *The Pauli-Jung conjecture and its impact today*. Exeter, Reino Unido: Imprint Academic.

Batchelor, S. (1997). *Buddhism without beliefs*. Nova York: Riverhead Books.

Batchelor, S. (2010). *Confession of a Buddhist atheist*. Nova York: Random House.

Boyer, P. (2002). *Religion explained: The evolutionary origins of religious thought*. Nova York: Basic Books.

Caspi, O., & Burleson, K.O. (2005). Methodological challenges in meditation research. *Advances in mind-body medicine, 21*(1), 4-11.

Das, S. (2007). The heart-essence of Buddhist meditation. *Tricycle*. https:// tricycle.org/ magazine/heart-essence-buddhist-meditation/

Freud, S. (1924). *Collected papers II*. The International Psycho-Analytical Library. Londres: Hogarth Press.

Gadamer, H.-G. (2004). *Truth and method* (2ª ed. rev., J. Weinsheimer e D.G. Marshall, trads.). Nova York: Crossroad Publishing.

Hassin, R.R., Uleman, J.S., & Bargh, J.A. (orgs.). (2006). *The new unconscious.* Oxford: Oxford University Press. Introdução e p. 2.

Jung, C.G. (1933). *Modern man in search of a soul* (C.F. Baynes com W. Stanley Dell, trads.). Londres: Kegan Paul, Trench, Trubner and Company, p. 227.

Jung, C.G. (1961). *Memories dreams reflection* (A. Jaffé, org.). Nova York: Pantheon Books.

Jung, C.G. (1969a). *Archetypes and the collective unconscious, collected works vol. 9i.* Princeton: Princeton University Press [*Os Arquétipos e o Inconsciente Coletivo*, OC 9/1].

Jung, C.G. (1969b). *Aion: Researches into the phenomenology of the self, collected works vol 9ii.* Princeton: Princeton University Press [*Aion*, OC 9/2].

Jung, C.G. (1970a). Psychological commentary on 'The Tibetan book of the great liberation' (1939/1954). In R.F.C. Hull (trads.), *The collected works of C.G Jung, volume 11: Psychology and religion: West and east* (pp. 475-508). Princeton: Princeton University Press ["Comentário psicológico sobre o Livro Tibetano da Grande Libertação", in: OC 11/5].

Jung, C.G. (1970b). *Psychology and religion, collected works, volume 11.* Princeton: Princeton University Press [*Psicologia e Religião*, OC 11/1].

Jung, C.G. (1970c). *Civilization in transition, collected works, volume 10.* Princeton: Princeton University Press [*Civilização em Transição*, OC 10/3].

Jung, C.G. (1971). *Psychological types, collected works, v. 6.* Princeton: Princeton University Press [*Tipos Psicológicos*, OC 6].

Jung, C.G. (1977). *The symbolic life: Miscellaneous writings, volume 18* (G. Adler e R.F. Hull, trads.). Princeton: Princeton University Press [*A Vida Simbólica*, OC 18/1 e 18/2].

Kabat-Zinn, J. (1996). Mindfulness meditation: What it is, what it isn't, and its role in health care and medicine. In Y. Haruki, Y. Ishii, & M. Suzuki, (orgs.), *Comparative and psychological study on meditation.* Eburon, Netherlands.

Kabat-Zinn, J. (2013). *Full catastrophe living: Using the wisdom of your body and mind to face stress, pain, and illness.* Nova York: Bantam Dell.

Langer, E. (1997). *The power of mindful learning.* Boston: Lifelong Books, Da Capo Press.

Lopez, Jr., D. (2012). *The scientific Buddha: His short and happy life.* New Haven: Yale University Press.

Ludwig, D.S., & Kabat-Zinn, J. (setembro de 2008). Mindfulness in medicine. *JAMA, 300(11)*, 1350-1352.

Master Robert, A. (2010). *Spiritual bypassing: When spirituality disconnects us from what really matters*. Berkeley: North Atlantic Books.

Patanjali. (2003). *The yoga sutras*. Boulder: Shambhala Publications.

Ricoeur, P. (1974). *The conflict of interpretations: Essays in hermeneutics* (D. Ihde, org. e W. Domingo et al., trads.). Evanston: Northwestern University Press, 1969, p. 121-122

Scharf, R. (1995). Buddhist modernism and the rhetoric of meditative experience. *Numen*, *42*(3), 228-283. Republicado em *Buddhism: Critical concepts in Buddhist studies*, organizado por P. Williams. Londres: Routledge, 2005, volume 2, pp. 255-298.

Twilley, N. Seeing with Your Tongue, (2017). *New Yorker*, maio.

Wilber, K. (2000). *Integral psychology: Consciousness, spirit, psychology, therapy*. Boulder: Shambhala Publications.

Zizek, S. (2014). *Absolute recall: Towards a new foundation of dialectical materialism*. Londres: Verso Books.

Parte V
Uma abordagem da psique em termos de sistemas complexos

8
Pesquisa sobre sincronicidade: *status* e perspectivas

Roderick Main

Introdução

Numa carta a Philip Wylie (não datada, mas provavelmente de 1949), C.G. Jung se referiu à sincronicidade como uma das melhores ideias que já tinha tido (citado em Bair, 2004, p. 551). Alhures, indicou sua relevância não só para a psicoterapia (Main, 2007c), mas também para a crítica da ciência, da religião e da sociedade modernas (Main, 2004, pp. 117-143). Mas Jung só escreveu extensamente sobre a sincronicidade tarde na vida (Jung, 1950, 1951, 1952), e nunca integrou clara ou completamente o conceito em sua teoria psicológica. Desde a morte de Jung, tem havido muitas e variadas tentativas de elucidar, aplicar e avaliar a sincronicidade, dentro e para além da Psicologia Analítica, e elas cresceram recentemente até o ponto de uma orientação sobre o tema se tornar uma necessidade premente. Este capítulo, por isso, oferece um panorama da pesquisa existente sobre o conceito de sincronicidade[1], a partir do que algumas direções promissoras para pesquisas futuras são então destacadas sob vários aspectos: conceitual, empírico, his-

1. Para levantamentos anteriores de trabalhos sobre a sincronicidade, cada qual direcionado aos seus propósitos imediatos, cf. Main (2004, 2007a, 2007c, 2011). Partes do presente capítulo são uma atualização do material daqueles trabalhos iniciais.

tórico, teórico, clínico e cultural. Como um exemplo de envolvimento acadêmico consistente com este tema, e para fornecer mais detalhes sobre problemas metodológicos, incluo um delineamento da minha própria pesquisa sobre a sincronicidade nos últimos vinte e cinco anos.

As definições e a moldura teórica da sincronicidade em Jung

Antes de passar à revisão do trabalho subsequente sobre a sincronicidade, pode ser útil mostrar como o próprio Jung definiu e ilustrou o conceito. Jung definiu o conceito de sincronicidade de vários modos. Concisamente, a definiu como "coincidência significativa" (1952, § 827), como "paralelismo acausal" (1963, p. 407), como "um princípio de conexão acausal" (1952), e uma vez, mais poeticamente, como "a 'ruptura do tempo'" (McGuire & Hull, 1978, p. 230). Mais completamente, a definiu como "a ocorrência simultânea de um certo estado psíquico com um ou mais eventos externos que aparecem como paralelos significativos para o estado subjetivo momentâneo" (1952, § 850). Um exemplo de Jung, apresentado como paradigmático (1951, § 983), transmitirá o que ele quis dizer com essas definições bem como, concisamente, como via o conceito de sincronicidade se encaixar em seu modelo psicológico mais amplo. O exemplo se referia a uma jovem paciente cujo excessivo intelectualismo a tornava "psicologicamente inacessível", fechada a uma "compreensão mais humana" (1951, § 972). Incapaz de fazer progressos na análise dela, Jung relatou que tinha de se limitar à "esperança de que algo inesperado acontecesse, algo que despedaçasse a retorta intelectual em que ela tinha se lacrado" (1951, § 972). Continuou:

> Bem, certo dia eu estava sentado diante dela, de costas para a janela, ouvindo sua torrente de retórica. Ela havia tido, na noite anterior, um sonho impressionante, no qual alguém lhe tinha dado um escaravelho de ouro – uma joia preciosa. Enquanto ela me contava o sonho, eu ouvi alguma coisa batendo suavemente na janela, por trás de mim. Voltei-me e vi que se tratava de um inseto alado razoavelmente grande, que estava batendo na vidraça num esforço evidente de entrar no aposento escuro. Isso me pareceu muito estranho. Abri a janela imediatamente e peguei o inseto já em pleno voo, no ar. Era um *escarabeídeo*, da

> espécie *Cetonia aurata*, o besouro-rosa comum, cuja cor verde-dourada o torna muito semelhante a um escaravelho de ouro. Estendi o besouro à minha paciente, dizendo-lhe: "Está aqui o seu escaravelho". Essa experiência abriu a desejada brecha no racionalismo dela e quebrou o gelo de sua resistência intelectual. O tratamento pôde então continuar com resultados satisfatórios (Jung, 1951, § 972).

Neste exemplo, o *estado psíquico* foi indicado pela decisão da paciente de contar a Jung seu sonho em que ganhava um escaravelho. O *evento externo paralelo* foi a aparição e comportamento do escaravelho real. O relatar do sonho e a aparição do escaravelho real foram *simultâneos*. Nenhum desses eventos causou o outro, de modo discernível ou plausível, por qualquer meio normal, portanto a relação entre eles foi acausal. Contudo, os eventos transcorreram em paralelo num detalhe tão improvável que não se pode fugir à impressão de que eles estavam de fato *conectados*, embora acausalmente. Além disso, esta conexão acausal de eventos foi simbolicamente informativa e teve um impacto profundamente emotivo e transformador sobre a paciente, e nesse sentido foi *significativo*.

Jung tentou dar conta dos eventos sincronísticos primariamente em termos de seu conceito de *arquétipos*. Para este propósito, sublinhou a natureza dos arquétipos como "fatores formais responsáveis pela organização de processos psíquicos inconscientes: são os '*patterns of behavior*' (padrões de comportamento). Ao mesmo tempo, os arquétipos têm uma 'carga específica' e desenvolvem efeitos numinosos que se expressam como *afetos*" (1952, § 841). Eles "constituem a estrutura" não do inconsciente pessoal, mas do "*inconsciente coletivo*, [...] uma psique que é idêntica em todos os indivíduos" (1952, § 840; itálico acrescentado). Jung caracterizou ainda os arquétipos como *psicoides*, por serem irrepresentáveis (1952, § 840) e capazes de se manifestarem em processos físicos externos bem como em processos psíquicos internos (1952, § 964). Também relevante para Jung era que os arquétipos se expressavam tipicamente na forma de *imagens simbólicas* (1952, § 845). Considerava que os eventos sincronísticos tendiam a ocorrer em situações em que um arquétipo estava ativo ou "constelado" (1952, § 847). Tal constelação de arquétipos na vida de uma pessoa era governada, segundo Jung, pelo processo de *individuação* – o impulso inerente da psique rumo a uma cada vez maior completude e autorrealização. A individuação, por sua vez, evoluía através da dinâmica da *compensação*, pela qual qualquer unilateralidade na atitude consciente de uma pessoa era equilibrada pelos conteúdos emergentes do inconsciente, que, se integrados de modo exitoso, contribuíam a um estado de maior completude psíquica.

Relacionando essas estruturas e dinâmicas psicológicas ao exemplo dado, podemos notar a sugestão de Jung de que tal exemplo tinha "um fundamento arquetípico" (1952, § 845) e, mais especificamente, que o arquétipo do renascimento é que foi constelado. Jung escreveu que "Qualquer mudança essencial de atitude significa uma renovação psíquica que é geralmente acompanhada por símbolos de renascimento nos sonhos e fantasias do paciente. O escaravelho é um exemplo clássico de um símbolo de renascimento" (1952, § 845). A carga emocional ou numinosidade do evento arquetípico era evidente por ter "quebrado o gelo de sua [da paciente] resistência intelectual". A natureza compensatória da experiência também era clara: o racionalismo unilateral e a estagnação psicológica da paciente foram equilibrados por um evento que tanto em seu simbolismo como em sua ação expressou o poder do irracional e a possibilidade da renovação. Finalmente, que tudo isso promoveu a individuação da paciente é algo implícito na afirmação de Jung de que "o tratamento pôde então continuar com resultados satisfatórios".

Os traços dos eventos sincronísticos que as definições e discussões de Jung mais enfatizaram foram a simultaneidade de seus eventos componentes, sua acausalidade, sua improbabilidade e seu significado. Admitiu abertamente que o primeiro desses traços, a simultaneidade, não era simples. Pois houve outros eventos que quis designar como sincronísticos e nos quais o elemento da simultaneidade não era tão patente, eventos que naquele momento não se podia saber que eram simultâneos (p. ex., em visões supostamente clarividentes) ou que, aparentemente, não eram de modo algum simultâneos (como, p. ex., em sonhos supostamente precognitivos). Para explicar esses outros tipos de coincidências, Jung apresentou, em sua conferência Eranos de 1951 "Sobre a Sincronicidade", a seguinte definição tripartida:

Todos os fenômenos a que me referi podem ser agrupados em três categorias:

> 1) Coincidência de um estado psíquico do observador com um evento externo e objetivo simultâneo que corresponde ao estado ou conteúdo psíquico (p. ex., o escaravelho), onde não há nenhuma evidência de uma conexão causal entre o estado psíquico e o evento externo e onde, considerando-se a relatividade psíquica de espaço e tempo, tal conexão não é sequer concebível.
> 2) Coincidência de um estado psíquico com um evento externo correspondente (mais ou menos simultâneo) que tem lugar fora do campo de percepção do observador, ou seja, a distância, e só se poder verificar posteriormente [...].
> 3) Coincidência de um estado psíquico com um evento correspondente futuro, ainda não existente e que também só pode ser verificado posteriormente.
> Nos grupos 2 e 3 os eventos coincidentes ainda não estão presentes no campo de percepção do observador, mas foram antecipados no tempo, na medida em que só podem ser verificados posteriormente. Por este motivo, chamo tais eventos de *sincronísticos*, o que não deve ser confundido com *sincrônicos* (1951, § 974-975).

Panorama de algumas das principais abordagens da pesquisa da sincronicidade

Em seu principal ensaio sobre o tema, "Sincronicidade: um princípio de conexões acausais" (1952), Jung adota uma abordagem ampla e multidisciplinar para entender as experiências sincronísticas. As disciplinas e perspectivas das quais se vale incluem ciências do *mainstream* como física e biologia; ciências mais novas ou aspirantes, tais como a pesquisa psíquica e parapsicológica; filosofia e história intelectual; análise e psicoterapia; e o estudo da religião e espiritualidade, incluindo-se a adivinhação e as tradições esotéricas (Main, 2004, pp. 65-90). Obras subsequentes sobre a sincronicidade também tenderam a se envolver com várias disciplinas e perspectivas, mesmo quando se concentrassem em uma ou numa relação seleta entre elas.

Jung publicou seu principal ensaio sobre a sincronicidade em um volume assinado em conjunto com o físico ganhador do Prêmio Nobel Wolfgang Pauli, autor ali de outro ensaio (Jung & Pauli, 1952), e esta aliança se reflete na moldura predominantemente científica do ensaio de Jung (Main, 2004, pp. 104-105). Não é de surpreender que muitos trabalhos posteriores tenham refletido sobre o *status* da sincronicidade em relação com a ciência. Entre as contribuições mais substantivas com um foco predominantemente científico estão publicações realizadas por Marie-Louise von Franz (1974, 1992), David Peat (1987), Victor Mansfield (1995, 2002), Suzanne Gieser (2005), Lance Storm (2008), Joseph Cambray (2009), George Hogenson (2005, 2009, 2014), John Haule (2011) e Harald Atmanspacher (2012). A disciplina científica mais discutida é a física, embora Von Franz e Peat, em suas maneiras diversas, investiguem um leque de desenvolvimentos históricos e contemporâneos na ciência, Cambray explore a teoria da complexidade, e Haule leve em conta a biologia evolucionária, antes de passar para as teorias do campo na física. Todas essas obras, contudo, também conectam a sincronicidade com quadros de referência notoriamente não científicos, seja a psicoterapia, adivinhação, esoterismo, filosofia antiga ou moderna, mitologia, budismo, política ou xamanismo. Nenhuma delas trata a sincronicidade como sendo de interesse exclusivamente científico.

A obra de Jung sobre a sincronicidade também foi inspirada pela pesquisa psíquica e, especialmente, pelo trabalho de Joseph Banks Rhine, na nova disciplina da parapsicologia. Essas ciências mais novas ou aspirantes forneceram importantes focos dentro do trabalho de Mansfield (1995, 2002), do presente autor (1997b, 2012), de Storm (2008), e de Haule (2011). Mas, de novo, o foco nunca permanece exclusivo por muito tempo, com perspectivas religiosas, psicológicas, antropológicas e outras também sendo invocadas.

A apreensão própria por Jung da filosofia e da história intelectual, ao relacionar a sincronicidade com o restante de seu pensamento, foi de escopo impressionante, mas às vezes inconfiável, pois seu objetivo primordial era, em geral, amplificar seu próprio pensamento ao invés de compreender o pensamento de outrem em seus termos específicos. Tentativas posteriores de situar o conceito de Jung de sincronicidade filosoficamente ou em relação à história intelectual incluíram livros de alcance mais amplo de Ira Progoff (1973) e do presente autor (2004), e estudos mais focados. Paul Bishop (2000) considera a preocupação de Jung com o problema mente-corpo e a noção de intuição intelectual na filosofia do idealismo alemão. Vários outros autores, como David Lindorff (2004), Gieser (2005), Arthur Miller (2009) e Atmanspacher e Christopher Fuchs (2014) e seus colaboradores, examinam detalhadamente a influência de Pauli em, e a sua colaboração com Jung. Cambray (2009, 2014a, 2014b, 2014c) também rastreou a influência em Jung das perspectivas estéticas e holísticas de cientistas românticos alemães.

Um campo pelo qual Jung foi claramente influenciado, mas dentro do qual explorou surpreendentemente pouco a importância da sincronicidade foi a psicoterapia. Alguns livros subsequentes contêm discussões substanciais da sincronicidade em relação com a terapia, notavelmente os de Jean Shinoda Bolen (1979), Robert Aziz (1990, 2007) e Robert Hopcke (1997). Em sua maioria, porém, as discussões em profundidade da sincronicidade no contexto terapêutico apareceram em artigos de revistas acadêmicas. O presente autor (2007c) revisa tanto as limitadas discussões clínicas por Jung da sincronicidade quanto as discussões clínicas mais extensas por analistas posteriores, publicadas numa variedade de artigos entre 1957 e 2005. Desde 2005, artigos importantes sobre a significância clínica da sincronicidade continuaram a aparecer (Reiner, 2006; Hogenson, 2009; Colman, 2011; Carvalho, 2014; de Moura, 2014; Connelly, 2015; Atmanspacher & Fach, 2016).

No outro extremo do espectro da consideração da sincronicidade em relação com a ciência está sua consideração em relação à religião e à espiritualidade. O próprio Jung parece ter minimizado as fontes e significância religiosas da sincronicidade em seu principal ensaio (1952; Main 2004, pp. 105-107), embora estas sejam fáceis o bastante de se detectar ou extrapolar. Aziz (1990, 2007), Mansfield (1995, 2002) e o presente autor (2004, 2007a) abordam especificamente as implicações religiosas da sincronicidade. Algumas das obras desses autores focam quase exclusivamente a religião e a espiritualidade (Main, 2007a), por vezes com uma inflexão psicoterapêutica

(Aziz, 1990, 2007). Outros abordam explicitamente as influências e significância religiosas e científicas do conceito de sincronicidade (Mansfield, 1995, 2002; Main, 2004).

Perspectivas para pesquisas futuras

Apesar de todo este trabalho, o conceito de sincronicidade, embora difundido razoavelmente na cultura popular, especialmente dentro da ciência holística (Combs & Holland, 1994) e da espiritualidade holística (Main, 2004, pp. 144-174), alcançou até aqui muito pouca integração nos campos acadêmicos e intelectuais do *mainstream*. Não é que o conceito tenha sido decisivamente refutado ou desacreditado - ele tende a ser compreendido de modo pobre demais e avaliado de modo superficial demais para tanto –, mas sim desconsiderado. Parte da razão para essa negligência do *mainstream* pode ser a complexidade multidisciplinar, a incompletude e, por vezes, a confusão das exposições de Jung da sincronicidade (Main, 2004, pp. 36-62). Também é desanimadora a frequente superficialidade dos usos e apresentações mais populares do conceito. Mas um fator adicional provavelmente inibidor para uma consideração mais séria é que, com suas proposições de que há eventos acausais, de que a matéria tem um aspecto psíquico, de que a psique pode relativizar o tempo e o espaço e de que pode haver uma dimensão de significado objetivo acessível a, mas não criado pelos humanos (Main, 2004, p. 2), a sincronicidade desafia os pressupostos epistemológicos positivistas, realistas e humanistas que predominam nas ciências e nas ciências sociais. Por apresentar este desafio, o conceito resiste a ser provado, ou talvez até a se tornar plausível, em termos dessas epistemologias predominantes.

Parece haver, porém, algumas perspectivas de melhoria do entendimento e possivelmente da credibilidade da sincronicidade. Nas próximas seções, assinalo algumas das direções promissoras que têm sido abertas à pesquisa. Por comodidade identifiquei as diferentes vertentes dentro desta pesquisa como primordialmente a conceptual, empírica, histórica, teórica, clínica ou cultural. Muitos estudos, evidentemente, podem ser incluídos em vários destes rótulos. Pois, como vimos, em seu esforço de lidar com o tema, pesquisadores subsequentes, como Jung, se valeram de uma pluralidade de disciplinas das ciências e das humanidades e implementaram uma correspondente pluralidade de métodos.

Conceptual

Apesar de seus esforços para ser preciso, as definições, caracterizações e ilustrações por Jung da sincronicidade deixam muitos problemas sem resolução. Uma série de estudos abrangentes tentou depois identificar e resolver esses problemas de modo que se mantêm compatíveis com o próprio arcabouço teórico de Jung (Von Franz, 1974, 1980, 1992; Aziz, 1990; Mansfield, 1995; Main, 2004; Cambray, 2009; Haule, 2011; Atmanspacher, 2012). Dentro e para além desses estudos, cada um dos principais conceitos constituintes das definições de Jung da sincronicidade – tempo, acausalidade, probabilidade e significado – foram esquadrinhados, e emergiram algumas direções para futuras pesquisas.

Em particular, o papel do tempo na sincronicidade tem sido repetidamente questionado, tendo em vista as qualificações de Jung com relação à simultaneidade em suas definições mais elaboradas (Pauli in Meier, 2001, pp. 38-39; Koestler, 1972, p. 95; Aziz, 1990, pp. 71, 149). Outras dificuldades se relacionam com sua caracterização da sincronicidade, às vezes em termos de tempo qualitativo, em que "o que nasce ou é feito num momento particular do tempo tem a qualidade deste momento do tempo" (1930, § 82), e outras vezes em termos de uma "relatividade psiquicamente condicionada de espaço e tempo", em que "espaço e tempo são, por assim dizer, 'elásticos' e podem aparentemente serem reduzidos quase até desaparecerem" (1952, § 840; Aziz, 1990, pp. 71-72; Main, 2004, pp. 51-53, 110-111; Yassemides, 2014). Até certo grau, essas dificuldades podem ser resolvidas levando-se em conta os diferentes quadros de referência, predominantemente religiosos ou predominantemente científicos, dentro dos quais Jung, em diferentes ocasiões, considerou a sincronicidade (Main, 2004, pp. 110-111). Mas as dificuldades também apontam para a necessidade de uma reflexão metafísica mais profunda sobre a relação da sincronicidade com o tempo. Uma estimulante tentativa de tal reflexão comparou o pensamento de Jung sobre o tempo na sincronicidade com a noção de Henri Bergson de duração, inclusive como a noção de Bergson foi mais tarde adaptada na filosofia de Gilles Deleuze (McMillan, 2015).

Com relação à acausalidade, um problema recorrente tem sido a necessidade de definir qual o tipo de causalidade que a acausalidade nega, e especificamente se a acausalidade ainda é um termo apropriado se outros tipos de causa, que não as causas eficientes (p. ex., as causas finais) são invocadas para explicar a sincronicidade (Mansfield, 1995, pp. 72-83; Main, 2004, p. 54). A escolha de Jung do termo acausalidade também pode ser examinada à luz da tese de Paul Forman sobre como nos anos entreguerras este e outros termos correlatos foram assumidos por médicos alemães por razões não científicas ligadas ao clima cultural e intelectual (Gieser, 2005, pp. 57-60; Asprem, 2014, pp. 128-139, 142). Outro problema é o uso por Jung de a acausalidade se referir, por um lado, a eventos sincronísticos isolados no nível da experiência humana ordinária e, por outro lado, a formas estatisticamente analisáveis de ordenamento na microfísica (Gieser, 2005, pp. 272-298).

O papel que Jung atribui à probabilidade na sincronicidade foi criticada à luz de considerações estatísticas gerais relativas à lei dos grandes números (Diaconis & Mosteller, 1989; Main, 2004, pp. 27-29). A aplicabilidade desta lei a eventos sincronísticos foi contestada, inclusive apontando-se limitações e problemas dentro da própria teoria da probabilidade (McCusker & Sutherland, 1991; Combs & Holland, 1994, pp. 155-159). Um exame mais detalhado da sincronicidade em relação à teoria da probabilidade pode, portanto, ser valioso, especialmente tendo-se em vista o uso inovador, senão mesmo idiossincrático, por Jung, da estatística (Main, 2004, pp. 58-61, 113). Mais recentemente, a probabilidade também tem sido o foco de algumas especulações relacionando a sincronicidade às distribuições de leis de potência, tais como a lei de Zipf (Hogenson, 2005, 2009, 2014), e este trabalho estimulou por sua vez uma proposta de testar cientificamente a sincronicidade (Sacco, 2016).

Finalmente, tem havido muitas discussões do significado na sincronicidade. Entre os problemas discutidos está a relação entre significado e ordem (Von Franz, 1992, pp. 267-292), a complementariedade entre causalidade e significado (Atmanspacher, 2014b), se o significado nas sincronicidades é descoberto ou criado (Bright, 1997; Colman, 2015), e quais tipos ou níveis de significado podem estar envolvidos nas sincronicidades (Aziz, 1990, pp. 64-66, 75-84; Colman, 2011, 2012; Giegerich, 2012; Main, 2004, pp. 56-58, 112-113, 2014c; Atmanspacher, 2014a, pp. 192-193). Avançar estas discussões é particularmente importante porque é o envolvimento de significado que liga a sincronicidade ao restante do modelo psicológico de Jung, e constitui o real desafio da sincronicidade à filosofia da ciência prevalecente.

Em geral, resta, no caso de cada um dos conceitos acima – tempo, acausalidade, probabilidade e significado – uma necessidade de maior esclarecimento sobre qual era a compreensão dos conceitos por Jung, se uma compreensão modificada poderia realmente servir melhor aos propósitos de Jung e como a compreensão por Jung ou sua modificação pode relacionar-se com as discussões hegemônicas do conceito na filosofia e outras disciplinas relevantes. Em particular, este esclarecimento maior precisará levar em conta tentativas de definir e conceptualizar o mesmo amplo leque de fenômenos a partir de outras perspectivas teóricas: por exemplo, aquelas da psicanálise (Devereux, 1953; Faber, 1998; Williams, 2010); da pesquisa psíquica (Johnson, 1899; Koestler, 1972; Henry, 1993; Kelly et al., 2007, 2015); da psicologia (Watt, 1990-1991); da psiquiatria (Beitman, 2016); e da estatística (Hardy et al., 1973; Diaconis & Mosteller, 1989). Parte do trabalho com essas perspectivas alternativas discordou explicitamente de aspectos centrais do conceito de Jung de sincronicidade (Koestler, 1972; Faber, 1998; Williams, 2010).

Empírica

Não obstante as dificuldades que cercam a tentativa de Jung de um "experimento astrológico", relatadas no segundo capítulo de seu principal ensaio sobre a sincronicidade (1952, § 872-915; Main, 2004, pp. 58-61), pode ser possível realizar pelo menos alguns níveis de testes experimentais da sincronicidade (Sacco, 2016). As possibilidades podem ser maiores a este respeito quando os fenômenos sincronísticos se parecem com fenômenos parapsicológicos (Braud, 1983; Thalbourne et al., 1992-1993; Palmer, 2004; Atmanspacher & Fach, 2013; mas nota Mansfield, 2002, pp. 161-179). De fato, para quem interpreta os fenômenos sincronísticos e parapsicológicos como sendo iguais, em importantes aspectos, já existe na parapsicologia um considerável corpo de pesquisa experimental relevante (Kelly et al., 2007). Dados desta pesquisa poderiam ser reexaminados a partir da perspectiva do conceito de sincronicidade.

De novo, métodos rigorosos de coleta de dados das ciências sociais poderiam ser usados para acumular bancos de dados maiores e mais organizados, com relação aos quais mais análises quantitativas poderiam ser realizadas, assim como estudos de caso sincronísticos mais ricos, que seriam mais acurados do que as explicações existentes de experiências sincronísticas para contextos psicológicos, sociológicos e outros. Ao menos um projeto visando à coleta sistemática de dados sincronísticos na psicoterapia está de fato em andamento (Roesler, 2014; cf. tb. o presente volume).

Histórica

Estudos históricos e comparativos detalhados poderiam ser empreendidos para testar até que ponto as fontes pré-modernas, não ocidentais e esotéricas que influenciaram a formulação por Jung do conceito de sincronicidade, realmente se basearam, como Jung afirma, em princípios similares. Um estudo mais profundo das influências esotéricas em Jung poderia ser especialmente valioso à luz da recente expansão de uma erudição de alta qualidade sobre o esoterismo ocidental (Hanegraaff, 2012; Asprem, 2014; Partridge, 2015; Magee, 2016). Semelhantemente, a relação da sincronicidade com o pensamento chinês, especialmente com o *I Ching*, tem sido abordada de maneira simpática, mesmo que breve, por uma série de sinólogos respeitados (Peterson, 1982, 1988; Smith, 2008, pp. 211-217). Isso poderia ajudar a fornecer uma base erudita mais segura para fazer avançar a compreensão sobre a relação entre Jung e o *I Ching*, inclusive sua amizade com Richard Wilhelm (Clarke, 1994, pp. 89-102; Karcher, 1999; Main, 1997a, 1999, 2007a, pp. 141-187; Zabriskie, 2005), e para uma comparação mais plena do conceito de sincronicidade com as antigas teorias chinesas da cosmologia correlativa e da ressonância cósmica (Main, 2007a, pp. 162-172; Smith, 2008, pp. 32-36, 248-249). O interesse de Jung pelo pensamento arcaico, que é cada vez mais descolado da moderna cultura ocidental, pode também ser frutiferamente reconsiderado como uma influência sobre seu conceito de sincronicidade (Bishop, 2008).

Além de o pensamento esotérico, oriental e pré-moderno serem examinados como influências sobre o conceito de sincronicidade, *insights* derivados do estudo da sincronicidade poderiam, por sua vez, fornecer uma ferramenta útil para a compreensão dos mundos intelectuais do pensamento esotérico, oriental e pré-moderno. A adivinhação já tem sido o foco de uma série de explorações acadêmicas nessa direção (Hanegraaff, 2012, p. 362, citando a obra de Kocku von Stuckrad; Redmond & Hon, 2014, pp. 205-214).

Também resta espaço para maiores estudos históricos e contextuais do envolvimento de Jung com influências que lhe são mais contemporâneas, como as da física e da parapsicologia, inclusive sua amizade com Pauli e Rhine (Gieser, 2005; Atmanspacher & Fuchs, 2014, Mansfield et al., 1998; Asprem, 2014). E, por fim, uma importante parcela de trabalho resta por ser feita no rastreamento sistemático, histórica e sociologicamente, das várias recepções e transformações do conceito de sincronicidade na prática clínica, no trabalho acadêmico e na cultura popular e de elite.

Teórica

Várias tentativas iluminadoras e sugestivas para relacionar o conceito de sincronicidade a quadros de referência teóricos com alcance intelectual para além da Psicologia Analítica tem havido recentemente. Centrais entre esses quadros são a emergência, a filosofia do processo e o monismo de aspecto dual.

A relação da sincronicidade com a emergência tem sido explorada especialmente por Cambray (2004, 2009), Hogenson (2005, 2009), Warren Colman (2011, 2015) e Robert Sacco (2016). Entre os aspectos que tornam esta abordagem promissora está o fato de a emergência ser compatível com a atual ciência *mainstream*, ainda que seja desafiadora a ela; aplica-se em diferentes escalas e, portanto, como a sincronicidade, se vale de, e potencialmente teria relevância para um amplo leque de disciplinas díspares; e fornece escopo para se tratar a sincronicidade tanto como um objeto de estudo (explorando-se suas conexões fenomenológicas e teóricas com a teoria da complexidade) quanto como um método de estudo (por sua aplicação de formas análogas àquelas com que a teoria da complexidade é aplicada). Porém, mais trabalho ainda precisa ser feito para esclarecer a relação exata entre sincronicidade e emergência. Se, por exemplo, a emergência for entendida, em última instância, como um fenômeno causal e se a sincronicidade for entendida como uma forma de emergência, isso pareceria minar as postulações de Jung sobre o caráter acausal da sincronicidade. É importante notar ainda que há diferentes posições sobre a emergência, que variam desde as que pressupõem materialismo até aquelas que pressupõem alguma forma de panpsiquismo e até de idealismo (Kelly et al., 2015, pp. 513-515).

Tem havido também várias discussões sobre a sincronicidade em relação com a filosofia do processo segundo Whitehead, com juízos variáveis sobre o quão frutíferas as conexões podem ser. Steve Odin (1982, pp. 171-187) considera a sincronicidade, ao lado de outros conceitos junguianos, útil para estruturar sua comparação do budismo Hua-Yen com a metafísica do processo em Alfred North Whitehead, especialmente a noção da "contemplação atemporal de todas as possibilidades", comum à experiência visionária no Hua-Yen e à concepção de Whitehead da natureza primordial de Deus (1982, pp. 5-6). Considera essa contemplação atemporal, regulada pela sincronicidade, tendo sido "empiricamente verificada pelo testemunho de sujeitos com sonhos retrocognitivos e premonitórios ou visões interiores" (1982, p. 6). Em contraste, David Ray Griffin (1989, pp. 1-76), embora geralmente muito positivo sobre as possibilidades de conectar as obras de Jung e de Whitehead, destaca a sincronicidade como "provavelmente o elemento mais fraco nas especulações de Jung [...], um elemento que impedirá para sempre a psicologia junguiana de ser integrada ao restante da ciência" (1989, p. 27). Tem reservas particularmente sobre as noções de acausalidade e de uma relatividade psíquica do tempo, que permitirão a precognição (1989, pp. 27-36). Mais recentemente, Haule (2011, pp. 152-155, 171-178) se valeu da filosofia do processo de Whitehead para dar sustentação a sua explicação de base científica da sincronicidade como a expressão de processos psicoides operando em todos os níveis da natureza animada e inanimada. Sua explicação é elegante, mas não faz nenhum esforço de lidar com os problemas apresentados pelas sincronicidades aparentemente precognitivas, no que Odin e Griffin se diferenciam. As extensas conexões e os problemas em aberto sugerem que mais trabalhos frutíferos poderiam ser feitos examinando a sincronicidade *vis-à-vis* o pensamento do processo.

Outro quadro de referência ao qual a sincronicidade tem sido recentemente remetida de modos que parecem promissores, tanto teórica como empiricamente, é o monismo de aspecto dual. Focando a colaboração de Jung com Pauli, Atmanspacher (2012) apresentou a sincronicidade em termos de um modelo no qual psique e matéria são vistas como manifestações epistêmicas duais de um monismo ôntico, psicofisicamente neutro e subjacente, o *unus mundus*. Alguns trunfos do modelo são o fato de ter sido elaborado a partir de afirmações explícitas de Jung e Pauli; aborda abertamente a necessidade de fornecer fundamentação metafísica ao pensamento de Jung, inclusive a seu conceito de sincronicidade; é compatível com a física moderna; resolve elegantemente problemas nos estudos sobre a consciência; e combina habilmente com dados empíricos em áreas tão diversas como experiências excepcionais (ou seja, paranormais) e *order effects* em pesquisas e questionários [literalmente, "efeitos da ordem", isto, é efeitos sugestionadores que a ordem de apresentação, pelo pesquisador, dos diversos elementos experimentais de sua pesquisa, podem conter as respostas dos participantes (N.T.)] (Atmanspacher, 2014a). Tentativas interessantes já têm sido feitas para aplicar o modelo de modo a iluminar os estados mentais envolvidos quando a sincronicidade acontece na psicoterapia (Connolly, 2015). Porém, o modelo também tem sido criticado: por exemplo, de uma perspectiva emergentista e fenomenológica, por conservar o dualismo epistemológico e relegar "a realidade viva de um *unus mundus* [...] a um domínio hipotético longínquo, totalmente apartado do mundo do conhecimento e da experiência" (Colman, 2015, pp. 320-321). Esta crítica pode ser pelo menos parcialmente abordada pelo conceito de "onticidade relativa" que Atmanspacher introduziu em seus refinamentos do que chama de a "conjectura Pauli-Jung" (2014a, pp. 186-188).

Cada um dos quadros de referência acima reconhece a importância de levar a sério os alicerces filosóficos do pensamento de Jung. Várias outras tentativas de iluminar a sincronicidade a partir de perspectivas filosóficas, em alguns casos sobrepondo-se parcialmente com as citadas acima, também podem ser notadas, incluindo-se obras que se valem do realismo especulativo (Haworth, 2012) e da filosofia de Deleuze (McMillan, 2015). Um importante desafio para pesquisas futuras seria testar e comparar o quão satisfatoriamente cada um dos quadros de referência teóricos mencionados nesta seção explica todo o leque de dados que podem ser plausivelmente abrangidos pelo conceito de sincronicidade.

Clínica

Como notado anteriormente, as pesquisas explorando o quão a sincronicidade pode ser aplicada na psicoterapia prosseguiram ininterruptamente. Muito destas pesquisas consiste de reflexões de clínicos individuais sobre casos singulares em que fenômenos sincronísticos apareceram durante a terapia. Onde implicações foram extraídas de programas de pesquisa mais sistemáticos, tais pesquisas foram em geral realizadas em outras áreas ou outros tópicos que não a sincronicidade. Cambray (2009, pp. 68-87), por exemplo, aplicou *insights* da neurociência, especialmente referentes aos neurônios-espelho, em sua discussão da sincronicidade em relação à empatia e ao campo analítico. Hogenson (2009) se vale das descobertas do *Boston Process of Change Study Group* [Grupo de Estudos de Processos de Transformação de Boston] e liga a noção deles de "momentos de encontro" ao modo como o significado pode ser experienciado na forma de sincronicidade durante a psicoterapia. E Colman (2015) invoca a biologia fenomenológica para explicar a produção de significado que ocorre na sincronicidade em termos da intencionalidade encarnada no mundo. Mesmo o projeto do *Berlin Research Group* [Grupo de Pesquisa de Berlim], relatado por Hans Dieckmann (1976), que resultou em algumas descobertas importantes sobre a sincronicidade – incluindo-se um "aumento impressionante nos fenômenos de sincronicidade" quando analistas participantes "começaram a conservar registros mais acurados de [suas] percepções subliminares" (1976, p. 27) – estava primariamente investigando não a sincronicidade, mas a transferência e contratransferência. Em acréscimo a tais inspirações interdisciplinares e descobertas secundárias, pode-se ter a esperança de que, com a coleta de séries maiores e mais ricas de dados especificamente sobre a sincronicidade, poderá vir a ser possível que sejam realizados programas de pesquisa nos quais a sincronicidade, durante a terapia, seja o objeto primário da pesquisa, ao invés de um fenômeno iluminado secundariamente por pesquisas em outras áreas (Roesler, 2014).

Cultural

Assim como tomar a sincronicidade como um objeto de pesquisa primário ou secundário, pode valer a pena explorar modos pelos quais a sincronicidade pudesse ser empregada como parte de um método de pesquisa. Claro, no campo da psicoterapia isso já ocorre, na medida em que experiências sincronísticas são usadas em análise como um meio de fazer descobertas sobre os estados inconscientes dos analisandos. Um desafio maior é encontrar modos de aplicar a sincronicidade na pesquisa social e cultural. Isso poderia envolver pesquisadores, ainda que apenas experimentalmente, adentrando no mundo hipotético da sincronicidade e tentando encontrar modos de usar essa perspectiva para analisar fenômenos sociais e culturais; ou seja, observar os fenômenos em termos dos padrões acausais de significado que eles exibem ao invés, ou além de, observá-los em termos de suas causas e efeitos. O teste de um exercício desse tipo seria observar se produziria *insights* que de outro modo não ocorreriam ou não teriam ficado tão prontamente acessíveis. Até agora só algumas tentativas assim foram feitas (Main, 2006c; Cambray, 2009, pp. 88-107), a partir das quais as dificuldades da empreitada ficam patentes. Algumas abordagens modernas da adivinhação, que se fundamentam explicitamente numa compreensão sincronística da realidade, poderiam ser acrescentadas (Hyde, 1992; Cornelius, 1994; Karcher, 1998; Tarnas, 2006).

Há também algumas pistas de como a sincronicidade poderia ser aplicada ao estudo da literatura (Rowland, 2005, pp. 146-147, 175-177; Hammond, 2007; Mederer, 2016), bem como aos negócios e aos estudos sobre liderança (Jaworski, 2011; Laveman, 2014). Esforços em todas essas direções devem prosseguir, pois dificilmente a sincronicidade poderá vir a ser considerada integrada ao pensamento *mainstream* até que forme não só um objeto de investigação, mas também parte de um método de investigação.

Uma abordagem multidisciplinar e polimetodológica

Dada a ampla diversidade de pesquisas sobre a sincronicidade, é impossível, dentro dos limites de um curto capítulo, dar conta adequadamente do leque de metodologias que os pesquisadores têm empregado. Como um modo de ilustrar pelo menos algumas das abordagens que se podem assumir, notarei alguns dos principais métodos envolvidos em minhas próprias tentativas de lidar com este tópico.

A sincronicidade tem sido um dos principais tópicos da minha própria pesquisa por cerca de vinte e cinco anos. Tenho tido dois focos principais. Por um lado, com atenção particular aos escritos de Jung, tenho tentado esclarecer como as experiências sincronísticas podem ser mais bem descritas, classificadas e teorizadas. Com esses objetivos, observei a sincronicidade em relação com a prática da psicoterapia (Hall et al., 1998; Main, 2007c), com experiências paranormais ou anômalas (1997b, 2012), com experiências religiosas ou espirituais (2001, 2007a) e como mito (2001, 2007b, 2013). Interesso-me por perspectivas teóricas que possam acomodar todo o leque de fenômenos sincronísticos, com respeito a todos os seus aspectos físicos, psicológicos e espirituais. Compartilho da visão de Edward Kelly e colegas (2015), expressa em relação com fenômenos anômalos em geral, de que tais perspectivas teóricas poderiam ser encaradas de modo esclarecedor como alicerçadas em uma metafísica panenteísta (Main, 2015b, 2017).

Por outro lado, tentei explorar a possível significância cultural da sincronicidade. Discuti a sincronicidade em relação com as tensões entre ciência e religião do fim do século XIX e início do XX (2000, 2004, 2014c), com atenção particular ao problema do desencantamento (2007b, 2011, 2013) e do significado (2004, 2012, 2014c). Também, relacionando a esses temas, examinei o papel da sincronicidade na espiritualidade holística contemporânea (2002, 2004, 2006a), bem como em usos tradicionais e contemporâneos do *I Ching* (1997a, 1999, 2007a). Recentemente, meus interesses estão focados na observação em maior profundidade da sincronicidade *vis-à-vis* o esoterismo ocidental (2010a, 2014b, 2015a). Todo o trabalho precedente é parte de uma exploração mais ampla da significância social e cultural da sincronicidade (Main, 2006b, 2006c, 2014a), especialmente de seu potencial como um instrumento para a crítica da moderna cultura ocidental (Main, 2004, 2011). Em relação a esta exploração, penso que, em especial a publicação conjunta de Jung e Pauli (Jung & Pauli, 1952) e sua correspondência (Meier, 2001), merecem mais estudos (Main 2014a, 2014c).

Ligando aspectos físicos, psicológicos e possivelmente espirituais da realidade, a sincronicidade parece requerer estudo a partir de uma abordagem multidisciplinar. O próprio Jung, como vimos, se valeu tanto de disciplinas científicas como a física, a biologia, a psicologia e a parapsicologia quanto de disciplinas das humanidades como a filosofia, a teologia e a história das religiões. Minha própria abordagem também tem sido multidisciplinar, e, consequentemente, polimetodológica. Tirando proveito de meu *background* em estudos clássicos (especialmente literatura e filosofia), estudos religiosos (especialmente a psicologia da religião) e de estudos psicanalíticos (envolvendo história e sociologia), abordei a sincronicidade principalmente a partir das perspectivas das humanidades e das ciências sociais.

Os principais métodos que usei foram históricos (2000, 2004), textuais (2004, 2014c) e comparativos (1997a, 2002, 2007a, 2011), especialmente com o propósito de elucidar e localizar culturalmente os escritos de Jung sobre a sincronicidade. Para avaliar a coerência e as implicações filosóficas dos pensamentos de Jung e de outros autores sobre este tópico, eu também realizei pesquisas conceptuais e teóricas (2004, 2007a, 2014c), tendo em vista os vários conceitos implicados na sincronicidade (tempo, acausalidade, significado e probabilidade) e considerando como efetivamente diferentes quadros de referência teóricos (estatísticos, psicológicos, parapsicológicos, científicos e teológicos) podem explicar os fenômenos (2004, 2007a). Também realizei uma série de estudos hermenêuticos (2001, 2007a, 2012) para explorar mais profundamente as acepções em que as experiências sincronísticas podem ser interpretadas como significativas, conforme proposto por Jung.

Os dados que estudei consistiram em relatos de experiências sincronísticas em si e em como se tem respondido a tais experiências, inclusive como elas têm sido teorizadas e aplicadas. Em relação às próprias experiências sincronísticas, extraí numerosas narrativas de experiência isoladas ou em pequenas séries a partir de obras publicadas, tanto clínicas como não clínicas, de orientação junguiana e não junguiana (2007a, 2007b, 2007c, 2013). Além disso, examinei um par de séries maiores de sincronicidades centradas num indivíduo singular (Main, 2001; 2007a, pp. 63-79, 81-140). Uma destas séries já tinha sido publicada (Thornton, 1967, pp. 124-133). A outra série se tornou disponível a mim em forma de diário pelo experienciador e não tinha sido publicada na época de meu trabalho inicial a seu respeito, embora publicasse parte da série posteriormente (Plaskett, 2000). As teorizações, aplicações e respostas à sincronicidade que estudei foram elaboradas a partir de uma ampla gama de materiais bibliográficos sobre o tema, aos quais tive acesso (Main, 2004, 2007a).

Devo também assinalar uma tentativa malsucedida de levantar dados sobre a sincronicidade. Em 1998, alguns colegas e eu enviamos um questionário convidando a relatos de sincronicidades todos os analistas e alunos em formação da comunidade junguiana do Reino Unido, e depois a cada membro da *International Association for Analytical Psychology* (Hall et al., 1998). Porém só obtivemos uma meia-dúzia de respostas, sem quaisquer retornos no Reino Unido, apesar de os analistas de lá terem recebido o questionário duas vezes.

Os principais métodos que usei para analisar os dados obtidos por esses meios são, variadamente, taxonômico: para classificar diferentes tipos de experiências, influências e explicações (2004, 2007a); fenomenológico: para fornecer um retrato mais rico de como as sincronicidades são realmente experiencadas (1997b, 2004, 2007a, 2007b, 2013); hermenêutico: para captar o que eventos sincronísticos específicos podem significar, predominantemente, mas não exclusivamente, dentro do quadro de referência da psicologia junguiana (2001, 2007a, 2007b, 2012, 2013); abdutivo: a teoria que se encaixa melhor para dar conta de todo o leque de dados da sincronicidade (1997b, 2004, 2007a, 2011, 2012, 2014c; cf. Kelly et al., 2015); e, tentativamente, acausal: ao usar a sincronicidade como a base para um método de pesquisa (2006c).

Apesar de me mover em todas essas direções metodológicas diferentes, estou agudamente ciente de que há muitas abordagens para o estudo da sincronicidade que eu não adotei, seja por falta da formação necessária, de tempo ou de aptidão, mas que poderiam ser, e em alguns casos já o foram, adotadas frutiferamente por outros. Essas abordagens podem incluir, por exemplo, pesquisa experimental, pesquisa de arquivos, análises textuais no alemão original, rastreamento metódico da difusão e das transformações culturais da noção de sincronicidade desde as publicações de Jung e pesquisas heurísticas ou autoetnográficas.

Conclusão

Jung descreveu seu ensaio: "Sincronicidade: um princípio de conexões acausais" como "uma tentativa de abordar o problema [da sincronicidade] de maneira tal que se possa ter uma visão, se não de todos, pelo menos de alguns de seus inúmeros aspectos e conexões, e abrir um campo muito obscuro que é filosoficamente da maior importância" (1952, § 816). A natureza problemática, múltipla e obscura da sincronicidade é amplamente atestada pela quantidade e diversidade das pesquisas a que o ensaio de Jung deu origem, bem como pela falta de resultados decisivos oriundos destas pesquisas. A sincronicidade está, surpreendentemente, bem estabelecida como um conceito dentro da Psicologia Analítica, e tem uma circulação razoavelmente ampla na cultura popular. Porém ainda é empregada raramente, quando muito, como parte de um método de pesquisa por acadêmicos que ainda não sejam autoconscientemente junguianos em sua orientação.

Um maior interesse pela sincronicidade em comunidades acadêmicas e científicas tende a surgir quando os problemas abordados por outros acadêmicos e cientistas são semelhantes aos que o conceito de sincronicidade pretendeu abordar. Uma série de problemas que imediatamente se destacam, sob este aspecto, referem-se aos vieses mecanicistas e fisicalistas na ciência contemporânea, e aos esforços que têm sido feitos para corrigir esses desequilíbrios, ao se dirigir a atenção para perspectivas mais holísticas. Há fortes paralelos, por exemplo, entre o tipo de pensamento em termos de padrões globais de significado, que é característico da sincronicidade, e o tipo de atenção holística ao mundo, que caracteriza a atividade cerebral do hemisfério direito, segundo alguns neurocientistas contemporâneos (McGilchrist, 2009). Vale repetir, como Cambray notou, teóricos atuais da complexidade e da emergência mostraram um renovado interesse pelo tipo de ciência holística do romantismo alemão, que foi também uma importante influência sobre Jung e seu conceito de sincronicidade (2014a, 2014c), e é possível que pontos de vista específicos, inspirados por essa tradição holística anterior, tais como a relação entre fatores ambientais e genéticos na epigenética, poderiam ser, de forma esclarecedora, comparados à sincronicidade, pelo menos em alguns contextos (2014c, pp. 23-25).

Uma série correlata de problemas que teve seu papel impulsionando a conceptualização da sincronicidade por Jung está encapsulada no termo "desencantamento" (*Entzauberung*): problemas relacionados à excessiva racionalização da moderna cultura ocidental e sua perda de um senso de sacralidade e de significado. Pesquisas recentes sobre o desencantamento a partir de uma perspectiva da "história do problema" (*Problemgeschichte*) mostraram que os problemas epistemológicos associados do escopo do conhecimento empírico e racional, a possibilidade da metafísica, as relações entre fatos e valores e a separação da ciência e da religião foram respondidos de variadas formas dentro da física, da química, da biologia, da psicologia, bem como dentro de disciplinas e culturas de conhecimento menos *mainstream* como a pesquisa psíquica, a parapsicologia e o ocultismo (Asprem, 2014). Tais respostas, ocorrendo nas mesmas décadas durante as quais Jung estava desenvolvendo os pensamentos que seriam por fim formulados como sincronicidade (de 1900 a 1939), poderiam tanto ser iluminadas pelo caso análogo da sincronicidade quanto, por sua vez, forneceriam uma riqueza de oportunidades para maior contextualização e comparação do conceito de Jung.

A despeito da ambivalência de Jung com relação à filosofia (Main, 2010b), há aspectos de seu trabalho sobre a sincronicidade que poderiam interessar a filósofos profissionais. Como uma alternativa ao materialismo, idealismo e dualismo, a posição filosófica do monismo de aspecto dual, à qual Jung e Pauli parecem ter sido levados por suas reflexões sobre a sincronicidade (Atmanspacher, 2012), está no mesmo campo que o monismo neutro que Thomas Nagel considera o quadro de referência mais consistente para se compreender como a mente se relaciona com a matéria (Nagel, 2012, pp. 4-5, 56-58, 61-65). O monismo de aspecto dual de Jung e Pauli tem algumas características distintivas e empiricamente promissoras, tais como o modo como aspectos mental e material são especificados em termos de complementariedade (Atmanspacher, 2012), o que poderia especialmente recompensar uma maior atenção filosófica. Dentro de uma tradição filosófica diferente, a exploração das conexões conceptuais e contextuais entre a psicologia de Jung, inclusive do conceito de sincronicidade, e a filosofia de Deleuze (McMillan, 2015), sem esquecer seu interesse comum em correntes esotéricas de pensamento (Kerslake, 2007, pp. 159-188; Ramey, 2012), tem chances de ser tão frutífera para especialistas em Deleuze quanto para os especialistas em Jung.

Outro modo de suscitar um interesse acadêmico mais amplo pela sincronicidade poderia ser chamar a atenção para modos nos quais ela esteve, e provavelmente ainda está, implicitamente presente no coração de numerosas culturas. Mais obviamente, uma vez que todas as culturas antes do período moderno, ocidentais e orientais, se apoiaram numa ou noutra forma de adivinhação, a sincronicidade, como uma das tentativas mais sofisticadas de compreender a adivinhação, poderia ter enorme significância como ferramenta para compreender os processos de pensamento que informa a tomada de decisões dentro daquelas culturas mais antigas. Mais surpreendentemente, talvez, também se argumentou que um dos pilares da erudição acadêmica contemporânea, o método comparativo, é "um primo muito próximo da sincronicidade", uma vez que "Na comparação, trata-se *sempre* [...] de identificar conexões significativas entre coisas ou eventos aparentemente separados, isto é, entre coincidências aparentes" (Kripal, 2010, p. 74). Aqui, em particular, se a relação é sem dúvida tão próxima quanto parece, é possível que haja oportunidades para elucidar como a sincronicidade pode se tornar parte de um método de pesquisa enriquecendo as práticas comparativas já existentes.

As possibilidades acima, por suscitar um maior interesse acadêmico e científico pela sincronicidade, são algumas das que atualmente me parecem as mais promissoras, e a lista reflete em ampla medida minhas próprias preocupações e limitações. Vou encerrar num nível mais geral, sugerindo que há pelo menos cinco questões que poderiam ajudar a guiar futuros trabalhos sobre a sincronicidade:

Em primeiro lugar, qual é o leque total de fenômenos que o conceito de sincronicidade é projetado para detectar?

Segundo, quão adequado é o quadro de referência psicológico de Jung para explicar todo o leque de fenômenos sincronísticos, primeiramente em seus próprios termos e depois comparado com outros possíveis arcabouços explicativos?

Terceiro, quão adequada é a estratégia hermenêutica de Jung para interpretar experiências sincronísticas, ou seja, para lhes extrair o significado específico, de novo, primeiramente em seus próprios termos e depois comparada com outras possíveis estratégias hermenêuticas?

Quarto, qual é a importância cultural mais ampla da sincronicidade?

E quinto, como o conceito de sincronicidade pode ser aplicado, não só na psicoterapia e no desenvolvimento pessoal, mas também na pesquisa acadêmica e na análise social e cultural?

Para mim, o sinal de que a sincronicidade terá se estabelecido adequadamente como um conceito dentro da cultura ocidental, ou mesmo global, será quando ela passar a ser invocada e operacionalizada por pesquisadores, acadêmicos e profissionais não terapêuticos que não estão inicialmente trabalhando dentro do âmbito do pensamento junguiano. Que a sincronicidade não tenha, após mais de sessenta anos, alcançado este *status* em qualquer grau notável não significa que tenha sido refutada como conceito. As dissonâncias entre a sincronicidade e os pressupostos das culturas científica e acadêmica *mainstream* não são insignificantes, e talvez sejam necessárias maiores mudanças naqueles próprios pressupostos antes de que qualquer potencial do conceito de sincronicidade possa ser percebido. Minha suspeita é que, assim como beneficiária de tais mudanças, o desafiador conceito de sincronicidade também pode ser um dos agentes delas.

Referências

Asprem, E. (2014). *The problem of disenchantment: Scientific naturalism and esoteric discourse 1900-1939*. Leiden: Brill.

Atmanspacher, H. (2012). Dual aspect monism à la Pauli and Jung. *Journal of Consciousness Studies, 19*(9/10), 96-120.

Atmanspacher, H. (2014a). Notes on psychophysical phenomena. In H. Atmanspacher e C. Fuchs (org.), *The Pauli-Jung conjecture and its impact today* (pp. 181-199). Exeter, Reino Unido: Imprint Academic.

Atmanspacher, H. (2014b). Roles of causation and meaning for interpreting correlations. *Journal of Analytical Psychology, 59*(3): 429-434.

Atmanspacher, H., & Fach, W. (2013). A structural-phenomenological typology of mind-matter correlations. *Journal of Analytical Psychology, 58*(2), 219-244.

Atmanspacher, H., & Fach, W. (2016). Synchronistic mind-matter correlations in therapeutic practice: A commentary on Connolly (2015). *Journal of Analytical Psychology, 61*(1): 79-85.

Atmanspacher, H., & Fuchs, C. (org.). (2014). *The Pauli-Jung conjecture and its impact today*. Exeter, Reino Unido: Imprint Academic.

Aziz, R. (1990). *C.G. Jung's psychology of religion and synchronicity*. Albany, NY: State University of New York Press.

Aziz, R. (2007). *The syndetic paradigm: The untrodden path beyond Freud and Jung*. Albany, NY: State University of New York Press.

Bair, D. (2004). *Jung: A biography*. Londres: Little, Brown.

Beitman, B. (2016). *Connecting with coincidence: The new science for using synchronicity and serendipity in your life*. Deerfield Beach, FL: Health Communications Inc.

Bishop, P. (2000). *Synchronicity and intellectual intuition in Kant, Swedenborg, and Jung*. Lampeter: Edwin Mellen.

Bishop, P. (2008). The archaic: Timeliness and timelessness. *Journal of Analytical Psychology, 53*(4), 501-523.

Bolen, J. (1979). *The Tao of psychology: Synchronicity and the self*. Nova York: Harper and Row.

Braud, W. (1983). Toward the quantitative assessment of 'meaningful coincidences'. *Parapsychology Review, 14*(4), 5-10; reimpresso em Storm (2008).

Cambray, J. (2004). Synchronicity as emergence. In J. Cambray e L. Carter (orgs.), *Analytical psychology: Contemporary perspectives in Jungian analysis* (pp. 223-248). Hove e Nova York: Routledge. [Psicologia analítica: perspectivas contemporâneas em análise junguiana. Caio Liudvik (trad.). Petrópolis, RJ: Vozes, 2020].

Cambray, J. (2009). *Synchronicity: Nature and psyche in an interconnected universe*. College Station: Texas A&M University Press.

Cambray, J. (2014a). The influence of German romantic science on Pauli and Jung. In H. Atmanspacher and C. Fuchs (org.), *The Pauli-Jung conjecture and its impact today* (pp. 37-56). Exeter, Reino Unido: Imprint Academic.

Cambray, J. (2014b). 'The red book': Entrances and exits. In T. Kirsch and G. Hogenson (org.), *The red book: Reflections on C.G. Jung's liber novus* (pp. 36-53). Londres e Nova York: Routledge.

Cambray, J. (2014c). Romanticism and revolution in Jung's science. In R. Jones (org.), *Jung and the question of science* (pp. 9-29). Londres & Nova York: Routledge.

Carvalho, R. (2014). Synchronicity, the infinite unrepressed, dissociation and the interpersonal. *Journal of Analytical Psychology, 59*(3), 366-384.

Clarke, J.J. (1994). *Jung and eastern thought: A dialogue with the orient*. Londres: Routledge.

Colman, W. (2011). Synchronicity and the meaning-making psyche. *Journal of Analytical Psychology, 56*(4), 471-491.

Colman, W. (2012). Reply to Wolfgang Giegerich's 'A serious misunderstanding: Synchronicity and the generation of meaning'. *Journal of Analytical Psychology, 57*(4), 512-516.

Colman, W. (2015). Bounded in a nutshell and a king of infinite space: The embodied self and its intentional world. *Journal of Analytical Psychology, 60*(3), 316-335.

Connolly, A. (2015). Bridging the reductive and the synthetic: Some reflections on the clinical implications of synchronicity. *Journal of Analytical Psychology, 60*(2), 159-178.

Cornelius, G. (1994). *The moment of astrology: Origins in divination*. Londres: Penguin Arkana.

de Moura, V. (2014). Learning from the patient: The East, synchronicity and transference in the history of an unknown case of C.G. Jung. *Journal of Analytical Psychology, 59*(3), 391-409.

Devereux, G. (org.). (1953). *Psychoanalysis and the occult*. Londres: Souvenir Press, 1974.

Diaconis, P., & Mosteller, F. (1989). Methods for studying coincidences. *Journal of the American Statistical Association, 84*(408), 853-861.

Dieckmann, H. (1976). Transference and countertransference: Results of a Berlin research group. *Journal of Analytical Psychology, 21*(1), 25-35.

Faber, M. (1998). *Synchronicity: C.G. Jung, psychoanalysis, and religion*. Westport, CT: Praeger.

Giegerich, W. (2012). A serious misunderstanding: Synchronicity and the generation of meaning. *Journal of Analytical Psychology, 57*(4), 500-511.

Gieser, S. (2005). *The innermost kernel: Depth psychology and quantum physics: Wolfgang Pauli's dialogue with C.G. Jung*. Berlim: Springer.

Griffin, D. (org.). (1989). *Archetypal process: Self and divine in Whitehead, Jung, and Hillman*. Evanston, IL: Northwestern University Press.

Hall, J., Main, R., & Marlan, J. (1998). Synchronicity in Jungian analysis. *The Umbrella Group Newsletter, 3*, Spring/Summer, 17-18, 38-39; parcialmente reimpresso na *International Association for Analytical Psychology Newsletter, 18*, 146-149.

Hammond, B. (2007). Coincidence studies: Developing a field of research. *Literature Compass, 4*, 622-637.

Hanegraaff, W. (2012). *Esotericism and the academy: Rejected knowledge in western culture*. Cambridge: Cambridge University Press.

Hardy, A., Harvie, R., & Koestler, A. (1973). *The challenge of chance: Experiments and speculations*. Londres: Hutchinson.

Harrington, A. (1996). *Reenchanted science: Holism in German culture from Wilhelm II to Hitler*. Princeton, NJ: Princeton University Press.

Haule, J. (2011). *Jung in the 21st century, volume 2: Synchronicity and science*. Londres e Nova York: Routledge.

Haworth, M. (2012). Synchronicity and correlationism: Carl Jung as speculative realist. *Speculations*: 189-209.

Henry, J. (1993). Coincidence experience survey. *Journal of the Society for Psychical Research, 59*, 97-108.

Hogenson, G. (2005). The self, the symbolic, and synchronicity: Virtual realities and the emergence of the psyche. *Journal of Analytical Psychology, 50*(3), 271-284.

Hogenson, G. (2009). Synchronicity and moments of meeting. *Journal of Analytical Psychology, 54*(2), 183-197.

Hogenson, G. (2014). Are synchronicities really dragon kings? In H. Atmanspacher and C. Fuchs (org.), *The Pauli-Jung conjecture and its impact today* (pp. 201-215). Exeter, Reino Unido: Imprint Academic.

Hopcke, R. (1997). *There are no accidents: Synchronicity and the stories of our lives*. Londres: Macmillan.

Hyde, M. (1992). *Jung and astrology*. Londres: Aquarian Press.

Jaworski, J. (2011). *Synchronicity: The inner path of leadership* (2ª ed.). São Francisco, CA: Berrett-Koehler.

Johnson, A. (1899). Coincidences. *Proceedings of the Society for Psychical Research, 14*, 158-330.

Jung, C.G. (1930). Richard Wilhelm: In memoriam. In *Collected works, volume 15, The spirit in man, art and literature*. Londres: Routledge and Kegan Paul, 1966 ["Em memória de Richard Wilhelm", in: OC 15].

Jung, C.G. (1950). Foreword to the 'I Ching'. In *Collected works, vol. 11, Psychology and religion: West and east* (2ª ed.). Londres: Routledge and Kegan Paul, 1969 ["Prefácio ao 'I Ching', in: OC 11/5].

Jung, C.G. (1951). On synchronicity. In *Collected works, vol. 8, The structure and dynamics of the psyche* (2ª ed.). Londres: Routledge and Kegan Paul, 1969 ["A Sincronicidade", in: OC 8/3].

Jung, C.G. (1952). Synchronicity: An acausal connecting principle. In *Collected works, vol. 8, The structure and dynamics of the psyche* (2ª ed.). Londres: Routledge and Kegan Paul, 1969 ["Sincronicidade: um princípio de conexões acausais", in: OC 8/3].

Jung, C.G. (1963). *Memories, dreams, reflections* (A. Jaffé, org., e R. e C. Winston, trad.). Londres: Fontana, 1995.

Jung, C.G., & Pauli, W. (1952). *The interpretation of nature and the psyche* (R.F.C. Hull e P. Silz, trad.). Londres: Routledge and Kegan Paul, 1955.

Karcher, S. (1998). Divination, synchronicity, and fate. *Journal of Religion and Health, 37*(3), 215-228.

Karcher, S. (1999). Jung, the 'Tao' and the 'Classic of Change'. *Harvest: Journal for Jungian Studies, 45*(2), 60-83.

Kelly, E.F., Crabtree, A., & Marshall, P. (2015). *Beyond physicalism: Toward reconciliation of science and spirituality*. Lanham, MD: Rowman and Littlefield.

Kelly, E.F., Kelly, E.W., Crabtree, A., Gauld, A., Grosso, M., & Greyson, B. (2007). *Irreducible mind: Toward a psychology for the 21st century*. Lanham, MD: Rowman and Littlefield.

Kerslake, C. (2007). *Deleuze and the unconscious*. Londres: Continuum.

Koestler, A. (1972). *The roots of coincidence*. Londres: Hutchinson.

Kripal, J. (2010). *Authors of the impossible: The paranormal and the sacred*. Chicago, IL: University of Chicago Press.

Laveman, D. (2014). Business leadership, synchronicity, and psychophysical reality. In H. Atmanspacher and C. Fuchs (orgs.), *The Pauli-Jung conjecture and its impact today* (pp. 275-305). Exeter, Reino Unido: Imprint Academic.

Lindorff, D. (2004). *Pauli and Jung: The meeting of two great minds*. Wheaton, IL: Quest Books.

Magee, G. (org.). (2016). *The Cambridge handbook of western mysticism and esotericism*. Cambridge: Cambridge University Press.

Main, R. (1997a). Synchronicity and the 'I Ching': Clarifying the connections. *Harvest: Journal for Jungian Studies*, *43*(1), 51-64.

Main, R. (org.). (1997b). *Jung on synchronicity and the paranormal: Key readings selected and introduced by Roderick Main*. Londres: Routledge and Princeton, NJ: Princeton University Press.

Main, R. (1999). Magic and science in the modern western tradition of the 'I Ching'. *Journal of Contemporary Religion*, *14*(2), 263-275.

Main, R. (2000). Religion, science, and synchronicity. *Harvest: Journal for Jungian Studies*, *46*(2), 89-107; reimpresso em L. Storm (org.), *Synchronicity: Multiple perspectives on meaningful coincidence* (pp. 25-41). Pari, Italy: Pari Publishing, 2008.

Main, R. (2001). *Putting the Sinn back into synchronicity: Some spiritual implications of synchronistic experiences*. 2nd Series Occasional Paper 28. Lampeter: Religious Experience Research Centre.

Main, R. (2002). Religion, science, and the new age. In J. Pearson (org.), *Belief beyond boundaries: Wicca, Celtic spirituality and the new age* (pp. 173-222). Aldershot: Ashgate e Milton Keynes: Open University Press.

Main, R. (2004). *The rupture of time: Synchronicity and Jung's critique of modern western culture*. Hove e Nova York: Brunner-Routledge.

Main, R. (2006a). New age thinking in the light of C.G. Jung's theory of synchronicity. *Journal of Alternative Spiritualities and New Age Studies*, *2*, 8-25.

Main, R. (2006b). The social motivation of C.G. Jung's critique of scientific rationalism. *Transpersonal Psychology Review, 10*(1), 3-13.

Main, R. (2006c). The social significance of synchronicity. *Psychoanalysis, Culture, and Society, 11*(1), 36-53.

Main, R. (2007a). *Revelations of chance: Synchronicity as spiritual experience.* Albany, NY: State University of New York Press.

Main, R. (2007b). Ruptured time and the re-enchantment of modernity. In A. Casement (org.), *Who owns Jung?* (pp. 19-38). Londres e Nova York: Karnac.

Main, R. (2007c). Synchronicity and analysis: Jung and after. *European Journal of Psychotherapy and Counselling, 9*(4), 359-371.

Main, R. (2010a). Jung as a modern esotericist. In G. Heuer (org.), *Sacral revolutions: Cutting edges in psychoanalysis and Jungian analysis* (pp. 167-175). Londres e Nova York: Routledge.

Main, R. (2010b). Jung's uncertain separation of psychology from philosophy: A response to Segal. *Journal of Analytical Psychology, 55*(3), 385-388.

Main, R. (2011). Synchronicity and the limits of re-enchantment. *International Journal of Jungian Studies, 3*(2), 144-158.

Main, R. (2012). Anomalous phenomena, synchronicity, and the re-sacralisation of the modern world. In S. Kakar and J. Kripal (orgs.), *Seriously strange: Thinking anew about psychical experiences* (pp. 1-27, 275-283). New Delhi: Penguin Viking.

Main, R. (2013). Myth, synchronicity, and re-enchantment. In L. Burnett, S. Bahun and R. Main (orgs.), *Myth, literature, and the unconscious* (pp. 129-146). Londres: Karnac.

Main, R. (2014a). The cultural significance of synchronicity for Jung and Pauli. *Journal of Analytical Psychology, 59*(2), 174-180; também publicado em E. Kiehl (org.). (2014). *Copenhagen 2013 – 100 years on: Origins, innovations and controversies: Proceedings of the XIXth Congress of the International Association for Analytical Psychology.* Einsiedeln, Suíça: Daimon, pp. 148-155.

Main, R. (2014b). Foreword. In M. Mather (org.), *The alchemical Mercurius: Esoteric symbol of Jung's life and works* (pp. X-XII). Londres e Nova York: Routledge.

Main, R. (2014c). Synchronicity and the problem of meaning in science. In H. Atmanspacher and C. Fuchs (orgs.), *The Pauli-Jung conjecture and its impact today* (pp. 217-239). Exeter, Reino Unido: Imprint Academic.

Main, R. (2015a). Psychology and the occult: Dialectics of disenchantment and re-enchantment in the modern self. In C. Partridge (org.), *The occult world* (pp. 732-743). Abingdon e Nova York: Routledge.

Main, R. (2015b). Theorizing rogue phenomena. Essay review of E. Kelly, A. Crabtree and P. Marshall (orgs.), *Beyond physicalism: Toward reconciliation of science and spirituality.* Lanham, MD: Rowman and Littlefield, 2015, *Mind and Matter: An International Interdisciplinary Journal of Mind-Matter Research, 13*(2), 249-256.

Main, R. (2017). Panentheism and the undoing of disenchantment. *Zygon*, 52(4), 1098-1122.

Mansfield, V. (1995). *Synchronicity, science, and soul-making: Understanding Jungian synchronicity through physics, Buddhism, and philosophy*. Chicago e La Salle, IL: Open Court.

Mansfield, V. (2002). *Head and heart: A personal exploration of science and the sacred.* Wheaton, IL: Quest Books.

Mansfield, V., Rhine-Feather, S., & Hall, J. (1998). The Rhine-Jung letters: Distinguishing synchronicity from parapsychological phenomena. *Journal of Parapsychology, 62*(1), 3-25.

McCusker, B., & Sutherland, C. (1991). Probability and the psyche I: A reproducible experiment using Tarot, and the theory of probability. *Journal of the Society for Psychical Research, 57*(822), 344-353.

McGuire, W., & Hull, R.F.C. (orgs.). (1978). *C.G. Jung speaking: Interviews and encounters.* Londres: Thames and Hudson.

McMillan, C. (2015). *The 'image of thought' in Jung's whole-self: A critical study.* Tese de doutorado inédita, University of Essex, Reino Unido.

Mederer, M.-L. (2016). *Making chance meaningful: Exploring links with creativity and its culturally subversive application.* Tese de doutorado inédita, University of Essex, Reino Unido.

Meier, C.A. (org.). (2001). *Atom and archetype: The Pauli/Jung letters 1932-1958.* Londres: Routledge.

Miller, A. (2009). *Deciphering the cosmic number: The strange friendship of Wolfgang Pauli and Carl Jung.* Nova York: W.W. Norton.

Nagel, T. (2012). *Mind and cosmos: Why the materialist neo-Darwinian conception of nature is almost certainly false.* Oxford: Oxford University Press.

Odin, S. (1982). *Process metaphysics and Hua-Yen Buddhism.* Albany, NY: State University of New York Press.

Palmer, J. (2004). Synchronicity and psi: How are they related? *Proceedings of Presented Papers – Parapsychology Association Papers 2004*, 173-184.

Partridge, C. (org.). (2015). *The occult world.* Abingdon e Nova York: Routledge.

Peat, F.D. (1987). *Synchronicity: The bridge between matter and mind.* Nova York: Bantam.

Peterson, W. (1982). Making connections: 'Commentary on the attached verbalizations' of the 'Book of change'. *Harvard Journal of Asian Studies, 42*(1), 67-116.

Peterson, W. (1988). Some connective concepts in China in the fourth to second centuries BCE. *Eranos Yearbook, 57*, 201-234.

Plaskett, J. (2000). *Coincidences*. Hastings: Tamworth Press.

Progoff, I. (1973). *Jung, synchronicity, and human destiny*. Nova York: Julian Press.

Ramey, J. (2012). *The hermetic Deleuze: Philosophy and spiritual ordeal.* Durham, NC: Duke University Press.

Redmond, G., & Hon, T.-K. (2014). *Teaching the 'I Ching (Book of changes).'* Oxford: Oxford University Press.

Reiner, A. (2006). Synchronicity and the capacity to think. *Journal of Analytical Psychology, 51, 4*, 553-573.

Roesler, C. (2014). Investigating synchronistic events in psychotherapy. In H. Atmanspacher and C. Fuchs (orgs.), *The Pauli-Jung conjecture and its impact today* (pp. 241-254). Exeter, Reino Unido: Imprint Academic.

Rowland, S. (2005). *Jung as a writer*. Hove e Nova York: Routledge.

Sacco, R. (2016). The Fibonacci life-chart method (FLCM) as a foundation for Carl Jung's theory of synchronicity. *Journal of Analytical Psychology, 61*(2), 203-222.

Smith, R. (2008). *Fathoming the cosmos and ordering the world: The Yijing (I-Ching, or classic of changes) and its evolution in China*. Charlottesville, VA e Londres: University of Virginia Press.

Storm, L. (org.). (2008). *Synchronicity: Multiple perspectives on meaningful coincidence*. Pari, Itália: Pari Publishing.

Tarnas, R. (2006). *Cosmos and psyche: Intimations of a new world view*. Nova York e Londres: Penguin Viking.

Thalbourne, M., Delin, P., Barlow, J., & Steen, D. (1992-1993). A further attempt to separate the yins from the yangs: A replication of the Rubin-Honorton experiment with the 'I Ching'. *European Journal of Parapsychology, 9*, 12-23.

Thornton, E. (1967). *The diary of a mystic*. Londres: George Allen and Unwin.

von Franz, M.-L. (1974). *Number and time: Reflections leading toward a unification of depth psychology and physics* (A. Dykes, trad.). Londres: Rider and Company.

von Franz, M.-L. (1980). *On divination and synchronicity: The psychology of meaningful chance*. Toronto: Inner City.

von Franz, M.-L. (1992). *Psyche and matter*. Boston e Londres: Shambhala.

Watt, C. (1990-1991). Psychology and coincidences. *European Journal of Parapsychology, 8*, 66-84.

Williams, G. (2010). *Demystifying meaningful coincidences (synchronicities): The evolving self, the personal unconscious, and the creative process*. Lanham, MD: Jason Aronson.

Yassemides, A. (2014). *Time and timelessness: Temporality in the theory of Carl Jung*. Londres e Nova York: Routledge.

Zabriskie, B. (2005). Synchronicity and the 'I Ching': Jung, Pauli, and the Chinese woman. *Journal of Analytical Psychology, 50*, 223-235.

9
Complexidade, ecologia, simbolismo e sincronicidade

Joseph Cambray

No coração da Psicologia Analítica tradicional está a noção de que o *símbolo* serve como um fator mediador na interface entre dinâmicas conscientes e inconscientes. Ao definir o símbolo, Jung enfatizou a importância de que esteja "vivo", no sentido de conter uma inclusão vibrante do desconhecido. Os símbolos são vistos como tendo relevância coletiva, transcendendo a psicologia do indivíduo e refletindo um componente atemporal das profundezas e, mais imediatamente, o *zeitgeist* ou período do tempo em que eles vivem: "Sendo, para uma dada época, a melhor expressão possível para o que ainda é desconhecido, deve ser o produto das mentes mais complexas e diferenciadas dessa época" (Jung, 1971, p. 819).

Gerações subsequentes de analistas e eruditos junguianos abraçaram e ampliaram o foco na compreensão simbólica. Embora o interesse de Jung em desenvolvimentos na ciência contemporânea persistisse em algumas de suas correspondências, a incorporação desta faceta do desenvolvimento cultural esteve num eclipse parcial. Mais recentemente, um grupo de pesquisadores tem empregado novos conceitos a partir de estudos científicos, como através da adaptação de estudos neurobiológicos aplicados a estados corolários de consciência. Isso levou por sua vez ao interesse no campo mais amplo dos estudos da complexidade na comunidade junguiana.

Uma abordagem da psique em termos de sistemas complexos requer o acesso a múltiplas vertentes de pesquisa que contribuam a nosso fundo de conhecimento de modo que transgridam as linhas disciplinares acadêmicas tradicionais. Novas perspectivas demonstrando a interconexão de muitas facetas da realidade anteriormente tratadas de modo isolado respaldam a necessidade de novas teorias e métodos para descrever tais fenômenos. As ferramentas desenvolvidas no estudo de sistemas de complexidade crescente começaram a revelar uma profunda base ecológica para a experiência. Este capítulo procurará articular esforços para incluir esta abordagem dentro da perspectiva junguiana.

Uma introdução à complexidade

A ciência da complexidade é uma amálgama de várias disciplinas, com origens na teoria geral dos sistemas, na cibernética e na teoria dos sistemas dinâmicos não lineares, com a incorporação indireta de componentes da inteligência artificial, da geometria fractal e da teoria do caos, bem como de várias subespecialidades que se desenvolveram em cada domínio (cf. Castellani & Hafferty, 2010, para uma breve história do campo, especialmente conforme aplicado à sociologia). O campo da "complexidade" (abreviatura da vasta disciplina que inclui teoria, prática e ciência) se submeteu a uma série de desenvolvimentos que tiveram crescente aplicabilidade às ciências humanas e da informação. O desenvolvimento psicológico humano desde o nascimento foi revisto por aplicações dos estudos da complexidade, por exemplo a partir do campo da neurociência social. A teoria da rede mostrou ter tremendas aplicações em todos os campos envolvidos com processos de informação (trate-se de rastreamento da disseminação de doenças, flutuações na bolsa de valores, explorações de "*big data*" para propósitos de marketing ou outros dez mil usos). O subconjunto mais importante de redes é o daquelas consideradas "sem escala" (homólogas a três ou mais níveis de escala), pois estas são conhecidas por exibirem auto-organização geralmente com fenômenos emergentes e portanto são um aspecto dos estudos da complexidade. Além disso, estudos da complexidade foram aplicados com êxito às artes e humanidades. Assim, ela parece ser o novo paradigma global para a vida intelectual do início do século XXI.

As características não lineares de sistemas que apresentam complexidade requerem, em geral, a renúncia a descrições matemáticas algorítmicas precisas, como se costuma buscar em abordagens redutivas, na modelagem dos temas sob investigação. Contudo, com o advento de computadores de alta velocidade, simulações e modelagem de perturbações produziram algumas descobertas notáveis.

A classe de sistemas complexos que operam em ambientes competitivos, conhecida coletivamente como "sistemas adaptativos complexos [sigla em inglês: CAS (N.T.)], é de interesse particular para a pesquisa em Psicologia Analítica. Sistemas complexos, por exemplo, descrevem grande parte da biologia evolucionária e mostraram que se auto-organizam espontaneamente. Em geral, conforme "agentes"[1] locais interagem entre si num sistema complexo aberto (submetido a forças ambientais), a auto-organização que eles manifestam tem frequentemente propriedades "emergentes". Essas propriedades apenas são encontradas no agregado, ou seja, elas são traços holísticos que surgem das interações entre os agentes; não podem ser descobertas nos próprios agentes e não podem ser reduzidas a eles. Fenômenos emergentes são encontrados em toda a natureza, desde o mundo quântico até o cosmológico; criaturas vivas são exemplos notáveis. Alguns exemplos: a liquidez da água em temperatura ambiente – com seu baixo peso molecular, seria de se esperar que a água fosse gasosa em temperaturas necessárias à vida, se se observasse exclusivamente a molécula individual de H_2O; é a ligação de hidrogênio entre as moléculas que serve como uma cola que mantém as moléculas agregadas em forma líquida; a forma espiral dos furacões e de muitas galáxias; o formato dos flocos de neve e assim por diante, são todas propriedades emergentes. Mais diretamente relacionada ao tópico deste capítulo, a mente é considerada

1. O termo "agentes" é usado aqui de maneira muito ampla e geral para qualquer conjunto de componentes que interagem entre si, sejam átomos, moléculas ou galáxias; insetos em colônias, rebanhos de animais, cardumes de peixes, revoadas de pássaros; seres humanos em comportamentos coletivos, tais como em engarrafamentos de trânsito ou em mercados de ações flutuantes, para dar apenas alguns poucos e bem estudados exemplos.

como uma propriedade emergente da interação cérebro-corpo num ambiente humano (narrativo), ou seja, não é redutível a uma explicação baseada em fenômenos neurais, não importa o quão complicada.

A introdução de conceitos da complexidade na psicologia junguiana começou durante os anos de 1990, após o trabalho dos cientistas do Santa Fe Institute se tornar conhecido através de uma série de livros e de publicações (p. ex. Cambray, 2002). O artigo junguiano inaugural foi de David Tresan (1996), seguido por uma série de outras contribuições, que reexaminaram conceitos-chave junguianos em termos da ciência da complexidade. Essas incluem a reconsideração teórica dos arquétipos e complexos (Hogenson, 2001; Saunders & Skar, 2001; McDowell, 2001; Knox, 2003), da sincronicidade e do si-mesmo, dos métodos analíticos junguianos e da individuação (Cambray, 2002, 2004, 2009; Hogenson, 2004, 2005). Tais trabalhos foram complementados e seguidos por estudos sobre o uso clínico, desenvolvimental e dinâmico dos conceitos reconsiderados (Martin-Vallas, 2006, 2008; Knox, 2004a, b; Merchant, 2006, 2009; Hogenson, 2009; Cambray, 2006, 2011). Embora abraçando amplamente um paradigma compartilhado, muitos dos autores articularam claras diferenças entre suas posições, como sobre os arquétipos, desde os radicalmente emergentes (Hogenson, Saunders, e Skar) aos que tentam reservar um espaço maior à genética como um *locus* físico para os arquétipos-em-si (Knox, Merchant). A recente ascensão da epigenética parece ter ampliado as possibilidades para circuitos não herdados por DNA para certos padrões, e provavelmente exigirão uma reavaliação da hipótese arquetípica (Cambray, 2015). O campo permanece em tensão dinâmica entre vários modelos, todos contribuindo, mas nenhum sendo adotado unilateralmente.

Essas linhas de desenvolvimento também levaram a questões sobre tópicos correlatos, tais como a relação mente-corpo ou mente-matéria, conforme encarada deste novo paradigma. Uma empolgante nova formulação – baseada numa postura filosófica que se pode remontar a Espinosa (o monismo de aspecto dual), mas remodelada com a lógica quântica do século XX, que Wolfgang Pauli introduziu em discussões com Jung sobre a sincronicidade e o arquétipo psicoide – levou à conjectura Pauli-Jung. Para sistemas psicofísicos, a hipótese propõe correlações entre mente e matéria baseadas no significado ao invés de na causação (Atmanspacher & Fuchs, 2014, p. 5). Tem havido também alguma verificação experimental desta formulação, com a observação adicional de correlações negativas, ou seja, em que conexões como entre mente e matéria seriam esperadas, mas não seriam encontradas, como em certas rupturas dissociativas das ligações corpo-mente (Atmanspacher & Fach, 2013).

Redes complexas na psicologia junguiana

O uso de redes para descrever graficamente processos amplificatórios foi iniciado por Jung em meados dos anos de 1920, o período no qual Jung estava apresentando seminários para seus alunos. Jolande Jacobi apresenta um exemplo disto em seu livro de 1942 sobre *The Psychology of C.G. Jung* (1973, p. 87). A forma gráfica de Jacobi é a de uma rede rígida completamente ordenada, e não se poderia esperar que tivesse propriedades sem escala para ser tomada como uma representação precisa. Contudo, na geração seguinte de junguianos, Edward Edinger desenvolveu uma série de redes amplificatórias alquímicas (mostradas no início de cada capítulo, baseado numa determinada operação alquímica) para seu livro *Anatomy of the Psyche* (1985). Essas redes foram marcadas de uma maneira tal que sugerem variadas forças de ligações e não foram totalmente interconectadas num retículo. A maior flexibilidade implícita nos gráficos se move na direção de propriedades crescentes sem escala. Todos esses estudos ocorreram muito antes do desenvolvimento da World Wide Web e dos tipos de análises de rede que se tornaram agora familiares em muitas disciplinas. O trabalho pioneiro de Albert-László Barabási e colegas, resumido no popular livro *Linked* (2002), de Barabási, é uma das melhores introduções ao estudo da ciência contemporânea das redes.

Em retrospectiva, o modelo sem escala da psique parece ter sido uma característica inerente à visão junguiana. A noção de um inconsciente coletivo com complexos formados em torno de núcleos arquetípicos como pontos nodais é compatível com tal modelo. Este ganha maior respaldo quando a ideia de individuação é sobreposta a esta visão da psique. Seria possível predizer-se que grandes *hubs* com alta densidade de ligações estão associados aos complexos primários da primeira infância. De fato, seria possível ver a teoria psicanalítica das relações de objeto como uma poderosa articulação deste aspecto central da rede desenvolvimental da personalidade. O interesse junguiano na segunda metade da vida poderia, por sua vez, ser articulado como uma exploração de nós [nodes] arquetípicos ressonantes aos quais uma pessoa pode ter tido limitada exposição anteriormente, mas que foram ativados (ou constelados) através da experiência de vida, frequentemente fortalecida com um processo analítico junguiano.

Análises de redes sem escala revelaram o papel crucial de ligações fracas permitindo uma maior transformação em redes (Csermely, 2006). Ligações fracas são aquelas mais facilmente quebradas ou rompidas, por exemplo a umidade da água como decorrente das ligações fracas entre as moléculas de água (pontes de hidrogênio) *versus* a ligação forte dentro das próprias moléculas. Portanto, o trabalho analítico com os complexos pode reduzir as ligações excessivamente fortes de alguns *hubs* (tais como os que emanam de expectativas transferenciais, p. ex. como um complexo materno), e conectar e integrar nós mais isolados, explorados numa análise de longo prazo, com uma série de ligações moderadas e fracas que acarretam crescimento da personalidade. As consequências de tais transformações analiticamente facilitadas seriam uma rede maior, mais robusta e mais dinâmica da personalidade, com características holísticas emergentes.

Redes rizomáticas na psicologia junguiana[2]

Há uma imagem ecológica de rede de que Jung gostava especialmente: o rizoma. Derivado do termo grego "*rhiza*", traduzido como raiz; segundo o dicionário *Merriam-Webster*, um rizoma é "um tronco de planta subterrâneo, geralmente horizontal e um pouco alongado, frequentemente engrossado por depósitos de material alimentar de reserva, que produz brotos acima e raízes

2. Aspectos selecionados desta seção foram publicados recentemente (Cambray, 2017).

embaixo, e se distingue de uma raiz verdadeira por possuir botões, nódulos e geralmente folhas semelhantes a escamas" (www.merriam-webster.com/dictionary/rhizome). A citação mais conhecida com relação a este conceito está em *Memórias, Sonhos, Reflexões*:

> A vida sempre me pareceu como uma planta que vive de seu rizoma. Sua verdadeira vida é invisível, oculta no rizoma. A parte que aparece acima do solo dura apenas um único verão. Então desaparece – uma aparição efêmera. Quando pensamos no infinito crescimento e declínio da vida e das civilizações, não podemos escapar da impressão de uma nulidade absoluta. Ainda assim eu nunca perdi o senso de que algo vive e perdura sob o eterno fluxo. O que vemos é a floração, que passa. O rizoma persiste (Jung, 1961, p. 4).

O termo foi introduzido na ciência moderna, pela primeira vez, por botânicos e jardineiros de meados do século XIX. Plantas rizomáticas típicas e bem conhecidas são o bambu, o gengibre, o álamo, entre outras.

A densa rede subterrânea de um rizoma pode ser muito extensa, com muitas raízes menores numa rede convergindo em pontos para produzir os nódulos que são associados com o crescimento observável acima do solo. O rizoma também tende a interagir com outros numerosos sistemas de raízes em sua vizinhança. Assim, o uso por Jung desta analogia para uma imagem da psique sugere uma rede complexa de conexões inconscientes se estendendo em e sustentando vários representantes individuais acima do solo, ou seja, na expressão consciente. A psique, pois, é vista em analogia com uma rede altamente entrelaçada e não local que é invisível no nível da superfície, mas que abaixo é profundamente distribuída e inserida num sistema ecológico mais amplo.

Pode-se imaginar a rede ecológica funcionando em múltiplos níveis, a começar do psicoide. Os aspectos humanos individuais da psique estariam, neste nível profundo, conectados não apenas a nossa experiência somática, mas, mais amplamente, no mundo de energia e matéria, geralmente tratado como não vivo, ou inorgânico, tais como os aspectos não biológicos de nosso ambiente. A metáfora de raízes emaranhadas pode aqui ser descrita em termos do entrelaçamento de padrões fundamentais ou psicoides arquetípicos.

Uma consequência de tais interconexões sugere a possiblidade de captar verdades sobre a natureza através de empatia e de intuição. Contudo, as distinções nítidas entre aspectos subjetivos e objetivos destes fenômenos não mais se mantêm neste nível, pois a rede transcende a divisão aparente de interno e externo. De modo semelhante, o processamento habitual do mundo pela consciência egoica, uma ficção conveniente e mesmo necessária, pode agora ser visto como um foco isolado no que emergiu do mundo rizomático, embora secretamente vinculado a ele.

Em níveis biológicos, nossas redes ecológicas começam com nosso microbioma, a soma de todos os seres virais, fúngicos, microbianos e mesmo multicelulares que se envolvem com nossas células humanas para constituir nosso ser biológico. Esta rede em geral opera totalmente fora da consciência ordinária, embora em níveis bioquímicos e biofísicos nós participemos plenamente como um membro ativo. Na última década, pesquisadores aprenderam que até mesmo várias funções da consciência são de fato suscetíveis ao, e influenciáveis pelo microbioma humano (cf., p. ex., Bharwani et al., 2016; Carpenter, 2012). Embora muitas formas de vida não sejam formalmente sapientes, as complexidades das inteligências biológicas exibidas por elas são impressionantes. Nossa incipiente consciência e engajamento ecológico com tais inteligências está florescendo, embora esteja ainda na infância. O estudo de comunicações entre espécies, desde o parasitismo à simbiose, ou da predação à competição, está revelando uma gama de redes anteriormente não imaginadas, apesar de muitas delas serem intuídas no imaginário de sonhos e símbolos, mas uma exploração mais completa disto vai além do escopo deste pequeno capítulo.

Voltando à metáfora da raiz, interações rizomáticas podem servir a múltiplos propósitos, muitos dos quais atualmente investigados na botânica. Por exemplo, sabe-se agora que, em certas circunstâncias, árvores moribundas fazem o "download" de seus nutrientes essenciais para redes denominadas micorrizas (de fungos), que se infiltraram nas raízes de árvores sem prejudicá-las. De fato, as árvores regularmente "fazem e entregam comida aos fungos; os fungos, por sua vez, aumentam dramaticamente a água e os poderes de absorção de minerais pelas plantas através de sua vasta rede de filamentos. Eles fornecem uma superfície muito maior de absorção do que o escasso suprimento que poderia ocorrer através apenas de pelos radiculares curtos que em geral cresceriam na árvore sozinha" (Frazer, 2015). As redes micorrízicas também servem como um condutor e circuito de comunicação entre árvores, mesmo de diferentes espécies. Elas podem transmitir alertas sobre predação, patógenos, bem como distribuição de nutrientes, permitindo uma coordenação cooperativa anteriormente não registrada entre os vários componentes da rede. Assim, tem sido mostrado que árvores mais velhas apoiam o crescimento e a saúde de plantas mais novas. Frazer cita o trabalho de Suzanne Simard, que tem estudado o papel de micorrizas na estabilização de solos florestais em face de mudanças climáticas, e como estas redes têm topologias sem escala e operam como agentes fundamentais de auto-organização no CAS de ecossistemas florestais (p. ex., Simard & Austin, 2010; Simard et al., 2012). Esses estudos foram expandidos e popularizados por Peter Wohlleben em seu *bestseller* internacional de 2016, *The Hidden Life of Trees* [*A Vida Secreta das Árvores*, lançado no Brasil pela editora Sextante em 2017 (N.T.)].

A partir dessas explorações científicas detalhadas sobre as plantas, podemos chegar a estimar o quão profundamente complexa deve ser a psique – se fungos e árvores têm uma vida tão interconectada e rica, o que dizer dos seres sapientes? Não deveríamos aprender a partir do zero [ou "a partir do chão", para assinalar uma possível ressonância metafórica da expressão *from the ground up*, no original (N.T.)] sobre a forma como a inteligência biológica desenvolveu métodos de comunicação que estimulam modos cooperativos e integrados de interagir com os outros? Se formos capazes de suspender nosso conhecimento suficientemente para nos abrirmos a uma apreciação desses modos de ser, creio que nossos modelos da psique serão enriquecidos para além de nossa atual imaginação, e que isto estava implícito na intuição de Jung quando se voltou para o rizoma como sua metáfora da psique[3].

---

3. O filósofo Gilles Deleuze reconheceu abertamente seu débito com Jung ao tomar de empréstimo o conceito de rizoma para sua própria abordagem crítica e descentralizada. Deleuze em coautoria com Guattari rejeitam o que chamam de "cultura arborescente" (usando "árvores" como uma metáfora hierárquica, estruturas de cima para baixo, *top-down*, tais como as "árvores de decisão" em

Além da passagem citada acima, Jung faz ligações históricas do conceito de "rhizomata", remontando aos alquimistas e, em última instância, a Empédocles, em seu artigo "O espírito Mercurius" (Jung, 1967b). Falando sobre árvores impressionantes em florestas, que funcionam como um simbólico "protótipo do si-mesmo" que "esconde um grande segredo", diz:

> O segredo não está oculto na copa, mas nas raízes da árvore. E uma vez que tem, ou melhor, que é uma personalidade, possui um de seus segredos mais notáveis: a voz, a linguagem, um propósito consciente, e exige ser liberto pelo herói. Algo está encarcerado, aprisionado contra a sua vontade na terra, entre as raízes da árvore. As raízes se estendem ao mundo do inorgânico, ao reino mineral. Em termos psicológicos, isto significaria que o si-mesmo tem suas raízes no corpo (terra), na verdade nos elementos químicos do corpo. Qualquer que seja o significado em si da importante afirmação do conto ["O espírito na garrafa"], ela não é de modo algum mais estranha do que o milagre da planta viva que tem suas raízes no reino inanimado da terra. Os alquimistas descreviam seus quatro elementos como *radices* (raízes), de acordo com as *rhizomata* de Empédocles, e nelas viam os componentes do símbolo mais significativo e central da alquimia, o *lapis philosophorum*, que representa a meta do processo de individuação (Jung, 1967, § 242).

Mesmo sem conhecimento explícito da ecologia florestal, a orientação de Jung ao segredo guardado nas raízes parece uma poderosa intuição guiada por sua crescente percepção do papel do nível psicoide da realidade.

As quatro *rhizomata* de Empédocles são geralmente compreendidas como os quatro princípios-raiz ou "*archai*" (governantes primordiais; deuses; fundamentos; origens) da filosofia antiga: água, fogo, ar e terra. Empédocles foi o filósofo pré-socrático que articulou a tétrade, acrescentando a terra como o quarto princípio aos de Tales (água), Heráclito (fogo) e Anaxímenes (ar) para completar esta cosmologia numa sínte-

---

diagnósticos médicos), que eles consideram disseminadas e totalmente predominantes na tradição intelectual ocidental na maioria das disciplinas acadêmicas (Deleuze & Guattari, 1987). A visão rizomática deles é de uma interconexão radical que é acêntrica, antigenealógica, não hierárquica e não significante, em favor da multiplicidade e diversidade.

se das visões anteriores. Para Empédocles, esses princípios são eternos e incriados[4].

Este modelo de variantes serviu como o pano de fundo fundamental para o estudo da alquimia desde os períodos antigo e medieval, que é aquilo a que Jung se refere na passagem citada acima. A síntese dos quatro elementos num todo unificado foi a meta da alquimia e onde o "ouro" deveria ser obtido. A representação dos fundamentos do mundo como sendo os quatro elementos persistiu no pensamento ocidental até a ascensão da ciência moderna, especialmente da teoria atômica. Porém, a descrição científica se focou cada vez mais nos elementos como exclusivamente realidades físicas, sendo os aspectos metafóricos e o uso filosófico dos elementos descartados e substituídos por uma busca reducionista e literal das substâncias básicas da realidade.

Uma das dádivas da psicologia moderna foi devolver o significado à nossa procura da natureza da realidade e das realidades da natureza. A abordagem simbólica e psicológica por Jung da alquimia, em especial, soprou vida nova nestas antigas ideias arquetípicas. As transformações procuradas pelos alquimistas assumem uma relevância contemporânea quando refletidas através de uma psicologia do inconsciente. A personalidade se torna o "material" submetido às transformações, e num sentido mais profundo isso também altera a natureza do mundo em uma maneira interconectada, senão mesmo progressiva, ao mesmo tempo. Numa nova síntese, o químico-filósofo Gaston Bachelard explorou a aplicação da psicologia profunda aos elementos numa série de livros, que foram traduzidos para o inglês: *A Psicanálise do Fogo* (*The Psychoanalysis of Fire*, 1964); *A Água e os Sonhos* (*Water and Dreams*, 1994); *O Ar e os Sonhos* (*Air and Dreams*, 1988); *A Terra e os Devaneios do Repouso* (*Earth and Reveries of Repose*, 2011); e um segundo livro sobre a terra: *A Terra e os Devaneios da Vontade* (*Earth and Reveries of Will*, 2002).

---

4. Devido a esses atributos de Empédocles, Deleuze não pôde adotar plenamente o uso por Jung da metáfora do rizoma. Com efeito, a leitura empedocliana das *rhizomata* é, em última instância, hierárquica, e por isso Deleuze a rejeitou, como também rejeitou a elaboração por Jung do rizoma associada a este ponto de vista.

Segundo o filósofo David Macauly, uma explicação mais completa das visões de Empédocles incluiria:

> *Rhizomata*, em primeiro lugar, servem como nome para a terra, ar, fogo e água; em segundo lugar, se referem às massas visíveis no mundo correspondentes a esses nomes e, em terceiro lugar, indica o que podemos chamar agora de uma dimensão mítica ou simbólica, como quando Empédocles associa o fogo com o sol, ou o mar (água) com o "suor da Terra" (fr. 55). Em termos desta caracterização, as *rhizomata* são: (a) eternas, (b) incriadas (*ageneta*) e (c) constituintes daquilo de que o mundo é feito – "pois destas são todas as coisas" (fr. 26) (Macauly, 2005, p. 286).

Como uma "teoria de tudo", é uma das primeiras a apresentar uma síntese que integra quatro princípios como colaboradores em pé de igualdade lutando pela harmonia e o equilíbrio. Nisto há uma filosofia ecopolítica, como observa Macauly:

> O bem-estar se baseia numa relativa igualdade, diversidade de formas e equilíbrio dinâmico, princípios que geralmente operam em ecossistemas maduros ou comunidades ecológicas estáveis no caso das sociedades humanas (Macauly, 2005, p. 288).

Prossegue relacionando essas visões pré-socráticas à pessoa que cunhou o termo ecologia, Ernst Haeckel, que eu mostrei ter tido importante influência sobre Jung não apenas da perspectiva da filosofia natural, mas também artisticamente, como se vê em *O Livro Vermelho* (Cambray, 2014). Da abordagem de Haeckel à ecologia, assinala que ela é:

> a ciência das relações entre os organismos e seu ambiente. Como Empédocles, ele tendia a caracterizar o cosmos como unificado, situando animais humanos e não humanos nos mesmos níveis biológico e moral, e descrevendo o mundo natural como uma fonte relativamente benévola de sabedoria (Cambray, 2014, p. 295).

Macauly também fica intrigado pelos desenvolvimentos na ecologia florestal, especialmente o modo como as árvores interagem de modos benéficos com seus ambientes.

A partir disso, podemos ver que uma eco-orientação nascente participou das transformações documentadas em *O Livro Vermelho* (1914-1930), que foram tão essenciais às visões maduras de Jung sobre a psique[5]. Chave para a saída de Jung de *O Livro Vermelho* foi sua guinada à alquimia, iniciada quando recebeu a tradução manuscrita de *O Segredo da Flor de Ouro* por Richard Wilhelm. No âmbito dos escritos alquímicos de Jung, uma perspectiva eco-orientada pode ser encontrada em 1937, quando fez sua conferência Eranos sobre "As visões de Zósimo". Assinala ali:

> A psicologia do inconsciente tem de contar com períodos de tempo longos como esse, pois ela se ocupa menos com a personalidade efêmera do que com processos ancestrais, comparados com os quais o indivíduo não é mais do que a flor e o fruto passageiros do rizoma subterrâneo (Jung, 1967c, § 120).

A ampliação posterior do símbolo do rizoma veio então no artigo de 1943 para Eranos, "O espírito Mercurius", já mencionado. E talvez por acidente o artigo seguinte no volume 13 da Obra Completa seja seu grande estudo "A árvore filosófica", publicado em 1945, que tinha sido escrito em preparação para uma *Festschrift* para Gustav Senn, professor de botânica da Universidade da Basileia (*CW 13*, p. 251). É como se o conflito e a destruição da Segunda Guerra Mundial, com o advento do armamento nuclear, tivesse começado a produzir uma resposta compensatória, uma guinada a favor da vida ameaçada do planeta entendido como um todo integrado[6]. Imagens de profunda interconexão abaixo do nível da consciência ordinária estavam surgindo, talvez de níveis mais psicoides, mais coletivos, da realidade. Mais geralmente, podemos considerar a escrita e os métodos de Jung como rizomáticos. Isso é uma extensão do reconhe-

---

5. Como mostrei anteriormente, Alexander von Humboldt foi uma importante influência anônima na assimilação por Jung de suas experiências de *O Livro Vermelho*. Para muitos estudiosos, Von Humboldt é visto hoje em dia como o primeiro ambientalista no Ocidente (Cambray, 2015; Wulf, 2015).

6. Macauly discute a angústia dos antigos gregos em relação à poluição enquanto um perigo moral e ambiental. Em sua leitura de Empédocles, conclui: Empédocles sugere que um indivíduo culpado (*daimon*) será perseguido pelos quatro elementos: "Pois força de éter os persegue em direção de mar", e "mar em solo de terra os vomitou", e "terra em raios de sol luminoso", e este "os atirou em turbilhão de éter" (fr. 115 [segundo, aqui, sua versão no volume *Os pré-socráticos* de *Os pensadores* (N.T.)]). Como sua regra cósmica, as quatro *rhizomata* se revezam em exercer a justiça por ações poluidoras contra o mundo natural e, em essência, contra os próprios elementos divinos e personificados" (Macauly, 2005, p. 302).

cimento de sua abordagem da psique como uma forma de complexidade, especialmente a identificação, rastreamento e estimulação do que é emergente (Cambray, 2015; Rowland, 2016). Em essência, a formulação da individuação poderia ser vista como uma exploração rizomática dos circuitos infinitos da psique. Para a maioria das pessoas, isso requer uma longa vida pois pelo menos uma dimensão do processo, portanto a meta alquímica da longevidade, poderia ser lida como um dos ingredientes necessários à individuação rizomática.

Redes ecológicas e a expansão de abordagens simbólicas

Conforme a ciência das redes se desenvolveu e expandiu ao longo das últimas décadas, aplicações das redes a sistemas ecológicos cresceram a passos largos. Segundo Borrett e colegas, que estudaram a literatura da ecologia de 1936 a 2012, eles encontraram mais de vinte e nove mil artigos relevantes com um crescimento exponencial desde 1985, de modo que por volta de 2012 os artigos sobre redes compreendiam cerca de 5% do número total de artigos publicados sobre ecologia naquele ano (Borrett et al., 2014). Qualitativamente a abordagem da rede em estudos ecológicos pode ser remontada no mínimo a Darwin, como Ings et al. notam:

> Desde quando Darwin contemplava a interdependência dos habitantes de sua "margem emaranhada" (Darwin 1859) [Alusão a uma famosa passagem de *A Origem das Espécies*: "É interessante contemplar o emaranhado de uma ribanceira, vestida com muitas plantas de várias espécies, com pássaros cantando nos arbustos, com vários insetos esvoaçando ao redor, e com vermes rastejando na terra úmida, para refletir que essas formas construídas e elaboradas, tão diferentes umas das outras, e dependentes de cada uma, de uma maneira tão complexa, têm todas sido produzidas pelas leis atuando ao nosso redor." (N.T.)], os ecologistas têm procurado compreender como esta complexidade aparentemente confusa pode persistir na natureza. [....] O estudo dos nexos das interações entre organismos, que compreende as redes ecológicas, desempenhou consequentemente um papel central no desenvolvimento da ecologia como uma disciplina científica (Ings et al., 2009, p. 254).

Eles também visam a uma guinada da ênfase em determinadas espécies-chave a uma compreensão mais inclusiva dos ecossistemas:

> A teoria das redes ecológicas poderia também estimular uma revisão de muitas estratégias atuais de conservação, ao deslocar a ênfase em espécies carismáticas para uma perspectiva mais holística, em que tanto as espécies quanto as ligações importam (Ings et al., 2009, p. 262).

Esta abordagem mais integrada busca incluir visões dos ecossistemas, sejam de cima para baixo quanto de baixo para cima [Top-Down e Bottow-Up], para construir, o máximo possível, modelos mais precisos e sofisticados. Uma consequência potencial desta visão mais complexa dos sistemas naturais, que abrange os padrões de interação, é a necessidade de desenvolver uma visão mais expansiva de nossa leitura simbólica dos fenômenos naturais e das capacidades dos organismos nos ambientes. Por questão de espaço, apresentamos dois exemplos abreviados.

Uma das histórias mais frequentemente contadas é sobre a reintrodução de lobos cinzentos no Parque Nacional Yellowstone, nos Estados Unidos. Após os lobos terem sido caçados até a extinção local, há mais de setenta e cinco anos atrás, eles foram deliberadamente reintroduzidos no parque em 1995-1996. Como um dos predadores superiores (alfa) [do topo da cadeia alimentar (N.T.)], a eliminação do lobo teve um efeito de "cascata trófica", que de acordo com a Enciclopédia Britânica é um "fenômeno ecológico deflagrado pelo aumento ou diminuição de predadores superiores e que envolve mudanças recíprocas nas populações relativas de predadores e presas membros de uma cadeia alimentar, o que frequentemente resulta em mudanças dramáticas na estrutura do ecossistema e no ciclo de nutrientes" (www.britannica.com/science/trophiccascade, em 20 de março de 2016), ou na distorção da rede ecológica. No caso de *Yellowstone*, a perda deste predador-chave produziu um efeito cascata no qual ungulados foram para regiões mais baixas e comeram muitas mudas, por exemplo de álamos, o que teve reverberações em pastagens e zonas úmidas. A introdução do lobo, em alguma medida, começou a reequilibrar o sistema. O mais notável foi o retorno dos castores, o surgimento de pântanos e expansão de zonas úmidas, o retorno de pássaros canoros, e maior diversidade da vegetação, entre outras mudanças, todas indiretamente atribuídas à rede reconfigurada (Smith et al., 2003).

O simbolismo geralmente associado com o lobo reflete a angústia dos encontros com um predador temido. O verbete para lobo no *Dictionary of Symbols and Imagery*, de De Vries, é orientado primordialmente para os afetos negativos, embora com um reconhecimento de sua consagração à Grande Deusa, pois ele uiva para a Lua e seus olhos brilham na escuridão, o que é frequentemente ligado às bruxas. O lobo é visto como representando:

> *a natureza selvagem*: o mal geral, como o elemento caótico e destrutivo no universo e no ser humano, com um possível triunfo no final; inversão [...] se alimenta de cadáveres; se refugia em florestas montanhosas (De Vries, 1984, p. 507).

Outras amplificações focalizam:

> crueldade, assassinos... avareza, ambição, um ladrão... o Demônio... pobreza, fome, melancolia... corrupção, heresia, covardia, hipocrisia... trevas, noite, inverno (De Vries, 1984, pp. 507-508).

Umas poucas noções mais positivas são citadas como exceções, por exemplo a proteção das crianças na lenda de Rômulo e Remo na fundação de Roma, mas os afetos associados ao simbolismo são tão negativos que a caça até a extinção não chega a ser surpreendente.

Se nossa compreensão da significância psicológica do imaginário associado a uma criatura como o lobo deve seguir o ritmo de nosso crescente conhecimento da complexidade ecológica associada a essas figuras, cabe à comunidade analítica expandir nosso conhecimento dessas redes e abordar as projeções de modo a substituí-las por visões mais completas. Isso não requer um abandono total dos usos históricos e culturais desse imaginário, mas destaca a necessidade de contextualizar os ambientes afetivos nos quais as compreensões simbólicas evoluem. Conforme os ambientes nos quais vivemos mudam e nossa compreensão de como eles operam aumenta, camadas mais antigas de percepção psíquica precisam de uma cuidadosa reconsideração, ou as visões interpretativas se tornam estagnadas. Geralmente, quando um afeto menos negativo é estimulado por algo na natureza, um simbolismo mais benigno e rico floresce e pode conter um grande *insight* intuitivo sobre o modo como a natureza funciona.

Uma segunda história envolve um evento de campo, não local, observado com uma planta. A observadores humanos ela tem um toque sincronístico adicional. Ganhou atenção quando o jornalista da NPR [*National Public Radio*], Robert Krulwich, contou no ar a história de uma planta selvagem de café que quase desapareceu. No programa "All Things Considered", de 28 de março de 2006, relatou a seguinte história sobre a planta:

> Chamada de "café-marrom", vivia em uma ilha, "Rodrigues", no meio do Oceano Índico, no que agora é parte da República da Maurícia. Era uma planta comum. Suas folhas eram verdes, de altura mediana (cerca de 5 ou 6 pés), suas flores brancas, sua existência ignorável...
>
> Em 1877, um visitante europeu, passando por Rodrigues, fez um desenho dela, e essa é a única imagem que tínhamos desta planta, porque depois disso cabras e porcos passaram a se multiplicar em Rodrigues, e a planta começou a desaparecer. Em meados do século, supunha-se que ela estivesse extinta.
>
> Então em 1979, um professor de biologia em Rodrigues distribuiu cópias deste desenho de 1877 a um grupo de meninos de doze anos, e um deles levantou a mão e disse: "Com licença, senhor, eu tenho uma perto da minha casa".
>
> O professor ficou em dúvida, mas pegou um ramo como amostra, e o enviou à *Royal Botanical Gardens* em Kew, em Londres, onde ela foi identificada. Era selvagem.
>
> Casualmente vi… [uma] descrição ao ler… *Last Chance to See*. Querendo saber como a história acabava, comecei a fazer telefonemas, encontrei uma botânica, Wendy Strahm…, Margaret Ramsay, uma especialista em plantas de Kew... e Richard Payendee, que trabalha no âmbito da conservação em Rodrigues... e juntei as peças do restante da história, que, muito resumidamente, envolve:
>
> - Uma missão internacional de resgate que correu para trazer dois frágeis pedaços da planta a Londres.
> - Um esforço por mais de vinte anos, por parte de alguns dos mais sofisticados botânicos do mundo, para fazer esta planta criar uma semente, de modo que pudesse ter um futuro.
> - Um ousado experimento em 2003 que produziu uma inovação.

- E, mais importante, e mais dramaticamente, uma conclusão imprevista, inexplicável e completamente misteriosa.

A conclusão só ficou disponível no relato da história na rádio NPR. Ela incluiu o fato de que nenhuma outra destas plantas pôde ser encontrada; era a última no mundo. Os botânicos queriam clonar a planta, mas era preciso uma semente. Contudo, a planta do 'Kew Garden' não colaboraria, tampouco a original. Finalmente, usando hormônios da planta, os botânicos induziram a formação de sementes. Notavelmente, justamente naquele momento uma muda da planta original, sem nenhum hormônio, também formou sementes espontaneamente.

O engajamento humanos-planta num campo interativo "*eco-tech*" parece ter sido envolvido numa emergência não local de sementes, um momento de renascimento arquetípico à beira da extinção, pontuado pela ressonância sincronística nos últimos membros sobreviventes da espécie. Creio que isto oferece um vislumbre de como poderíamos ampliar nossa exploração de fenômenos sincronísticos como resultados de contínuas transformaçoes em CAS. Creio que isto seria considerado uma correlação induzida acima da linha de base, no sentido discutido por Atmanspacher e Fach (2014). Como o envolvimento dos aspectos ecológicos do campo pode ter contribuído? A intencionalidade era claramente local, mas os resultados foram não locais; uma visão mais ampla da inteligência e responsividade biológicas é necessária para verdadeiramente se ir mais longe nesses estudos. Conforme mencionado acima, recentes trabalhos sobre árvores e fungos em redes florestais revelaram interconexões anteriormente inimaginadas, e a geração de inteligência e intenção em sistemas que eram considerados desprovidos do que não fossem as formas mais rudimentares, embora agora em agregados gerando ações com uma espécie de resultado teleológico.

Conclusões

A ciência da complexidade emergiu no final do século XX, e, com o avanço tecnológico no processamento de informações, cresceu para se tornar uma das mais importantes direções contemporâneas nos estudos eruditos. A aplicação das psicologias junguiana e profunda se desenvolveu em paralelo, primordialmente através de aplicações de interpretações teóricas a conceitos centrais. Neste capítulo, me esforcei em estender estes estudos para mostrar a necessidade de revisão do modo de encarar e aplicar conceitos como o de simbolismo, no contexto de um conhecimento e compreensão crescentes do nosso mundo. A separação implícita dos seres humanos em relação a seus ambientes, ao planeta e até ao cosmo não é mais sustentável, mesmo em formulações científicas. Eu conclamaria a uma reconsideração ampla e completa de todos os pressupostos básicos à luz da compreensão crescente oferecida pelos estudos da complexidade. Uma maior discussão das novas direções nesta pesquisa será apresentada no capítulo final.

Referências

Atmanspacher, H., & Christopher, F. (2014). *The Pauli Jung conjecture and its impact today* (H. Atmanspacher e C. Fuchs, orgs.). Exeter, Reino Unido: Imprint Academic.

Atmanspacher, H., & Wolfgang, F. (2013). A structural-phenomenological typology of mind-matter correlations. *Journal of Analytical Psychology, 58*, 219-244.

Bachelard, G. (1964). *Psychoanalysis of fire* (A.C.M. Ross, trad.). Boston: Beacon Press.

Bachelard, G. (1988). *Air and dreams* (E.R. Farrell e C. Frederick, trad.). Dallas, TX: Dallas Institute of Humanities and Culture.

Bachelard, G. (1994). *Water and dreams* (2ª impressão). (E.R. Farrell, trad.). Dallas, TX: Pegasus Foundation.

Bachelard, G. (2002). *Earth and reveries of will* (K. Halman, trad.). Dallas, TX: Dallas Institute of Humanities and Culture.

Bachelard, G. (2011). *Earth and reveries of repose* (M. McAllester Jones, trad.). Dallas, TX: Dallas Institute of Humanities and Culture.

Barabási, A.-L. (2002). *Linked: The science of networks*. Nova York: Perseus Books Group.

Bharwani, A., Firoz Mian, M., Foster, J.A., Surette, M.G., Bienenstock, J., & Forsythe, P. (2016). Structural & functional consequences of chronic psychosocial stress on the microbiome & host. *Psychoneuroendocrinology, 63*, 217-227.

Borrett, S., Moody, J., & Edelmann, A. (2014). The rise of network ecology: Maps of the topic diversity and scientific collaboration. *Ecological Modelling, 293*, 111-127.

Cambray, J. (2002). Synchronicity and emergence. *American Imago, 59*(4), 409-434.

Cambray, J. (2004). Synchronicity as emergence. In J. Cambray e L. Carter (orgs.), *Analytical psychology: Contemporary perspectives in Jungian analysis*. Hove e New York: Brunner-Routledge.

Cambray, J. (2006). Towards the feeling of emergence. *Journal of Analytical Psychology, 51*, 1-20.

Cambray, J. (2009). *Synchronicity: Nature & Psyche in an interconnected universe (Fay Lecture Series)*. College Station: Texas A&M University Press [*Sincronicidade: Natureza e Psique num Universo Interconectado*. Petrópolis: ed. Vozes, 2009].

Cambray, J. (2011). Moments of complexity and enigmatic action: A Jungian view of the therapeutic field. *Journal of Analytical Psychology, 56*, 296-309.

Cambray, J. (2014). *The red book: Entrances and exits: The red book: Reflections on C.G. Jung's liber novus* (T. Kirsch e G. Hogenson, orgs.). Nova York e Londres: Routledge.

Cambray, J. (2015). Jung, science, German romanticism: A contemporary perspective. In M.E. Mattson, F.J. Wertz, H. Fogarty, M. Klenck e B. Zabriskie (orgs.), *Jung in the academy and beyond: The Fordham lectures 100 years later*. Nova Orleans, LA: Spring Journal Books.

Cambray, J. (2017). The emergence of the ecological mind in 'Hua-Yen/Kegon' Buddhism and Jungian psychology. *Journal of Analytical Psychology, 62*(1), 20-31.

Carpenter, S. (2012). That gut feeling. *Monitor on Psychology, 43*(8), 50.

Castellani, B., & Hafferty, F.W. (2010). *Sociology and complexity science*. Berlim, Heidelberg: Springer-Verlag.

Csermely, P. (2006). *Weak links: Stabilizers of complex systems from proteins to social networks*. Berlim: Springer-Verlag.

de Vries, Ad. (1984). *Dictionary of symbols and imagery*. Amsterdam e Londres: North Holland Publishing Company.

Deleuze, G., & Guattari, F. (1987). *A thousand plateaus: Capitalism and schizophrenia*. Minneapolis, MN: University of Minnesota Press.

Edinger, E. (1985). *Anatomy of the psyche*. La Salle, IL: Open Court.

Frazer, J. (2015). Dying trees can send food to neighbors of different species via 'Wood-WideWeb'. *Scientific American*, 9 de maio de 2015.

Hogenson, G. (2001). The Baldwin effect: A neglected influence on C.G. Jung's evolutionary thinking. *Journal of Analytical Psychology, 46*, 591-611.

Hogenson, G. (2004). Archetypes: Emergences and the psyche's deep structure. In J. Cambray e L. Carter (orgs.), *Analytical psychology: Contemporary perspectives in Jungian analysis*. Hove e Nova York: Brunner-Routledge.

Hogenson, G. (2005). The self, the symbolic and synchronicity: Virtual realities and the emergence of the psyche. *Journal of Analytical Psychology, 50*, 271-284.

Hogenson, G. (2009). Synchronicity and moments of meeting. *Journal of Analytical Psychology, 54*, 183-197.

Ings, T.C., Montoya, J.M., Bascompte, J., Blüthgen, N., Brown, L., Dormann, C. F., ... Lauridsen, R.B. (2009). Review: Ecological networks – beyond food webs. *Journal of Animal Ecology, 78*(1), 253-269.

Jacobi, J. (1973). *The psychology of C.G. Jung*. New Haven, CT: Yale University Press [*A Psicologia de C.G. Jung*. Petrópolis: ed. Vozes, 2013].

Jung, C.G. (1961). *Memories, dreams, reflections*. New York: Pantheon Books.

Jung, C.G. (1967a). The philosophical tree. In *Alchemical studies, collected works 13*. Princeton, NJ: Princeton University Press ["A árvore filosófica", in: OC 13].

Jung, C.G. (1967b). The spirit mercurius. In *Alchemical studies, collected works 13*. Princeton, NJ: Princeton University Press ["O espírito Mercurius", in: OC 13].

Jung, C.G. (1967c). The vision of zosimos. In *Alchemical studies, collected works 13*. Princeton, NJ: Princeton University Press ["As visões de Zósimo", in: OC 13].

Jung, C.G. (1971). *Psychological types, collected works 6*. Princeton: Princeton University Press [*Tipos Psicológicos*, OC 6].

Knox, J. (2003). *Archetype, attachment, analysis: Jungian psychology and the emergent mind*. Nova York e Hove: Bruner-Routledge.

Knox, J. (2004a). Developmental aspect of analytical psychology: New perspectives from cognitive neuroscience and attachment theory. In J. Cambray e L. Carter (orgs.), *Analytical psychology: Contemporary perspectives in Jungian analysis*. Hove e New York: Brunner-Routledge.

Knox, J. (2004b). From archetypes to reflective function. *Journal of Analytical Psychology, 49*, 1-19.

Macauly, D. (2005). The flowering of environmental roots and the four elements in presocratic philosophy: From Empedocles to Deleuze and Guattari. *Worldviews, 9*(3), 281-314.

Martin-Vallas, F. (2006). The transferential chimera: A clinical approach. *Journal of Analytical Psychology, 51*, 627-641.

Martin-Vallas, F. (2008). The transferential chimera II: Some theoretical considerations. *Journal of Analytical Psychology, 53*, 37-59.

McDowell, M. (2001). Principle of organization: A dynamic-systems view of the archetype-as-such. *Journal of Analytical Psychology, 46*, 637-654.

Merchant, J. (2006). The developmental/emergent model of archetype, its implications and its application to shamanism. *Journal of Analytical Psychology, 54*, 339-358.

Merchant, J. (2009). A reappraisal of classical archetype theory and its implications for theory and practice. *Journal of Analytical Psychology, 51*, 125-144.

Rowland, S. (2016). *Remembering Dionysus: Revisioning psychology and literature in C.G. Jung and James Hillman*. Londres e Nova York: Routledge.

Saunders, P., & Skar, P. (2001). Archetypes, complexes and self-organization. *Journal of Analytical Psychology, 46*, 305-323.

Simard, S., & Austin, M. (2010). *The role of Mycorrhizas in forest soil stability with climate change*. INTECH Open Access Publisher, pp. 275-302.

Simard, S.W., Beiler, K.J., Bingham, M.A., Deslippe, J.R., Philip, L.J., & Teste, F.P. (2012). Mycorrhizal networks: Mechanisms, ecology and modelling. *Fungal Biology Reviews, 26*(1), 39-60.

Smith, D.W., Peterson, R.O., & Houston, D.B. (2003). Yellowstone after wolves. *BioScience, 53*(4), 330-340.

Tresan, D. (1996). Jungian metapsychology and neurobiological theory. *Journal of Analytical Psychology, 41*, 399-436.

Wohlleben, P. (2016). *The hidden life of trees: What they feel, how they communicate – Discoveries from a secret world*. Vancouver, BC: Greystone Books.

Wulf, A. (2015). *The invention of nature: Alexander von Humboldt's new world*. Nova York: Alfred A. Knopf.

10

O Livro Tibetano dos Mortos requer trabalho: uma proposta para a pesquisa da geometria da individuação

George B. Hogenson

Introdução

Este capítulo é uma resposta a uma proposição que me foi feita cerca de quarenta anos atrás, no começo do meu estudo do sistema de psicologia de Jung. Em termos resumidos, eu estava na época explorando possíveis temas de dissertação no Departamento de Filosofia da Universidade de Yale. Numa discussão com o professor Rulon Wells, com quem esperava trabalhar, observou: "*O Livro Tibetano dos Mortos* requer trabalho". Wells era conhecido pelos seus pronunciamentos um tanto oraculares, por isso perguntei ao que estava se referindo, ao que replicou, "você não acha estranho que Jung o leia de trás para frente?" Respondi que estava ciente do ensaio de Jung sobre o *Livro dos Mortos* ou *Bardo Thödol*, mas que relutava em estudar o assunto naquele momento. Seguimos em frente, e completei meu primeiro trabalho sobre Jung e Freud sob sua direção, mas seus comentários permaneceram comigo desde então. Em 2015, finalmente fiz uma tentativa de examinar o tratamento por Jung do *Livro dos Mortos*, numa conferência conjunta da *International Association for Analytical Psychology* e da *International Society for Jungian Studies*, em Yale. O que se segue é um aprimoramento desse artigo.

O Livro Tibetano dos Mortos

O argumento do artigo se apoia no exame da estrutura de elementos do *Livro dos Mortos* e de *O Livro Vermelho* de Jung. Para esta finalidade, discutirei brevemente ambos os livros, começando com o segundo comentário de Wells, sobre a leitura de trás para frente por Jung do *Livro dos Mortos*.

O comentário psicológico de Jung foi anexado à tradução de *O Livro dos Mortos* – assim chamado – conforme apresentado por W.Y. Evans-Wentz, um teósofo livremente associado com Madame Blavatsky e outros no movimento teosófico. Estudou em Stanford e Oxford, onde obteve um diploma em antropologia. Sua família, embora não excepcionalmente rica, forneceu recursos o bastante para Evans-Wentz empreender uma jornada pessoal em busca da sabedoria, particularmente no estudo das religiões e tradições místicas do Leste Asiático. No curso dessas viagens, adquiriu um texto tibetano que se propunha a fornecer orientação para a alma do falecido, ao longo de um período de transição, que poderia resultar tanto na libertação ante o ciclo de renascimento quanto levar ao renascimento e à continuação do ciclo. Em colaboração com um lama tibetano, Kazi Dawa-Samdup, Evans-Wentz produziu uma tradução do livro e a viu publicada em 1927. Para seu crédito – pois parece ter sido um homem muito modesto e francamente honesto –, apresentou Dawa-Samdup como o tradutor, e a si mesmo como organizador (Lopez, 2011). Jung publicou seu comentário na edição alemã do *Bardo* em 1935, e a tradução de R.F.C. Hull do comentário apareceu na edição em inglês de 1957. Pode, agora, ser encontrado no volume 11 da *Obra Completa* de Jung (Jung, 1969a).

O material que Evans-Wentz adquiriu é um dos muitos textos que lidam não apenas com a transição do indivíduo após a morte, mas também com uma variedade de práticas de meditação e de rituais realizados ao longo da vida, em grande medida como preparação para as experiências do estado transicional após a morte. Estes materiais estão agora disponíveis numa tradução de Gyurme Dorje, ainda sob o título *O Livro Tibetano dos Mortos*, e na qual os materiais de Evans-Wentz constituem o capítulo 11 (Dorje, 2005). Jung também insere alguns dos elementos desta literatura mais ampla em seus outros comentários, particularmente o "Comentário psicológico sobre *O Livro Tibetano da Grande Libertação*" (Jung, 1969a). O que é importante nesses outros textos é que eles envolvem práticas de meditação que de fato preparam o terreno para os eventos visionários do *Bardo* e para o encontro com as aterrorizantes experiências da jornada pós-morte. É a navegação bem-sucedida por este período que permite ao indivíduo escapar ao ciclo do renascimento. No comentário à *Grande Libertação*, Jung explicitamente associa este processo preparatório com sua própria noção da função transcendente, a emergência do simbolismo que atua para unir elementos da psique. No *Bardo*, supõe-se que este processo visionário aconteça antes da morte, assim equipando o indivíduo com os recursos para reconhecer o surgimento de fenômenos aterrorizantes como expressões da mente.

Em outras palavras, se a pessoa moribunda reconhece a natureza fundamental das ilusões perpetradas pela mente, a luz clara do vazio que ela encontra no começo da jornada após a vida resultará em sua transição para fora do ciclo de renascimento. Infelizmente, isto nem sempre resulta em liberação, e um outro estágio se inicia, em que outra oportunidade de reconhecer o vazio da luz clara se apresenta, mas a alma do falecido é de novo frequentemente tão subjugada por aquela luz que ele ou ela gravita ao invés disso para uma luz mais tênue e esfumaçada, que traz uma imersão nas *thangkas* ou representações das '42 Divindades Pacíficas' e '58 Divindades Iradas' e assim por diante, confrontando estados em que eles devem lidar com resíduos de suas ações enquanto vivos – material cármico se preferir – sejam bons e maus. A conclusão deste processo é descer ao ponto em que a alma percebe e se torna fascinada por um ato de intercurso sexual no mundo material, assim reingressando no ciclo ao entrar no corpo recém-concebido.

A leitura da tradução de Evans-Wentz de *O Livro Tibetano dos Mortos* (Karma-Glin-Pa, Evans-Wentz, & Lopez, 2000) é realmente de trás para frente, no sentido de que Jung vê a importância psicológica do livro na passagem tibetana da unidade psíquica para a sexualidade no momento do renascimento, enquanto que a leitura psicanalítica ocidental, começando com Freud, passa da sexualidade para a própria noção de Jung da unidade dos opostos. Jung caracteriza uma possível leitura freudiana do livro – se porventura houvesse uma – como ficando aprisionada no último estágio do processo descrito no livro.

> A psicanálise freudiana, em todos os aspectos essenciais, nunca foi além das experiências do *Sidpa Bardo*; ou seja, é incapaz de se desvencilhar das fantasias sexuais e de tendências "incompatíveis" semelhantes que causam ansiedade e outros estados afetivos. Contudo, a teoria de Freud é a primeira tentativa feita pelo Ocidente de investigar, como que a partir de baixo, da esfera animal dos instintos, o território psíquico que corresponde no lamaísmo tibetano ao *Sidpa Bardo* (OC 11: § 843).

Para Jung, o foco freudiano na sexualidade, que o liga ao último estágio do processo descrito no *Livro dos Mortos*, abre, não obstante, a porta para uma leitura mais profunda do livro, se de fato levarmos a sério a ideia da leitura de trás para frente:

> Tal conhecimento [o freudiano] também nos dá uma pista de como devemos ler o *Bardo Thödol* – ou seja, do fim para o começo. Se, com a ajuda de nossa ciência ocidental, conseguimos em algum grau compreender o caráter psicológico do *Sidpa Bardo*, nossa própria tarefa é ver se conseguimos entender algo a respeito do *Chönyid Bardo* precedente (OC 11: § 844).

Jung corretamente se refere ao *Chönyid Bardo* como o estágio da ilusão cármica (OC 11: § 845), e o compara ao domínio de sua própria teoria dos arquétipos, aos quais se refere aqui como "categorias da imaginação". É importante que Jung assinala que "os produtos da imaginação são sempre essencialmente visuais, suas formas devem, desde o início, ter o caráter de imagens e, além disso, de imagens típicas" (OC 11: § 845). Porém, a visão de Jung de que a sexualidade é o traço central do *Sidpa Bardo* é equivocada de um ponto de vista budista, pois a carnalidade que leva ao renascimento é mais uma questão de entrada no mundo da ilusão e do sofrimento, o mundo da, como veremos, multiplicidade caótica. Para evitar este destino, e realizar a libertação do ciclo de renascimento, o indivíduo terá treinado sua mente, enquanto vivo, para reconhecer a natureza ilusória dos estados imaginais que encontrará após a morte, através de contemplação das duas ordens de divindades pacíficas e iradas.

Figura 10.1 As divindades pacíficas
Fonte: Cortesia de Gyurme Dorje

Figura 10.2 As divindades iradas

Fonte: Cortesia de Gyurme Dorje

Figura 10.3 Mandala Kalachakra
Fonte: WikiCommons

Outras práticas de meditação focam nos grandes mandalas cósmicos da totalidade, como o Kalachakra. Imagens de mandalas, nem é preciso dizer, ocupam lugar central no sistema de Jung, e têm papel crítico no processo de individuação, conforme delineado, entre outros lugares, em seu artigo "Estudo empírico do processo de individuação", no volume 9/1 da *Obra Completa*. O imaginário do mandala, é claro, também tem papel importante em *O Livro Vermelho* de Jung. Para alargar o horizonte da nossa investigação, portanto, quero agora me voltar brevemente a um exame de alguns aspectos das imagens desta obra crucial.

O Livro Vermelho

Entre os comentários de *O Livro Vermelho* que apareceram desde sua publicação em 2009, surpreendentemente pouca atenção foi dada às ilustrações ou ao seu formato como um manuscrito de iluminura. Como já vimos, porém, para Jung o visual é de importância central para a compreensão do arquetípico, ou, para usar sua expressão a partir do comentário sobre o *Livro dos Mortos*, das categorias da imaginação. Uma exceção é o artigo de Joseph Cambray "*The Red Book*: Entrances and Exits" [O Livro Vermelho: Entradas e Saídas] (Cambray, 2014), originalmente apresentado na conferência de São Francisco sobre *O Livro Vermelho* em 2010. Não tentarei reproduzir toda a argumentação de Cambray, mas sim focalizarei sua reconstrução da fonte para grande parte do imaginário no livro. Cambray começa com dois sonhos de Jung que datam provavelmente de 1894, de quando Jung estava para entrar na universidade e se debatia sobre o curso dos estudos a empreender. Eis os sonhos, tais como aparecem em *Memórias, Sonhos, Reflexões*:

> Eu estava numa floresta sombria ao longo do rio Reno. Chegando a uma pequena colina, na verdade um túmulo, comecei a cavar. Pouco depois encontrei, para meu espanto, alguns ossos de animais pré-históricos. Isso me interessou enormemente, e naquele momento eu sabia: devia estudar a natureza, o mundo em que vivemos e as coisas ao nosso redor (Jung, 1965).

Então, no segundo sonho:

> Eu estava de novo numa floresta. Havia córregos e no recanto mais sombrio vi, cercado por espessas brenhas, um açude circular. Na água, emergindo em parte, distingui uma forma singular e muito estranha: *um animal redondo, cintilando em tons opalescentes e composto de numerosas células pequenas, ou de órgãos semelhantes a tentáculos. Era um radiolário gigantesco*, de cerca de um metro de diâmetro. Pareceu-me indescritivelmente maravilhoso que esta magnífica criatura estivesse incólume naquele local oculto, na água clara e profunda. Isso gerou em mim um intenso desejo de conhecimento, de tal modo que acordei com o coração batendo acelerado (Jung, 1965, itálicos de Cambray).

É provável que o segundo destes dois sonhos tenha sido recordado na primeira página de *O Livro Vermelho*, na ilustração de paisagem em que vemos a presença anômala de uma água-viva no que parece ser um lago suíço.

O argumento de Cambray com relação ao imaginário, particularmente do segundo sonho, é que Jung estava provavelmente familiarizado com as ilustrações do naturalista alemão Ernst Haeckel, cujos extraordinários estudos de criaturas aquáticas começaram a aparecer já na década de 1860. A este respeito, Cambray aponta a pintura por Haeckel de uma água-viva como provável inspiração tanto para o sonho quanto para a ilustração de Jung. Igualmente sugestivas são outras ilustrações em *O Livro Vermelho* que mostram uma notável semelhança com ilustrações que apareceram no monumental *Kunstformen der Natur* [Formas de Arte da Natureza], de Haeckel, publicado em 1899 (Haeckel & Klier, 2003). Cf. as pinturas de Haeckel a partir da p. 180.

O que nos interessa para os presentes propósitos, porém, são menos as fontes das ilustrações de Jung, mas sim a estrutura dos organismos que usou como modelos para muitas de suas ilustrações. O que Haeckel não percebeu, e tampouco Jung, é que os radiolários nas ilustrações são de estrutura fractal, mostrando justamente aqueles elementos de autossemelhança e de escala que definem as propriedades emergentes da geometria fractal conforme desenvolvida por Benoit Mandelbrot. Como Mandelbrot demonstrou, as estruturas fractais encontradas em organismos como os radiolários de Haeckel são ubíquos na natureza (Mandelbrot, 1983). Por um lado, esta característica dos fenômenos naturais pode nos levar a simplesmente inferir que qualquer descrição de um fenômeno natural provavelmente implicará uma estrutura fractal. Embora verdade – as árvores têm estruturas fractais, portanto uma representação adequada de uma árvore provavelmente terá uma estrutura fractal –, eu argumentaria que este fato é trivial. O que é mais interessante é se o verdadeiramente simbólico é de fato definido por padrões fractais, ou, mais precisamente, se as dimensões fractais de um dado momento simbólico nos diz algo sobre a natureza do símbolo e o que este símbolo revela sobre a psique. Eu tentarei agora colocar um pouco mais de substância neste último comentário.

Figura 10.4 *The Red Book*, p. 1: De *The Red Book* por C.G. Jung, editado por Sonu Shamdasani, traduzido por Mark Kyburz, John Peck e Sonu Shamdasani

Fonte: Copyright © 2009 pela Fundação das Obras de C.G. Jung. Tradução de 2009 por Mark Kyburz, John Peck e Sonu Shamdasani. Utilizada com a permissão da W.W. Norton & Company, Inc. [*O Livro Vermelho*. Trad. Edgar Orth. Petrópolis: Vozes, 2010].

Figura 10.5 Ernst Haeckel, 1880; *Kunstformen der Natur* (1904), lâmina 8: Discomedusae

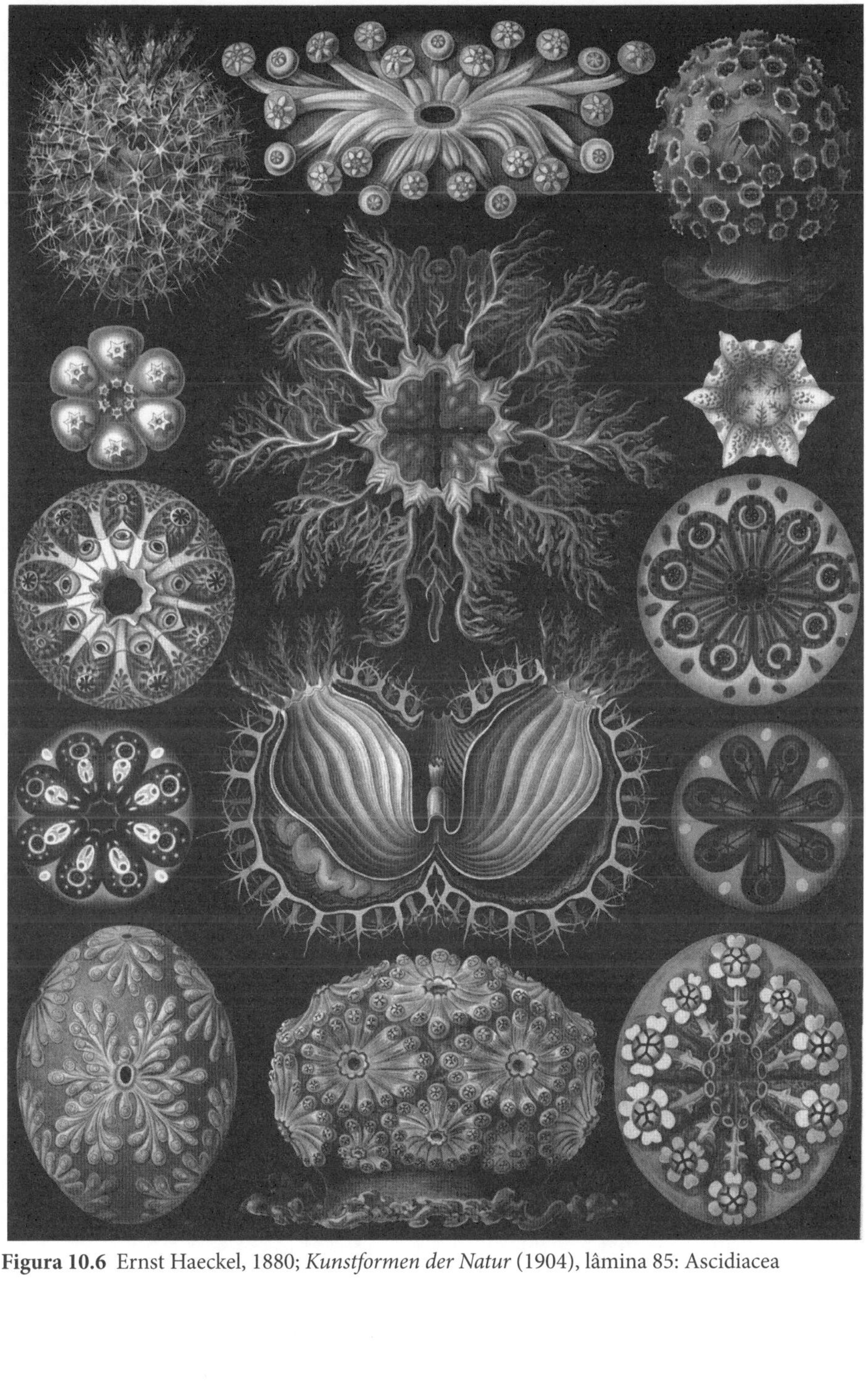

Figura 10.6 Ernst Haeckel, 1880; *Kunstformen der Natur* (1904), lâmina 85: Ascidiacea

Figura 10.7 Detalhe, Ernst Haeckel, 1880; *Kunstformen der Natur* (1904), lâmina 85: Ascidiacea

Figura 10.8 *Red Book*, p. 125: De *The Red Book* por C.G. Jung, editado por Sonu Shamdasani, traduzido por Mark Kyburz, John Peck, e Sonu Shamdasani

Do modelo emergentista dos arquétipos à densidade simbólica

Em 1999, apresentei um artigo no encontro das *North American Societies* intitulado "The Baldwin Effect: A Neglected Influence on C.G. Jung's Evolutionary Thinking" [O Efeito Baldwin: Uma Influência Negligenciada no Pensamento Evolucionário de C.G. Jung], em seguida publicado, em 2001 (Hogenson, 2001). Partindo do trabalho anterior de David Tresan (Tresan, 1996) e de John van Eenwyk (Eenwyk, 1991) e sendo seguido por vários outros autores, entre os quais Jean Knox, Joseph Cambray, John Merchant e Maxson McDowell (Knox, 2004; Cambray, 2002; Merchant, 2006; McDowell, 2001), estes artigos marcaram o começo de uma discussão dos arquétipos como fenômenos emergentes ao invés de expressões de princípios preexistentes derivados da evolução ou de outras fontes. Em essência, o modelo da emergência focou a aparição de fenômenos arquetípicos – a imagem arquetípica – através da dinâmica dos sistemas complexos, incluindo-se fatores culturais, biológicos e ambientais, e relativizou, quando não eliminou totalmente, a ideia do arquétipo-em-si. Em 2001, debati alguns destes pontos com Anthony Stevens (Stevens & Hogenson, 2003), na época o principal defensor de uma interpretação evolucionária da teoria arquetípica (Stevens, 1983, 2015), e dali se seguiu uma série de artigos e respostas, abordando a questão de um modelo evolucionário (Goodwyn, 2010; Knox, Merchant, & Hogenson, 2010; Roesler, 2012), que concluíram, em larga medida, por uma rejeição de um modelo modular preestabelecido e evolucionário, na tradição da psicologia evolucionária.

Uma importante questão permaneceu, porém: como devemos caracterizar a natureza da imagem arquetípica? Jean Knox, em seu importante livro *Archetype, Attachment, Analysis* [Arquétipo, Apego, Análise] (Knox, 2003), adaptou a obra de cientistas cognitivos, por exemplo a teoria dos esquemas de imagem de George Lakoff (Lakoff & Johnson, 2003) e defesa de Annett Karmiloff-Smith de uma recapitulação representacional (Karmiloff-Smith, 1996) à questão da estrutura fundamental dos fenômenos arquetípicos. Meu próprio trabalho com esta questão tomou, porém, uma direção diferente, focando um programa de pesquisa emanado do programa de sistemas complexos do Instituto Santa Fé e de simulações por computador da estrutura da linguagem e a natureza de sistemas simbólicos generalizados ou simulados. Como descreverei neste capítulo, os elementos iniciais deste paradigma de pesquisa remontam aos primeiros anos do século XX, mas só se concretizam com o advento e aplicação dos computadores digitais, que também forneceram os recursos técnicos necessários para que finalmente se estudasse em detalhe a natureza da geometria fractal. Permeia esses elementos no programa de pesquisa o reconhecimento da importância dos fenômenos de escala, na estrutura e comportamento de sistemas naturais e artificiais[1].

A combinação desses elementos concatenados no pensamento contemporâneo deu origem ao que denominei de "densidade simbólica" como um modo de compreender a natureza das imagens arquetípicas e de outras formações simbólicas. O termo "densidade simbólica" se refere a uma medida do que poderia ser chamado de a capacidade de carga psicológica ou profundeza hermenêutica de uma dada estrutura simbólica. A noção começa com uma análise matemática da frequência de palavras em textos, empreendida por um professor da Universidade de Harvard com o nome de George Kingsley Zipf (1900-1950), cujo *Human Behavior and the Principle of Least Effort* [Comportamento Humano e o Princípio do Menor Esforço] (Zipf, 1949) propôs uma teoria do desenvolvimento da linguagem baseado na interação entre um falante e um ouvinte. A análise de Zipf começou, na verdade, com um estudo do tamanho relativo de cidades. Tomando a população da menor cidade de uma dada região, e comparando-a com outras populações, Zipf descobriu que a segunda maior cidade era aproximadamente da metade do tamanho da maior, e que a terceira cidade era do tamanho de cerca da metade da segunda maior. Voltando-se para a linguagem, Zipf descobriu que num dado conjunto textual, digamos a Bíblia, as mesmas proporções se aplicavam à frequência das palavras usadas. A palavra mais comum, geralmente "o/a", era aproximadamente duas vezes mais frequente que a segunda palavra mais comum. A rápida queda das frequências quando representadas graficamente

1. Para um panorama acessível, mas abrangente dos fenômenos de escala, cf. WEST, G. *Scale*: The Universal Laws of Growth, Innovation, Sustainability, and the Pace of Life in Organisms, Cities, Economies, and Companies (2017).

em ordem de frequência produzia um padrão distintivo, comumente referido como um gráfico de cauda longa.

Tipicamente, a análise destas curvas acarreta sua normalização numa dupla escala logarítmica que permite análises muito mais precisas dos fenômenos, devido ao fato de que dois elementos quaisquer no conjunto de dados variam como uma potência ou expoente um do outro. Esta característica se reflete numa tabela logarítmica conhecida como uma distribuição de lei de potência.

A análise que leva a este padrão veio a ser conhecida como lei de Zipf, e acabou-se por reconhecer que ela explica uma inabitual variedade de fenômenos, incluindo-se não apenas a frequência de palavras num texto ou populações de cidades, mas também a intensidade de terremotos, a distribuição de visitas a *websites*, e a taxa de transferência de íons no sistema nervoso, entre muitos outros fenômenos. Parece que a lei de Zipf – ou a versão de certo modo refinada, conhecida como a lei de Zipf-Mandelbrot, é um daqueles estranhos artefatos da natureza, como os números de Fibonacci, que aparentemente ligam fenômenos, de outro modo disparatados, através de alguma estrutura matemática subjacente.

No Congresso da IAAP em Barcelona, em 2004, eu apresentei um artigo intitulado "The Self, The Symbolic and Synchronicity" [O Si-Mesmo, o Simbólico e a Sincronicidade] (Hogenson, 2005), em que esbocei a ideia da densidade simbólica, argumentando que aquilo que caracterizamos como um complexo, um arquétipo ou uma sincronicidade eram de fato momentos de um único *continuum* simbólico definido pela lei de Zipf, onde a estrutura simbólica em questão passava para posições de cada vez maior saturação fenomenológica ou capacidade de carga psicológica. Esta noção pode ser ilustrada pelas discussões por Jung de imagens arquetípicas específicas, tais como a criança divina, em que que a lista de metáforas, epítetos e eventos característicos – nascimento mágico, prodígios da infância e assim por diante – proliferam de maneira aparentemente ilimitada. A densidade simbólica pode ser vista como a característica subjacente à imagem arquetípica que permite ao método hermenêutico de amplificação de Jung seguir adiante.

Em grande medida, este argumento se baseia em pesquisas de um grupo de físicos teóricos conectados ao Instituto Santa Fé e de outros grupos de pesquisa semelhantes, que estavam examinando as implicações da lei de Zipf, não só para a linguagem, mas também para o comportamento de uma variedade de sistemas que mostram o que na teoria dos sistemas dinâmicos complexos é referido como fenômeno de escala (Bak, Tang, & Wiesenfeld, 1990; Bak & Chen, 1989; Bak, 1999; Ferrer i Cancho & Solé, 2003; Ferrer i Cancho, Riordan, & Bollobás, 2005; Sornette, 2003; Saichev, Malevergne, & Sornette, 2008; Saichev, Malevergne, & Sornette, 2009). Em especial, o trabalho de Ferrer i Cancho e Solé foi relevante à questão da densidade simbólica porque a conclusão deles, baseada numa simulação computacional cuidadosamente construída, foi que a aparição da lei de Zipf era intrínseca a qualquer sistema simbólico. Paul Vogt, da Universidade de Tillburgen, alcançou uma conclusão semelhante em 2004, com o acréscimo de uma estrutura categorial hierárquica associada à emergência da lei de Zipf-Mandelbrot (Vogt, 2004; Vogt, 2005; Vogt & Divina, 2005). Interessante notar que Vogt também se referiu ao fenômeno como sendo de densidade simbólica.

Para resumir meu argumento de 2004, e de vários outros artigos dali em diante, e inclusive de um artigo recente, que modificou ligeiramente o argumento original (Hogenson, 2004; Hogenson, 2014), estou sugerindo que a função simbólica cai sob as mesmas leis de escala fundamentais que se manifestam numa variedade de outros fenômenos naturais, e que este aspecto do simbólico dá origem a símbolos densos conforme a capacidade de carga psicológica dos símbolos aumenta. O corolário desta conclusão é que o simbólico atua não só como um sistema de significação, mas que também revela níveis mais profundos de estrutura dentro do ambiente mais amplo. Jung, em seu importante ensaio de 1916 "A Função Transcendente" (Jung, 1969b), argumenta que o símbolo serve para mediar entre a consciência e o inconsciente. Eu agora quero sugerir que esta função mediadora tem lugar através da emergência de um padrão estrutural que é compartilhado tanto pela consciência quanto pelo inconsciente, conforme eles se relacionam com o próprio símbolo.

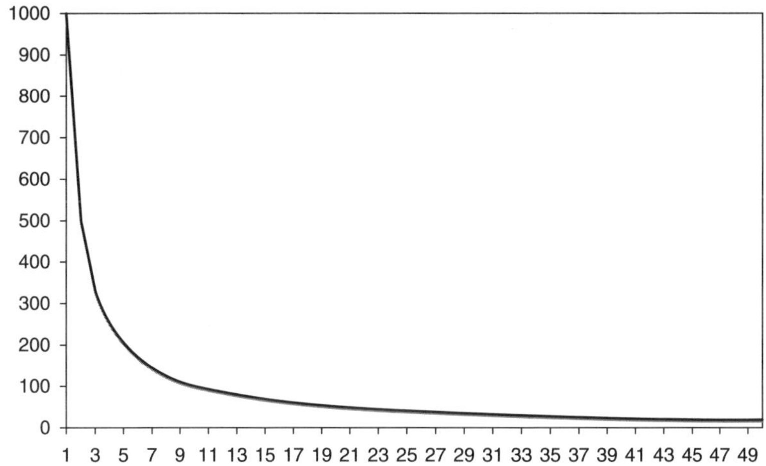

Figura 10.9 Frequência idealizada de palavras em um texto

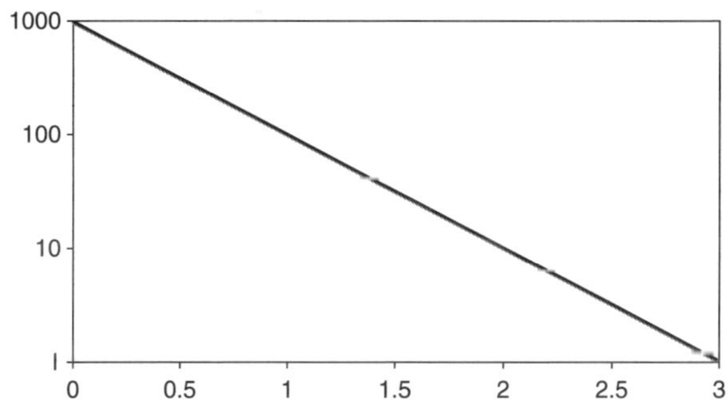

Figura 10.10 Distribuição idealizada logarítmica dupla [duplo log]

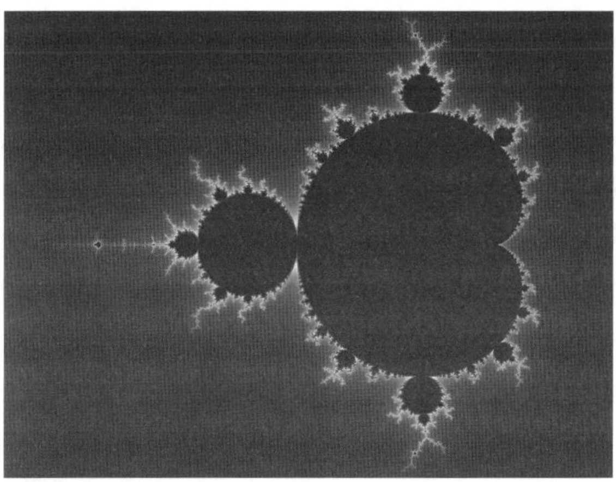

Figura 10.11 O conjunto de Mandelbrot

Fonte: WikiCommons

Dito de outro modo, o sistema consciência/inconsciente pode ser considerado como se auto-organizando em torno do símbolo mediador, que por sua vez apresenta os elementos de uma estrutura fractal. Ilustrar como isto pode acontecer em relação a *O Livro Tibetano dos Mortos* e *O Livro Vermelho* exigirá algum envolvimento especulativo com os processos subjacentes que levam a certos aspectos da estrutura dos mandalas, e um retorno à questão de por que Jung lê o *Livro dos Mortos* de trás para frente.

O conjunto de Mandelbrot

A imagem do conjunto de Mandelbrot é um dos gráficos matemáticos mais amplamente reproduzidos, devido, não por fim, ao fato de que com o acréscimo de alguns parâmetros relacionados à cor de diferentes pontos do gráfico, que nada têm a ver com a construção do gráfico em si, uma variedade de extraordinária beleza pode ser construída com a ajuda de um computador. Não obstante, o conjunto de Mandelbrot, como o vemos tipicamente, é essencialmente um gráfico do *output* de uma fórmula recursiva que toma o resultado de uma iteração da fórmula como o *input* da iteração seguinte. É também o caso de que, como uma fórmula recursiva, o conjunto de Mandelbrot é, em princípio, infinito em sua profundeza matemática, uma característica que levou a representações cada vez mais profundas dos padrões intrincados do conjunto.

O conjunto de Mandelbrot é gerado por uma repetição iterativa de uma equação, numa forma simplificada, $z = z^2 + c$, em que c é um número complexo que circula por um processo que gera o gráfico. O que nos importa aqui, porém, é o simples fato de que dentro de cada iteração o valor de z muda. Isto tem consequências conforme observamos outros possíveis gráficos de fórmulas similarmente delimitadas por parâmetros. Um caso notável de tal gráfico recursivo que se liga fortemente ao conjunto de Mandelbrot é um diagrama de bifurcação, também conhecido como mapa logístico, que é frequentemente usado para compreender o comportamento de populações.

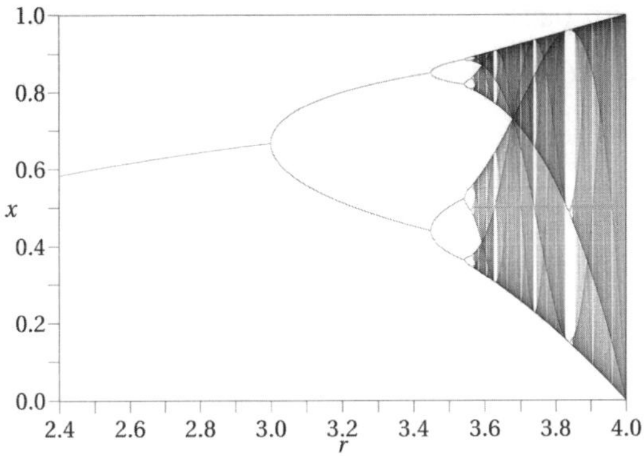

Figura 10.12 Mapa de bifurcação logística
Fonte: WikiCommons

As bifurcações no mapa logístico – devido ao que ele ganha outro nome – correspondem a pontos críticos de inflexão no conjunto de Mandelbrot. Essencialmente, o que está acontecendo é que a fórmula para o conjunto de Maldelbrot evolui, o valor de z – neste exemplo simplificado – alcança pontos críticos em que o gráfico muda dramaticamente. Se estes valores são transpostos ao mapa logístico, e usados como valores de parâmetros naquele gráfico, eles correspondem a pontos críticos de bifurcação no gráfico, como se pode ver nesta ilustração:

Figura 10.13 O conjunto de Mandelbrot e a bifurcação do mapa logístico I
Fonte: WikiCommons

Pode-se dar um passo além, pois a bifurcação do mapa tem uma representação gráfica correspondente no que é conhecido como gráfico de teias de aranha.

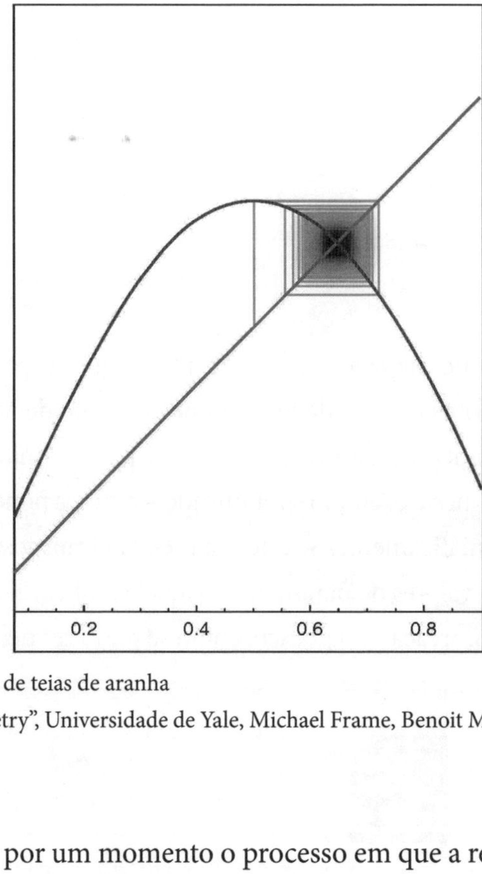

Figura 10.14 Gráfico de teias de aranha

Fonte: "Fractal Geometry", Universidade de Yale, Michael Frame, Benoit Mandelbrot (1924-2010), e Nial Neger

Quero focar por um momento o processo em que a relação entre o conjunto de Maldelbrot e o diagrama de bifurcação resulta na primeira bifurcação, em que a iteração da equação geradora passa de um resultado singular a um padrão cíclico de dois resultados[2].

Este ponto particular na iteração dos três gráficos constitui um ponto crítico de inflexão onde uma unidade fundamental se divide (bifurca) na primeira dualidade, prosseguindo com os resultados do processo iterativo, em última instância na emergência de um regime caótico do lado direito do

2. Uma animação do desenvolvimento iterativo desses três padrões, produzida em 2010, nos permite compreender em maior detalhe a relação do conjunto de Mandelbrot com o diagrama de bifurcação e o gráfico de teias de aranha: https://vimeo.com/13566850 (Hogg).

diagrama de bifurcação. A proposta que quero agora fazer é que a estrutura fractal do diagrama de bifurcação representa precisamente o ponto que tanto fascinou Jung, a passagem da unidade à dualidade – a problemática da unidade dos opostos. Além disso, o padrão no gráfico de teias de aranha, precisamente neste instante, é uma quaternidade, precisamente como descrito por Jung em suas discussões dos elementos unificadores dos mandalas e de outros símbolos da completude. Retornando por um momento ao mandala Kalachakra, bem como a outras importantes imagens de mandalas, podemos ver esta estrutura quaternária no centro da estrutura. Com esses pensamentos em mente, podemos agora voltar à questão da leitura de trás para frente de *O Livro Tibetano dos Mortos* por Jung, que é do caos à unidade, e à profunda função do simbólico em Jung.

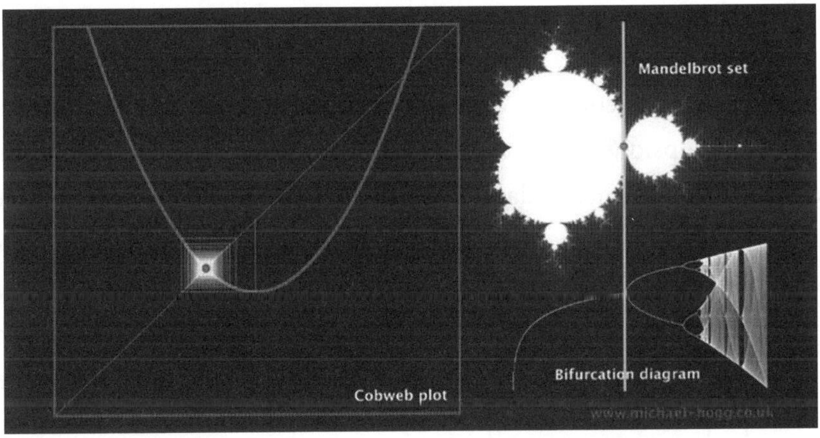

Figura 10.15 O conjunto de Mandelbrot e a bifurcação do mapa logístico. II
Fonte: Cortesia de Michael Hogg

De-integrados, re-integrados e a psique dissociativa

Através de Pierre Janet, o modelo inicial de Jung para a psique se apoiava fortemente em elementos fragmentários – personalidades parciais – que contribuíram de maneiras importantes a seu desenvolvimento da teoria dos complexos. Como argumentei em 2004, e como também foi sugerido pela analista junguiana Patricia Skar e pelo matemático Peter Saunders (Saunders & Skar, 2001), a agregação de complexos ou a formação de padrões mais densos de interação de complexos podem ser caminhos para a emergência de arquétipos. Como o título desta seção sugere, a noção mais desenvolvimental de Michael Fordham de uma de-integração e re-integração infantis (Fordham, 1969) na formação do eu também se origina na complexidade do modelo dissociativo de Jung. Com esses elementos em mente, gostaria de sugerir que os padrões que evoluem dentro da geometria fractal do conjunto de Mandelbrot, o diagrama de bifurcação e o gráfico de teias de aranha, servem, todos eles, para ilustrar a correspondência que pode existir entre estes modelos da psique e a estrutura fractal da natureza e os mandalas do budismo tibetano e *O Livro Vermelho* de Jung.

Jung, quase que de passagem, aborda *O Livro Tibetano dos Mortos* a partir do ponto de vista cultural estabelecido pela história da psicanálise - ou seja, pela teoria sexual de Freud - e então argumenta que se continuamos a ler o livro do fim para o começo, acabamos por chegar a sua própria teoria de uma unidade profunda subjacente à diversidade da psique. Melhor ainda, ao que parece, seria começar com sua posição original sobre o fundamento dissociativo da psique e pensar de trás para frente a partir dali. O que então teríamos é um movimento da posição dissociativa aos opostos e finalmente à unidade. Eu sugeriria, neste diapasão, que o próprio fascínio de Jung com a função de unificação e de contenção atribuída ao mandala poderia ser vista como um resultado natural da estrutura fractal mais geral do imaginário do mandala. Lembremos que a meditação de mandalas tais como o Kalachakra pretende preparar o indivíduo para a jornada após a morte de um modo tal a evitar a queda no ciclo de renascimento, que é, essencialmente, uma queda na multiplicidade, uma queda na de-integração.

Conclusão

O *insight* particular de Benoit Mandelbrot foi abrir as portas para uma investigação matemática rigorosa da estrutura do mundo natural. A peculiaridade da geometria fractal é que ela parece descrever a estrutura dos fenômenos que vão dos ramos de uma árvore aos padrões formados pelos vasos sanguíneos, as costas da Noruega e os padrões que parecem definir a estrutura da matéria escura (Cambray, 2016), o até aqui material indefinido que constitui a maior parte da matéria no universo. Seu trabalho começou, porém, com os *insights* de um erudito diletante na Universidade de Harvard, que estava contando a frequência das palavras num texto. O símbolo está, até certo grau, no início deste processo, e seria incoerente com o grau já alcançado de progresso da análise fractal do mundo natural se nós, que nos movemos diariamente pelo simbólico, negligenciássemos o *insight* que podemos obter de uma leitura que remonte ao simbólico os *insights* mais amplos oferecidos pela geometria dos fractais.

Há um corpo crescente de bibliografia que traz *insights* adicionais à relação da estrutura fractal de imagens visuais e da estrutura profunda da psique. Em 1997, o físico Richard Taylor publicou um pequeno ensaio sobre a estrutura fractal das pinturas por respingos de Jackson Pollock (Taylor, 1997). A este artigo se seguiu um exame mais consistente e técnico das pinturas de Pollock em 2002 (Taylor, Micolich, & Jonas, 2002). Taylor prosseguiu para o exame da relação entre estruturas fractais e a psicologia (Taylor, 2006; Taylor, 2012; Taylor, Martin, Montgomery, & Smith, 2017), e o estudo de padrões fractais na percepção e em outros fenômenos psicologicamente relevantes continua a crescer (Street, Forsythe, Reilly, Taylor, & Helmy, 2016; Spehar, Walker, & Taylor, 2016; Strudwick, 2010; Moon et al., 2014). A pesquisa em Psicologia Analítica precisa abordar esta bibliografia no contexto de um exame do foco de Jung no imaginário visual como a expressão fundamental da psique profunda, e do seu interesse no papel do mandala no processo de individuação. A intenção deste capítulo é sugerir elementos do que um foco na geometria fractal pode revelar sobre os funcionamentos da psique.

Referências

Bak, P. (1999). *How nature works: The science of self-organizing criticality.* Nova York: Copernicus.

Bak, P., & Chen, K. (1989). The physics of fractals. *Physica D: Nonlinear Phenomena, 38*, 5-12.

Bak, P., Tang, C., & Wiesenfeld, K. (1990). Self-organized criticality. *Physical Review A, 163*, 403-409.

Cambray, J. (2002). Synchronicity and emergence. *American Imago, 59*, 409-434.

Cambray, J. (2014). 'The red book': Entrances and exits. In T. Kirsch and G. Hogenson (orgs.), *The red book: Reflections on Jung's liber novus* (pp. 36-53). Londres: Routledge.

Cambray, J. (2016). Darkness in the contemporary scientific imagination and its implications. *International Journal of Transpersonal Studies, 35, 2*, 75-87.

Dorje, G. (2005). *The Tibetan Book of the Dead: Complete Translation* (G. Dorje, trad.). Nova York: Penguin Books.

Eenwyk, J.R.V. (1991). Archetypes: The strange attractors of the psyche. *Journal of Analytical Psychology, 36*, 1-25.

Ferrer i Cancho, R.F., Riordan, O., & Bollobás, B. (2005). The consequences of Zipf's law for syntax and symbolic reference. *Proceedings of the Royal Society, B, 272*, 561-565.

Ferrer i Cancho, R.F., & Solé, R.V. (2003). Least effort and the origins of scaling in human language. *Proceedings of the National Academy of Sciences, 100*(3), 788-791.

Fordham, F. (1969). Some views on individuation. *Journal of Analytical Psychology, 14, 1*, 1-12.

Goodwyn, E. (2010). Approaching archetypes: Reconsidering innateness. *Journal of Analytical Psychology*, *55*, 502-521.

Haeckel, E., & Klier, M. (2003). *Kunstformen der Natur*. Munique: Prestel.

Hogenson, G.B. (2001). The Baldwin effect: A neglected influence on CG Jung's evolutionary thinking. *Journal of Analytical Psychology, 46*, 591-611.

Hogenson, G.B. (2004). What are symbols symbols of? Situated action, mythological bootstrapping and the emergence of the self. *Journal of Analytical Psychology*, *49*, 67-81.

Hogenson, G.B. (2005). The Self, the symbolic and synchronicity: Virtual realities and the emergence of the psyche. *Journal of Analytical Psychology, 50*, 271-284.

Hogenson, G.B. (2014). Are synchronicities really dragon kings. In H. Atmanspacher and C.A. Fuchs (orgs.), *The Jung-Pauli conjecture and its impact today* (pp. 201-216). Exeter: Imprint Academic.

Hogg, M. *Mandelbrot set: From order to chaos*. Retomado de https://vimeo.com/13566850

Jung, C.G. (1965). *Memories, dreams, reflections*. Nova York: Vintage.

Jung, C.G. (1969a). Psychological commentary on 'The Tibetan book of the great liberation' (1939/1954). In R.F.C. Hull (trad.), *The collected works of CG*

Jung, volume 11: Psychology and religion: West and east (pp. 475-508). Princeton: Princeton University Press ["Comentário psicológico sobre *O Livro Tibetano da Grande Libertação*", in: OC 11/5.

Jung, C.G. (1969b). The transcendent function (1916/1957). In R.F.C. Hull (trad.), *The collected works of CG Jung, volume 8: The structure and dynamics of the psyche* (pp. 67-91). Princeton: Princeton University Press ["A função transcendente", in: OC 8/2].

Karma-Glin-Pa, Evans-Wentz, W.Y., & Lopez, D.S. (2000). *The Tibetan book of the dead: Or the after-death experiences on the Bardo plane, according to Lama Kazi Dawa-Samdup's English rendering*. São Francisco: Oxford University Press.

Karmiloff-Smith, A. (1996). *Beyond modularity: A developmental perspective on cognitive science*. Cambridge: Massachusetts Institute of Technology Press.

Knox, J. (2003). *Archetype, attachment, analysis: Jungian psychology and the emergent mind*. Londres: Routledge.

Knox, J. (2004). From archetypes to reflective function. *Journal of Analytical Psychology, 49*, 1-19.

Knox, J., Merchant, J., & Hogenson, G. (2010). Responses to Erik Goodwyn's approaching archetypes: Reconsidering innateness. *Journal of Analytical Psychology, 55*, 522-549.

Lakoff, G., & Johnson, M. (2003). *Metaphors we live by*. Chicago: University of Chicago.

Lopez, D.S. (2011). *The Tibetan book of the dead: A biography*. Princeton: Princeton University Press.

Mandelbrot, B.B. (1983). *The fractal geometry of nature*. Nova York: W.H. Freeman.

McDowell, M.J. (2001). Principle of organization: A dynamic-systems view of the archetype-as such. *Journal of Analytical Psychology, 46*, 637-654.

Merchant, J. (2006). The developmental/emergent model of archetype, its implications and its application to shamanism. *Journal of Analytical Psychology, 51*, 125-144.

Moon, P., Muday, J., Raynor, S., Schirillo, J., Boydston, C., Fairbanks, M.S., & Taylor, R.P. (2014). Fractal images induce fractal pupil dilations and constrictions. *International Journal of Psychophysiology, 93*(3), 316-321.

Roesler, C. (2012). Are archetypes transmitted more by culture than biology? Questions arising from conceptualizations of the archetype. *Journal of Analytical Psychology, 57, 2*, 223-246.

Saichev, A.I., Malevergne, Y., & Sornette, D. (2010). *Theory of Zipf's Law and Beyond*. Berlim: Springer-Verlag.

Saunders, P., & Skar, P. (2001). Archetypes, complexes and self organization. *Journal of Analytical Psychology, 46*, 305-323.

Sornette, D. (2003). *Why stock markets crash: Critical events in complex financial systems*. Princeton: Princeton University Press.

Spehar, B., Walker, N., & Taylor, R.P. (2016). Taxonomy of individual variations in aesthetic responses to fractal patterns. *Frontiers in Human Neuroscience, 10*, 350.

Stevens, A. (1983). *Archetypes: A natural history of the self*. Nova York: William Morrow and Co.

Stevens, A. (2015). *Archetype revisited: An updated natural history of the self (Routledge Mental Health Classic Editions)*. Londres: Routledge.

Stevens, A., & Hogenson, G.B. (2003). Debate: Psychology and biology. In *Cambridge 2001: Proceedings of the Fifteenth International Congress for analytical psychology* (pp. 367-377). Einsiedeln: Damon Verlag.

Street, N., Forsythe, A.M., Reilly, R., Taylor, R., & Helmy, M.S. (2016). A complex story: Universal preference vs. Individual differences shaping aesthetic response to fractals patterns. *Frontiers in Human Neuroscience, 10*, 213.

Strudwick, L. (2010). Infinite space and self-similar form in alchemy and fractal geometry. *Mythological Studies Journal, 1*(1), 1-22.

Taylor, R. (1997). Jack the dripper: Chaos in modern art. *Physics World*, edição de novembro, 76-81.

Taylor, R. (2006). Reduction of physiological stress using fractal art and architecture. *Leonardo, 39*(3), 245-251.

Taylor, R. (2012). The transience of virtual fractals. *Nonlinear Dynamics, 16*(1), 91-96.

Taylor, R., Martin, T.P., Montgomery, R.D., & Smith, J.H. (2017, fevereiro). Seeing shapes in seemingly random spatial patterns: Fractal analysis of Rorschach inkblots. *PloS One, 14*, 1-17.

Taylor, R., Micolich, A.P., & Jonas, D. (2002). The construction of Jackson Pollock's fractal drip paintings. *Leonardo, 35*(2), 203-207.

Tresan, D.I. (1996). Jungian metapsychology and neurobiological theory. *Journal of Analytical Psychology, 41*, 399-436.

Vogt, P. (2004). Minimum cost and the emergence of the Zipf-Mandelbrot law. *Artificial Life IX: Proceedings of the Ninth International Conference on the Simulation and Synthesis of Living Systems*, 214-219.

Vogt, P. (2005). Meaning development versus predefined meanings in language evolution models. *Proceedings of Ijcai-05*, 1154-1159.

Vogt, P., & Divina, F. (2005). Language evolution in large populations of autonomous agents: issues in scaling. In *Proceedings of the Joint Symposium on Socially Inspired Computing at AISB 2005*, 80-87.

West, G.B. (2017). *Scale: The universal laws of growth, innovation, sustainability, and the pace of life in organisms, cities, economies, and companies*. Nova York: Penguin Press.

Zipf, G.K. (1949). *Human behavior and the principle of least effort: An introduction to human ecology*. Eastford, CT: Martino Fine Books.

Parte VI
Pesquisa intercultural

11
A perda e recuperação da transcendência: perspectivas da psicologia junguiana e da escola Hua-Yen de budismo

Toshio Kawai

Introdução

A transcendência foi definida como um estado que vai além da experiência e do mundo ordinários. Na Psicologia Analítica, a função transcendente é central para a compreensão da psique e da vida interior.

Este capítulo explora a natureza da experiência da perda e recuperação da transcendência de uma perspectiva junguiana e da perspectiva da escola Hua-Yen de Budismo, e oferece alguns modos pelos quais esta perspectiva budista pode ser uma ferramenta terapêutica útil. Pelo fato de a escola Hua-Yen compreender a transcendência como o nada que é ao mesmo tempo energia potencial, esta compreensão pode lançar uma nova luz sobre o foco de Jung na perda e recuperação da transcendência.

Começaremos a explorar o desenvolvimento do conceito de transcendência no pensamento junguiano apresentando algumas experiências remotas de C.G. Jung e o modo como elas ajudaram a desenvolver seu conceito de transcendência e seu papel na psicologia junguiana.

A experiência juvenil da Primeira Comunhão levou Jung à perda de um mito pessoal

Jung relatou sua experiência da Primeira Comunhão aos 15 anos de idade. Estava repleto de expectativas quanto ao mistério e à transcendência religiosa:

> Eu [Jung] me preparei para a Comunhão, na qual tinha colocado minhas últimas esperanças... ele [O Senhor] fizera certas indicações, tais como, "Tomai e comei, isto é o meu corpo", querendo dizer que deveríamos comer o pão da comunhão como se fosse seu corpo, que além do mais tinha originalmente sido carne. Assim também deveríamos beber o vinho que tinha originalmente sido sangue. Estava-me claro que desta maneira deveríamos incorporá-lo em nós mesmos. Isto me parecia tão evidentemente impossível que eu tinha certeza de que algum grande mistério devia estar por trás, de que eu participaria neste mistério durante a Comunhão, à qual meu pai parecia dar um valor tão alto (Jung, 1961, p. 53).

Mas sua experiência na Comunhão foi decepcionante, até mesmo desastrosa.

> Chegou então minha vez. Comi o pão; tinha um sabor insípido, como eu esperara. O vinho, do qual tomei apenas um pequeno gole, era fraco e um tanto azedo, longe de ser dos melhores. Então veio a oração final, e as pessoas saíram, nem deprimidas nem iluminadas de alegria, mas com rostos que diziam, "Então é isso" (Jung, 1961, p. 54).

É claro que Jung já tinha perdido sua crença ingênua e vivia num mundo desencantado. Refletiu sobre sua experiência e escreveu:

> Só pouco a pouco, durante os dias que se seguiram, me dei conta de que não tinha acontecido nada... esta cerimônia não teve nenhum traço de Deus, ao menos para mim... Lentamente vim a entender que esta Comunhão tinha sido uma experiência fatal para mim. Ela se mostrara superficial; mais que isso, se mostrara uma perda total. Eu sabia que nunca mais poderia participar desta cerimônia. "Isto não é, de modo algum, religião", pensei, "É uma ausência de Deus; a igreja é um lugar onde eu não deveria ir. Não é vida que existe ali, mas morte" (Jung, 1961, p. 55).

Como escreveu que experimentou "uma perda total" e "uma ausência de Deus", seu fracasso no ritual indicou a perda ou incapacidade de estabelecer conexão com o transcendente e o predomínio do vazio. A crença e o mito cristãos tinham perdido sentido.

Posteriormente, a perda do mito cristão se tornou uma questão mais abstrata para Jung. Enquanto escrevia *Transformações e Símbolos da Libido*, levantou as seguintes questões sobre a crença individual:

> Mas em qual mito o ser humano vive hoje em dia? No mito cristão, a resposta poderia ser, "Você vive nele?", me perguntei. Para ser honesto, a resposta foi não. Para mim, não era aquilo pelo que eu vivo. "Então não temos mais nenhum mito?" "Não, evidentemente não temos mais nenhum mito". "Mas qual é o seu mito – o mito no qual você vive?" Neste ponto o diálogo comigo mesmo se tornou desconfortável, e eu parei de pensar. Tinha chegado a um beco sem saída (Jung, 1961, p. 171).

Como a experiência decepcionante de Jung na Primeira Comunhão deixou evidente, já não vivia no mito cristão e estava à procura do mito no qual vivia. Sua crise iniciada logo após a publicação de seu livro *Símbolos da Transformação*, e seu autoexperimento usando imaginação ativa tiveram a ver com esta tarefa de descobrir seu próprio mito. Como Jung o descreveu: "O mito, disse um Padre da Igreja, é 'aquilo em se acreditou sempre, em toda parte e por todo mundo'; daí que o homem que pensa que pode viver sem mito, ou fora do mito, é uma exceção" (Jung, 1956, p. xxiv).

Em seu confronto com uma crise mental pessoal que tinha começado com sua terrível visão de uma Europa inundada de sangue, Jung registrou sua imaginação ativa em *O Livro Negro* e escreveu sua imaginação com comentários e imagens em *O Livro Vermelho*. Discutirei agora como Jung tentou recobrar seu relacionamento com o transcendente no curso do desenvolvimento de *O Livro Vermelho*.

A jornada pessoal de Jung parece ter passado por três ou quatro etapas. Cada etapa tem a ver com uma diferente compreensão da psicologia e da individuação. A etapa final, que aparece nos "Aprofundamentos", levará ao meu tema aqui, o budismo Hua-Yen.

Liber Primus e o renascimento do Deus de Jung

A primeira tentativa de recuperação depois da perda da transcendência foi mostrada na história mítica descrita no primeiro livro, o *Liber Primus* do *Liber Novus*. No primeiro livro, a morte e renascimento de Deus são experienciadas através da imaginação ativa de Jung. O capítulo 5, "Descida ao inferno no futuro", mostra esta morte e renascimento de Deus. Em sua imaginação, Jung mergulhou em grandes profundidades. Viu numa gruta escura que alguém ferido, alguém assassinado boiava e um grande escaravelho negro passava. Um sol vermelho brilhava na água profunda e escura. Jung comentou que "o besouro negro é a morte necessária à renovação" (Jung, 2009, p. 151).

No capítulo 7, "Assassinato do herói", Jung e um adolescente se puseram à espreita num estreito caminho de pedras, atiraram em Siegfried e o mataram. Após este capítulo, segue-se aquele sobre a "Concepção do Deus". Jung menciona a ambiguidade de Deus. Após este capítulo, o profeta Elias e uma jovem mulher, Salomé, apareceram.

No último capítulo, o próprio Jung é sacrificado, sendo ferido por uma serpente negra. Mas subitamente a cega Salomé pode ver a luz; a serpente cai do corpo de Jung e fica no chão. Elias diz: "Tua obra está acabada aqui". Isto é o próprio mito de Jung mostrando a morte e renascimento de Deus. Sua imagem de Deus é uma mistura de símbolos cristãos e não cristãos. Neste sentido, é um mito e história bastante arbitrários, pessoais. Jung é tanto aquele que faz o sacrifício quanto aquele que é sacrificado, o que é importante para a união com o transcendente.

Liber Secundus e o experienciar da transcendência como física

Obviamente o renascimento de Deus como um mito e fantasia arbitrários e pessoais não basta para Jung. Prosseguiu seu trabalho com a imaginação ativa, dando início ao segundo livro, *Liber Secundus*. Uma característica no segundo livro é que a união na transcendência foi descrita como uma experiência física que já tinha aparecido numa forma mais branda na última cena do primeiro livro (Kawai, 2012). Por exemplo, o capítulo "O assassinato sacrificial", no segundo livro, é muito impressionante. Jung foi compelido a comer um pedaço do fígado de uma menina morta. Uma mulher, supostamente a alma desta menina, diz a Jung: "Aproxima-te, vês que o ventre da criança foi aberto com uma faca, tira o fígado". Ela diz em seguida: "Toma um pedaço, em vez do fígado todo, e come" (Jung, 2009, p. 290). Jung se mostrou relutante e tentou evitar, mas finalmente comeu um pedaço do fígado:

> Ajoelho-me nas pedras, corto um pedaço do fígado e o enfio na boca. Minhas entranhas trazem o vômito até a garganta – lágrimas saem dos meus olhos – suor frio sobre a minha testa – engulo com esforço desesperado – não vai – mais uma vez e mais outra – quase desmaio – deu certo. O horror se consumou (Jung, 2009, p. 290).

Gostaria de mencionar outra cena de experiência física. É uma cena de autodesmembramento [que consta do capítulo "Nox tertia" (Terceira noite), capítulo XVI do *Liber Secundus* (N.T.)] que me faz lembrar da visão de Zósimo. Jung espezinhou-se a si mesmo usando um lagar:

> Eu pisei sozinho um lagar e ninguém está comigo. Eu me espremi em minha ira, e me pisei em meu furor. Por isso meu sangue borrifou minhas vestes, e eu sujei meu roupão por inteiro. Pois eu me concedi um dia de vingança, chegou o ano de me redimir (Jung, 2009, p. 300, citando Is 63,3-4).

Estas cenas são tremendas. Mas tenho a impressão de que Jung não estava satisfeito com a história e simbolismo míticos do primeiro livro e precisava de imagens mais diretas, físicas, para expressar a natureza e importância do processo de transcendência. Elas me lembram muitas novelas do escritor japonês Haruki Murakami. Em suas histórias, frequentemente são descritas cenas violentas e cruéis que poderiam ser conectadas com cultos e rituais pré-modernos (Kawai, 2006).

Por exemplo, em *Crônica do Pássaro de Corda* (2005 [2002]), o tenente Mamiya falou de sua experiência na Mongólia durante a Segunda Guerra Mundial. Seu superior foi capturado e esfolado vivo. A descrição no romance foi horrível. Mas me lembrou o ensaio *O Simbolismo da Transformação na Missa* [OC 11/3], no qual Jung menciona o simbolismo do esfolamento. A extraordinária popularidade dos livros de Haruki Murakami no Japão e em outros países mostra que a transcendência pode provavelmente não aparecer mais nem num ritual, nem através do simbólico, mas na violência física direta e sexualidade.

O processo de experienciar a transcendência costumava ser mediado por rituais e símbolos que eram transmitidos e compartilhados pela comunidade. Mas, porque os ritos e símbolos históricos perderam seu poder na comunidade moderna, a transcendência só pode aparecer diretamente através da violência. Este aspecto e imagem físicos parecem não ter sido plenamente trabalhados na psicologia junguiana, embora sejam claramente enfatizados em *O Livro Vermelho* de Jung.

Em face da perda de Deus e da transcendência, Jung tentou recobrá-los primeiramente criando um mito pessoal, no primeiro livro, e depois por experiências físicas da transcendência, no segundo livro de *O Livro Vermelho*. Por estas tentativas diretas terem sido insuficientes, Jung foi compelido a propor uma terceira solução de internalização.

Liber Secundus e o renascimento do Deus como fantasia

A postura de Jung no segundo livro foi recobrar a perda ontológica da transcendência como uma experiência psicológica interior da imagem. Internalização é um conceito-chave na recuperação de um relacionamento com o mundo mítico. Jung parece estar ciente de que não vive no mundo pré-moderno com um mito vivo. Confessa, por exemplo, que não sabe como rezar ao sol: "Não devo esquecer minha oração da manhã – mas para onde foi minha oração da manhã? Amado Sol, não tenho oração, pois não sei como devo me dirigir a ti" (Jung, 2009, p. 271). Inventou algumas depois. Mas a ênfase pareceu ter sido dada à perda da oração. Neste sentido, Deus não existe mais, porque Deus não é um ser independente, objetivo, mas só aparece numa oração ou ritual concretos. Esta passagem do *Liber Secundus* torna evidente a perda de Deus e do mito por Jung, a despeito de sua tentativa no *Liber Primus*.

Embora a morte e renascimento de Deus fossem convertidos séria e literalmente num tema do primeiro volume de *O Livro Vermelho*, o renascimento de Deus foi realizado no segundo livro como a internalização de Deus. Após o Deus-touro Izdubar ter desmaiado, Jung tinha de ajudá-lo e transportá-lo. Para carregar o gigantesco Deus Izdubar, Jung o transformou numa mera fantasia. "No fundo, estou convencido de que Izdubar não é real no sentido comum, mas uma fantasia" (Jung, 2009, p. 282). Porque a fantasia "não precisa de espaço", e Jung pode "apertar Izdubar até o tamanho de um ovo e colocá-lo no bolso", Jung pode transportá-lo facilmente. Quando Izdubar saiu do ovo novamente, isto foi compreendido como o renascimento do Deus. Mas para nós é mais importante reparar que o renascimento do Deus se tornou possível através da internalização. Como escreve Jung, Deus "não pereceu, mas se tornou uma fantasia viva... Se transformamos Deus em fantasia, ele está em nós e é fácil de carregar" (Jung, 2009, p. 283). Enquanto que a morte e o renascimento de Deus são desenvolvidos literalmente como histórias no primeiro livro, eles, no segundo, são realizados mais psicologicamente, através da ideia da internalização.

Esta é a conquista de *O Livro Vermelho*. Devido a esta internalização, Jung pôde estabelecer sua psicologia, que lida com Deus e rituais como uma realidade arquetípica interior. Assim, o renascimento de Deus não foi, para Jung, um renascimento literal, mas antes o nascimento de uma psicologia que se baseou na ideia da internalização e na realidade da fantasia.

Em *Tipos Psicológicos* [OC 6], Jung declara seu famoso lema, que é citado frequentemente por James Hillman: "A psique cria realidades todos os dias. A única expressão que posso usar para esta atividade é fantasia" (Jung, 1921, p. 78). Com esta internalização, Jung pôde lidar com o problema de Deus e da transcendência. Poderíamos nos relacionar com Deus como uma imagem na psique. Mas, em face das críticas metafísicas e científicas, Jung poderia argumentar que ele só tinha a ver com imagens psicológicas e não com entidades metafísicas. Mas esta posição poderia causar uma espécie de dissociação.

Os *Aprofundamentos* e o nada

Jung encerrou seu experimento concernente ao *Liber Primus* e ao *Liber Secundus* em 1914, mas começou a escrever novamente em *O Livro Negro* em 1915. Isto pode indicar que suas tentativas de descobrir seu próprio mito e recuperar o acesso à transcendência não eram ainda suficientes. No começo de 1916 Jung experienciou um evento misterioso em sua casa, que levou aos "*Septem sermones ad morteos*" e à terceira parte de *O Livro Vermelho*, "Aprofundamentos". Dizia-se que a casa de Jung era repleta de espíritos. Eles gritaram em coro: "Voltamos de Jerusalém, onde não encontramos o que buscávamos" (Jung, 1961, p. 216). Jung disse, este é o começo dos *Septem Sermones*.

Nesta experiência, a ideia anterior de Jung de internalização não é adequada. Quando estava escrevendo o primeiro e segundo livros de *O Livro Vermelho*, Jung via seus pacientes durante o dia e levava a vida familiar normalmente. Só durante a noite continuava seu autoexperimento com imaginação ativa. Este ocorria dentro de seu espaço interior, por isso não havia nenhum sinal de psicose, que frequentemente perturba e até mesmo destrói a capacidade de funcionar na realidade exterior. Mas agora os mortos fluíram do espaço interior para o exterior. Não só ele, mas seus filhos repararam na presença dos mortos. Tal experiência tornou-lhe necessário revisar posteriormente sua teoria e criar conceitos como a sincronicidade e o psicoide.

Na terceira parte de *O Livro Vermelho*, Filêmon ensinou aos mortos. "Eu começo com o nada. O nada é o mesmo que a plenitude. Na infinitude, há tanto o pleno como o vazio" (Jung, 2009, p. 346). Nestas frases há um indício de compreensão do nada não como uma perda negativa, mas como um nada criativo. Quando sentiu uma perda total e uma ausência de Deus após seu fracasso na Primeira Comunhão, Jung estava lutando contra a ausência de Deus e de seu próprio mito. Neste sentido, o vazio e o nada eram terríveis e destrutivos para ele. Mas aqui o nada é o mesmo que a plenitude.

A escola Hua-Yen de Budismo

Uma vez que esta compreensão do princípio do nada é muito próxima daquela que a escola Hua-Yen de budismo tem, gostaria de mostrar como o esforço de Jung nos "Aprofundamentos" pode ser compreendido neste contexto. Mas é legítimo compreender estas frases em referência à escola Hua-Yen? Esta escola é baseada no sutra Hua-Yen (Avatamska, Guirlanda de Flores) e na prática da meditação. Fez parte do budismo Mahayana na China entre os séculos VI e IX e depois veio para o Japão. Sua ideia básica é a interconexão de todas as coisas no mundo.

Entre as principais escolas do budismo Mahayana, a escola Madhyamika, com sua figura extraordinária de Nagarjuna, enfatiza o vazio, enquanto que a Escola Vijnanavada ou Yogacara põe a ênfase no ser e na imaginação. A escola Hua-Yen se situa entre estas duas posições extremas e pode mediá-las. A ideia de Jung nos sermões de Filêmon tem também uma afinidade com o gnosticismo. É possível e relevante comparar a ideia de Jung com a filosofia do Leste Asiático, que a princípio parece totalmente fora de seu contexto cultural e histórico? Explorarei a legitimidade desta comparação nas próximas seções.

Oriente e Ocidente

Imediatamente antes do início dos "Septem Sermones ad Morteos", estão as palavras introdutórias: "Os sete Sermões aos Mortos, escritos por Basilides em Alexandria, a Cidade em que o Oriente toca o Ocidente" (Jung, 1961, p. 378).

Em 1918-1919, Jung estava no Chateau d'Oex como comandante, e esboçava todas as manhãs, num bloco de notas, pequenos desenhos circulares. Soube muito mais tarde, através da leitura de *O Segredo da Flor de Ouro*, traduzido e lhe enviado por Richard Wilhelm em 1928, que esses desenhos poderiam ser considerados mandalas. Mas mesmo sem este conhecimento posterior, Jung parecia estar ciente da influência do Oriente no caso dos "Septem Sermones ad Morteos".

A escola Hua-Yen não se formou exclusivamente no contexto do Oriente como outros textos e escolas do budismo Mahayana. Segundo a conferência de Toshiko Izutsu, no Eranos de 1981, "The Nexus of the Ontological Event" [O Nexo do Evento Ontológico], o sutra Hua-Yen era parte de um grupo de escrituras menores compostas em diferentes épocas e lugares, e arranjadas num único sutra na Índia. Recebeu sua forma final na Ásia Central entre 200 e 350 EC [Era Comum, d.C. (N.T.)]. Foi traduzido e levado da Ásia Central para a China, duas vezes (418-420; 659-699). Portanto, não foi um produto puramente indiano nem puramente chinês, mas estabelecido primeiramente na Ásia Central, onde o Oriente toca o Ocidente. A Ásia Central naquela época estava sob forte influência das culturas iranianas e grega.

Além disso, o mais famoso sacerdote e filósofo na história da escola Hua-Yen, o terceiro patriarca Fa Ts'ang (法蔵 643-712), era iraniano. Nasceu e cresceu na China, mas era de etnia iraniana. Izutsu notou a influência iraniana na escola Hua-Yen pela ênfase dada por ela aos aspectos do sol e da luz. O vazio ou plenitude em que todas as coisas se interpenetram entre si e se coagulam é experenciado como luz. No mandala Hua-Yen, há o Buda Vairocana. Está situado no centro do mandala Hua-Yen. O termo sânscrito Vairocana deriva da palavra que significa a radiância do sol. Izutsu sugere que não seria um mero acidente que Fa Ts'ang escolhesse um sutra que tem um Buda luminoso no centro.

Izutsu pressupõe que deve ter havido uma reminiscência de Ormazd ou Ahura Mazda, o brilhante Senhor da Luz do zoroastrismo. Izutsu e outros filósofos budistas assinalam que as *Enéadas* de Plotino têm uma semelhança com o sutra Hua-Yen. Lá,

> tudo é transparente, nada é resistente; cada ser é claro para todos os outros, em extensão e profundidade A luz é manifesta à luz. Pois cada coisa tem todas as coisas nela mesma e, por outro lado, vê todas as coisas no outro, de modo que todas as coisas estão em toda parte e tudo é tudo e cada coisa é tudo e infinito, realmente, é o mundo da luz gloriosa. Cada uma destas coisas é grande. O pequeno é grande. O sol, lá, é todas as estrelas, e cada estrela, por sua vez, é todas as estrelas e o sol (Plotino, V. 8, p. 425).

Assim, embora a cosmologia de Jung em "Septem Sermones ad Morteos" se baseasse no gnosticismo, não estaria totalmente fora do contexto histórico relacionarmos esta obra à filosofia Hua-Yen. Ambos são oriundos do intercâmbio entre Ocidente e Oriente. Com relação à experiência da luz ou do sol, poderíamos dizer que ela é universal. Muito frequentemente pacientes descrevem o sol ou relatam uma forte experiência do sol no início ou na reabilitação da esquizofrenia. O sol retratado pelo pintor norueguês Edvard Munch é um exemplo típico. O mesmo vale para o mandala, pois significa ora a integração da psique, ora uma defesa fracassada.

Vazio e transcendência na escola Hua-Yen

Filêmon começa seu primeiro sermão com as seguintes palavras:

> Ouvi, pois: Eu começo com o nada. O nada é o mesmo que a plenitude. Na infinitude, há tanto o pleno como o vazio. O nada é vazio e pleno. Vós podeis também dizer qualquer outra coisa do nada, como, por exemplo, que é branco, ou preto, que não existe, ou que existe. Aquilo que é sem fim e eterno não tem qualidades, já que tem todas as qualidades. "Podemos chamar este nada ou plenitude de Pleroma" (Jung, 2009, p. 346).

Gostaria de mostrar como este Pleroma que é o nada e a plenitude ao mesmo tempo pode ser compreendido em referência à escola Hua-Yen. Na seguinte citação do 17º capítulo do "sutra Hua-Yen", afirma-se que um único poro contém todo o universo:

> Seres iluminados, num único poro, manifestam as terras infinitas das dez direções: Algumas são contaminadas, algumas são puras, feitas de várias ações – todas elas eles compreendem. Num único átomo, infinitas terras, com infinitos Budas e sua descendência; as terras são distintas entre si, não misturadas: A partir de uma, todas eles veem claramente. Num único poro eles veem todos os mundos no espaço das dez direções. Não há nenhum lugar em que não haja nenhum Buda; assim todas as terras de Buda são puras. Num poro eles veem terras de Buda e também veem todos os seres sencientes: Os três momentos e seis disposições não são o mesmo – Dia e noite, mês e hora, servidão e liberdade. Assim os seres iluminados de grande conhecimento resolutamente se dirigem à soberania da verdade (Cleary, 1993, p. 420).

Eu fiz esta longa citação intencionalmente para passar uma sensação do estilo e da atmosfera deste sutra, mesmo que em tradução. Há muitas repetições que podem nos atrair para a consciência meditativa. Podem ser encontradas muitas expressões semelhantes no sutra Hua-Yen. Nesta citação, as metáforas espaciais são notórias, mas também é dito que um único instante contém a eternidade, ou seja, passado, presente e futuro. Isto pode ser explicado pela teoria dos Quatro Domínios da Realidade (*dharmadhatsu*), proposta pelo quarto patriarca da escola Hua-Yen, Ch'eng Kuan (澄観 738-839).

Sigo aqui com a explicação feita por Izutsu. O primeiro Domínio consiste das coisas sensíveis (chinês: *shih*, 事). Isto corresponde ao nosso estado normal de consciência. Tudo tem sua essência (autossuficiência, 自性) e formato claro. Mas com a consciência aprofundada as coisas perdem sua essência e contorno. Todas as coisas ficam indiferenciadas, o que é o segundo Domínio da Realidade metafísica absoluta (chinês: li, 理, princípio). "Ser o Uno todo-penetrante, todo-abrangente da não articulação metafísica é o terreno pré-fenomênico da realidade a partir do qual surgem todas as coisas fenomênicas. Seu ser não articulado implica ao mesmo tempo que há nele absolutamente nada" (Izutsu, 1981, p. 382).

Este Domínio da Realidade metafísica absoluta tem dois aspectos fundamentais, o de aniquilamento e de criação de todas as coisas. Podemos notar sua semelhança com o Pleroma de Jung, que é ao mesmo tempo nada e plenitude. Cito uma passagem correlata dos "Aprofundamentos". As palavras de Jung não são tão precisas quanto o sutra Hua-Yen, mas são muito semelhantes.

> Mas porque somos partes do Pleroma, o Pleroma também está em nós. Mesmo no menor ponto o Pleroma é infindo, eterno e total, pois pequeno e grande são qualidades nele contidas. É o nada que é total e ininterrupto em toda parte. Apenas figurativamente, pois, falo da criação como de uma parte do Pleroma. Porque, na verdade, o Pleroma não está dividido em lugar nenhum, já que é o nada. Nós também somos todo o Pleroma, porque, figurativamente, o Pleroma é o menor ponto em nós, apenas pressuposto, não existente, e o firmamento ilimitado acima de nós. Mas então por que falamos do Pleroma, se ele é tudo e nada? (Jung, 2009, p. 347).

Mas os Domínios da Realidade na escola Hua-Yen têm ainda a terceira e a quarta expressões. O terceiro Domínio é "aquele da interpenetração livre e desobstruída de *li* (princípio) e *shih* (coisa)". O princípio metafísico absoluto, *li*, é uma espécie de energia cósmica que emerge e se diferencia como vários seres fenomênicos. "Todas as diferentes coisas no mundo empírico são uma só e a mesma porque cada uma delas (cada *shih*, coisa) encarna a Realidade (o *li*) absoluta única, totalmente e perfeitamente" (Izutsu, 1981, p. 382).

Daí por que um único poro contém o universo total e um único momento tem a eternidade em si, pois deriva desta realidade metafísica. Com esta compreensão, tudo é diferenciado mas perde sua substância e essência ontológicas, em termos budistas, sua autossuficiência. Assim, tudo se torna um único evento ontológico.

O quarto Domínio é o da interpenetração de coisa e coisa, *shih* e *shih*. Isto pode ser visto como um retorno à consciência diária inicial, com uma sutil diferença. Daisetsu Suzuki descreve esse estado em seu artigo sobre a escola Hua-Yen: no *Dharmadhatsu*, portanto, há uma interfusão de todos os objetos individuais, cada qual, porém, conserva a plena individualidade que há nele (Suzuki, 1953, p. 147).

É típico da escola Hua-Yen que o verdadeiro mundo ou transcendência não é postulado no além, mas nesta realidade. O princípio metafísico do nada, que é ao mesmo tempo energia potencial, interpenetra a realidade. O problema é que Jung ainda procurava a transcendência como uma substância separada no além. Jung tentou restaurar o Deus cristão e descobrir seu próprio mito. Mas sua experiência das assombrações significa que a diferenciação na realidade está sendo perdida. Seus "Septem Sermones" emergiram de uma fusão com os mortos.

Se compreendermos a experiência e a escrita de Jung após seu encontro com os mortos segundo as interpretações da escola Hua-Yen, poderíamos formular a psicologia junguiana de um modo diferente. Pode ser útil ver como a psicologia de Jung poderia ser compreendida de modo ligeiramente diverso a partir do ponto de vista Hua-Yen.

União e emergência

Para Jung, a *conjunctio* foi o tema central da sua psicologia e da individuação. Em *O Livro Vermelho*, as conversas e relacionamentos com figuras na imaginação foram importantes. Isso se refletiu em sua obra *O Eu e o Inconsciente* (Jung, 1966). O trabalho psicoterapêutico consiste na integração e união com figuras inconscientes. Mais tarde, na alquimia, a união foi o tema principal, como mostra o título *Mysterium Conjunctionis*. A *conjunctio* pode ser considerada o objetivo da individuação.

União e Hua-Yen

A união também desempenha um papel importante na escola Hua-Yen. No Domínio do princípio *li*, as coisas se fundem. Daisetsu Suzuki descreveu este estado de fusão, traduzindo pessoalmente algumas frases do sânscrito: Sudhana, o jovem peregrino, sentiu como se seu corpo e mente se dissolvessem completamente; viu que todos os pensamentos se afastaram de sua consciência; em sua mente não havia impedimentos, e todas as intoxicações desapareceram (Suzuki, 1953, p. 148).

O monge japonês Myoe, que foi uma figura notável na história da escola Hua-Yen no Japão, relatou um sonho de "coagulação de corpo e mente" pouco antes de sua morte. É interessante notar que a imagem física desempenha um papel importante para a união nos exemplos da escola Hua-Yen, como foi o caso no *Liber Secundus*. Embora a união, enquanto perda da diferenciação na realidade, fosse muito importante na escola Hua-Yen, este não é o objetivo da sua prática e filosofia. Como descrito acima, há ainda o terceiro e o quarto estágios da Realidade, e outra coisa emerge desta fusão. A escola Hua-Yen chama isso de *hsing ch'i* 性起 (japonês: *shoki*), "o surgimento ou emergência da Realidade-Buda".

Assim, de acordo com a escola Hua-Yen, a individuação não é um processo que leva a um objetivo de união, mas um acontecimento ou um movimento entre a fusão indiferenciada e a emergência. Ou, colocando-se diferentemente, o caminho a partir da união é mais importante do que o caminho que leva até ela. Com relação à luz que a tudo ilumina de Vairocana, mencionei a experiência do sol no caso da esquizofrenia. Podemos também experienciar uma total fusão e emergência na terapia junto a pacientes com transtorno do espectro autista (TEA) [em inglês: *autistic spectrum disorder* (ASD)].

Por vivermos no mundo da linguagem, o mundo é, em seu estado normal, diferenciado. No caso de pacientes TEA, muitas vezes falta esta diferenciação. Por isso eles têm dificuldades com a capacidade de linguagem e de relacionamento com os outros. Numa terapia bem-sucedida com pacientes TEA, a emergência de um sujeito pode ocorrer após uma fusão total. Neste caso, se torna importante a capacidade do terapeuta de entrar num estado de fusão e de se separar dele.

Internalização e interioridade

No segundo livro de *O Livro Vermelho*, Jung tentou salvar e recobrar Deus internalizando-o em sua psique. O Deus-touro Izdubar foi diminuído e posto no bolso, e depois se transformou numa fantasia. A internalização é uma estratégia muito cristã e moderna que leva à vida interior individual e deu origem à psicoterapia. Isso possibilitou a Jung ser envolvido com imagens de um Deus internalizado ao invés de ser incomodado por questões metafísicas e teológicas.

Nesse sentido, Jung tem uma estrutura mental muito moderna, embora os conteúdos de seu interesse sejam muito arcaicos. No caso de Hua-Yen, o princípio dominante não é a internalização, mas a interioridade. Tudo, o universo inteiro, está contido em cada coisa. Diz-se no sutra Hua-Yen, por exemplo, "mesmo numa partícula de pó o universo inteiro é visto refletido". Mas, com relação à alquimia, Jung exprimiu a mesma ideia: "não misturar nada de fora com o conteúdo do vaso hermético, porque o lápis tem 'tudo de que precisa'" (Jung, 1968, § 220).

Esta lógica pode ser adaptada ao sonho como propõe Wolfgang Giegerich, uma abordagem interna de imagens e sonhos. Um sonho não é o mundo internalizado de um sujeito humano, mas tem seu próprio mundo, no qual tudo, até o sujeito humano, está contido. Isto mudaria nossa atitude para com a imagem fundamentalmente. A imagem é emergência e interioridade. Isto parece ser congruente com o modo junguiano de trabalhar com imagens. Não tentamos manipular e levar as imagens ou a personalidade em uma certa direção ou rumo a objetivos, como tende a ser o caso na terapia cognitivo-comportamental. Ao invés disto, preferimos ser surpreendidos por uma nova emergência da imagem e influenciados e guiados pelo potencial da imagem.

Interdependência e individualidade

Segundo a escola Hua-Yen, tudo não tem sua essência, mas se baseia no nada. Tudo é emergência a partir do vazio, e consequentemente "depende de todas as outras coisas para sua existência fenomênica". Neste modo, tudo é um evento ontológico e interconectado. Esta "dinâmica, simultânea e interdependente emergência e existência de todas as coisas" é chamada de *yuan ch'i* 縁起 (japonês: *engi*). Esta é uma compreensão ontológica da realidade não como substância, mas como relacionamento. Deste ponto de vista, a sincronicidade não é um evento excepcional, mas um estado normal de interconexão, apenas com diversos graus de intensidade.

Com esta compreensão da interconexão de todas as coisas é difícil diferenciar uma coisa da outra, uma vez que cada coisa contém tudo. Para superar esta dificuldade, a escola Hua-Yen usa o conceito de "poderoso" e "impotente" com uma matriz de componentes. Por exemplo, A, B e C contêm todos os componentes.

A (a, b, c, d, e...)

B (a, b, c, d, e...)

C (a, b, c, d, e...)

Nesta matriz, não há diferença entre A, B e C. Mas, para A, certos componentes, a e f, são poderosos, enquanto que outros são impotentes. Para B, b e g são poderosos enquanto que outros são impotentes. Deste modo, eles aparecem de modo diferente individualmente, embora seus componentes sejam os mesmos.

Embora a escola Hua-Yen se baseie na ideia de eventos inter-relacionados, a psicoterapia tende a focar em determinados fatos. Por exemplo, a psicoterapia tenta trabalhar em, e através de, um complexo materno ou de um trauma. Mas tal tentativa pode reforçar um componente poderoso passageiro e substancializar um evento ontológico em um fato.

Do ponto de vista Hua-Yen, especialmente no quarto estágio da realidade, as coisas são vistas "como se". As coisas estão diferenciadas, mas não fixas. Se um (a) paciente critica sua mãe, o terapeuta tem de ouvir isso, mas "como se ele ou ela estivesse criticando sua mãe". Após imergir na fusão ou no nada, algo diferente pode emergir como poderoso.

Consequência para a psicoterapia e a individuação

Este capítulo trata da perda e recuperação da transcendência na psicologia junguiana e, espero, em nossa presente época. Por isso tentei mostrar como a transcendência perdida pode ser encontrada imanentemente com referência à escola Hua-Yen do budismo. Deus ou transcendência não estão mortos nem perdidos, mas tinham estado ausentes desde o início. Esta ausência, contudo, é ao mesmo tempo a plenitude que flui para a realidade como energia e luz.

Já fiz alguns comentários com relação à psicopatologia e à psicoterapia, uma vez que a psicologia junguiana está fortemente conectada com a prática da psicoterapia. Como observações à guisa de conclusão, gostaria de mostrar algumas outras consequências para a psicoterapia e a individuação.

Como a interdependência e a emergência são eventos ontológicos segundo a interpretação da escola Hua-Yen, a individuação não é um objetivo nem um processo, mas sim um evento. Isto é uma *performance* feita para alcançar o estado indiferenciado e deixar algo emergir deste estado. É importante, evidentemente, alcançar o estado de consciência sem diferenciação o mais profundamente possível. Mas a escola Hua-Yen tem uma posição singular ao pressupor um ponto de partida iluminado. Portanto, mesmo se nunca alcançarmos conscientemente o estado eliminado e indiferenciado de *li* ou vazio, podemos pressupor que esta posição seja tomada pelo terapeuta.

Assim, podemos estar presentes na terapia como *li* ou vazio ou pleroma que pode possibilitar ao paciente a verbalização, imaginação e transformação.

Referências

Cleary, T. (1993). *The flower ornament scripture: A translation of the Avatamsaka sutra.* Boulder, CO: Shambhala.

Izutsu, T. (1981). *The nexus of ontological events: A Buddhist view of reality: Eranos-Jahr Buch 1980*, pp. 357-392. Frankfurt: Insel Verlag.

Jung, C.G. (1921). *Collected works, v. 6, psychological types* (G. Adler, org. e R.F.C. Hull, trad.). Princeton, NJ: Princeton University Press [*Tipos Psicológicos*, OC 6].

Jung, C.G. (1956). *Collected works, v. 5, symbols of transformation* (G. Adler, org. e R.F.C. Hull, trad.). Princeton, NJ: Princeton University Press [*Símbolos da Transformação*, OC 5].

Jung, C.G. (1961). *Memories, dreams, reflections.* Nova York: Pantheon Books.

Jung, C.G. (1966). Relations between the ego and the unconscious. In G. Adler e R.F.C. Hull (org. e trad.), *Collected works, v. 7, two essays on analytical psychology* (2ª ed.). Princeton, NJ: Princeton University Press [*O Eu e o Inconsciente*, OC 7/2].

Jung, C.G. (1968). *Collected works, v. 9ii, Aion* (2ª ed., R.F.C. Hull, trad.). Princeton, NJ: Princeton University Press.

Jung, C.G. (2009). *The red book* (S. Shamdasani, org.). Nova York: W.W. Norton [*O Livro Vermelho*. Petrópolis: ed. Vozes, 2010].

Kawai, T. (2006). Experience of the numinous today: From the novels of Haruki Murakami. In A. Casement e D. Tacey (orgs.), *The idea of the numinous: Contemporary Jungian and psychoanalytic perspectives* (pp. 186-199). Londres e Nova York: Routledge.

Kawai, T. (2012). The red book from a pre-modern perspective: The position of the ego, sacrifice and the dead. *Journal of Analytical Psychology*, *57*(3), 378-389.

Plotinus. (1956). *Enneades* (2ª ed., S. McKenna, trad. revista por B.S. Page). Londres: Faber and Faber.

Suzuki, D. (1953). The *Bodhisattva's* abode. In *Essays in Zen Buddhism* (3ª série, pp. 108-163). Londres: Rider and Company.

12
Pesquisa psicoterapêutica em tempos de mudança

Grazina Gudaitė

Introdução

A Psicologia Analítica oferece uma perspectiva singular sobre, e uma ferramenta valiosa para a pesquisa da transformação pessoal. Devido a sua definição básica do inconsciente como incluindo internamente múltiplos níveis e tendo uma natureza coletiva, os princípios junguianos podem ser usados para investigar as transformações culturais e individuais. O mecanismo central da oposição, com a capacidade de manter dois opostos até que um terceiro emergente apareça, oferece um importante quadro de referência que pode ser usado para a análise da mudança e do desenvolvimento cultural e individual. Isso é especialmente útil quando se examina a jornada individual à luz de uma dada cultura. Tanto as culturas como os indivíduos mudam e se transformam. Os princípios da Psicologia Analítica podem oferecer meios para explorar a interação entre ambos, cultura e indivíduo, e demonstrar como essas interações dão forma ao crescimento e transformação individuais.

Este capítulo examinará como as ferramentas da Psicologia Analítica podem processar a relação entre cultura e mudança para ajudar a compreender o processo de uma experiência de transformação de um indivíduo. Dois estudos serão apresentados, um examinando a experiência individual da psicoterapia e o segundo examinando a relação de um indivíduo com a autoridade como parte do processo terapêutico. Começamos com uma discussão da natureza da pesquisa na psicoterapia, das ferramentas que a Psicologia Analítica oferece aos pesquisadores e de como elas podem apoiar e ajudar na compreensão do processo de transformação individual.

A pesquisa psicoterapêutica no contexto do processo de transformação

A pesquisa psicoterapêutica é uma área de estudo em rápido desenvolvimento, que é importante para a resolução de questões práticas sobre a aplicação da psicoterapia e para o desenvolvimento de uma compreensão mais profunda do processo de transformação de um indivíduo. Transformações multidimensionais são parte inerente da vida moderna para os indivíduos. Exemplos de tais transformações incluem a transição de um sistema autoritário a um democrático, a migração e integração em diferentes culturas, as mudanças dentro de estruturas sociais. O aprendizado de novos papéis e o desenvolvimento de novos modelos de relacionamento, estimulando a iniciativa e responsabilidade de um indivíduo, são tarefas importantes em nossa época. Algumas sociedades precisam confrontar as consequências de um regime autoritário ou curar feridas deixadas por traumas culturais. Pesquisas realizadas durante as últimas duas décadas na Universidade de Vilnius documentaram consequências de trauma cultural, como a perda de significância dos papéis masculinos dentro da sociedade e da família, uma alta prevalência de comportamentos autodestrutivos, consumo excessivo de álcool, suicídios e a destruição da iniciativa pessoal (Gailienė & Kazlauskas, 2005; Gailienė, 2015). O confronto com consequências destrutivas derivadas dos legados do regime autoritário induziu a um amplo espectro de mudanças interiores da personalidade. Embora esta pesquisa tenha destacado mudanças culturais específicas na Lituânia, correlatas à consequente transformação pela qual os indivíduos passaram, outras sociedades podem experimentar traumas ou mudanças culturais com o impacto resultante no bem-estar e crescimento individuais a partir de suas próprias perspectivas societais. Os problemas que resultam em trauma cultural podem variar conforme a sociedade ou a cultura, mas o processo de mudança é universal.

A Psicologia Analítica de C.G. Jung é um bom guia para a aquisição de uma compreensão mais profunda da influência da herança histórica e para curar feridas do passado. A hipótese junguiana das diferentes camadas do inconsciente e a articulação do pressuposto de um complexo cultural (Singer & Kimbles, 2004), bem como as ideias sobre o processo de transformação e a variedade de maneiras de trabalhar com material simbólico, são muito úteis na procura de uma compreensão plena da manifestação das dificuldades de um indivíduo e também quando se realiza o processo psicoterapêutico.

Estudos sobre o trauma cultural mostraram que, ao se explorar a história familiar de um indivíduo, com seus segredos, pode emergir a compreensão do papel da cultura na vida dele, o que, por sua vez, pode ser útil à compreensão de atitudes defensivas para com a autoridade e de comportamentos autodestrutivos e regressivos na vida desse indivíduo (Gudaitė, 2005). Kalsched escreve que um intenso trauma pode "encarcerar" os aspectos essenciais do si-mesmo, não lhes permitindo se manifestarem, assim limitando o crescimento e expressão de uma pessoa. Em sonhos ou em outros estados de consciência em que o controle pelo ego se enfraquece, o trauma aparece como um esforço compulsivo de repetição, resistência a ser identificado, conexões com as experiências de morte, o sentimento de vazio interior e figuras interiores ameaçadoras (Kalsched, 1996). Estes sintomas podem ser componentes de diferentes distúrbios afetivos e de personalidade.

Nossos estudos mostraram que defesas rígidas e primitivas, um complexo ou complexos de autoridade acompanhados por medo ou agressão, podem estar enraizados em uma inconsciência cultural (Gudaitė, 2014; Kalinenko & Slutskaya, 2014). O confronto com um complexo de autoridade ou com uma atitude autoritária, comportamento regressivo e outras consequências de um regime autoritário são parte das tarefas que um indivíduo deve encarar no período da transição. Parece que a reflexão de Jung, feita há mais de sessenta anos, é pertinente ainda hoje:

> Vivemos numa época que os gregos chamavam de "metamorfose dos deuses", dos princípios e símbolos fundamentais. A peculiaridade da nossa época, que certamente não é de nossa escolha consciente, é a expressão do homem inconsciente dentro de nós, que está se modificando (Jung, 1957, p. 60).

Encarar e trazer a sombra à consciência, seja pessoal ou cultural, é parte do trabalho que um indivíduo precisa fazer numa época de mudanças.

A psicoterapia analítica pode desempenhar um papel importante neste processo. Ela assiste um indivíduo no processo de encarar e conter os aspectos de sombra da história e na descoberta de novas possibilidades para o futuro, conforme revela os caminhos da fenomenologia da transformação. A pesquisa psicoterapêutica pode ser útil como apoio ao crescimento da consciência pessoal bem como cultural. Transformação e renovação são temas arquetípicos; sua expressão depende das circunstâncias históricas, dos contextos culturais e da psicologia do indivíduo. Precisamos explorar estes temas para melhor compreender sua expressão na sociedade moderna. Por exemplo, pesquisas para esclarecer as manifestações de material simbólico podem revelar as possibilidades multidimensionais do processo de transformação. Ou análises cientificamente penejadas de séries oníricas podem ser uma fonte confiável de informação para uma compreensão mais profunda da dinâmica dos relacionamentos íntimos.

Este aspecto é fortemente relacionado com a questão da eficácia da psicoterapia analítica no processo de curar as feridas passadas suportadas por um indivíduo. Um número considerável de estudos está agora disponível, e detalham amplo espectro das consequências de traumas culturais ou o impacto de um regime autoritário (Barocas & Barocas, 1980; Rowland-Klein & Dunlop, 1998; Yehuda & Bierier, 2007; Weisath, 2005; Gailienė, 2015; Rasche & Singer, 2016). Ao mesmo tempo, só alguns poucos estudos se voltam ao valor de abordagens psicoterapêuticas que integram a herança histórica. As reflexões de numerosos praticantes e estudos de casos psicoterapêuticos mostram que a psicoterapia analítica pode ser eficaz para curar feridas do passado (Wirtz, 2009; Hill, 2014; Schellinski, 2014). Ainda precisamos de mais pesquisas sobre a compreensão cientificamente baseada dos fatores curadores e das condições para transformações positivas, e sobre os mecanismos envolvidos em todo o processo de cura através de psicoterapia analítica.

Pesquisa e Psicologia Analítica na Lituânia

O Departamento de Psicologia Clínica da Universidade de Vilnius realizou pesquisas sobre a herança cultural e a psicoterapia baseadas na teoria da Psicologia Analítica. Uma parte daqueles estudos foi direcionada para uma compreensão mais profunda da psicopatologia como consequência de traumas ou de um regime autoritário. Outro aspecto desses estudos focou explicitamente a pesquisa psicoterapêutica. Na Lituânia, o interesse pela prática e teoria da Psicologia Analítica está crescendo, juntamente com o número de psicoterapeutas junguianos e de analistas reconhecidos internacionalmente. O desenvolvimento da prática da psicoterapia analítica abriu a possibilidade e a necessidade de realizar pesquisas neste campo como uma disciplina à parte. Com o rápido desenvolvimento de diferentes abordagens psicoterapêuticas da cura, a necessidade de pesquisas sobre a eficácia da psicoterapia analítica ficou evidente na última década.

Um grupo de psicólogos clínicos e pesquisadores de orientação junguiana na Universidade de Vilnius realizou conjuntamente pesquisas sobre esta forma de psicoterapia. O Conselho de Ciência da Lituânia apoiou dois projetos de pesquisas baseados no paradigma da Psicologia Analítica. "Effectiveness in Psychotherapy: An Analysis of Personality Change and the Underlying Factors" [Eficácia na Psicoterapia: uma Análise da Mudança da Personalidade e dos Fatores Subjacentes] (2011-2013) e "The Revelation of Personality's Integrity: Problem of Relation with Authority and Psychotherapy" [A Revelação da Integridade da Personalidade: Problema de Relação com a Autoridade e a Psicoterapia] (2014-2016) foram completados na Lituânia. Duas dissertações foram defendidas no contexto desses projetos, vários artigos foram publicados em revistas científicas e dois livros foram publicados: *Efficiency of Psychotherapy: Therapeutic Factors and Subjective Experience of Change* [Eficácia da Psicoterapia: Fatores Terapêuticos e Experiência Subjetiva de Mudança] e *Relationship with Authority and Issues of Personal Power* [Relacionamento com a Autoridade e Problemas de Poder Pessoal].

O foco da nossa pesquisa foi desenvolver uma compreensão mais profunda do processo psicoterapêutico a partir da perspectiva de um cliente. A mensuração de parâmetros objetivos, tais como sintomas ou traços de caráter, a análise de reflexões subjetivas de um paciente, o desenvolvimento de pressupostos profundos de mudança – foram os elementos principais da nossa pesquisa. Combinamos pesquisa quantitativa e qualitativa e integramos o material nas análises de casos, que ajudaram com a observação dos processos sistemáticos da psicoterapia. Concentramo-nos na eficácia da psicoterapia explorando o relacionamento com a autoridade, mas a experiência do trauma veio à tona no curso da pesquisa.

As próximas seções descrevem os resultados de dois estudos da nossa pesquisa. Um deles resume a variedade de experiências subjetivas que ocorrem durante a psicoterapia analítica, incluindo o papel do imaginário na avaliação da terapia. O outro estudo revela as possibilidades de usar com sucesso a psicoterapia analítica no contexto do confronto com as consequências de um regime autoritário.

O papel da imagem na pesquisa psicoterapêutica qualitativa

A avaliação dos fatores dinâmicos no trabalho terapêutico e a exploração da experiência subjetiva da terapia são processos complexos. Identificar diferentes fontes de levantamento de dados pode ser útil para revelar a complexidade do processo como um todo. Pesquisas qualitativas ou uma combinação de princípios quantitativos e qualitativos de análise são algo importante em tal processo. Em nossos estudos, usamos a estrutura habitual da pesquisa qualitativa: os dados foram coligidos pelo uso de uma entrevista semiestruturada. Usamos o método da análise temática (Boyatzis, 1998), que foi útil para a articulação dos temas do processo psicoterapêutico tais como encontrados nas reflexões de pacientes (Bieliauskienė, 2014; Lozovska, 2014), em parte pela combinação de material visual e verbal no curso do levantamento dos dados (Gudaitė & Rukšaitė, 2014). Os autores discutiram o uso de material visual e sentiram fortemente que a imagem é injustamente esquecida em pesquisas qualitativas (Prosser, 2005; Bryman, 2011). Tais descobertas de pesquisa referendaram o papel central da imagem na Psicologia Analítica. Os analistas junguianos sempre aceitaram a imagem como um importante modo de autoexpressão e de comunicação. "A imagem é uma expressão condensada da situação psíquica como um todo e, não meramente, nem sequer predominantemente, de conteúdos pura e simplesmente inconscientes" (Jung, 1954b, p. 445). A expressão imagética se relaciona com a vida emocional e isso é muito importante para uma compreensão mais profunda da experiência subjetiva.

Nosso estudo

Que experiências são aceitas como sendo momentos realmente curadores na terapia? Como os clientes compreendem o que é a cura para eles e quais as condições da ação terapêutica? A resposta a estas questões poderia revelar a compreensão subjetiva dos fatores curadores que são importantes à avaliação da eficácia da psicoterapia. O objetivo do nosso estudo foi analisar os episódios psicoterapêuticos mais importantes (conforme identificados a seguir) e revelar o contexto emocional de tal experiência. Estudantes inscritos em estudos de pós-graduação em psicoterapia fizeram parte da pesquisa. Foram 172 indivíduos participantes nas 120 horas totais de sessões de grupo sobre análises de sonhos combinadas com elementos de terapia *gestalt*. Participantes cuja faixa etária estava entre vinte e cinco e trinta e cinco anos. Eles identificaram problemas com relacionamentos interpessoais e dificuldades emocionais tais como ansiedade, depressão ou medo no início da terapia. A consciência ampliada dos complexos, a descoberta de novos modos de lidar com eles e o desenvolvimento dos sistemas de relacionamento internos e externos foram descritos como as tarefas da psicoterapia. O curso da psicoterapia levou um ano e meio. No estágio final da psicoterapia, pediu-se aos clientes que respondessem algumas questões: A psicoterapia lhes foi útil? Se sim, quais episódios foram os mais importantes? Pediu-se aos participantes que identificassem o episódio mais importante no curso como um todo e que desenhassem uma imagem simbolizando a experiência de cura ou de crescimento.

A análise dos dados foi qualitativa, usando a análise temática indutiva, ou seja, a diferenciação dos principais temas descrevendo a experiência subjetiva de um episódio curador. A maioria dos participantes (98,8%) avaliou a psicoterapia como uma experiência positiva. Entre os efeitos positivos, eles mencionaram uma melhora de seu estado emocional, um aumento de autoconfiança, uma melhoria das relações interpessoais e uma melhor consciência das necessidades. Para eles, a psicoterapia estendeu as opções de regulação emocional e ofereceu um modo mais construtivo de lidar com a raiva. Uma análise das imagens abriu uma experiência mais ampla da terapia e mostrou o campo multidimensional da experiência da cura ou do crescimento. Nenhuma das imagens foi semelhante às outras, entre os 172 participantes. Cada desenho foi diferente, e isto é muito importante por revelar a experiência autêntica de cada indivíduo. Quando os participantes nomearam o que quiseram exprimir através dos desenhos, vários temas surgiram, todos revelando a variedade dos processos de cura ou de crescimento:

- Percepção do fluxo da energia da vida *versus* o sentimento de estar aprisionado;
- Experiência da variedade da interconexão *versus* o isolamento e solidão;
- Capacidade de autorregularão *versus* o estar dependente ou controlado por outrem;
- Descoberta de novos aspectos de vida e surpresa *versus* uma experiência de padrões repetidos;
- Abertura para se arriscar a novas possibilidades *versus* uma atitude defensiva;
- Integração dos opostos *versus* uma identificação com uma posição unilateral;
- Egocentrismos *versus* conexão com a dimensão espiritual da vida.

O contexto emocional dos episódios mais importantes foi descrito como uma experiência de esperança, surpresa, alívio e uma sensação de segurança. Ninguém mencionou agressão, tristeza ou ansiedade, embora os terapeutas descrevam muitos estados assim durante o tratamento.

Nosso estudo sugeriu que o despertar da esperança é importante e que os clientes, na maioria dos casos, aceitam este como o momento curador mais importante na terapia. Pesquisadores da psicoterapia aceitam o despertar da esperança como um dos mais importantes sinais de uma psicoterapia efetiva (Frank, 1971, 1991). Em nosso estudo, a experiência da esperança foi relacionada a um senso de continuidade e à experiência do fluir de energia. Por exemplo, um participante desenhou uma imagem de um rio e a explicou dizendo: "para mim, a terapia foi como a limpeza do leito de um rio, que estava poluído com lixo" (Nº 9). A esperança pode estar relacionada com a perspectiva do futuro e com a aceitação dos ciclos da vida. "Chamei meu desenho de '*Primavera*'... O gelo tinha derretido e a natureza começou a florescer. Este é o momento mais importante na terapia" (Nº 33). A outra emoção refletida na descrição do momento curador foi uma experiência de surpresa. Às vezes isso esteve relacionado com a experiência de um paradoxo ou de um milagre. "Experienciei a terapia como me encontrar com Kierkegaard em Kernavė (Kernavė é a primeira capital da Lituânia, uma pequena cidade próxima de Vilnius). Foi possível e aconteceu dentro do espaço da psicoterapia" (Nº 87). Às vezes a surpresa pode estar relacionada com a descoberta de sinais inesperados. "Eu tinha me perdido no deserto. Você sabe, não há caminhos a seguir no deserto, mas uma estrela apareceu no céu e fomos capazes de prosseguir" (Nº 69).

Estes exemplos sugerem que momentos curadores e a experiência da esperança ou da surpresa não podem ser explicados apenas de um ponto de vista determinista. Um certo número de clientes tinha aceito o momento curador como um momento de emergência de algo com qualidades de uma natureza impessoal. Tais reflexões casam bem com a teoria da emergência, que abre *outra porta* para a descoberta de analogias e padrões arquetípicos de manifestação da psique. Talvez uma compreensão mais profunda da teoria da emergência e do princípio da sincronicidade (Cambray, 2010) possa ser útil à compreensão da fenomenologia da psicoterapia e da transformação, que são importantes à avaliação da eficácia da psicoterapia.

Nossos clientes refletiram que o uso de desenhos foi útil para a maioria deles. Eles ampliaram as possibilidades de autoexpressão e ajudaram a representar diferentes camadas no processo. Combinar informação não verbal e verbal é importante para a pesquisa qualitativa moderna. Fazer um desenho abre uma dimensão própria da experiência e reflexão que pode servir como uma ferramenta apropriada de material não verbal. Por exemplo, não é fácil expressar em palavras a experiência da integração de polaridades ou a conexão com uma dimensão sobrenatural ou espiritual da vida: um indivíduo precisa de linguagem simbólica e desenhar imagens pode ser uma boa maneira de expressar isto.

Entendemos que nossas conclusões são um tanto limitadas porque todos os participantes da pesquisa eram estudantes. Eles são criativos e não sofrem com alguma psicopatologia grave. Pode ser que pacientes com graves problemas clínicos respondessem diferentemente e que sua expressão da experiência subjetiva pudesse envolver outras qualidades emocionais e outros temas de terapia. Seria importante fazer esse tipo de pesquisa no futuro. Por outro lado, diferentes métodos de desenho sempre foram usados como importante fonte de informação na avaliação clínica.

Acreditamos que a Psicologia Analítica pode ser útil no futuro desenvolvimento da pesquisa qualitativa, especialmente com a integração de material visual. Tal integração pode abrir novas oportunidades para a avaliação da eficácia da psicoterapia.

O processo psicoterapêutico: passando do complexo de autoridade rumo a um senso de autoridade interior

Nesta seção introduziremos um segundo estudo que examina um importante contexto cultural para a transformação pessoal: a relação com a autoridade. A relação de um indivíduo com a autoridade geralmente é ambivalente. Quando está associada com um regime autoritário e com sua influência repressiva sobre os indivíduos, pode ser caracterizada pela obediência, fraqueza e uma falta de liberdade (Grigutytė & Rukšaitė, 2016). No processo de conquistar a liberdade, os indivíduos devem libertar-se de velhos modelos de relação com a autoridade e descobrir novos, pois a relação com a autoridade é importante para o seu sistema de valores, para a autoestima e até para a autorrealização do indivíduo.

A ambivalência para com a autoridade também é descrita na literatura psicoterapêutica. A autoridade está relacionada com o princípio do poder, com a repressão e com a limitação das reações espontâneas do indivíduo. A autoridade geralmente é percebida como um poder que é projetado no mundo exterior, e a psicoterapia facilita a reintrojeção destas projeções. A prática da psicoterapia revela que o processo curador de um indivíduo está intimamente relacionado com o crescimento da autoridade interior no centro da personalidade. Há poucos estudos na Psicologia Analítica sobre este fenômeno, embora Dieckmann tenha enfatizado que "a individuação, especialmente na situação analítica, pode propiciar não só uma mudança e renascimento da natureza interior do ser humano, mas, ao mesmo tempo, uma mudança e renascimento no que se refere à estrutura e autoridade" (Dieckmann, 1977, p. 236).

"*Auctoritatas*", em latim, denota o poder e influência de dirigir as ações de outras pessoas; alguns linguistas também incluem a capacidade de ser um autor (alguém que pode criar e produzir). A autoridade pode ser pessoal ou impessoal. A autoridade pessoal se baseia numa superioridade real frente a outras pessoas, em termos de força, posição ou sabedoria. A autoridade impessoal se baseia num sistema hierárquico social, tal como as diferenças entre as gerações, o grau de experiência ou uma capacidade de se conectar com uma realidade transcendental. Portanto, quando falamos da relação com a autoridade, queremos dizer a relação com alguém que tem poder, que pode regular a vida de um indivíduo e que é também o autor de alguns dos cenários da vida ou da vida em si. A relação com a autoridade é muito dinâmica: tanto a experiência da obediência quanto a da resistência à autoridade são necessárias ao crescimento individual (Morselli & Passini, 2011). Dependendo do estágio do desenvolvimento de um indivíduo, a conexão com a autoridade pode ser realizada em relacionamentos com outras pessoas (pais, professores etc.), com estruturas sociais bem como em relacionamentos com forças transcendentais, com Deus ou deuses, ou com forças sobrenaturais cujas imagens dependem da cultura, da história ou do indivíduo.

Nosso estudo

Exploramos a representação da autoridade no estágio inicial da psicoterapia e como estas representações se desenvolveram no processo analítico. Nossa pesquisa incluiu 48 casos de terapia analítica longa (três anos ou mais). A idade dos clientes variava entre os trinta e cinquenta anos. Eles representavam amplo espectro de posições sociais e profissões (professores, médicos, especialistas em direito, artistas etc.). Todos eram pacientes em psicoterapia e tinham variadas questões clínicas. Diferentes distúrbios de personalidade (narcisista, evitativo, *borderline*, dependente, histriônico, esquizoide), ansiedade e outros distúrbios afetivos eram comuns entre os pacientes quando vieram à psicoterapia.

Na conclusão da terapia de Psicologia Analítica, analisamos a dinâmica da relação com a autoridade. Com a permissão do terapeuta e do cliente, analisamos as histórias de caso que foram documentadas pelos terapeutas. A análise de caso sempre foi aceita como uma das principais formas de pesquisa na psicologia clínica. Ela ajuda a observar o processo sistemático de desenvolvimento e transformação (Haynes, 1983). O estudo de caso é um método científico reconhecido, se usado de um modo adequado. É importante ter um tema de pesquisa claro, um *background* teórico para a análise dos dados e múltiplas fontes de dados sobre os fenômenos (Yin, 2003). A multiplicidade é o princípio que valida este método. Em nosso estudo, analisamos histórias de casos com foco especial na relação com a autoridade, tal como manifesta em relacionamentos interpessoais, no desenvolvimento do relacionamento terapêutico e no material simbólico. Nossa análise incluiu história pessoal ou familiar, episódios complexos e sua manifestação num relacionamento transferencial, sonhos e séries de sonhos e a dinâmica das imagens.

Representações iniciais da autoridade

Constatamos que numa maioria dos casos (56%), a autoridade foi percebida como perigosa e destrutiva no estágio inicial da psicoterapia. Em um terço dos casos, havia uma relação ambivalente com a autoridade. Em um pequeno número (12%) de casos, descobrimos que a relação com a autoridade era vista como positiva. O complexo de autoridade, consistindo do sentimento de insegurança com expectativas de perigo, era muito comum no começo da terapia, independentemente da idade, profissão e *status* social do cliente ou da experiência do terapeuta.

Uma análise de sonhos e de episódios recordados mostrou que traumas culturais e viver sob condições de repressão política desempenhavam um importante papel na formação dos modelos interiores de relação com a autoridade. Figuras de autoridade que apareciam em sonhos ou lembranças eram líderes comunistas, oficiais da KGB ou oficiais militares das forças armadas soviéticas ou nazistas. Elas foram reconhecidas como perigosas porque capazes de matar, torturar ou perseguir. Outro grupo de imagens que representavam figuras de autoridade tomou a forma de figuras míticas ou fantásticas, também percebidas perigosas em sua imprevisibilidade ou em sua capacidade de destruir a vida cotidiana e trazer o caos. Ao encarar tais figuras, o ego dos clientes se sentia inferior e impotente. Como resultado de tais interações, o indivíduo se sentia inferior ou inválido e não autorizado a caminhar para frente.

Estratégias de defesa tais como negação, projeção, dissociação, evitação e assim por diante foram comuns na conexão com a autoridade. Sonhos e episódios relembrados ilustraram a imagem complicada deste relacionamento. Por exemplo, nos sonhos de muitos participantes encontramos a figura de um soldado. O soldado foi associado a um instrumento de autoridade, compreendido como um inimigo ou figura hostil. A análise da história familiar indicou que muitos clientes tinham a experiência de ser algum tipo de soldado, de ser um instrumento nas mãos de alguém. Além disso, a identidade de um soldado era uma parte importante do *Homo Sovieticus*; ser um soldado significava obediência total e ter certas funções num grande mecanismo de um regime autoritário. Significava ser um objeto. Voltar à subjetividade, o desenvolvimento de um mundo interior de relações, particularmente um relacionamento com a autoridade num sentido positivo, são as tarefas do confronto com as consequências de um regime autoritário.

A dinâmica das imagens num processo psicoterapêutico

Nossa análise dos casos psicoterapêuticos em nosso estudo revelou vários aspectos importantes de restabelecimento de uma relação madura com a autoridade.

1) Um aspecto foi uma consciência da atitude defensiva para com a autoridade, que se manifestava como comportamentos rebeldes desadaptados ou numa ênfase exagerada na autoimportância, uma compreensão do papel das projeções de um complexo de autoridade, e a diferenciação entre autoridade interior e exterior foram todos importantes *insights* que trouxeram alívio e um senso de liberdade, bem como a consciência de que a autoridade poderia ser uma fonte de vida e não de destruição.

2) Outro aspecto da formação de um relacionamento maduro com a autoridade foi a manifestação de uma autoridade interior na psique de um indivíduo. Identificação e desidentificação com uma posição de autoridade, o sentimento de iniciativa pessoal, a capacidade de seguir a orientação de outros e um sentimento de dignidade são sinais importantes da formação de uma autoridade interior. Esta manifestação de uma autoridade interior foi especialmente útil à cura da depressão, desamparo ou passividade.

3) O desenvolvimento da relação com a autoridade também inclui a percepção de sua sombra. Estar numa posição superior (a relação com a autoridade é descrita como um eixo vertical de relacionamento, e a superioridade é parte desta experiência) poderia significar a capacidade de usar os outros, de humilhar, ignorar ou até de destruir a vida de outrem. Sobreviventes de um regime autoritário recontam muitos exemplos deste comportamento destrutivo da autoridade.

Nosso estudo mostrou que os sobreviventes de traumas culturais tiveram atitudes bastante defensivas e às vezes usaram estratégias de trapaça em sua relação com autoridades. Esconder-se, mudar de identidade, aparecer e desaparecer de modo imprevisível, ser passivo e fingir-se de tolo – tais foram as estratégias que descobrimos em uso no relacionamento com a autoridade em muitas histórias familiares de nossos estudos de caso. Trapacear o sistema, trapacear a autoridade era uma importante estratégia de sobrevivência. Talvez seja necessária por algum tempo. Mas um indivíduo precisa ser cuidadoso e consciente sobre sua relação com a autoridade, não apenas na experiência efetiva com relação à autoridade, mas também quando o regime autoritário cessa. Representações de um relacionamento defensivo, regressivo ou até destrutivo para com a autoridade podem permanecer num nível inconsciente por muitos anos e se manifestar na vida de um indivíduo também sob um regime democrático.

A prática clínica mostra que a fronteira entre trapacear a autoridade e trapacear-se a si mesmo é tênue. Se a pessoa não é consciente disto, o "*Trickster*" pode assumir características demoníacas e a destruição pode se voltar contra si. Supomos que as altas taxas de suicídio na Lituânia e uma série de comportamentos regressivos podem estar relacionados a uma falta de consciência sobre a energia do *Trickster*. Segundo Jung, a natureza do *Trickster* é dual e contraditória. Tem a habilidade de mudar sua forma, e isso pode ser importante no confronto com sistemas de defesa rígidos. A divindade *trickster* na mitologia quebra as regras dos deuses da natureza; pode exercer efeitos positivos, mas também pode levar à psicopatologia, pois está intimamente relacionada à dissociação e cisão de uma personalidade (Jung, 1954a). Desenvolver a percepção dos aspectos de sombra no relacionamento para com a autoridade é um estágio importante no processo de amadurecimento de um indivíduo.

4) Estar consciente de um aspecto transcendental da autoridade, um quarto aspecto foi descoberto em nossa pesquisa sobre o desenvolvimento da relação com a autoridade. A manifestação da criatividade própria da pessoa e o respeito pelas manifestações do Criador foram

momentos importantes na análise. Como um dos clientes expressou, "a análise estava deixando de ser um soldado para ser um músico". Soldado e músico – ambos são instrumentos da autoridade. Ser um soldado significa obedecer e seguir as direções da autoridade sem escolha pessoal. Músicos podem fazer escolhas sobre o que tocam, são guiados pelo princípio estético que é íntimo do princípio de Eros, e isto pode ser útil para a libertação de si em relação ao princípio do Poder.

Um relacionamento maduro com a autoridade inclui muitos aspectos da experiência de um indivíduo. Ele, ou ela, é capaz de estar numa posição superior, mas pode também deixá-la; é capaz de ser um autor, mas está aberto a ser um figurante no cenário de outra pessoa; é capaz de tocar, mas é consciente das regras e da estrutura; pode se autorrealizar, embora reconheça e respeite a criação de outrem e do Outro ao mesmo tempo.

Nossa pesquisa demonstrou que a psicoterapia pode ser útil no processo de passagem de um complexo de autoridade rumo ao desenvolvimento de uma autoridade interior. Distinguimos vários critérios que caracterizam tal processo: reconhecimento *versus* defensividade, autoridade interior *versus* um complexo de autoridade, experiência da autoria *versus* dependência e controle por outrem, percepção da dinâmica *versus* uma atitude unilateral para com a autoridade; egocentrismo *versus* direcionamento ao transcendental. Estes critérios podem ser úteis na avaliação da eficácia da psicoterapia.

Conclusões

A pesquisa sobre a eficácia da psicoterapia é um processo multidimensional em que prática, teoria e ciência se encontram (Lambert & Archer, 2006). Este encontro parece muito complicado quando tentamos realizá-lo. A prática e a teoria da psicoterapia envolvem um processo multifacetado. Há uma grande variedade de direções, métodos e concepções de psicoterapia, que descrevem os processos terapêuticos e seus resultados em termos diversos. Há necessidade de integração e de encontrar fatores, métodos e mecanismos terapêuticos comuns (O'Brien & Houston, 2000). Uma revisão bibliográfica mostra que o problema da avaliação da eficácia da psicoterapia e algumas conclusões controversas resultantes dependem não apenas da diversidade das abordagens psicoterapêuticas, mas também do problema do que é o tema da pesquisa da eficácia em si. É importante mensurar características observáveis do comportamento de um indivíduo (os chamados parâmetros objetivos), sua manifestação e mudanças, que são tão importantes para a psicoterapia baseada em evidências (Wampold, 2001).

Um ser humano não é apenas alguém que pode aprender muitas funções usadas para se inserir no mundo; é um sujeito e tem seu modo de criar sentido. Tem fantasias, sonhos, criatividade – um rico mundo interior que é o principal tema da psicoterapia. Portanto, quando exploramos a eficácia da psicoterapia, é importante desvelar a experiência subjetiva do indivíduo que está em tratamento. Uma terceira dimensão da exploração da psicoterapia é compreender esta força que está além do comportamento e além da experiência subjetiva. Pressuposições profundas de estruturas interiores e um sistema interior de relacionamentos são os exemplos mais familiares de terapia psicodinâmica discutidos na pesquisa psicoterapêutica. O papel da cultura, os complexos culturais e a percepção da identidade cultural podem ser muito importantes para compreender as três dimensões mencionadas acima. Um uso adequado da teoria pode ser útil para integrar o resultado da pesquisa e também para revelar novas perspectivas de compreensão do processo de transformação. Uma compreensão profunda da emergência da esperança e da inspiração é um tema importante para futuras pesquisas sobre a eficácia da psicoterapia bem como na exploração da imagem multidimensional de um senso de identidade. Mais estudos sobre identidade cultural e relação do indivíduo com a cultura podem ser importantes para revelar fontes curadoras deste indivíduo e da cultura. Parece-nos que a Psicologia Analítica pode ser uma boa base para integrar a prática da psicoterapia, para planejar pesquisas e para ser uma base boa o bastante para a própria psicoterapia.

Referências

Barocas, H., & Barocas, C. (1980). Separation – Individuation conflicts in children of holocaust survivors. *Journal of Contemporary Psychotherapy, 11*(1), 6-14.

Bieliauskienė, I. (2014). *Qualitative study of the effectiveness of psychotherapy: Therapeutic factors from the perspective of male and female clients.* Resumo de Tese de Doutorado. Vilnius: Universidade de Vilnius.

Bryman, A. (2011). *Visual methods in psychology: Using and interpreting images in qualitative research.* Londres: Routledge.

Boyatzis, R.E. (1998). *Transforming qualitative information: Thematic analysis and code development.* Londres: Sage Publications.

Cambray, J. (2010). Emergence of the self. In M. Stein (org.), *Jungian psychoanalysis: Working in the spirit of C.G. Jung.* Chicago e La Salle, IL: Open Court [*Psicanálise Junguiana: Trabalhando no Espírito de C.G. Jung.* Petrópolis: ed. Vozes, 2019].

Dieckmann, H. (1977). Some aspects of the development of authority. *Journal of Analytical Psychology, 22*(3), 230-242.

Frank, J.D. (1971). Therapeutic factors in psychotherapy. *American Journal of Psychotherapy, 25*, 350-361.

Frank, J.D., & Frank, J.B. (1991). *Persuasion and healing: A comparative study of psychotherapy.* Baltimore e Londres: Johns Hopkins University Press.

Gailienė, D. (org.). (2015). *Lithuanian faces after transition: Psychological consequences of cultural trauma.* Vilnius: Eugrimas.

Gailienė, D., & Kazlauskas, E. (2005). Fifty years on: The long-term psychological effects of Soviet repression in Lithuania. In D. Gailienė (org.), *The psychology of extreme traumatization: The aftermath of political repression* (pp. 67-108). Vilnius: Akreta.

Grigutytė, N., & Rukšaitė, G. (2016). Lithuanian historical heritage: Relationship with authority and psychological well-being. *The European Proceedings of Social and Behavioral Sciences*, pp. 274-284.

Gudaitė, G. (2005). Psychological after effects of the Soviet trauma and the analytical process. In D. Gailienė (org.), *The psychology of extreme traumatization: The aftermath of political repression* (pp. 108-126). Vilnius: Akreta.

Gudaitė, G. (2014). Restoration of continuity: Desperation or hope in facing the consequences of cultural trauma. In G. Gudaitė e M. Stein (orgs.), *Confronting cultural trauma: Jungian approaches to understanding and healing.* Nova Orleans, LA: Spring Journal Books.

Gudaitė, G., & Rukšaitė, R. (2014). Awakening the hope: Images of psychotherapy process and analysis of subjective experience. In G. Gudaitė (org.), *Efficiency of psychotherapy: Therapeutic factors and subjective experience of change*. Vilnius: Vilnius University. Impresso em língua lituana.

Hayes, S. (1983). The role of individual case in the production and consumption of clinical knowledge. In M. Heisen, E. Kazdin e S. Bellack (org.), *The clinical psychology handbook*. Nova York: Pergamon.

Hill, J. (2014). Dreams don't let you forget: Cultural trauma and its denial. In G. Gudaitė e M. Stein (orgs.), *Confronting cultural trauma: Jungian approaches to understanding and healing*. Nova Orleans, LA: Spring Journal Books, pp. 31-47.

Jung, C.G. (1954a). On the psychology of the trickster figure. In *The collected works (volume 9) The archetypes of the collective unconscious*. Princeton: Princeton University Press, 1990, pp. 255-275 ["A psicologia da figura do 'trickster'", in: OC 9/1].

Jung, C.G. (1954b). Definitions. In *The collected works (volume 6) psychological types*. Princeton: Princeton University Press, 1990, p. 445 [*Tipos Psicológicos*, OC 6].

Jung, C.G. (1957). *The undiscovered self*. Princeton: Princeton University Press, 1990, p. 60.

Kalinenko, V., & Slutskaya, M. (2014). 'Father of the people versus enemies of the people': A split-father complex as the foundation for collective trauma in Russia. In G. Gudaitė e M. Stein (orgs.), *Confronting cultural trauma: Jungian approaches to understanding and healing*. Nova Orleans, LA: Spring Journal Books.

Kalsched, D. (1996). *The inner world of trauma: Archetypal defenses of the personal spirit*. Londres: Routledge.

Lambert, M.J., & Archer, A. (2006). Research findings on the effects of psychotherapy and their implications to practice. In C. Goodheart, A. Kazdin e R. Stenberg (orgs.), *Evidence-based psychotherapy: Where practice and research meet*. Washington, DC: American Psychological Association.

Lozovska, J. (2014). *Reflecting on psychotherapeutic changes: Therapeutic factors and the transformation of anger expression*. Resumo de Tese de Doutorado. Vilnius: Universidade de Vilnius.

Morselli, D., & Passini, S. (2011). New perspectives on the study of the authority relationship: Integrating individual and societal level research. *Journal for the Theory of Social Behaviour*, *41*(3), 291-307.

O' Brien, M., & Houston, G. (2000). *Integrative psychotherapy*. Londres: Sage Publications.

Prosser, J. (2005). *Image-based research – A sourcebook for qualitative researchers.* Londres: Taylor and Francis Group.

Rasche, J., & Singer, T. (2016). *Europe's many souls: Exploring cultural complexes and identities.* Nova Orleans, LA: Spring Journal Books.

Rowland-Klein, D., & Dunlop, R. (1998). The transmission of trauma across generations: Identification with parental trauma in children holocaust survivors. *Australian and New Zealand Journal of Psychiatry, 32*(3), 358.

Schellinski, K. (2014). Horror inherited: Transgenerational transmission of collective trauma in dreams. In G. Gudaitė e M. Stein (orgs.), *Confronting cultural trauma: Jungian approaches to understanding and healing.* Nova Orleans, LA: Spring Journal Books.

Singer, T., & Kimbles, S. (org.). (2004). *The cultural complex: Contemporary Jungian perspectives on psyche and society.* Nova York: Brunner-Routledge.

Wampold, B.E. (2001). *The great psychotherapy debate: Model, methods, and findings.* Mahwah, NJ: Lawrence Erlbaum Associates.

Weisath, L. (2005). Psychotraumatology: An overview from a European perspective. In D. Gailienė (org.), *The psychology of extreme traumatization: The aftermath of political repression.* Vilnius: Akreta, pp. 26-67.

Wirtz, U. (2009). The symbolic dimension in trauma therapy. In *Spring 82: Symbolic life* (pp. 31-52). Nova Orleans, LA: Spring Journal Books.

Yehuda, R., & Bierier, L. (2007). Transgenerational transmission of cortisol and PTSD risk. *Progress in Brain Research, 167,* 121.

Yin, K. (2003). *Case study research: Design and methods.* Londres: Sage Publications.

13
A perda da infraestrutura psicológica na autoconsciência "ubíqua" de nossos tempos

Yasuhiro Tanaka

Desenvolvida como um modo essencial de compreender a experiência humana e a psicopatologia, com base na nova perspectiva do "modernismo", a psicologia foi criada usando a ideia da observação do *self*. Em especial, a auto-observação se tornou um princípio central da Psicologia Analítica, e sua visão do *self* como sua infraestrutura psicológica. Este capítulo examinará este princípio central do ponto de vista pós-moderno e aplicará os princípios junguianos a questões culturais e sociais no Japão. O papel da infraestrutura psicológica na era da autoconsciência "ubíqua" ou da internet de hoje em dia formará a base de nossa discussão.

Moderno? Contemporâneo? – O conceito de "moderno"

O filósofo alemão Jürgen Habermas descreveu o conceito de "*Moderne*" em seu artigo: "Modernidade: um Projeto Inacabado" (Habermas, 1980). Observou que a palavra "moderno" foi empregada pela primeira vez em fins do século V com vistas a distinguir o presente, agora oficialmente cristão, do passado pagão e romano. Esta definição é confirmada pela origem da palavra "moderno", a saber, ela derivou do termo latim *modernus*, que é um cognato de *modo*, significando "agora". Essencialmente, o termo "moderno" não denota um tempo específico, mas "a expressão 'modernidade' repetidamente articula a consciência de uma era que se refere ao passado da antiguidade clássica precisamente para se compreender como o resultado de uma transição do *velho* para o *novo*" (p. 39). Este conceito de modernidade emergiu numa época de mudança cultural e tende a ser usado como um marcador que reflete esta mudança.

No século XIX, a Europa Ocidental, após ter passado pelo Iluminismo (francês), formulou a modernidade em termos de opostos: "ao opor o clássico e o romântico um ao outro, a modernidade procurou seu próprio passado numa visão idealizada da Idade Média" (p. 39). Além disso, "no curso do século XIX (no qual este Romantismo deixou de idealizar uma época específica), *este* Romantismo produziu uma consciência radicalizada da modernidade que se descolou de toda conexão histórica anterior" (p. 39). Depois disto, o entendimento prevalente do termo modernidade foi tão somente a "oposição abstrata à tradição e à história como um todo" (p. 39).

Habermas comentou que desta maneira "o que foi considerado moderno foi o que ajudou a contemporaneidade histórica espontaneamente autorrenovadora do *Zeitgeist* a encontrar a sua própria expressão objetiva" (p. 40). A consciência moderna contém "esta orientação para frente, esta antecipação de um futuro indefinido e contingente, o culto do Novo" (p. 40) em si, e, neste contexto, tinha de ser caracterizada pelo incessante "movimento autonegador" (p. 40). Este movimento era inevitavelmente entrelaçado a seu ato autorrenovador de se separar e diferenciar do passado, no qual mesmo as formas atuais do eu são sempre anuladas ou no mínimo relativizadas.

Podemos, pois, dizer que tal consciência moderna, que se estabeleceu em meados do século XIX pelo descolamento ante a história como um todo e pela aquisição de sua própria abstratividade, foi uma consciência totalmente *nova*. Ou seja, uma consciência que é autoconsciente tende a focar-se vulneravelmente em si mesma, instalando o palco para a emergência de uma concomitante experiência de dissociação do eu. O desenvolvimento da psicologia serviu como um recurso importante para lidar com esta nova experiência do eu, esta nova realidade, como veremos a seguir.

Duplicação, ou replicação, do "Eu" no "século da psicologia"

Como descrito acima, o incessante "movimento autonegador" foi integrado à consciência moderna em meados dos anos de 1800. Esta mudança na consciência esteve intimamente relacionada ao, e talvez tenha sido um precursor do, nascimento da psicologia como uma disciplina acadêmica na segunda metade do século XIX.

A psicologia, emergindo da filosofia nos seus primeiros dias, adotou a auto-observação ou introspecção como sua própria metodologia. Isto reflete o fato de que a psicologia foi originalmente uma disciplina de autoconsciência, ou de autorrelação. Ou seja, a "autoconsciência" foi tanto o tema como a metodologia da psicologia.

Este aspecto dual da autoconsciência é mais tarde articulado no desenvolvimento da psicoterapia no século XX, chamado de "o século da psicologia". A psicanálise conforme inventada por Freud prestou atenção primeiramente no mecanismo psíquico da "repressão" em pacientes com histeria de conversão. Teve a ideia de que pacientes histéricos iriam *reprimir* emoções negativas que não podiam aceitar em si mesmos. Isto estava relacionado principalmente com os problemas de autorrelação em neuróticos. O mesmo podia ser dito dos vários "mecanismos de defesa" que a escola da psicologia do ego desenvolveu conceptualmente mais tarde.

Além do mais, como visto mais claramente nas concepções de "transferência" e de "arquétipo", aquilo com que sempre se lidou na psicoterapia analítica foi "o outro como *self*" ou "o *self* como o outro". Neste sentido, podemos dizer que um *simples* outro não existe em modalidades terapêuticas como a psicanálise e a Psicologia Analítica.

Neste contexto, o traço proeminente do que é chamado de a "consciência moderna" é que ela é a consciência refletindo sobre si mesma, ou sendo "autoconsciência". Ela não pode impedir a criação de *dissociação* quando ininterruptamente oscila entre o eu que reflete e o eu refletido. Não é coincidência que a psicologia tenha nascido na segunda metade do século XIX. Isto é claramente mostrado pelo fato de que a metodologia clássica da psicologia foi a auto-observação ou introspecção, como afirmado anteriormente. A natureza dissociativa da consciência moderna precisava intensamente da psicologia para explicar estas experiências através do estudo de tais autorrelacionamentos.

Conforme notado acima, o conceito de "moderno" como uma consciência que se apoia num ponto de inflexão ao invés de estar estaticamente localizado num contexto histórico desenvolvido no século XVIII abriu caminho ao desenvolvimento da psicologia. Quanto a esta simultaneidade, ou unicidade, do tornar-se consciente e de ficar dissociado, Jung afirma em "The Meaning of Psychology for Modern Man" ["A importância da psicologia para a época atual"] (Jung 1933): "Quando o homem se tornou consciente, *o germe da doença da dissociação* foi plantado em sua alma, pois a consciência é ao mesmo tempo o maior bem e o maior mal" (Jung, 1933, § 291), ou a *doença da dissociação* de nosso mundo é ao mesmo tempo um processo de cura, ou melhor, é o clímax da gravidez, traduzido pelas dores do parto… o que traz a divisão acaba por criar a união" (Jung, 1933, § 293, itálicos meus).

Neste sentido, podemos dizer que a psicanálise, fundada por Freud no final do século XIX, foi uma *terapia de vacinação* contra a doença da dissociação como um vírus psicológico cujo hospedeiro era a consciência moderna. Em outro artigo (Tanaka, 2009), descrevi o processo de autodesenvolvimento desta doença: (1) a psicanálise como uma terapia de vacinação para o vírus da dissociação, (2) os "casos *borderline*" como a geração seguinte do vírus, (3) o distúrbio de múltiplas personalidades como uma terceira geração do vírus. Isto é equivalente ao processo de duplicação, cisão e replicação do "Eu" no século XX, "o século da psicologia".

Contudo, no século XXI, o "Eu" não mais se duplica, divide ou replica deste modo, mas sim está sendo distribuído desigualmente como informação no mundo exterior, como será discutido na próxima seção.

Externalização e ubiquidade do "Eu" no mundo pós-moderno

No século XX, o chamado século da psicologia, o "Eu" foi duplicado e depois multiplexado pelo "vírus da dissociação", não se podendo mais encontrar os traços da "modernidade" que foram mostrados anteriormente. Como discutiremos aqui, a partir de fins do século XX e no XXI, o "Eu" parece ter parado seu movimento, isto é, de ser duplicado e multiplexado, *dentro* de si, e agora parece tomar um aspecto ubíquo, buscando *externamente* seu campo no mundo. Neste sentido, podemos dizer que a consciência contemporânea é uma consciência "não moderna" no mundo pós-moderno.

Vou primeiramente descrever a condição humana geral do mundo contemporâneo nesta seção e depois apresentar dois casos clínicos que exprimem bem o estado da consciência contemporânea em comparação com outros dois pacientes neuróticos vivendo no mundo moderno, na próxima seção.

Ubíquo – o "Eu" definido pelo self externalizado como informação

A palavra "ubíquo" deriva do termo latim *ubique*, que significa "existindo ou estando em toda parte". Tradicionalmente, esta palavra era usada em eras culturais monoteístas para exprimir "a ubiquidade de Deus", ou seja, Deus imaginado como a única realidade fundamental que pode estar em todos os lugares ao mesmo tempo. Contudo, hoje em dia é usado geralmente em referência à "ubiquidade" dos computadores ("computaçao ubíqua").

No Japão, este aspecto do ambiente computacional foi visualizado claramente, pela primeira vez, no TRON (*The Real-time Operating System Nucleus*) [Núcleo do Sistema Operacional de Tempo Real] projetado por Ken Sakamura em 1984, que era então um professor-assistente na Escola de Ciência da Universidade de Tóquio. Depois disso, a tecnologia baseada nesta ideia se popularizou em escala mundial sob os nomes de "Computação por Toda Parte", "Computação Calma" e "Computação Invisível". Em 1991, Mark Weiser, que era então o chefe do laboratório de ciência da computação no Palo Alto Research Center da Xerox nos Estados Unidos, declarou em seu artigo "The Computer for the 21st Century" ["O Computador para o Século XXI"] que o que eles chamavam de computação ubíqua emergiria gradualmente como o modo predominante de acesso aos computadores ao longo dos vinte anos seguintes (Weiser, 1991).

A história da computação ubíqua resumida acima permitirá que você imagine o que "computação ubíqua" significa hoje: ao existir ou estar em toda parte, os computadores inseridos no ambiente efetivo automaticamente irão julgar e decidir o comportamento de várias coisas. É claro, este tipo de tecnologia traz uma inestimável conveniência para os seres humanos. Independentemente de estarmos conscientes ou não disto, estamos agora recebendo e desfrutando de todo o benefício das comodidades por toda parte. Por outro lado, poderíamos dizer que a função dos computadores como um agente automático de julgamentos ou decisões significa que os seres humanos terão necessidades decrescentes de julgamento por si mesmos e sofrerão uma atrofia da capacidade de julgamento, ironicamente no momento em que tal função alcançou sua forma mais refinada como "uma ferramenta"?

O melhor exemplo da interação entre comodidade e tomada de decisão pessoal pode ser encontrada no *website* da Amazon: "Clientes que Compraram Este Item Também Compraram", "Ofertas e Promoções Especiais", "Inspirado por Seu Histórico de Navegação". Podemos também encontrar outro exemplo em discos rígidos equipados com uma função registradora automaticamente programada. Por um lado, é verdade que eles apresentam escolhas desconhecidas ou inconscientes para nossa apreciação; por outro lado, eles também criam a possibilidade de que quaisquer escolhas diferentes das suas recomendações, ou quaisquer outras futuras, sejam descartadas ou escondidas.

Usando o exemplo descrito acima, podemos ver que estamos cercados por tais informações acumuladas sobre os indivíduos e o "Eu" como informação externalizada que aparecerá à frente de "mim" em todo lugar. Um sociólogo japonês, Kensuke Suzuki, resumiu esta situação e expressou a seguinte opinião provocativa: "dois eventos paradoxais ocorrerão ao mesmo tempo, ou seja, a pessoa escolhe um futuro relativo à sua própria vida e, em paralelo a isso, recebe o futuro como já decidido, como se fosse seu destino" (Suzuki, 2007, p. 57).

Realidade virtual e neurose

No artigo de Weiser acima mencionado, há também uma observação de grande interesse. Pensou que diametricamente oposta à "computação ubíqua" havia a noção de "realidade virtual", que estava se tornando prevalente por volta de 1991.

A "realidade virtual" era uma tecnologia que atraiu muita atenção ao longo dos anos de 1980 e de 1990. Ela criou um pseudomundo, o chamado *cyberspace* "no" computador, em que as pessoas poderiam desempenhar vários papéis ativos. Como representado por jogos *online,* as características da "realidade virtual" eram às vezes criticadas com as palavras "as pessoas não conseguem diferenciar este mundo da realidade". Porém, considerando o contraste com a "computação ubíqua" *inserida em nosso ambiente*, podemos dizer que uma divisão entre o "Real" como o mundo "deste lado" e a "*Net*" como o mundo do "outro lado" estava estabelecida desde então, *de uma maneira ou outra.*

Pensando na "realidade virtual" neste sentido, seria possível dizer que alguns resíduos da visão de mundo moderna ainda poderiam ser encontrados lá. Podemos em primeiro lugar discutir esta questão em relação à "neurose", do seguinte modo.

O termo inglês "virtual" tem os significados de "imaginário, ídolo", assim, no Japão, "realidade virtual" é frequentemente traduzida pela palavra "仮想現実 (o significado destes caracteres chineses em inglês: realidade imaginária ou realidade ficcional)". Porém, o termo "virtual" também tem as acepções de "efetivo, prático", porque deriva do termo latim *virtualis,* significando "potência, eficácia".

O filósofo francês Pierre Lévy (1995) vê "o virtual" como um componente de "o atual". Empregando esta ideia, podemos dizer que o virtual seria uma certa possibilidade prática composta por algum propósito em cada caso. A saber, poder-se-ia dizer dele que é "um senso prático da realidade composto por um certo propósito, embora seja diferente da realidade atual" (Suzuki, 2007).

A este respeito, podemos constatar que a "realidade virtual" tem uma semelhança com a neurose que Jung reconhecia como real, mas irreal. Ele notou que "a neurose é refabricada dia após dia" (Jung, 1911, § 655). Nesta acepção, a neurose é considerada como "o senso prático de realidade composto com um certo propósito, embora seja diferente da realidade atual", que é criada por um paciente.

Em termos da conexão coletiva que transcende os indivíduos, podemos também constatar uma semelhança estrutural no relacionamento entre a "inconsciência coletiva" e a "internet". Aqui, embora a "realidade virtual" não seja mais considerada "interior", e sim "exterior", parece que a "estrutura" de dois mundos da "consciência moderna" é trazida como ela é, o que cria a "neurose" ao conter a "dissociação" como sua própria premissa da existência, conforme descrito acima.

Em contraste, tal "estrutura" não pode mais ser encontrada na "computação ubíqua". Desse modo, todas as coisas são definidas pelo "Eu" como o *self* computadorizado. Neste sentido, o mundo transborda o "Eu" como informação, horizontal e unidimensionalmente externalizado ou ubiquamente distribuído. Desta perspectiva, podemos dizer que a "realidade virtual" é a tecnologia que foi criada durante o período transicional entre a época moderna e a pós-moderna (hoje), como "a intermediária".

Um estudo de caso da autoconsciência no Japão: autoconsciência ubíqua e a perda da infraestrutura psicológica

Como descrito no final da última seção, o que foi trazido à "consciência contemporânea" pela "consciência moderna" não foi sua "estrutura" de dois mundos, mas sim um estilo de "autoconsciência".

Como mencionado anteriormente, a "modernidade" em si é um conceito do autorrelacionamento com relação à oposição ou transição, o que é em si algo insubstancial. Estando descolado da história como um todo na era moderna, o que o "indivíduo" abstrato procurava não era senão o "*self*". Portanto, a "consciência moderna" pode ser considerada como uma consciência autorrelacionada. A "consciência contemporânea", contudo, não tem mais tal reflexividade como um dobrar-se ou olhar para trás. É a autoconsciência "ubíqua", ou seja, a consciência que *é meramente* composta do, ou *ex-*

ternamente orientada para, o "Eu" que é externalizado ou existe ubiquamente como informação que transborda horizontalmente e unidimensionalmente no mundo.

Autoconsciência negativa na antropofobia

Para ver os traços desta autoconsciência "ubíqua", aqui nos voltaremos para a autoconsciência negativa na antropofobia. A antropofobia foi descrita como uma neurose peculiar no Japão e considerada um estado clínico que ocorre frequentemente durante a puberdade e a adolescência. Podemos definir em geral a antropofobia como uma forma de neurose em que alguém se afasta o mais que pode de relacionamentos interpessoais, o que decorre de os pacientes experienciarem graus irracionalmente elevados de ansiedade e de tensão mental em suas situações interpessoais, e se preocuparem sobre serem desprezados pelos outros, causarem desconforto aos outros ou não serem apreciados pelos outros. Em acréscimo, nos anos de 1960 e de 1970 muitos pesquisadores apontaram que o estilo das relações interpessoais japonesas se refletia bastante neste estado clínico (Tanaka, 1992).

A investigação por Ogawa et al. deve ser levada em conta como uma abordagem empírica e quantitativa do estudo da "consciência da ansiedade interpessoal" entre estes pacientes. Ogawa (1974) clarificou em primeiro lugar a "consciência da ansiedade interpessoal" baseada nas "preocupações" efetivas de pacientes com antropofobia, e depois projetou o "Questionário de Ansiedade Interpessoal" revisado por Hayashi et al. (1981) como o "Questionário de Relacionamento Interpessoal". Ambos os instrumentos tentaram focalizar a "autoconsciência negativa" como sendo a quintessência da mentalidade antropofóbica numa série de investigações.

Em 1994, publiquei um artigo com colegas meus, "Longitudinal Changes of Characteristics and Structure of Anthropophobic Tendency in Adolescence" ["Mudanças Longitudinais de Características e Estrutura da Tendência Antropofóbica na Adolescência"] (Tanaka et al., 1994). Nele, dados de estudantes universitários completando o "Questionário de Relacionamento Interpessoal" coligido em 1981 e 1991 foram comparados quantitativamente, usando métodos analíticos multivariados ao longo do tempo. Obtive os seguintes resultados interessantes: nos dados de 1991, (1) a "consciência da ansiedade interpessoal" em si foi quantitativamente muito reduzida; (2) sua preocupação <*sentirem-se tensos em relações interpessoais*> não foi mais produzido como um fator independente, embora fosse obtido como o primeiro fator que formava a "consciência da ansiedade interpessoal" nos dados de 1981; (3) ao invés disso, suas preocupações <*serem incapazes de se adaptar a um grupo*> e <*preocupações sobre os outros*> apareceram como o primeiro e o segundo fatores, respectivamente.

Com base nestas descobertas, é óbvio que entre os estudantes universitários a "consciência da ansiedade interpessoal" exibiu notáveis mudanças quantitativas e estruturais no curso de uma década (entre 1981 e 1991). Como podemos interpretar estas mudanças?

Em primeiro lugar, deve ser assinalado que o que apareceu, compondo a principal parcela da "consciência da ansiedade interpessoal", não foi mais a "tensão" que se sente *dentro* de si, mas antes uma consciência para com o *exterior*, tal como o "grupo" ou os "outros". A maior preocupação <*ser incapaz de se adaptar a um grupo*> é como se segue: "ser incapaz de se inserir em um grupo" e "não ser capaz de se dar bem num grupo". Em contraste, a maior preocupação <*preocupações sobre os outros*> são "preocupações sobre como os outros me consideram" e "preocupações sobre como colegas de trabalho, de sala de aula e vizinhos me consideram". A partir destas descobertas, supõe-se que os sujeitos tendem a ter uma "visão enviesada" que está relacionada à percepção de outras pessoas sobre eles, ao invés de ao seu próprio "self". Além disso, poder-se-ia dizer que muitos estudantes universitários têm dificuldade em participar de reuniões ou de grupos, devido a esta "visão enviesada".

Em acréscimo, a preocupação <*ser visto como uma pessoa estranha*> não foi extraída como um fator independente em 1991, embora tenha aparecido como o 12º fator em 1981. Este fator mostrou um tal grau de ansiedade que "a pessoa quer resolutamente esconder sua patologia, e, portanto, preocupações sobre sua atitude *tímida* ser ou não do conhecimento de seus amigos ou conhecidos". Quando Ogawa desenvolveu o "Questionário da Ansiedade Interpessoal" (1974), este fator foi considerado como "uma preocupação particular de pacientes com antropofobia dos seus conteúdos". Em outras palavras, poderíamos imaginar que, embora este fator expressasse a essência das suas preocupações, baseado na "autoconsciência negativa", tal "autoconsciência", ou infraestrutura psicológica, não poderia mais ser formada *naturalmente*, como a de 1991. Como discutiremos na próxima seção, esta mudança longitudinal de tendência antropofóbica reflete bem o estado da "autoconsciência" hoje no Japão.

O estado da "autoconsciência" hoje no Japão

Hoje, mais de vinte anos se passaram desde 1991, e agora é raro vermos pacientes com este tipo de infraestrutura psicológica em nosso consultório. Claro, muitos pacientes vêm a nós para lidar com suas preocupações acerca de relações interpessoais, mas é relativamente raro que eles se queixem da chamada tensão interpessoal. Sua maior preocupação se tornou mais *concreta*, como um problema em suas relações interpessoais extremamente "estreitas", conforme descrito por Keiko Iwamiya, um psicólogo clínico japonês que se especializou na psicologia da puberdade e no aconselhamento escolar (Iwamiya, 2009): "Como posso ser aceito na minha classe?" "Que tipo de posição, ou papel, eu deveria assumir nela?" "Como eu consigo me encaixar neste ou naquele grupo de colegas?" Entre suas queixas concretizadas, é difícil para nós vermos seus temas abstratos ou psicológicos, ou seja, "os outros fechados na subjetividade deles" e a "autoconsciência". Em outras palavras, "outros" e "grupos" nas preocupações antropofóbicas eram sempre *não especificadas, mas gerais*, isto é, abstratas e psicológicas.

Apresentarei outro exemplo. Hoje, há muitos *Bocchi* que não se encaixam em nenhum grupo de pares nas universidades japonesas. *Bocchi* é uma forma abreviada "*Hitori-bocchi*," que em japonês significa "tudo por conta própria". Os estudantes *bocchi agem por si mesmos* nas universidades (em muitos casos, os estudantes agem como um grupo); rápida e separadamente se movimentando em seu campus universitário, sentando-se na fileira da frente nas salas de aula, almoçando sozinhos, não conversando com nenhum outro estudante. Você poderia associá-los apenas com a solidão e a tristeza deles, a partir destas descrições, mas na verdade, me parece, eles já obtiveram a chamada *cidadania* nas universidades ou cultura japonesas. Como Chihiro Hatanaka assinalou, há assentos especiais para os *Bocchi* (*Bocchi-seki*) nos cafés estudantis, e eles têm uma espécie de "código de refeições" para si mesmos, ou seja, não devem comer sozinhos no McDonald's, mas sim comprar um *Bento* (marmita-lancheira japonesa) numa loja de conveniência e então levá-la para comer num parque próximo (Hatanaka, 2013).

Claro, os *Bocchi* têm problemas com relacionamentos interpessoais, mas entre eles não se pode imaginar a intervenção de "os outros como *self*" ou o "*self* como os outros", que é a premissa da psicologia terapêutica, como destacado anteriormente. Em contraste com pacientes antropofóbicos, os outros, ou o olhar dos outros, para os *Bocchi* são sempre concretos e objetivos, de modo algum abstratos ou subjetivos; os outros, para eles, nunca estão fechados em sua subjetividade. Portanto, os biombos nos *Bocchi-seki* funcionam substancialmente como uma fronteira em relação aos outros, e como um escudo em relação ao olhar dos outros.

Como mencionei antes, a "autoconsciência" *era* tanto o tema como a metodologia da psicologia nos tempos modernos. A psicologia se desenvolveu como uma disciplina desta consciência moderna, sempre refletindo sobre si mesma. Neste sentido, podemos também dizer que esta "autoconsciência" *era* a única "infraestrutura psicológica" sobre a qual nossa "psicologia" estava exclusivamente baseada, e que os pacientes antropofóbicos ainda mantêm esta "autoconsciência" como sua "infraestrutura psicológica"; embora fosse unilateralmente em forma negativa, ou seja, "*autoconsciência negativa*".

Contudo, conforme indicado por suas queixas na sala de aconselhamento escolar, e seus problemas em relações interpessoais, que se expressaram no *Bocchi* como um fenômeno cultural, entre os estudantes japoneses de hoje, durante a puberdade e adolescência, e cuja mentalidade costumava ser vista como intimamente conectada com a tendência antropofóbica, não podemos mais encontrar nenhum *vestígio* de tal infraestrutura psicológica. Eles já *não têm nenhuma psicologia* na antiga acepção da palavra.

Deste modo, tenho a impressão de que esta "estrutura de base" ou infraestrutura psicológica já se perdeu nos tempos pós-modernos. O estado de autoconsciência "ubíqua" está intimamente relacionado a esta perda da "infraestrutura psicológica".

Ubíquo como "infraestrutura de informação" invisível

Aqui nossa discussão retorna à "computação ubíqua". Já mencionamos Sakamura, que foi o líder do projeto do TRON. Considerava a "computação ubíqua" como "infraestrutura de informação" e a descreveu como o fundamento social através do qual, de momento a momento e de lugar a lugar, um usuário pode utilizar muitas informações e serviços que lhe foram otimizados *sem suportar o fardo da operação consciente* (Sakamura, 1987, 1988). Como se pode inferir desta descrição, a definição de "infraestrutura" no dicionário é o termo genérico para o que forma as bases socioeconômicas e as bases socioprodutivas, nas quais se incluem estradas, portos, rios, ferrovias, centros de sistemas de comunicação e de informação, sistema de esgoto, escolas, hospitais, parques, habitações públicas e assim por diante.

Sakamura (2007b) diz que é importante fazer uma abordagem por "*tagging*" (colocar *tags* uma depois da outra) [etiquetas de identificação ou palavras-chave, criando sistema hierárquico de informações (N.T.)] para construir uma "infraestrutura de informação". A definição de "*tagging*" é "colocar *tags* em coisas atuais e usá-las como [uma] pista para extrair informações". Para ele, "este poderia ser um dos conceitos importantes para conectar os mundos virtual e atual" (Sakamura, 2007a).

Ou seja, o objetivo da "computação ubíqua" é promover um mundo uniforme e sem barreiras. A *tag* a ser colocada é chamada de "*u-code*," que é um identificador incolor e transparente sem nenhuma relação com o sistema de administração social; em outras palavras, um código sem significado. Além disso, o conceito do projeto é a "externalização da rede". É muito natural que este tipo de conceito alcance uma conclusão como a de que a "computação ubíqua" é planejada como uma chamada arquitetura aberta, e que pode ser expandida ao mundo como uma infraestrutura aberta e universal.

Como descrito acima, não podemos definir o valor da comodidade que recebemos e desfrutamos através da promoção do intercâmbio uniforme e sem barreiras entre os mundos virtual e atual. Assim, nunca nego esta tendência, mas tenho algumas questões sobre tal tecnologia corrente. Como ela influencia nossa mente ou psique? Através dela, que intenção a alma terá e que tipo de avaliação a alma imporá a nós?

Primeiramente, precisamos considerar a "dessignificação" do mundo em si, através do *u-codes* de "rotulação". Como podemos inferir das palavras "arquitetura aberta", o conceito de "possessão" ou de "propriedade", por exemplo "patente" ou "marca", que caracterizam a era moderna, num certo sentido, perderão o significado tradicional aqui. Embora Sakamura dê um exemplo de "endereço" (indicação de residência), não há nele nenhum nome de cidade ou de rua, porque a indicação que usa o "*u-code*" é composta apenas de números sem significado. De uma certa perspectiva, ela descartaria e abstrairia a história acumulada em nome do lugar. Além disso, nem é preciso dizer que a "computação ubíqua" como "infraestrutura de informação" não é tão visível como uma forma de infraestrutura como "estradas, portos e terminais portuários, rios, ferrovias, centros de sistemas de comunicação e de informação, sistema de esgoto, escolas, hospitais, parques, habitações públicas". Embora não mais estejamos conscientes disto, nosso julgamento em cada caso indubitavelmente refletiria a "informação" acumulada por várias formas e métodos.

Neste sentido, podemos dizer que o estabelecimento do "fundamento social que um usuário pode utilizar sem suportar o fardo da operação consciente" conclui que as pessoas não têm nenhuma necessidade de tomar nenhuma decisão por si mesmas, mas perdem seu poder de julgamento. Como notado anteriormente, quanto mais esta "infraestrutura de informação" é estabelecida, mais as pessoas perdem a "infraestrutura" dentro de si mesmas. Isto é o que chamo de "a perda das infraestruturas psicológicas" na autoconsciência "ubíqua".

Como nós vemos, ou experienciamos, a perda da infraestrutura psicológica no nosso consultório?

Para ajudar a compreender o que a "infraestrutura" psicológica significa, apresentarei primeiramente um *sandplay* e um sonho de dois pacientes com antropofobia que recebi em psicoterapia na primeira metade dos anos de 1990.

O rapaz A era um colegial que me procurou se queixando de tensão interpessoal. Por não conseguir falar bem durante as sessões, trazia um relatório curto em cada uma delas para resumir o que queria dizer; me fazia ler esses relatórios em voz alta toda sessão. A figura 13.1 mostra sua primeira expressão em *sandplay*. Uma folha verde estava espalhada na areia como que para bloquear a força de "baixo". Além disso, a área ao redor era cercada de arbustos, como que para proteger o âmbito de "dentro".

Como mostrado na Figura 13.2, na fronteira, uma "sepultura" e um "santuário" foram colocados, provavelmente simbolizando seu medo e anseio pelo âmbito de "fora". Desta maneira, podemos facilmente imaginar que há uma "estrutura de base" que é mostrada pela expressão do paciente, o que nos permite ler, como psicoterapeutas, um "significado" psicológico. É o que chamamos de "infraestrutura psicológica".

Figura 13.1 *Sandplay* pelo rapaz A

Figura 13.2 *Sandplay* pelo rapaz A

Outro caso, a senhorita B tinha vinte e poucos anos quando me procurou tendo por principal queixa a "extrema tensão interpessoal". Ela logo começou a relatar alguns sonhos em sua psicoterapia. O seguinte sonho foi relatado na segunda sessão, como um dos seus sonhos iniciais.

> *Eu tinha um encontro marcado com um homem. O local do encontro era um túnel de esgoto (passagem subterrânea dentro de um bueiro). Eu me senti desconfortável porque água suja estava passando em torno dos meus pés e havia goteiras. Meu parceiro estava encostado numa parede. Falei algumas palavras com ele. De repente, ele começou a falar numa linguagem usada por mulheres, e antes que eu percebesse, seus seios despontaram. Eu perguntei, "Quem é você? Ela respondeu: "Sou irmã dele. Meu irmão não pôde vir por causa da doença dele, vim no seu lugar".*

Suas associações para este sonho foram as seguintes: o túnel de esgoto era frio e sujo, vago e escuro. Senti, "Por que estou aqui, neste lugar?" O túnel de esgoto apareceu com frequência nos meus sonhos. Eu nunca tinha sido exposta ao sol. Sentia que era algo desagradável, mas pensei que parecia adequado para mim. O homem no sonho era meu conhecido e tinha a mesma idade que eu. Não era especial, apenas uma pessoa comum. A pessoa tinha o rosto dele, mas quando reparei, sua aparência mudou. Até então, eu estava feliz, mas então me decepcionei. Perguntei "quem é você" com força, querendo dizer *isto é horrível*. Nos sonhos, posso dizer francamente o que quero dizer. Pisei no meu pé com frustração, como se fosse uma criança, ou estivesse com raiva. Eu tinha antecipado sua transformação. Porque sou pessimista, geralmente penso no pior. Este sonho foi o mais impressionante, em comparação com os outros sonhos.

Deste modo, qualquer associação significativa vem do paciente, o que é característico da imagem que preenche a "infraestrutura psicológica". Como Jung assinalou, "A divisão em dois era necessária para trazer o mundo 'uno' do estado de potencialidade para a realidade. A realidade consiste numa multiplicidade de coisas. Mas o um não é um número, *o primeiro número é dois, e com ele começa a multiplicidade e a realidade*" (*OC* 14, § 659; itálicos meus); a emergência do "dois" é essencial à diferenciação e desenvolvimento psicológicos. Este "dois" já tinha sido estabelecido no sonho dela; <acima (luz)/embaixo (trevas)>, <belo/sujo>, <incomum/ordinário>, <alegria/decepção> etc. Estas divisões e diferenciação acontecem *dentro* da sua "antecipação". Neste contexto, podemos dizer que ela vive num mundo pós-emergência do "dois", em outras palavras, em um mundo em que o "dois" forma seu *dentro*; a infraestrutura psicológica já tinha sido estabelecida na psique dela até mesmo no início da psicoterapia

Em contraste, nós, psicoterapeutas no Japão, temos muitas oportunidades de perceber a perda da "infraestrutura psicológica" em nossa prática cotidiana. Contudo, nos anos de 1990, além do rapaz A e da senhorita B acima mencionados, também conheci a senhorita C, cujo *sandplay* tinha uma imagem tão singular que nós psicoterapeutas éramos incapazes de ler seu "significado" psicológico. Em outras palavras, não havia nenhuma "infraestrutura psicológica", como será visto a seguir.

A senhorita C estava perto de chegar aos quarenta anos, e me procurou dizendo que queria fazer uma terapia de *sandplay*, após ter passado por quatro anos de tratamento numa psicoterapia de orientação psicanalítica. Sua principal queixa era que "minhas relações interpessoais não são boas. Não consigo me entender".

Em suas sessões de *sandplay*, ela ficava em frente da prateleira cheia de itens e punha qualquer coisa que atraísse sua atenção a cada vez na bandeja. As figuras 13.3 e 13.4 mostram suas expressões no *sandplay* após meio ano, e um ano e meio depois que nossa psicoterapia começou.

O curso da ação no *sandplay* foi importante para a senhorita C fazer a sua "questão" ["*subject*"] se levantar *a cada momento* (mesmo se ligeiramente) durante a psicoterapia, a despeito do fato de ela estar extremamente carente de iniciativa e de subjetividade [*subjectivity*]. Por outro lado, era óbvio que, como seu terapeuta, tive dificuldade em ler o *significado* e o *desenvolvimento* de seus *sandplays*, porque estes não tinham nenhuma estrutura, nenhuma divisão e nenhuma intenção a partir de dentro dela. Na época, eu não fazia ideia do conceito de transtorno do espectro autista adulto, por isso não via através do seu estado enquanto tal. Hoje, reconsiderando este caso, penso que ela estava nesta categoria. Dentro da minha limitada experiência clínica, este tipo de paciente adulto era quase inexistente, a não ser por raras exceções como a srta. C nos anos de 1990.

Para concluir, gostaria de descrever um sonho. Este sonho foi relatado pelo sr. D, um homem perto dos seus quarenta anos, que tinha uma tendência para o transtorno do espectro autista [*Autism Spectrum Disorder*, ASD], quando a psicoterapia foi iniciada. Encontrei-o nos anos de 2000:

> *Eu urino no toalete. Minha urina não para e é muito amarela. No vaso sanitário, alguma coisa misturada com a água e a urina transborda. A princípio, tentei evitar, mas o volume aumentou. A água gradualmente se junta e se torna uma poça quadrada e finalmente aumenta cada vez mais, como uma piscina. Minha filha começa a nadar ali. Também nado, mas digo que devemos parar de nadar porque é sujo. Os dois saímos da piscina, mas minha filha parece querer nadar mais um pouco.*

Este sonho sugere adequadamente que a "infraestrutura psicológica" não foi construída na psique do sr. D.

O sistema de esgoto não pode ajudar sua incessante urinação. Além disso, do vaso sanitário, "alguma coisa misturada com a água e a urina transborda", e por fim se torna "*como* uma piscina". Sua filha começou a nadar nesta "piscina que não é uma piscina". A princípio, o sonhador também nada na piscina, mas finalmente diz, "devemos parar porque é sujo", e os dois saem da piscina.

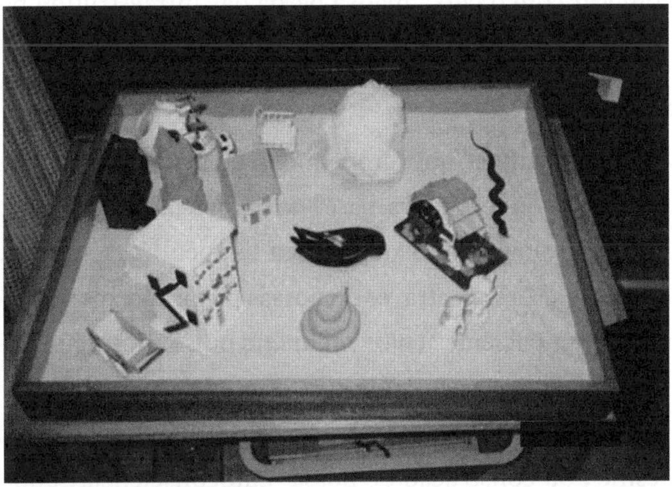

Figura 13.3 *Sandplay* 1 pela senhorita. C

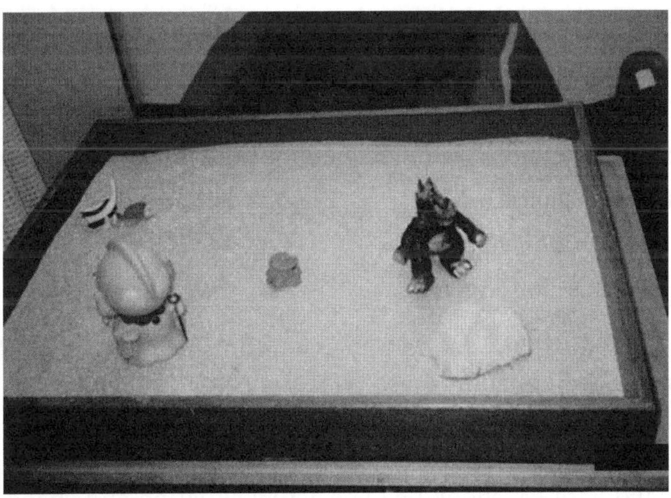

Figura 13.4 *Sandplay* 2 pela senhorita C

Hoje em dia, nós, psicoterapeutas, precisamos nos envolver com este tipo de paciente. É difícil para eles estabelecerem um "vaso" dentro de si mesmos, e vivem num mundo em que "si mesmo" se estende infinitamente e se expande sem clara "separação" entre "si mesmo" e a "urina", entre "si mesmo" e a "filha". Neste contexto, nos é necessário parar de sonhar com os "bons e velhos tempos" dos psicoterapeutas que estão simbolizados neste tipo de *sandplay* e de sonho dos pacientes antropofóbicos como apresentados aqui. Devemos começar com o fato à mão: a perda da "infraestrutura psicológica".

Conclusão

A Psicologia Analítica, que também nasceu nos tempos modernos, está baseada na premissa ou "estrutura-base" do autorrelacionamento, ou seja, da "infraestrutura psicológica", em sua prática terapêutica. Contudo, esta premissa já foi rompida. Assim, através de nossas próprias experiências clínicas, de psicoterapia com pacientes cujos *sandplays* ou sonhos não têm nenhuma "infraestrutura psicológica", como pacientes adultos com transtornos do espectro autista (Tanaka, 2015), precisamos apreender que mesmo nosso senso de "si mesmo", ou construção de nossa "autoconsciência", pode variar na maré das épocas. Como discutido anteriormente, a autoconsciência "ubíqua" pode ser a maneira predominante de nossa cultura atual. Além disso, pode ser inevitável que nós, psicoterapeutas, devamos nos abrir a esta *nova* modalidade de "si mesmo" ["*oneself*"] (caso contrário, ela pode ficar *velha* demais para que nos adequemos), na medida em que queiramos ser *clínicos* no sentido mais fiel da palavra.

Referências

Habermas, J. (1980/1996). Modernity: An unfinished project. In M. Passerin d'Entrèves and S. Benhabib (orgs.), *Habermas and the unfinished project of modernity* (pp. 38-55). Cambridge: Polity Press.

Hatanaka, C. (2013). Hattatsushogai no Jidai niokeru Jiko no Genjo to Hensen - Mixi kara Facebook he (The actual situation and change of self in the age of developmental disorder - From Mixi to Facebook). In T. Kawai e Y. Tanaka (orgs.), *Otona no Hattatsushogai no Mitate to Shinriryoho (Diagnosis and psychotherapy of adult developmental disorder)* (pp. 218-234). Osaka: Sogensha.

Hayashi, Y. et al. (1981). Taijn-fuan-ishiki Shakudo-kosei no Kokoromi (An experiment to scale consciousness of interpersonal anxiety). *Yokohama Kokuritsu Daigaku Hokenkanri-Ceter Nenpo*(1), 29-46.

Iwamiya, K. (2009). *Futsu no Ko no Shishunki ('Ordinary' boys and girls in puberty)*. Tóquio: Iwanami Shoten.

Jung, C.G. (1911). *Symbols of transformation: Collected works 5*. Princeton, NJ: Princeton University Press [*Símbolos da Transformação*, OC 5].

Jung, C.G. (1933). The meaning of psychology for modern man. In *Civilization in transition, collected works 10*. Princeton, NJ: Princeton University Press ["A importância da psicologia para a época atual", in: OC 10/3].

Jung, C.G. (1955). *Mysterium coniunctionis: Collected works 14*. Princeton, NJ: Princeton University Press [*Mysterium coniunctionis*, OC 14].

Lévy, P. (1995). *Qu'est-ce que le virtuel?* Paris: La Découverte (Virtual to wa nanika? – Digital jidai ni okeru Reality (M. Yoneyama, trad.), 2006. Tóquio: Showado).

Ogawa, K. (1974). Iwayuru Taijinkyofushosha niokeru 'Nayami' no Kozo nikansuru Kenkyu (A study of the structure of 'worries' that what is called anthropophobic patients have). *Yokohama Kokuritsu Daigaku Kiyo*, *14*, 1-33.

Sakamura, K. (1987). *Create TRON (TRON wo Tsukuru)*. Tóquio: Kyoritsu Shuppan Co., Ltd.

Sakamura, K. (1988). *Introduction to TRON (TRON Gairon)*. Tóquio: Kyoritsu Shuppan Co., Ltd.

Sakamura, K. (2007a). *What is ubiquitous – Information, technology, human (Ubiquitous towa nanika – Jouhou, Gijutsu, Ningen)*. Tóquio: Iwanami Shoten.

Sakamura, K. (2007b). *Japan, toward the country that can change – Innovate Nippon (Kawareru Kuni – Nihon e – Innovate Nippon)*. Tóquio: ASCII Books.

Suzuki, K. (2007). *Thought in internet society – How to live 'Ubiquitous I' (Web-shakai no Sisou – 'Henzaisuru Watashi wo dou ikiruka –)*. Tóquio: NHK Publishing, Inc.

Tanaka, Y. (2009). On dissociation as a psychological phenomenon. *Psychologia*, *51*(4), 239-257.

Tanaka, Y. (2015). Do adult PDD patients dream of papier-mâché sheep? In *Copenhagen 2013-100 years on: Origins, innovations and controversies: Proceedings of the 19th Congress of the International Association for Analytical Psychology*. Einsiedeln: Daimon.

Tanaka, Y. et al. (1992). Taijikyohusho Ron – Sono Bunkenteki Kosatsu (Historical development of theories and investigations of anthropophobia). *Jochi Daigaku Shinrigaku Nenpo*, *16*, 7-18.

Tanaka, Y. et al. (1994). Seinenki niokeru Tijin-fuan-ishiki no Tokusei to Kozo no Jidaiteki-suii (Longitudinal changes of characteristics and structure of anthropophobic tendency in adolescence). *Shinri-rinshogaku Kenkyu*, *12*(2), 121-131.

Weiser, M. (1991). The computer for the 21st century. *Scientific American*, *265*, 3, 94-104. Este artigo pode ser encontrado no *website*: www.ubiq.com/hypertext/weiser /SciAmDraft3.html

14
Complexos culturais e identidade cultural no Brasil: o desenvolvimento de uma identidade individual

Walter Boechat

A interação entre o indivíduo e a cultura em que ele/ela vive é uma questão central ao se discutir o desenvolvimento da identidade pessoal. Este capítulo examina a interação entre os indivíduos e sua cultura e como a cultura pode afetar o desenvolvimento da identidade cultural. Como exemplo disto, analisaremos o Brasil e os símbolos e complexos culturais que pertencem à história do país. Os indivíduos estão sempre submetidos à influência de complexos e símbolos culturais. Para compreender o indivíduo, devemos também compreender a cultura à qual ele ou ela pertence.

Luigi Zoja, numa entrevista com Gustavo Barcellos, *Cadernos Junguianos, N. 2* (2006), oferece uma valiosa perspectiva sobre por que tal foco é importante:

> A América Latina é a única cultura verdadeiramente nova na história a ser criada pelo homem. A Ásia é um prolongamento da velha Ásia, com o acréscimo da tecnologia, mas sem quaisquer outras mudanças radicais. A África não se modernizou e ainda é incapaz de superar o trauma da colonização. A Europa é um prolongamento de si mesma, e a América do Norte é um prolongamento da Europa revestido de hipertecnologia. Só a América Latina representa uma nova complexidade.

Esta afirmação de Zola merece um exame cuidadoso. De fato, a cultura latino-americana tem uma estrutura única. De certo modo, sua história pode lembrar a da América do Norte, que também sofreu o trauma da escravidão e teve ondas de imigração. Mas o tecido social multicolorido do Brasil e da América Latina como um todo é muito peculiar. Um fato merece especial atenção: a forte miscigenação racial no Brasil. Esta miscigenação produziu uma população de vários tons de cor de pele e é uma característica especial da cultura brasileira. Discutiremos este processo com maiores detalhes mais adiante, mas o modo como a população indígena e os afrodescendentes estão presentes na cultura brasileira é muito peculiar.

Esta influência cultural se faz sentir na linguagem, comida, religião e hábitos culturais em geral. Os ritos religiosos africanos na Bahia e noutros lugares são um exemplo especial disto. Desde a chegada dos escravos africanos no século XVIII, suas tradições religiosas não competem com o cristianismo; o que se deu foi, isto sim, um fenômeno único de *sincretismo religioso,* através do qual as divindades africanas gradualmente se tornaram identificadas com os santos cristãos, de modo a que as duas fés religiosas pudessem coexistir lado a lado. Outra peculiaridade é como, na América Latina, a civilização construída pelos imigrantes europeus ainda é, em certos aspectos, próxima dos valores e símbolos das sociedades tradicionais. O simbolismo religioso indígena, sobretudo o xamanismo, está ainda vivo em cultos em locais especiais. Tais cultos podem ser encontrados até mesmo perto de cidades grandes.

Nas sociedades complexas de hoje, centradas em torno das modernas comunicações, não podemos mais considerar os indivíduos como existindo isoladamente, mas devemos ver cada pessoa como emergindo dentro de um contexto de relações sociais e culturais. Indivíduos, nações, povos e culturas compõem o tecido de interações e interpenetrações que foram aceleradas pelas comunicações, comércio e pela porosidade entre as culturas. Esta era de abertura para informações, símbolos e valores de uma ampla gama de culturas, as artes e o comércio levaram a um movimento de reflexão e a uma necessidade de autorreconhecimento e descoberta: *Quem somos nós?* Quais são os processos culturais em funcionamento que influenciam ou moldam o desenvolvimento da identidade cultural? As questões em torno da identidade cultural são hoje mais urgentes do que nunca. A psicologia, na atualidade, tem um papel fundamental na busca da identidade, em que indivíduos, culturas e intercâmbios sociais são parte de uma dinâmica singular em constante interação.

Está ficando cada vez mais claro que uma compreensão da alma brasileira é essencial para melhor compreensão das características pessoais de cada indivíduo. Nesta época, na qual o paradigma pós-moderno, o *paradigma da complexidade* (Morin, 1999) está emergindo, as diferentes disciplinas não estão mais sendo compartimentalizadas, e psicólogos devem se aproximar de sociólogos e antropólogos para compreenderem a complexidade da alma brasileira.

Investigar as raízes do Brasil pode ser comparado a observar a história específica de caso, de um indivíduo singular, repleta de traumas pessoais, descobertas, transformações e possibilidades. Compreender a alma brasileira não é uma tarefa fácil, devido à sua natureza fundamentalmente multicultural. Nossa identidade como um povo ainda está incompleta, e é, na verdade, muito mais um processo contínuo. Qual é o futuro deste processo? Talvez sua característica mutável seja a causa do fascínio que a alma brasileira exerce em muitos, dentro e fora do país. Enquanto a cultura da Europa ocidental é geralmente vista como totalmente concluída, a América Latina, e o Brasil, em especial, ainda mantém um caráter associado a potencial e desenvolvimento, embora com uma série de graves problemas.

Um aspecto fascinante da estrutura social brasileira é a miscigenação manifesta de sua população. A colonização da América do Norte teve lugar através de famílias que seguiam os princípios rigorosos do puritanismo protestante, ao mesmo tempo em que excluíam populações nativas e escravos. No Brasil, porém, a miscigenação foi a tendência dominante. Apesar de historicamente termos sempre estado longe de alcançar uma democracia racial, os afrodescendentes e índios brasileiros constituíram a maioria desde relativamente cedo, criando uma população com grande mistura racial.

Embora grande parte da população indígena tenha sido devastada logo depois da descoberta do país, a cultura brasileira sempre manteve alguma proximidade com as sociedades tribais e suas tradições orais, costumes e mitos. A influência africana, que faz parte da herança do Brasil há séculos, e também tem sido uma parte fundamental da nossa história, contribuiu para a alma do Brasil e para sua dieta, religião, costumes e linguagem. Esta herança está fixada no inconsciente cultural do Brasil e afeta nosso comportamento, sonhos e ambições de várias maneiras, apesar do fato de que os brasileiros podem nem perceber isto.

Vamos agora dar uma olhada mais profunda nas raízes brasileiras e em como nossas origens foram estabelecidas. Esta exploração é importante porque uma das características mais marcantes dos brasileiros é sua ausência de memória do passado histórico da nação, e sua falta de contato com sua própria identidade. Esta falta de identidade cultural leva a um fenômeno perigoso, em que modelos de papéis da América do Norte ou da Europa sejam copiados e nossa originalidade única seja esquecida.

A Europa passou pela longa Idade Média antes de experienciar o extrovertido Renascimento, período durante o qual as descobertas de terras além-mar foram realizadas. O Brasil, nessa época, porém, era o lar de uma ampla variedade de etnias indígenas, com uma realidade social completamente diferente. A identidade do país foi formada ao longo do tempo, com o início da imigração forçada de africanos no século XVII até o forte influxo de europeus brancos no século XIX, e ainda continua hoje. O processo brasileiro de crescimento e desenvolvimento foi inteiramente diferente daquele da Europa, criando diferentes identidades e soluções potenciais que precisam ser consideradas em sua forma original. A conclusão a que chegamos é que frequentemente esquecemos que o Brasil é um exemplo da nova complexidade a que o analista junguiano Luigi Zoja se referiu acima.

O distanciamento de nossa identidade cultural está, sem dúvida, associado ao complexo de inferioridade do Brasil, já abordado por vários autores. Os valores da nossa nação sempre são vistos como inferiores aos de outros países, que estão mais alinhados aos padrões modernos de ordem, organização e planejamento. Os brasileiros, porém, são desorganizados, espontâneos e sem método. Nossa figura heroica típica, Macunaíma, simplesmente não tem nenhum caráter? Ou sua improvisação representa uma criatividade que traz consigo uma nova vitalidade? Com nossa visão depressiva, podemos ser extremamente críticos de nossa realidade e falharmos em perceber nossa capacidade criativa, desperdiçando a chance de nos rejuvenescermos através da improvisação.

A velha lenda diz que a cidade de Lisboa foi fundada por Ulisses, que terminou ali, após dez anos, lutando a guerra de Troia. Vem daí o antigo nome da cidade, *Ulyssippo*, que significa *cidade de Ulisses*. O que Aquiles não conseguiu ao longo de dez anos, através da força bruta, Ulisses conseguiu pela astúcia, com sua ideia do cavalo de Troia. Todos os descendentes do povo ibérico, neste imaginário mítico, herdaram este elemento de trapaça e logro. Este *Trickster* é uma das figuras simbólicas da psique coletiva brasileira, e há uma série de representações disto em nosso folclore, como Pedro Malasartes, Macunaíma, Exu e o *malandro Carioca* [em português no original (N.T.)], um trapaceiro típico do Rio[1]. Temos uma visão geralmente negativa destes personagens, que são verdadeiramente predominantes no inconsciente cultural do Brasil, e não valorizamos sua característica criativa e transformadora. A história de Zé Pelintra, um dos nossos mais famosos *malandros* ou trapaceiros, ilustra este potencial criativo para a transformação. Sua história começa na Lapa, o centro boêmio do Rio de Janeiro, como um *malandro* perigoso que era rápido numa luta. Ele foi assassinado uma noite, após ser golpeado com uma navalha numa briga. Zé Pelintra então reapareceu magicamente nos rituais da religião *Catimbó*, do nordeste do Brasil, na forma de um curador poderoso, um médico habilidoso, um curador ferido, muito semelhante a Asclépio, o antigo deus grego da medicina. O *malandro* aparece como um fantasma cujo caráter oscila entre psicopata perigoso e extremamente positivo. O músico Chico Buarque expressou brilhantemente as ambiguidades desta figura em sua peça musical *A Ópera do Malandro* ("The Opera of the Malandro"). A mutabilidade destes estereótipos em nosso in-

1. Um dos piores aspectos do fenômeno *trickster* no Brasil é a corrupção, que apareceu amplamente na imprensa em anos recentes. Alguns junguianos lidaram com este fenômeno. Cf., p. ex., Ramos (2004, p. 102).

consciente cultural não diz também alguma coisa sobre seu enorme potencial criativo?

Psicologia junguiana e o estudo da alma brasileira

Cerca de sessenta diferentes povos migraram ao Brasil desde a chegada dos portugueses, e juntos eles compõem uma altamente complexa sociedade multirracial, com características únicas, mesmo se comparada a nossos irmãos latino-americanos. Os povos indígenas, os brasileiros originais, sofreram o que Leonardo Boff chamou de um verdadeiro holocausto latino-americano (do qual não se fala muito nos livros de história)[2]. Algumas destas populações permanecem até os dias de hoje em forma isolada na região amazônica; outros grupos estão espalhados por todo o território brasileiro, passando por um processo de adaptação à sociedade branca, em vários graus. Devido a este processo original e único, refletir sobre a identidade brasileira representa um grande desafio.

A psicologia de Jung pode contribuir de algum modo para esta reflexão sobre a natureza da alma brasileira e seus problemas correlatos. Alguns podem dizer, "Oh, estudar o Brasil é um trabalho para sociólogos, historiadores e economistas. A psicologia do inconsciente tem muito pouco a contribuir com esta matéria". Mas, com o estado de crise de nosso paradigma atual, conforme identificado pelo físico norte-americano Thomas Kuhn, as ciências não podem mais ser consideradas em bases individuais. A alma brasileira em sua vasta complexidade só pode ser examinada usando-se um rol de disciplinas integradas, e a Psicologia Analítica tem muito a dizer a este respeito.

Em seus extensos trabalhos teóricos, a proposta fundamental de Jung focalizou o inconsciente coletivo da humanidade, os arquétipos e a manifestação deles nos mitos de ampla variedade de povos. Durante suas muitas viagens de 1920 em diante, pesquisou uma série de povos e sociedades tribais na Costa do Marfim, os índios Pueblo do Novo México e os shivaístas com seus templos na Índia. Em todos estes lugares, buscou o mesmo objetivo:

2. Leonardo Boff, em conversação com Luigi Zoja e um grupo de junguianos. Rio de Janeiro, março de 2012.

observar a manifestação espontânea do arquétipo nas imagens mitológicas da cultura local. Esta pesquisa tinha uma base altamente cultural, embora Jung raramente tenha formulado um modelo teórico para a psique cultural dos povos que estudou, apesar da singularidade, cada um com suas próprias características individuais.

Segundo Thomas Singer, o único exemplo na obra de Jung em que ele procurou articular a cultura com o inconsciente coletivo foi em seu Seminário sobre Psicologia Analítica, palestra 16 (Jung, 1925/1989, *apud* Singer, 2012, pp. 3, 4). Neste seminário, Jung propôs um modelo de diferentes planos ou camadas da psique, comparando-os a faixas geológicas.

Jung explicou então as diferentes camadas da psique (individual) assim: (1) indivíduo, (2) família, (3) clã, (4) nação isolada, (5) grupo mais amplo (América Latina, p. ex.), (6) predecessores primatas, (7) predecessores animais em geral, e (8) "fogo central".

Esta foi uma das mais importantes ligações feitas por Jung entre o inconsciente pessoal e o inconsciente coletivo, e nela podemos ver que as camadas de cultura e nação são bem definidas e associadas com o inconsciente coletivo da humanidade. Jung retornou algumas vezes a este tema da relação entre o inconsciente cultural e o inconsciente coletivo como um todo. Um de seus poucos textos sobre essa relação foi *Wotan* (1936), no qual faz uso do deus teutônico Wotan, ou Odin, o deus das tempestades, do vento, da profecia e dos campos de batalha, para descrever as rápidas mudanças sociais e políticas na Alemanha da época, quando os nacional-socialistas tinham chegado ao poder apenas três anos antes, em 1933.

Uma série de pesquisadores junguianos procurou identificar a relação entre a identidade individual e cultural. Joseph Henderson desenvolveu o conceito de *inconsciente cultural*, querendo dizer a camada do inconsciente cultural pertencente a um determinado povo, país ou cultura (1990, pp. 103-113). Esta é uma das referências teóricas mais importantes que buscam explicar o desafio da identidade cultural. Vannoy-Adams (1996) discute os *estereótipos* e *imagens estereotipadas* de uma cultura e os valores e referências que guiam o comportamento num grupo social. Finalmente, Kimbles e Singer (2004) desenvolveram o conceito de *complexo cultural*, uma importante ferramenta teórica usada para compreender a estrutura social das culturas e sua história.

A noção de complexo cultural é uma expansão do conceito original de Jung do *complexo de tonalidade afetiva*, um centro de representações na psique de um indivíduo cimentado pela emoção. O complexo cultural conceptualiza núcleos de conflito na psique social de povos e de grupos sociais, que são geralmente o resultado de traumas em sua história e de conflitos de identidade. Discutirei agora alguns complexos culturais encontrados no Brasil, incluindo o complexo de inferioridade que foi descrito por uma série de autores nacionais e estrangeiros, a ausência de figuras heroicas e o trauma causado pela escravidão. Contudo, com o gradual desenvolvimento da psicologia junguiana na América Latina, o interesse na aplicação de conceitos junguianos a fenômenos culturais nesta parte do continente cresceu muito. Este interesse é visível nos Congressos Latino-Americanos de Psicologia Analítica que acontecem a cada três anos, reunindo grande número de junguianos desta região e de fora.

Os anais destes congressos, além das publicações clínicas habituais, contêm um grande número de artigos sobre identidade social na América Latina e problemas culturais. Alguns autores brasileiros têm publicado importantes pesquisas sobre temas culturais a partir da perspectiva junguiana. Gambini (1999, 2016) publicou por alguns anos textos sobre a questão do já mencionado holocausto latino-americano e suas implicações para a identidade brasileira. Ramos (2004, p. 102) escreveu sobre um importante complexo cultural no Brasil: a corrupção. Wahba (2012, p. 75) estudou complexos culturais na cidade de São Paulo, expressos nos numerosos grafites em seus muros. Feldman (2012, p. 109) trabalhou com índios amazônicos, desenvolvendo o conceito de *pele cultural* através do estudo de pinturas cutâneas indígenas, desenvolvendo também algumas observações sobre crianças entre os índios da Amazônia.

Estes são apenas alguns exemplos das várias aplicações de conceitos junguianos a uma cultura multirracial complexa. Neste capítulo, usarei a perspectiva psicológica da psicodinâmica da sombra e repressão no indivíduo, para avaliar como tais mecanismos também operam num nível social. Depois abordarei o papel de dois complexos culturais básicos na sociedade brasileira: o complexo cultural da escravidão e a falta de uma figura heroica na história do país.

Jung, em seus escritos, demonstrou como o coletivo frequentemente aparece no indivíduo, por isso desenvolveu sua teoria dos arquétipos e do inconsciente coletivo. Seguirei neste capítulo uma via oposta, já trilhada por autores junguianos interessados em questões políticas e sociais: tentarei compreender como mecanismos psicológicos que aparecem no paciente individual no consultório também têm uma dimensão social. Descrevei como o complexo cultural reprimido precisa de expressão tanto quanto o complexo patológico individual, de modo que se possa alcançar um efeito curador, tanto no(a) paciente individual quanto na cultura.

Outro importante elemento psicológico na compreensão das raízes sociais brasileiras é o mito. Tanto quanto Jung, Freud e muitos depois deles enfatizaram a importância do mito para compreender o indivíduo; aqui abordarei as fantasias míticas que os portugueses e outros navegantes projetaram no Brasil e no Novo Mundo como um todo e o que estas projeções têm a ver com a identidade do país.

Identidade, história e memória cultural brasileiras

Para descobrir a identidade cultural de uma nação é essencial que consideremos sua história e memória. Não é coincidência que vários livros sobre a história do Brasil tenham aparecido recentemente, alguns são *best-sellers*, cobrindo uma série de ângulos diversos, e um deles tem o curioso título de *Guia Politicamente Incorreto da História do Brasil*. O cinema brasileiro, que recentemente experimentou significativa expansão comercial, tem dado uma importante contribuição para o resgate do passado do nosso país. Existe agora um intenso intercâmbio de informações com outras culturas, e suas imagens, questões e possibilidades estão constantemente em exposição, em toda a gama de veículos da mídia, provocando talvez este momento de reflexão sobre nossa própria identidade. Tudo isso aponta para um fato inquestionável: a história e a herança brasileiras são quase totalmente desconhecidas, mesmo para os próprios brasileiros. Poder-se-ia dizer que os brasileiros *são um povo sem memória ou referências*, e por isso está passando atualmente por uma *crise de identidade*. Isto nos leva a uma busca quase obsessiva por referências fora de nossa própria história. O valor exclusivo e unilateral que alguns brasileiros dão à busca de origens europeias para esculpir uma identidade pessoal é um exemplo notório.

Este processo revela um importante complexo cultural em nossa identidade, que o dramaturgo brasileiro Nelson Rodrigues definiu como o *complexo de vira-latas* [em português no original (N.T.)] do Brasil. Ao escrever sobre a corrupção como um complexo cultural no Brasil, a analista junguiana Denise Ramos também explorou os sentimentos de inferioridade da população brasileira. Tudo o que se relaciona ao Primeiro Mundo é considerado superior. Presos nesta perspectiva, os brasileiros tendem a negligenciar seu próprio potencial criativo. Este claro complexo de inferioridade também foi percebido por observadores de fora, tais como o brasilianista norte-americano Thomas Skidmore:

> O Brasil praticamente perdeu sua identidade [...]. Os brasileiros pensam que só estrangeiros têm a solução. O Brasil é rico em recursos [...] sua autoestima precisa ser recuperada. Passei quarenta anos estudando o Brasil, principalmente esta questão do otimismo e pessimismo [...] este hábito de dizer que o Brasil é uma perda de tempo (Skidmore, citado por Ramos, 2004, p. 107).

Como a identidade do Brasil pode ser buscada em suas origens? A pedra angular da nossa identidade é a geografia e a natureza dos trópicos. *Alma e Terra*, o título poético de um dos ensaios de Jung, nomeia os elementos que são essenciais quando se considera a identidade do Brasil. Nesse ensaio, Jung cita uma crença aborígene de que os colonizadores nunca conseguem realmente se apropriar da terra que conquistam, pois é o lar de espíritos ancestrais que se reencarnam nas crianças recém-nascidas. Jung acreditava que isto contém uma grande verdade psicológica: "A terra estranha assimila seu conquistador" (Jung, 1927, § 103). No caso do Brasil, sua exuberante beleza natural e extensões quase infinitas de florestas, rios e montanhas foram a base para várias projeções arquetípicas pelos navegantes que chegavam à *terra brasilis*.

O encontro de povos europeus e nativos da América foi um enorme evento cultural para o mundo ocidental. É visto geralmente de uma perspectiva etnocêntrica. Uma série de culturas muito diferentes, incluindo os astecas no México e os incas no Peru, teve uma percepção mitológica dos europeus, como foi o caso quando se acreditou que Hernán Cortés era o deus asteca Quetzalcoatl, que significa "serpente emplumada". Porém, a maioria dos historiadores não menciona o fato de que a visão europeia dos povos das Américas também estava permeada de projeções mitológicas. A Europa, no final do século XV, era dominada por fantasias arquetípicas milenaristas. Estas fantasias, inclusive aquela em que uma então era de renovação poderia levar à descoberta de novos mundos, foram a força propulsora por trás das viagens que acarretaram suas descobertas. Vários mitos foram projetados pelos europeus nas terras recém-conquistadas, como a imagem mítica do Eldorado, as misteriosas Amazonas e as terras fabulosas do Preste João. Projeções mitológicas ocorreram portanto *de ambos os lados*. Cambray (2009) discute fenômenos sincronísticos impressionantes que ocorreram durante a conquista dos astecas pelo navegante espanhol Hernán Cortés (cf. Cambray, 2009, capítulo 5, para mais detalhes). Zoja (2004, p. 78) também abordou o trauma cultural envolvido na conquista do México pelos espanhóis segundo a perspectiva mitológica. Há uma tendência natural da psique pela qual o desconhecido sempre causa algum grau de projeção mitológica conforme as circunstâncias. Proponho, pois, que abandonemos a perspectiva etnocêntrica de que a mitologização só teria ocorrido da parte das populações nativas americanas e que o colonizador teria tido uma perspectiva concreta e objetiva.

A enorme *mélange* cultural que a cultura brasileira se tornaria mais tarde foi, em seus inícios, e ainda é, um projeto inacabado. A escravização dos indígenas durante a colonização durou apenas no primeiro século, sendo então substituída pelo tráfico de escravos africanos a partir do século XVII.

Este primeiro encontro entre as culturas da Europa e das Américas ocorreu com um grande custo, envolvendo sacrifício, guerras e morte. O mecanismo pelo qual as doenças são transmitidas ainda era completamente desconhecido, e naturalmente não havia nenhum conhecimento de vírus e bactérias. Louis Pasteur só iria realizar suas descobertas no século XIX. A explicação da época para a transmissão de doenças era que estas eram causadas por ventos malignos. Desde a antiguidade, os ventos têm sido personificados e associados com espíritos que influenciam as pessoas e seus destinos. Na Grécia antiga, o vento *Bóreas* era responsável pela fertilidade, e os *Hiperbóreos*, os imortais, habitavam a região da *Hiperbórea*. Este atributo mágico dos ventos ainda subsiste na Europa. Na Suíça, o vento quente que sopra da região do Ticino, ao sul, e conhecido como o *Föhn*, é considerado responsável por todas as doenças e sentimentos súbitos de mal-estar. A palavra *malária* vem de *males-ares* ("maus ares"), pois se pensava que a doença era causada por maus ventos.

A história dos navegantes portugueses comandados por Martim Afonso de Sousa e que ancoraram na ilha de Queimada Grande, na costa de São Paulo, é bem conhecida. Havia muito vento quente soprando da ilha, e os marinheiros atearam fogo no navio para se proteger dos ventos malignos que poderiam contaminá-los com doenças fatais (Narloch, 2013). No início da colonização do Novo Mundo, havia apenas uma vaga noção de que as doenças venéreas eram transmitidas por contato sexual. Isto fez com que muitas destas doenças fossem levadas na volta para a Europa e assolado as cortes reais. Assim como a Europa contaminou os primeiros habitantes das Américas com uma epidemia letal de *influenza*, dizimando grupos inteiros de povos indígenas, doenças das Américas foram transportadas para o Velho Mundo pelos primeiros navegantes. Parece que este foi o preço pago como resultado do encontro destas duas grandes sociedades (Narloch, 2013).

A busca das origens da identidade: três mitos sobre nossas origens

O psicólogo brasileiro José Oswaldo de Meira Penna, citando a obra de Sérgio Buarque de Holanda, organizou os mitos que cercam as origens do Brasil em três categorias principais: o mito do paraíso na terra, o mito do inferno verde e o mito do Eldorado (Meira Penna, 1974). Cada um destes mitos será agora abordado.

O homem medieval herdou a crença homérica da antiguidade clássica na era dourada original, uma época de perfeição perdida e de nostalgia pelas origens perdidas a serem resgatadas. A mentalidade medieval expressava este sentimento de nostalgia por um retorno às origens uterinas. Com o poderoso e extrovertido Renascimento, este desejo de retornar ao passado foi projetado no futuro e se tornou concreto. Por exemplo, o Extremo Ocidente começou a representar o paraíso na terra no aqui e agora. O mito do paraíso, anteriormente o ideal de uma era dourada pretérita, começou a ser projetado no futuro e literalizado. No seu livro *Visão do Paraíso*, Sérgio Buarque de Holanda discute as fantasias mitológicas dos navegantes portugueses antes da descoberta do Brasil (Buarque de Holanda, 1997). A ideia de um paraíso na terra começou a dominar estas fantasias. Uma das lendas da época sobre um paraíso na terra localizado no Extremo Ocidente é de especial interesse: a lenda irlandesa do *Hy Brasil*, ou *Bresail*, ilha paradisíaca de bem-aventurança que se acreditava existir nos confins do Ocidente (Meira Penna, 1974, p. 98). Esta lenda mitológica que precedeu a descoberta do nosso país levanta sérias dúvidas sobre as origens do seu nome.

Sérgio Buarque de Holanda menciona os relatos feitos por Cristóvão Colombo aos reis católicos como permeados por visões do paraíso (Buarque de Holanda, 1997, p. 14ss.). Falou do seu desejo de explorar as ilhas paradisíacas ao norte do rio Amazonas como uma parte do paraíso na terra. Para fazer isto, solicitou que os reis espanhóis lhe providenciassem três naus perfeitamente equipadas. Américo Vespúcio também falou da inocência dos índios nus e de sua forma física perfeita como algo da ordem do paraíso terreno.

A fantasia do paraíso na terra domina o inconsciente cultural do Brasil e constela a poderosa imagem do arquétipo da Grande Mãe, a Senhora de nossas Origens que Pero Vaz de Caminha descreveu em sua tão citada carta sobre a descoberta: "em se querendo aproveitá-la, tudo se dá" (Meira Penna, 1974, p. 100). A Grande Mãe, a Senhora dos Prazeres e das Origens, tem um equivalente na economia nacional: o país que continuamente fornece matérias-primas, *commodities* e os frutos da sua terra, para que outros países possam desenvolver produtos manufaturados. A Grande Mãe cria no caráter nacional a figura da criança que não quer crescer e que depende das benesses da Grande Mãe-Estado, em que as posições são oferecidas como uma espécie de apadrinhamento e não segundo o mérito. Esta é uma das mais importantes sombras da alma brasileira, o arquétipo do *puer aeternus* eternamente dependente da Grande Mãe-Estado protetor.

Nossos descobridores nunca teriam sido capazes de tomar o país como colônia deles sem a ajuda de seus aliados indígenas, tamanhos eram os perigos do Inferno Verde, o segundo mito das nossas origens segundo Meira Penna (1974, p. 109). A densidade da floresta, seus animais peçonhentos e tribos inimigas teriam representado um obstáculo quase insuperável. Esta vegetação impenetravelmente densa teve sempre um caráter mítico. Nosso folclore e lendas baseados numa mistura de nossas raízes indígenas e africanas contém um dos símbolos universais mais marcantes da figura da mãe devoradora: a *serpente*. Ela aparece na forma da *Boiuna*, um nome indígena que significa "cobra grande", um dos mitos mais significativos da região amazônica. Um de nossos folcloristas mais importantes, Câmara Cascudo, diz que, à diferença dos mitos de serpentes de origem africana, a lenda da Boiuna não é base de nenhuma forma de culto, nem é associada com sedução sexual. Seu propósito, como originária da noite e do início dos tempos, é simplesmente destruir, ameaçar e devorar as pessoas, reduzindo-as a nada. Seus olhos, enquanto nada na superfície da água, são como dois archotes iluminando a noite. Enquanto se move, ela produz um ruído aterrador (Cascudo, 1972, p. 173).

Meira Penna cita outro sonho poderoso como o único modo de superar a letargia da busca pelo seio da Grande Mãe e evitar o Grande Inferno e seus perigos: a busca por ouro e diamantes (Meira Penna, 1974, p. 125). Segundo as velhas lendas indígenas disseminadas pela América Latina, com versões diversas em cada país, havia uma antiga nação com uma capital cheia de palácios, alguns dos quais erigidos com pedras cravejadas de gemas preciosas, outros com tetos de ouro. O reino era dominado por um homem chamado El Dorado, pois seu corpo brilhava como ouro, como se fora um céu salpicado de estrelas. O país mítico do Eldorado foi procurado pelos espanhóis e ingleses em inúmeras ocasiões, em vários países da América do Sul: Venezuela, Colômbia, Peru, na região das Guianas e no estado brasileiro de Roraima. O mito do Eldorado contém um forte elemento alquímico. Mas, enquanto o alquimista medieval procurava o ouro filosófico no seu laboratório – ouro este frequentemente simbólico, na verdade –, o ouro do Eldorado era tão concreto e imediato quanto os outros mitos associados à formação do Novo Mundo: precisava ser encontrado no aqui e agora, fornecendo imediato enriquecimento e conforto material. *Aurum nostrum non est aurum vulgi* [*Nosso ouro não é o ouro vulgar*] dizia o antigo lema alquimista. Esta afirmação certamente não poderia jamais ter sido aplicada ao Eldorado, onde ficava o ouro material concreto que se tornou a causa da ambição e morte de muitos.

A busca por ouro e esmeraldas foi a força propulsora de um fenômeno importante na construção da identidade do Brasil: as *Bandeiras* (expedições típicas para o interior do país). Sérgio Buarque de Holanda considerou estas expedições como uma das raízes importantes da identidade brasileira (Buarque de Holanda, 1995, p. 101). Emergiu então um novo personagem conhecido como o *bandeirante*, um tipo ambicioso e destemido cujas expedições ultrapassariam a linha estabelecida pelo Tratado de Tordesilhas e moldariam as atuais fronteiras do Brasil. As expedições de Fernão Dias Paes Leme, Raposo Tavares e de outros não teriam sido bem-sucedidas em superar as incríveis dificuldades das terras inexploradas do interior do Brasil sem a ajuda dos seus aliados indígenas. Relatos históricos mencionam que as Bandeiras incluíam um nome muito maior de índios do que de brancos. Além disso, havia uma influência indígena presente nos próprios *bandeirantes*: sua tenacidade e resistência revelavam seu sangue indígena, um resultado da miscigenação que é manifesta em nossa constituição e que tem sido típica da identidade do Brasil desde as origens do país.

Miscigenação e identidade

Darcy Ribeiro discutiu extensamente o papel formador da miscigenação na identidade do Brasil (Ribeiro, 1995, pp. 106-111). O *mameluco* é um exemplo clássico do primeiro estágio da mistura de raças no Brasil, entre os brancos e os índios. Os *mamelucos*, nascidos de pais portugueses e indígenas, tinham uma força física incrível. Eles conseguiam percorrer grandes distâncias e ajudaram os *bandeirantes* a completar suas missões civilizadoras. O termo *mameluco* se origina do árabe e foi usado para descrever escravos que eram tomados, por seus donos árabes, daqueles a quem derrotavam. Tais escravos eram tirados de seus pais pelos conquistadores e então treinados para administrar e controlar outros escravos. O termo foi usado para descrever índios brasileiros pelos jesuítas, que se sentiam escandalizados pela selvageria primitiva daqueles homens que eram capazes de capturar e escravizar sua própria gente.

Numa etapa posterior, o elemento africano foi integrado ao caráter nacional após o início do tráfico de escravos africanos no século XVII. Isto só chegaria ao fim em 1895, o que fez do Brasil o último país do hemisfério ocidental a eliminar a escravidão! Isto fez com que a escravidão constituísse um enorme complexo cultural na identidade do Brasil. Como lembra Darcy Ribeiro:

> Nenhum povo que passasse por isso [o regime escravista] como sua rotina de vida, através de séculos, sairia dela sem ficar marcado indelevelmente. Todos nós, brasileiros, somos carne da carne daqueles pretos e índios supliciados. Todos nós brasileiros somos, por igual, a mão possessa que os supliciou. A doçura mais terna e a crueldade mais atroz aqui se conjugaram para fazer de nós a gente sentida e sofrida que somos e a gente insensível e brutal, que também somos (Ribeiro, 1995, p. 120).

Ribeiro afirma de um ponto de vista antropológico o que também é uma importante percepção a partir de uma perspectiva psicológica. O que descreve aqui é um importante complexo cultural da psique brasileira, as sequelas de um período de escravidão que perdurou por mais de três séculos. Imagens de feitores sádicos e de escravos sofredores podem ser consideradas um importante estereótipo cultural presente na psique coletiva brasileira, um dos principais responsáveis pelo sistema de classes extremamente estratificado no Brasil.

O longo período da escravidão permanece no inconsciente cultural deste país como um poderoso complexo cultural. Seus efeitos na psique coletiva ainda estão presentes. Uma das suas manifestações é o cruel sistema de classes sociais mencionado acima. Como em todos os complexos culturais, sua ação no inconsciente cultural é semelhante à de um complexo pessoal no inconsciente do indivíduo. Em um nível pessoal, a dissociação de complexos é um elemento-chave na psicopatologia. Também o complexo cultural da escravidão e da exploração de um grande contingente de pessoas permanece dissociado no inconsciente cultural do Brasil. O elemento dissociado continua a agir, embora negado e reprimido. Enquanto o elemento dissociado permanecer no inconsciente, produzirá contínuos efeitos patológicos no nível consciente.

Recentemente, têm sido feitos esforços para lidar com este passado desagradável. Um museu em tributo aos escravos que morreram logo após chegar ao Brasil foi construído em um bairro central do Rio de Janeiro, próximo do Cais do Valongo, o local da chegada. O museu fica exatamente no local em que um cemitério de escravos foi descoberto (Boechat, 2016, p. 125). Há outros movimentos em prol do resgate de lembranças reprimidas, como o sistema de cotas para negros e mestiços em universidades públicas e vários movimentos políticos em favor da identidade negra. No nível cultural, bem como no nível pessoal, *o papel da memória é* fundamental à transformação e integração dos complexos reprimidos na sombra.

Pari passu ao enorme sofrimento e exploração do trabalho escravo, o fluxo contínuo de africanos resultou na introdução de intensas influências culturais. A cultura Africana contribuiu com seus deuses, comida, costumes e linguagem para a psique coletiva nacional. Desde seus inícios, o Brasil foi um país mestiço por natureza. No início do século XIX, a população era predominantemente mestiça e negra. Sob o disfarce da aparente assimilação das diferenças, da liberdade e da coexistência integrada de grupos os mais diversos, permitiu-se que uma espécie de racismo subjacente se desenvolvesse dentro da cultura do país desde o início. Vou me referir aqui a isto como um *racismo cordial.*

Tomo de empréstimo este termo de uma excelente pesquisa realizada pelo jornal *Folha de S. Paulo* (1998), intitulada com esta mesma expressão, e que procurou demonstrar que o racismo estava presente na sociedade brasileira. Até mesmo Gilberto Freyre se equivocou ao dizer que coexistimos no Brasil sob uma *democracia racial*. Hoje em dia geralmente se concorda que o racismo existe no Brasil, embora seja diferente do racismo anglo-saxão porque permanece intimamente ligado às classes sociais.

O termo racismo cordial remete à noção de cordialidade, tal como definida por Sérgio Buarque de Holanda. Em seu livro *Raízes do Brasil*, escreve:

> Já se disse, numa expressão feliz, que a contribuição do Brasil à civilização será a cordialidade – daremos ao mundo o *homem cordial*. A lhaneza do trato, a hospitalidade, a generosidade, virtudes tão gabadas por estrangeiros que nos visitam, representam, com efeito, um traço definitivo do caráter brasileiro [...]. Seria um engano supor que essas virtudes possam significar "boas maneiras", "civilidade". São, antes de tudo, expressões legítimas de um fundo emotivo extremamente rico e transbordante (Holanda, 1936/1999, p. 146ss.).

O autor mais adiante afirma que esta atitude polida é uma tentativa de disfarçar quaisquer manifestações espontâneas que podem aparecer no comportamento da pessoa cordial. A espontaneidade é aqui convertida numa fórmula. A polidez funciona como um meio de autodefesa frente à sociedade, e como um disfarce que permite às pessoas manterem intactos seus sentimentos e emoções (Holanda, 1936/1999, p. 147).

A descrição por Buarque de Holanda do homem cordial em seu livro de 1936 é de grande importância para a psicologia. Em seu texto sobre a sociologia e história do Brasil, oferece uma vívida descrição de como o arquétipo da persona brasileira opera como um sistema de defesa, um verdadeiro estereótipo cultural. Temos agora uma melhor compreensão do termo racismo cordial. Conhecendo as implicações e contrastes que Buarque de Holanda indica com seu uso do termo cordial, obtemos uma ideia melhor de como a cordialidade pode ser usada como um disfarce para a violência, rejeição, ódio, atitudes de superioridade e principalmente para a falta de abertura à igualdade de oportunidades, a melhores salários e ao direito a uma educação universitária para indivíduos negros, mestiços e indígenas.

A questão da integração aparente e da exclusão disfarçada esteve presente no Brasil desde a abolição da escravidão. O meio milhão de escravos libertos em 1888 entrou num complexo sistema multirracial no qual o arquétipo da persona adquiriu uma característica particular que chamarei aqui de *persona racial*. Esta se tornou extremamente importante para a localização social de cada indivíduo.

É importante lembrar que o Brasil não foi, já do princípio, uma sociedade birracial como os Estados Unidos e a África do Sul. Houve uma intensa miscigenação desde o início da era colonial, entre os portugueses e os indígenas, e mais tarde com os africanos. Sempre houve uma grande maioria da população com sangue indígena ou africano. Em termos dos fenótipos resultantes, esta sociedade multirracial incluiu todos os graus possíveis de cor desde o europeu branco até o africano negro, com a introdução posterior de uma influência asiática. A cor da pele, a textura do cabelo e outras características, ou seja, a *persona racial* continuaria a ajudar os indivíduos a subirem de escala social.

Povos miscigenados têm muita mobilidade na escala social como resultado de sua persona racial, e um fenômeno surpreendente ocorre com esta mudança na classe social: *a percepção da cor de sua pele*, por parte dos próprios indivíduos, muda de acordo com a mudança de seu *status* social. É como se a ascensão social levasse a pele da pessoa a branquear milagrosamente. Um exemplo claro desta mistura de classe social e cor de pele pode ser visto num relato de Darcy Ribeiro (1995, p. 225), demonstrando que esta atitude remonta aos tempos coloniais. Ele descreve como Henry Koster, um inglês em viagem pelo Brasil no século XIX, se surpreendeu ao ver um mestiço vestido com um uniforme de capitão-mor, algo incomum na época. Deram-lhe a seguinte explicação: "Sim, é um mestiço, mas agora como um capitão-mor ele só pode ser branco".

O preconceito de cor no passado brasileiro incluía uma poderosa fantasia conhecida como o embranquecimento da raça. Segundo Thomas Skidmore (1974/1989), o estímulo à imigração europeia no final do século XIX não foi uma decisão baseada apenas na economia. A elite intelectual do país era fortemente influenciada por ideias racistas vindas da Europa na época e queria, na verdade, embranquecer a raça. Esta teoria sustentava que, através de repetidas miscigenações com genes brancos, que eram dominantes e mais fortes do que os genes africanos ou indígenas, seria produzida uma geração de brancos. A parte inacreditável desta teoria racista é que propunha alcançar a pureza étnica no Brasil através da miscigenação racial, e não da exclusão! Isto era peculiar ao Brasil e nunca mais foi visto em nenhum outro lugar. O primeiro etnólogo a defender o embranquecimento racial foi João Batista de Lacerda, durante o Primeiro Congresso Universal de Raças em Londres, em 1911 (cf. Skidmore, 1974/1989, p. 81ss.).

A ideia alquímica de embranquecimento da raça foi combatida por outro movimento que começou no Brasil nos anos de 1930: a antropologia cultural e o sincretismo cultural liderados por Gilberto Freyre e outros. Freyre foi um forte crítico da teoria do embranquecimento racial e argumentou que ambiente e cultura eram os principais agentes formadores da identidade do país, sendo a raça um fator etiológico de importância menor. A partir de 1933, com a ascensão do nazifascismo na Europa e sua ênfase fanática na pureza racial, a abordagem de Freyre foi claramente a mais adequada. Velhas ideias sobre raça desapareceram no Brasil e teorias científicas racistas se tornaram anacrônicas na América do Sul. Contudo, a ideia de que grupos étnicos não brancos eram inferiores permaneceu, como exemplificado pela ideia de que negros e indígenas só poderiam alcançar sucesso social através do esporte ou da música, e não de profissões acadêmicas. Ainda bem que estas ideias permanecem apenas entre umas poucas pessoas.

O complexo cultural no consultório

A prática clínica é o território em que os complexos são constelados e confrontados. O psicanalista não pode evitar o fato de que trata pacientes em uma dada cultura em um dado lugar. Em minha prática no Rio de Janeiro, me deparei com a emergência do racismo cordial que desempenhou um papel importante no desenvolvimento de alguns casos clínicos. Lembro-me bem de um destes casos, o paciente que chamarei de Carlos, um padre católico, negro, de 42 anos de idade. Várias razões o fizeram procurar análise; a principal razão, num nível consciente, foi seus sentimentos de culpa pela morte de um irmão. Conforme relatou-me, certa vez estava dirigindo um carro, na companhia de seu irmão, após ter consumido álcool. Sofreram um grave acidente e o irmão morreu. Nunca se perdoou por aquilo. Embora sua queixa ocupasse muito tempo no começo da análise, outros conteúdos de sombra gradualmente se tornaram importantes em nossas discussões. Entre eles, o tema da "raça" e da perseguição ganhou importância. Tinha um profundo interesse em suas raízes africanas, participando de rituais religiosos africanos e desenvolvendo pesquisa sobre estudos inter-religiosos. Estava particularmente interessado pelo sincretismo religioso, tão típico do Brasil, entre o Catolicismo e o *Candomblé*, uma religião de origem africana. Seus superiores na Igreja se opuseram fortemente a esses estudos. Quando se candidatou para se tornar professor de uma conhecida Universidade Católica na cidade, foi parado pelo conselho de diretores, que, como disse, tinha conexões com a Igreja. As autoridades eclesiásticas, embora mostrassem sinais de amizade e admiração por Carlos, se opuseram, de um modo velado e com *cordialidade*, à sua admissão na Universidade. Ficou deprimido e furioso vendo esta resistência a sua abordagem da religião africana como sinal de racismo. Teve, na época, um sonho muito interessante:

> *Carlos está numa grande praça, onde há uma espécie de encontro ou festival com muitas pessoas, a maioria negras. Parece ser um festival com conotações de religião negra. Então vê um altar, típico de uma religião africana, com a estátua de um deus (Não fica-lhe claro para que deus está presente no sonho). De repente, vê uma poderosa e numinosa árvore no centro da praça, e é tomado de espanto. Acorda com sentimentos de paz e de felicidade.*

Carlos associou esta árvore com a representação da deusa *Iroko*, uma divindade conectada a uma árvore poderosa. Esta foi a primeira árvore a crescer, uma árvore através da qual todos os *Orixás* (deuses na religião africana do Candomblé) desceram à terra. Iroko representa a ancestralidade. Eu disse a Carlos que o sonho estava mostrando que ele precisava se conectar com seus valores e símbolos mais profundos, para assim resistir a todo tipo de pressão de seus superiores ou da sociedade em geral. O sonho acontece numa espécie de praça mandálica, um festival com pessoas negras. Isto também demonstra uma necessidade de estar em contato com seu próprio grupo, dentro de um contexto social. Suas emoções ao final do sonho são muito positivas e tranquilizadoras. Este efeito positivo do sonho apareceu na sua vida. Nas semanas seguintes, Carlos lutou corajosamente, escrevendo a seus superiores um manifesto defendendo seu direito de estudar e escrever sobre as divindades africanas. Deu uma forte declaração de que isto não iria contradizer a prática de celebrar a missa católica e realizar rituais católicos.

Devemos enfatizar uma importante característica do símbolo central deste sonho, e provavelmente o símbolo central do caso clínico como um todo. A árvore *Iroko* é um símbolo vivo no inconsciente cultural do Brasil. Seu simbolismo é muito semelhante a outras árvores pagãs que representam o *axis mundi*, raízes, origens, identidade, alma da tribo, como Yggdrasil e muitas outras. Mas, neste caso, ela pertence a uma mitologia viva de um grupo social oprimido e, vindo do inconsciente cultural, traz significado ao sonhador.

A emergência de mitos na busca da identidade

Uma visão geral da história do Brasil mostra claramente que a era pré-colonial, a miscigenação, o enorme trauma deixado pela escravidão e pela teoria do embranquecimento racial deixaram sua marca no inconsciente cultural do país e imagens poderosas em nossas tradições, influenciando nossa psique e comportamento. As sequelas deixadas por nossa história em nosso caráter incluem um marcante sentimento de inferioridade e uma busca obsessiva de valores na cultura europeia e norte-americana (Ramos, 2004).

Esta falta de identidade cultural é um reflexo da falta de modelos e referências na história brasileira. O mito do herói é uma referência fundamental na organização da consciência individual e coletiva. Se o mito do herói está presente durante a organização da psique de uma criança, é também uma referência básica para a identidade cultural da população como um todo. Na cultura brasileira, podemos observar uma significativa ausência de modelos que pudessem ser usados na organização da consciência coletiva. Com a exceção dos esportes e da música, há um imenso vácuo em termos de modelos. Talvez por isto experiências recentes na Copa do Mundo de 2014, sediada no Brasil, tenham sido tão dolorosas para a consciência coletiva: um importante modelo de heroísmo e de sucesso, o futebolista heroico, foi inesperadamente derrubado de um modo nunca antes imaginado[3].

Uma das figuras heroicas mais importantes na história brasileira emergiu durante a era colonial em Vila Rica, a capital da província naquela época. Trata-se de um famoso escultor, que é um importante exemplo de genialidade e resiliência, de nome Antonio Francisco Lisboa, apelidado de Aleijadinho. A obra que lhe é atribuída e sua história de vida sempre foram objeto de controvérsia. A filósofa e historiadora Guiomar de Grammont publicou recentemente uma pesquisa sobre a muito discutida vida de Aleijadinho, sustentando a tese de que a história de Antonio Francisco Lisboa é um mito. Grammont foi, na verdade, mais longe que os apoiadores anteriores desta teoria, mostrando ligações entre o mito de Aleijadinho e figuras típicas encontradas em lendas históricas (Grammont, 2004). A figura do monstro repulsivo, digno de pena, mas também criativo e em busca de redenção, pode ser vista em muitos contos de fadas como "A Bela e a Fera", em que a fera tem de ser resgatada e possui tesouros num castelo mágico. Outro exemplo deste modelo é o romance escrito em 1818 pela inglesa Mary Shelley, *Frankenstein, ou o Moderno Prometeu*. Esta história descreve a criação de uma criatura monstruosa artificial pelo jovem médico Viktor Frankenstein. Questões éticas e dilemas morais são conflitos importantes para este meio-homem/meio-máquina, e o livro discute a questão da beleza derivada da monstruosidade. Um terceiro exemplo da semelhança entre monstruosidade e beleza, mencionado por Grammont, é a memorável figura de Quasímodo, corcunda que cuida do sino da catedral de Paris, personagem do livro, e filme, de Victor Hugo, *O Corcunda de Notre-Dame*. O corcunda é feio, surdo, recluso, deformado e obcecado pelo seu genuíno amor pela cigana Esmeralda (Grammont, 2004).

---

3. Na Copa do Mundo de 2014, a seleção alemã venceu facilmente o Brasil nas semifinais.

Estes modelos que apareceram espontaneamente na literatura seguem genuínos padrões arquetípicos. Mesmo na Grécia antiga, podemos ver uma associação entre deformidade física e beleza na figura do deus Hefesto, o deus coxo dos ofícios e *techne* (do grego "fazer como a natureza faz"). A monstruosidade de Hefesto surgiu quando seus pais Zeus e Hera o atiraram do Olimpo no oceano. Esta queda o deixou coxo, e mesmo assim se casou com Afrodite. Poder-se-ia argumentar que a comovente lenda de Aleijadinho se baseia numa figura arquetípica grega? Qual é a linha divisória entre o Antonio Francisco Lisboa histórico e o mítico Aleijadinho que perambulava pelas ruelas de Vila Rica, Mariana, São João del Rey e das outras cidades da corrida ao ouro brasileira?

Na época da corrida ao ouro, havia uma lenda sobre um artesão e escultor que decorava igrejas barrocas e trabalhava para confrarias religiosas, e que chamava a atenção por sua deformidade física. Seu nome era, de novo, Antonio Francisco Lisboa, e uma de suas mãos tinha ficado paralisada por uma doença indeterminada. Em 1858, o advogado e diretor de ensino em Ouro Preto, Rodrigo Ferreira Bretas, ficou cativado por esta figura misteriosa e decidiu escrever sua biografia. Encontrou muito pouca informação concreta, afora o nome Antonio Francisco Lisboa, que estava associado a um artesão barroco que trabalhou decorando as igrejas de Minas Gerais e que viveu ali cinquenta anos antes. Havia vagas referências a sua deficiência, embora não estivessem documentadas. Porém, Bretas prosseguiu e escreveu uma biografia rica em detalhes. Supunha-se que o escultor tivesse sofrido de uma grave doença, provavelmente tuberculose ou lepra, que deformara suas mãos e o deixaram com aparência repulsiva. Apesar de tudo, num exemplo notável de superação dos obstáculos com criatividade, o artista conseguiu produzir esculturas belas e comoventes. Bretas descreveu as terríveis deformidades de Antonio Lisboa como um resultado de sua doença. Também lhe deu o nome de Aleijadinho, que não pode ser identificado nos registros históricos (Grammont, apud Narloch, 2013).

Como Grammont percebeu, as semelhanças entre a fascinante figura de Aleijadinho e personagens célebres como Quasímodo eram importantes. O deus coxo Hefesto tinha muitas semelhanças com Aleijadinho. Podemos dizer com segurança que este é um personagem mítico no inconsciente cultural brasileiro, uma lenda mítica que emergiu do inconsciente cultural. Estas lendas aparecem porque a cultura precisa de suas imagens como uma referência. É interessante que uma lenda possa ter sido produzida como resultado de um esforço consciente de um advogado cinquenta anos depois da vida de Antonio Lisboa. Baseado em rumores sobre a deficiência deste artesão, Bretas criou uma figura mitológica a que se faz referência em muitos livros de história do Brasil e no currículo escolar. Como qualquer mito, Aleijadinho tem raízes arquetípicas e semelhanças interessantes com o deus artesão Hefesto e personagens literários. Como um autêntico herói criativo que é genuinamente nacional, era inevitável que Aleijadinho fosse miscigenado. Uma genealogia mítica foi criada para ele, pois supostamente seria filho de um arquiteto português, Manuel Francisco Lisboa, e de sua escrava africana. Essas origens miscigenadas impressionariam, posteriormente, alguns artistas do movimento modernista, que viram Aleijadinho como um gênio e representante da nossa criatividade genuinamente nacional.

Quais das esculturas atribuídas a Aleijadinho são realmente dele? Hoje sabemos que muitas eram originárias do ateliê de Antonio Francisco Lisboa, mas foram criadas por outros mestres. A maioria delas também é de qualidade um tanto duvidosa (Grammont, citado por Narloch, 2013). Mas a existência histórica de Aleijadinho é realmente tão importante? Outros heróis não são sempre, até certo ponto, fabricados ou um produto de nossas próprias necessidades psicológicas individuais e coletiva? Como Jung uma vez disse numa de suas afirmações mais importantes, "a psique cria realidades todo dia" (Jung, 1921/1974, § 78).

Referências

Boechat, W. (2016). Racism, an unwelcome guest in Brazilian culture identity. In E. Kiehl, M. Saban e A. Samuels (orgs.), *Analysis and activism: Social and political contributions of Jungian psychology*. Londres: Routledge.

Buarque de Holanda, S. (1936/1999). *Raízes do Brasil*. São Paulo: Companhia das Letras.

Buarque de Holanda, S. (1997). *Visão do Paraíso*. São Paulo: Brasiliense.

Cambray, J. (2009). *Synchronicity: Nature & psyche in an interconnected universe*. Texas: Texas A&M University Press [Edição brasileira (2013) consultada: *Sincronicidade: Natureza e Psique num Universo Interconectado*. Petrópolis: Vozes. Tradução de Caio Liudvik a partir da edição original da Texas A&M University Press].

Cascudo, Luis da C. (1972). *Dicionário do Folclore Brasileiro*. São Paulo: Ediouro.

Feldman, B. (2012). The cultural skin of Latin America. In *Listening to Latin America: Exploring cultural complexes in Brazil, Chile, Colombia, Mexico, Uruguay and Venezuela*. Nova Orleans, LA: Spring Journal Books.

Folha de S. Paulo/Datafolha. (1998). *Racismo Cordial* (2ª ed.). São Paulo: Ática.

Gambini, R. (2016). Our future lies hidden in our roots. In E. Kiehl, M. Saban e A. Samuels (orgs.), *Analysis and activism: Social and political contributions of Jungian psychology*. Londres: Routledge.

Gambini, R., & Dias, L. (1999). *Outros 500: Uma Conversa sobre a Alma Brasileira*. São Paulo: Editora do Senac.

Grammont, G. de (2004). *Aleijadinho e o Aeroplano*. São Paulo: Civilização Brasileira.

Henderson, J. (1990). The cultural unconscious. In *Shadow and self*. Selected Papers in Analytical Psychology. Wilmette, IL: Chiron Publications.

Jung, C.G. (1921/1974). *Psychological types: Collected works: Volume VI*. Princeton: Princeton University Press [Tipos Psicológicos, OC 6].

Jung, C.G. (1925/1989). *Analytical psychology: Notes on seminar given in 1925*. Amazon: Kindle e-books [*Seminários sobre Psicologia Analítica*. Petrópolis: ed. Vozes, 2014].

Jung, C.G. (1927/1971). *Soul and earth: Collected works: Volume X*. Princeton: Princeton University Press ["Alma e terra", in: OC 10/3].

Jung, C.G. (1936/1971). *Wotan: Collected works: Volume X*. Princeton: Princeton University Press ["Wotan", in: OC 10/2].

Meira Penna, J.O. (1974). *Em berço Esplêndido: Ensaios de Psicologia Coletiva Brasileira*. Rio de Janeiro: José Olímpio.

Morin, E. (1999). Por uma reforma do pensamento. In Pena-Vega, A. e Pinheiro do Nascimento (org.), *O pensar complexo: Edgar Morin e a crise da modernidade*. Rio de Janeiro: Garamond.

Narloch, L. (2013). *O Livro Politicamente incorreto da História do Brasil*. Amazon: Kindle e-Books.

Ramos, D. (2004). Corruption: A cultural complex in Brazil? In T. Singer and S. Kimbles (orgs.), *The cultural complex: Contemporary Jungian perspectives on psyche and society*. Nova York: Brunner-Routledge.

Ribeiro, D. (1995). *O Povo Brasileiro*. São Paulo: Companhia das Letras.

Singer, T. (2012). Introduction. In *Listening to Latin America*. Nova Orleans: Spring Books.

Singer, T., & Kimbles, S. (orgs.). (2004). *The cultural complex: Contemporary Jungian perspectives on psyche and society*. Nova York: Routledge.

Skidmore, T. (1989). *Preto no Branco* (2ª ed.). Rio de Janeiro: Paz e Terra.

Vannoy-Adams, M. (1996). *The multicultural imagination: 'Race, colour and the unconscious'*. Londres: Routledge.

Wahba, L.L. (2012). São Paulo and the cultural complexes of the city: Seeing through graffiti. In *Listening to Latin America: Exploring cultural complexes in Brazil, Chile, Colombia, Mexico, Uruguay and Venezuela*. Nova Orleans: Spring Books.

Zoja, L. (2004). Trauma and abuse: The development of a cultural complex in the history of Latin America. In T. Singer and S. Kimbles (orgs.), *The cultural complex: Contemporary Jungian perspectives on psyche and society*. Nova York: Brunner-Routledge.

Zoja, L. (2006) A Psique da América Latina. [The Psyche of Latin America] Zoja entrevistado por Gustavo Barcellos. In *Cadernos Junguianos,* Revista da Associação Junguiana do Brasil. Num. 2, 2006, 48-60.

Parte VII
Um vislumbre do futuro

15
Indo adiante

Joseph Cambray

O presente volume ofereceu, esperamos, ao pesquisador interessado em Psicologia Analítica, um panorama das áreas atuais de pesquisa em vários domínios-chave. Não se pretendeu uma revisão exaustiva, mas sim uma seleção de alguns dos tópicos mais relevantes que são explorados hoje em dia por analistas e acadêmicos. É complementado por um segundo volume sobre pesquisa empírica.

Neste capítulo final, não resumirei as descobertas apresentadas pelos vários autores aqui, nem tentarei extrair conclusões diretamente de seus trabalhos. O que farei é considerar possíveis trajetórias a partir destas contribuições para a visualização de áreas potenciais de estudo a serem levadas adiante. Isto pode ser facilitado pela consideração de recentes desenvolvimentos no estudo da inovação, especialmente de como sociedades desenvolvem projetos criativos. Em particular, isto pode ser examinado no espírito de fazer avançar uma agenda de pesquisa baseada na noção do "possível adjacente", conforme articulado pela primeira vez por Stuart Kauffman, um dos principais colaboradores do *Santa Fe Institute*, com seu trabalho pioneiro no âmbito dos estudos da complexidade[1] (Kauffman, 2016). Assim como a

1. Aplicando a lógica quântica, de um modo semelhante ao proposto por Atmanspacher na hipótese Pauli/Jung (mencionado em nosso livro complementar), Kauffman procurou atentar aos caminhos do processo de descoberta. Cunhou o termo possível adjacente numa reavaliação de

pesquisa tende a responder melhor a questões bem articuladas, conclusões significativas frequentemente suscitam áreas ainda mais fecundas para exploração futura. As escolhas feitas quanto às linhas de investigação a trilhar moldam, então, não apenas a próxima rodada de descobertas, mas também as possibilidades que podem ser contempladas ou que deslizam para o pano de fundo. Tentaremos aqui umas poucas sugestões aproximativas para possíveis tópicos de estudos futuros.

História e métodos

Os métodos de pesquisa têm evoluído ao longo da história das descobertas e têm sido cada vez mais codificados com a ascensão das ciências. Conforme estas se estenderam dos estudos do mundo natural para os âmbitos dos fenômenos sociais e culturais, os métodos necessariamente se tornaram mais complexos. Estudos quantitativos têm sido complementados por abordagens qualitativas, inclusive análises narrativas que foram especialmente relevantes para os estudos clínicos e analíticos. A combinação de abordagens, de vários modos, por exemplo, sequencialmente ou em paralelo, levou a métodos mistos de pesquisa cada vez mais ricos. Ideias da psicologia profunda, tais como a do "pesquisador ferido" (Romanyshyn, 2007), propiciaram um valor adicional a relações subjetivas e contratransferenciais ao "*subject*" [termo que pode ser traduzido como "assunto", "tema", e como "sujeito" (N.T.)] de cada um, como integrantes da pesquisa em si. Contemplar as dimensões psicoativas da pesquisa, como somos "chamados" por um *subject* [cf. N.T. acima], as camadas mais profundas do nosso ser que são mobilizadas por um tópico específico, ajuda a fazer uma ponte entre os fatores pessoais-subjetivos e as dimensões mais objetivas de nossos estudos.

---

base quântica do âmbito dos possíveis em relação com os atuais. Isto o levou a propor um novo dualismo que emerge dos possíveis, se tornando atuais através da decoerência sem colapso total, retendo o âmbito dos possíveis, de modo que eles permanecem como *ontologicamente reais*. Além disso, porque a perda da informação de fase (função de onda) na decoerência é acausal, estes dois âmbitos, os atuais e os possíveis, estão relacionados acausalmente. Isto abre novos caminhos para considerar a significância da sincronicidade como um elemento relevante numa ampla variedade de processos de descoberta. Embora isto não possa ser explorado em detalhes aqui, futuras publicações articularão o valor desta abordagem para a Psicologia Analítica.

A pesquisa em psicologia profunda necessariamente engaja muito mais do que a mente consciente ou as funções do ego do pesquisador. Inevitavelmente, os tópicos de pesquisa evocam um paralelo com os fenômenos clínicos de contratransferência e somos atraídos para aqueles materiais que, de alguns modos (que frequentemente não são óbvios nem explícitos na superfície) nos cativam com uma força emocional convincente. A força destes desejos tende a fornecer pistas do que está sendo ativado em nossas psiques pelos temas da pesquisa – eles parecem nos escolher tanto quanto os escolhemos.

Como as tecnologias de informação ficam cada vez mais sofisticadas, podemos prever novas formas de encarar e interagir com os "dados"; talvez mesmo a natureza dos próprios dados seja transformada. A experiência interna e simulações virtuais já começaram a se intersectar e isto provavelmente se expandirá de modo exponencial. O valor deste crescimento não será encontrado apenas na indústria do entretenimento, seu eixo mais óbvio, como já se tem testemunho pelas realidades aumentadas e misturadas que se sobrepõem à nossa realidade perceptual diária, como formas emergentes de entretenimento, mas também na educação. Por exemplo, tecnologias de informação eletrônicas no fornecimento experiencial de conhecimento, e em nossas interações e relações uns com os outros e com o mundo. Assim também, enormes bancos de dados de sonhos, reunidos a partir de sonhadores de todo o mundo, permitirão análises temáticas em grande escala. Isto nos ajudará a articular fenômenos coletivos a partir da multiplicidade de pontos de dados, talvez trazendo uma evidência mais substantiva para respaldar relatos anedóticos das dimensões não locais da psique e aspectos supraordenados de seu funcionamento.

Examinar os detalhes de correspondências, como no Capítulo 2, nos ajuda não só a ver através das apresentações formais publicadas de ideias, chegando a suas origens e evolução numa série de intercâmbios, mas também pode desconstruir o tempo. Reconhecer mais das possibilidades adjacentes que estavam à espreita na margem das correspondências pode permitir, retrospectivamente, a avaliação da profundidade dos *insights* intuitivos a que não se deu plena substância, talvez devido à falta de recursos adequados para concretizá-los. Ao mesmo tempo, outras ideias que talvez devessem definhar, mas que foram erroneamente perseguidas, podem ser rastreadas como parte de algum processo genuíno de descoberta. Deste modo, podemos valorizar nossos esforços intuitivos e talvez refinar nosso *feeling* de quando e do que perseguir – como explorar nossas intuições para as verdades que elas podem revelar e como reconhecer as influências que nos afetam, consciente ou inconscientemente, ao formularmos nosso pensamento.

Mais amplamente, podem os documentos históricos nos ajudar a revisar nossas abordagens e as questões que investigamos? Certamente, a história da pesquisa está repleta de exemplos de novas ideias, frequentemente no início de uma mudança de paradigma, que são submetidas ao ridículo. Por isso, um senso ingênuo de escárnio deve nos colocar em alerta para as possibilidades de interferência inconsciente. Quando somos inibidos em fazer explorações criativas devido a nossos pontos "cegos" (quando coerções emocionais inconscientes não nos permitem ver o que está na nossa frente), pontos "estúpidos" (quando nos falta conhecimento adequado para fazermos julgamentos adequados) e pontos "rígidos" (quando nossas teorias correntes coagem nossas imaginações; cf. McLaughlin, 1998). De modo semelhante, a história nos ensina a sintonizarmos com as condições que facilitam a emergência do verdadeiramente inovador. Muitas vezes, um fluxo sincrético contribui para a fusão de ideias em inovações substanciais; reconhecer as condições da análise histórica que estimularam isto pode nos levar individual e coletivamente a avanços criativos importantes.

Arquétipo, cultura e consciência

Conforme as grandes concepções prototeóricas da psicologia junguiana tradicional são criticamente examinadas e refinadas, uma visão mais rica e nuançada da psique está emergindo. Pelo menos três camadas estão disponíveis para maior articulação: os âmbitos sociais e culturais como emergentes dos indivíduos e suas interações; a neurocientífica, não mais limitada ao exame dos funcionamentos internos do indivíduo através de estudos neurocientíficos sociais e antropológicos; e a ecológica, como descritiva de campos interativos e relacionais, compostos de múltiplos organismos contribuintes de sistemas maiores, capazes de mostrar inteligência adaptativa. Estas linhas de investigação oferecem caminhos para aprimorarmos e até transformarmos nossa compreensão do simbolismo, e no processo, nos ajudar a apreciarmos mais plenamente as tradições indígenas com seu profundo saber local.

O recente interesse renovado por estados alterados de consciência, numa perspectiva de pesquisa, oferece oportunidades valiosas para psicólogos analíticos que têm examinado dinâmicas inconscientes decorrentes de vários estados como sonhos, imaginação ativa, eventos sincronísticos e fenômenos de campo transferenciais/contratransferenciais. Empregos recentes de substâncias psicoativas induzindo estados alterados com propósitos de cura, por exemplo a cetamina para o tratamento da depressão refratária (Matthews & Zarate, 2016), é só uma área adicional. Em geral, o potencial transformador de estados alterados é conhecido há milênios mas permaneceu, até recentemente, na periferia dos estudos científicos *mainstream*.

Conforme as ferramentas e habilidades para explorar estados "anômalos" de consciência se desenvolvem, o potencial de emprego no trabalho clínico e na pesquisa social se expandirá. Isto exigirá um total reexame dos modelos teóricos da mente, da cultura e da natureza, e desafiará a lógica binária de descrições subjetivas *versus* objetivas, porque limitante demais. Assim também, não se pode lidar com fenômenos sincronísticos, ligando a psique e o mundo, através de constructos binários. Tampouco o podem os exemplos notáveis de apresentação artística de fenômenos complexos, com bastante antecedência em relação à compreensão científica de tais fenômenos (Cambray, 2016). Podemos aguardar ansiosamente que mais pesquisas de cunho artístico, fundamentadas nos estudos da complexidade, venham a abrir o âmbito do "terceiro excluído" da lógica aristotélica sob a qual tendemos a trabalhar.

Mudanças de paradigma

Estudos de complexidade estão propiciando uma mudança de paradigma, que vai das visões de mundo redutivas às holísticas. Ambas as perspectivas têm contribuições a dar, mas ao incluir e abraçar a complexidade somos desafiados a revisar muitos aspectos da nossa vida. Assim, nos estudos interculturais, o valor da bidirecionalidade da influência está cada vez mais demonstrado, alterando o ambiente de aprendizado e o campo interativo entre pessoas de diferentes grupos. Isto também tem implicações clínicas importantes: os diferenciais de poder tradicionais precisam de escrutínio cuidadoso para evitarem abuso.

Molduras teóricas exigem cuidadosa apreciação dos fatores que operam no seu ponto de partida. Como um exemplo, considere as formulações coloniais da mente dos povos "primitivos" na descrição de estados mentais "arcaicos" associados com a vida mental incipiente. A descolonização das psicologias profundas pode trazer renovação e avaliação do que foram estas abordagens, retorno à civilização ocidental do final do século XIX e início do século XX, sem encampar a hierarquia etnocêntrica de valor cultural implicitamente imposta.

A avaliação do papel das contribuições somáticas às expressões da consciência, mesmo se permanecendo em grande medida inconsciente para os indivíduos, também está sublinhando as complexidades envolvidas na formação da mente para os organismos nos ambientes.

Assim, podemos observar o microbioma (a soma de todos os organismos, virais, bactérias, multicelulares, que vivem no e do corpo humano) e seu impacto no funcionamento mental, incluindo-se humores, apetites e cognição. Podemos também observar a mente como emergente ecológico de interação com cuidadores e o mundo. A mente não é gerada no vácuo, mas se forma e vem a existir gradualmente a partir de pressões internas que encontram um ambiente metabolizador receptivo, que dá significado articulado aos anseios e reações internos. Nossas mentes são, pois, formadas no campo interativo do envolvimento com cuidadores que são, por sua vez, impactados por seus envolvimentos com aqueles de quem eles cuidam. A mente emerge num campo bidirecional de interações inserido em mundos naturais e culturais. Também podemos nos voltar ao estudo de microagressões, os problemas de poder e de privilégio que, em grande medida, operam fora da nossa consciência, mas que impactam nosso senso de nós mesmos, ao ponto de engendrar humores disfóricos e mesmo verdadeiras doenças. Esses circuitos de comunicação e a extensão de seu impacto ainda estão por serem explicados plenamente.

O advento da epigenética forneceu uma base somática para o reconhecimento de traumas multigeracionais. Essas feridas foram rastreadas com dados que verificam sua transmissão biologicamente, de pais para filhos e até para netos (Carey, 2012). Embora mecanismos neolamarckianos tenham sido demostrados e os resultados tenham sido verificados, as modificações não são dos materiais genéticos (DNA/RNA) em si, mas do material bioquímico no qual eles estão envoltos. Estas descobertas têm um potencial de levarem à reavaliação da teoria arquetípica em termos de mecanismos epigenéticos. Pesquisas ligando os efeitos epigenéticos a estados de consciência não foram ainda realizadas, embora permaneçam possibilidades estimulantes.

Os aspectos fluidos da identidade que emergem da revisão de corpos, gêneros, culturas, dinâmicas de poder e da justiça social fornecem terreno rico e fértil para uma expansão libertadora de identidades aparentemente sedentárias. A psique e o *self* (talvez uma ilusão necessária) continuarão a passar por transformações no campo destas revelações, e provavelmente levarão não só a uma maior valorização da diversidade (interiormente bem como em relação aos outros e ao mundo), mas também ao reconhecimento de sua necessidade para a sobrevivência ecológica.

Os princípios da Psicologia Analítica provavelmente passarão por uma série de mudanças importantes em face dos tipos de explorações que estão em andamento. A abertura para isto irá garantir viabilidade e permitir que os impulsos exploratórios radicais que geraram as psicologias profundas encontrem renascimento no século XXI. Este volume, esperamos, é um pequeno passo nesta direção.

Referências

Cambray, J. (2016). Intuizione artistica e immaginazione psicoide: un ponte tra realta simboliche e ecologiche. *Enkelados*, *4*, 117-133.

Carey, N. (2012). *The Epigenetics revolution: How modern biology is rewriting our understanding of genetics, disease, and inheritance*. Nova York: Columbia University Press.

Kauffman, S.A. (2016). *Humanity in a creative universe*. Nova York: Oxford University Press.

Mathew, S.J., & Zarate Jr., C.A. (orgs.). (2016). *Ketamine for treatment-resistant depression: The first decade of progress*. Cham, Suíça: Adis, Springer International Publishing.

McLaughlin, J.T. (1998). Clinical and theoretical aspects of enactment. In S.J. Ellman e M. Moskowitz (orgs.), *Enactment: Toward a new approach to the therapeutic relationship*. Northvale, NJ: Jason Aronson, Inc.

Romanyshyn, R. (2007). *The wounded researcher: Research with soul in mind*. Nova Orleans, LA: Spring Journal Books.

Índice*

* Os números *em itálico* indicam figura na página correspondente.